司法大数据
与法律文书改革

马宏俊　主编
戴景月　袁钢　副主编

知识产权出版社
全国百佳图书出版单位

图书在版编目（CIP）数据

司法大数据与法律文书改革／马宏俊主编．—北京：知识产权出版社，2019.10
ISBN 978-7-5130-6517-7

Ⅰ．①司… Ⅱ．①马… Ⅲ．①法律文书—改革—研究—中国 Ⅳ．①D926.134

中国版本图书馆CIP数据核字（2019）第213812号

责任编辑：齐梓伊　　　　　　　　　责任校对：谷　洋
封面设计：张　悦　　　　　　　　　责任印制：刘译文

司法大数据与法律文书改革

马宏俊　主编
戴景月　袁钢　副主编

出版发行：	知识产权出版社有限责任公司	网　　址：	http：//www.ipph.cn
社　　址：	北京市海淀区气象路50号院	邮　　编：	100081
责编电话：	010-82000860转8176	责编邮箱：	qiziyi2004@qq.com
发行电话：	010-82000860转8101/8102	发行传真：	010-82000893/82005070/82000270
印　　刷：	北京嘉恒彩色印刷有限责任	经　　销：	各大网上书店、新华书店及相关专业书店
开　　本：	720mm×1000mm　1/16	印　　张：	22.75
版　　次：	2019年10月第1版	印　　次：	2019年10月第1次印刷
字　　数：	365千字	定　　价：	92.00元
ISBN 978-7-5130-6517-7			

出版权专有　侵权必究
如有印装质量问题，本社负责调换。

大数据需要大智慧（代序）

随着网络和信息技术飞速发展，我们悄然步入大数据时代。大数据给我们的生活和工作带来了翻天覆地的变化，其与司法理论和实务的紧密结合是时代发展、科技进步的大势所趋。在司法实务中文字、图片、音频和视频等多种多样数据交织并形成司法大数据，在海量存储基础上提供更强的提取、分析的功能，其不仅反映司法自身规律，也反映一定时期和一定地域社会发展状况。法律文书作为让人民群众在司法案件中感受到司法正义的最直接的书面载体，法律文书改革对于维护当事人的合法权益、提高司法公信力乃至促进司法改革向纵深推进都将起到至关重要的作用，因此法律文书也必须积极面对司法大数据带来的巨大挑战。正如中国法学会王其江副会长指出："对法律文书学研究来说，司法大数据既是研究的背景，又是研究的内容，更是研究的方法，法律文书学研究必须树立大数据思维。"中国法学会法律文书学研究会2018年学术年会以"司法大数据与法律文书改革"作为主题，紧扣时代脉搏，具有现实意义和实践价值。

2018年10月13日，中国法学会法律文书学研究会2018年学术年会在邯郸成功举办，来自全国的200余名法官、检察官、律师、公证员、高校专家学者们齐聚一堂，共同探讨如何结合司法大数据的应用进行法律文书改革。年会邀请15位发言人结合各自的工作和研究领域，紧密围绕"互联网＋"这一时代特征，结合司法大数据，全面分析了新技术、新产品的应用对法律文书改革所产生的影响，点评人及与会嘉宾发表各自观点。根据研究会工作计划，我作为主编承担起将本次年会的重要研究成果展现给法律文书学研究学者和实务工作者的重任。2018年学术年会共收到百余位作者的近百篇论文，共有80余万字，创下历年研究会学术年会论文的多项纪录。因此，我们必须认真谋划、思考如何精选2018年学术年会论文，最终形成一本高质量的汇编作品。

经与副主编袁钢博士商议，确定了以下汇编思路：

第一，全面剖析司法大数据的影响。本书首先要解决司法大数据到底给法律文书学研究和应用带来什么样的影响，即将司法大数据作为法律文书学的研究内容。因此，本书选取具有代表性的8篇论文形成专题一"面向司法大数据的法律文书改革"，从裁判文书和检察文书如何应对司法大数据两个角度，来阐释以客观、准确、真实为特征的司法大数据产生什么样的多样性和外联性的影响。

第二，发掘司法大数据应用价值。本书其次要展现如何将司法大数据运用于法律文书制作中，即将司法大数据作为法律文书学的研究方法。因此，本书选取10篇实证性论文形成专题"运用司法大数据的法律文书改革"，深入分析裁判文书、检察文书和行政执法文书大数据样本，得出具有说服力、证明力的研究结论，深刻揭示司法大数据不仅产生速度快，数据量庞大，而且具有很强的预测性和指引性。

第三，持续关注法律文书学研究重心。本书再次要突出法律文书学的研究重心，即将司法大数据作为法律文书学的研究背景。因此，本书选取8篇兼具理论与实务价值的论文形成专题三"法律文书改革的理论与实践"，关注法律文书说理、公开、形式等基本问题，体现并保持对于近年来法律文书重点研究问题的持续关注。

第四，形成系列研究文集。本书最后需与研究会已经出版书籍形成系列研究成果。自2014年以来，研究会已将部分专题论坛和全部学术年会研究成果结集出版，包括《法律文书探索与创新》（汇集研究会2014年、2015年学术年会成果）、《法律文书革故与鼎新》（汇集研究会2016年学术年会、2016年法律文书理论与实务专题研讨会、2016年研究会第二届全国优秀法律文书活动的学术成果）、《司法责任制与法律文书改革》（汇集研究会2017年学术年会成果）和《阳光司法与检察文书》（汇集2016年阳光司法与检察文书专题研讨会学术成果）等4部，在法律文书学研究中引起较大反响。本书继续保持已有3部年会论文集分专题汇编的特色，也继续收录会议综述，期冀用文字间接呈现学术年会的盛况。

  同时，本书每一个专题都包含高校研究学者、实务专家的大作，也包含部分法律文书学青年才俊的初步研究，其中不少都是研究会骨干国家级科研项目或者研究会委托项目的阶段性研究成果。本书邀请袁钢博士继续撰写年会前一年度在重点期刊上发表的有关法律文书学研究成果，希望在明年年会能对 2018 年法律文书学研究论文和专著做系统梳理。在司法大数据的背景下，法律文书学研究更需要的是"大智慧"，需要沉淀法律文书学的基本理论，深入法律文书制作的实务工作、充分反映司法大数据的现实作用，方能产生更具有理论价值和实践意义的研究成果。

马宏俊

2018 年 11 月 28 日

目录

专题一：面向司法大数据的法律文书改革   1

浅析司法大数据与智能裁判／马宏俊　卢　桐／3
论法律评注研究范式的本土化路径与方法
　　——以大数据时代民事诉讼文书样式实例评注研究
　　功用为题／杨　凯／15
论司法大数据与裁判文书公开／刘金华／54
大数据时代检察法律文书公开的问题研究／刘红雨／63
构建检察大数据对裁判文书的评监模式／文向民　文李青／70
司法大数据对民事判决书改革的影响机理
　　——以争议焦点的归纳和论证为切入点／李锐宾／80
大数据时代下类案、关联案的检索与运用／程　滔　陈华倩／94
类案检索机制与统一裁判尺度问题研究／南亚盟／104

专题二：运用司法大数据的法律文书改革   113

司法大数据背景下附带民事公益诉讼问题研究
　　——基于150份法院裁判文书的分析／姜保忠／115
裁判文书证据部分撰写规范研究
　　——以1600份刑事判决书为样本的实证分析／王　静／128
大数据案例统计研究对法律文书的期待／杨　波／143

刑事判决书结构范式的可行性研究／黄荣昌　高艺航／152

司法责任制背景下裁判文书公开问题的研究
　　——以河北省110份网上民事裁判文书为调查材料／王雪焕／161

司法大数据下刑事二审发回重审和改判案件分析
　　——以H市2015—2017年度刑事二审案件为参考
　　　　／王建民　闫　真／173

大数据让法官的"军师"更有底气
　　——唐山中院关于智审1.0系统运行的调研报告
　　　　／贾慧贤　李树杰／182

大数据背景下检察法律文书实务分析报告
　　——以某市人民检察院统一业务应用系统司法办案文书
　　为视角／陈　兰　杜淑芳／194

刑事速裁案件裁判文书改革研究
　　——以刑事诉讼程序全流程简化为切入点／张晶晶／202

律师行政处罚决定书的大数据分析／孙　璇／217

专题三：法律文书改革的理论与实践　　229

裁判文书说理制度体系的构建与完善
　　——法发〔2018〕10号引发的思考／赵朝琴　邵　新／231

从命令性判决到说理性判决
　　——1992年以来刑事判决说理模式演进／田荔枝　陈卫杰／250

刑事裁判文书应通过涵摄演绎模式明示论证过程
　　——涵摄演绎模式逻辑结构的"柳叶刀"式阐述
　　　　／郭付林　任震琨／274

民事快审案件裁判文书改革研究
　　——以民事判决书为视角改革初探／教占兴　王朝星　赵晶晶／286

民事二审裁判文书法条援引的失范与规制 / 王星光 / 296

刑事司法文书说理的文化之维 / 奚　玮　赵宇峰 / 310

浅议裁判文书表达的基本模式 / 潘巧慧　崔　哲 / 321

2017 年中国法律文书学研究新进展 / 袁　钢　刘　薇 / 334

附录　司法大数据与法律文书改革研讨会暨中国法学会法律文书学研究会 2018 年学术年会综述　　　　　　347

专题一
面向司法大数据的法律文书改革

浅析司法大数据与智能裁判

◉ 马宏俊[*] 卢 桐[**]

摘要："大数据+司法"的改革，大大减少了法官对案卷的分析及文字书写工作，并进一步提高了案件的审理效率和质量。其中，裁判文书智能制作系统即是司法大数据时代下的产物，此类技术以大量司法审判数据及法律知识图谱为支柱，追求的价值之一即是以"技术理性"最大限度地促进"同案同判"。但笔者认为，在司法大数据与人工智能开发的过程中不能片面强调"技术理性"的无可比拟性，法官在书写裁判文书的过程中亦不能完全依赖于工具和技术的完备，而缺少了司法工作者应有的理性，只有二者真正融合，才能适应我国加强裁判文书释法说理改革之要求，并充分发挥出裁判文书智能制作系统的预期效用。

关键词：大数据 智能裁判 技术理性 司法理性

一、裁判文书智能生成系统的运行机制

从目前全国各地的实践来看，类案推荐、大数据定罪量刑与案件偏离预警是大数据与人工智能技术在辅助法官办案即"审判智能化"领域最为耳熟能详的应用，其与裁判文书智能制作系统的运行机制类似，大多是在完成案件要素信息抽取的前提下，通过数据的运用，实现类案检索、事实梳理及法律分析等的个性化、精准化与合理化。

---

[*] 中国政法大学教授、中国法学会法律文书学研究会会长。
[**] 中国政法大学2018级硕士研究生。

裁判文书智能生成系统是基于专有语义的法律分析技术，对案件的起诉书、答辩状、书面证据和庭审笔录等前置数据内容进行智能判断分析后，按照最高人民法院文书格式要求，一键式自动生成本案判决书等各类裁判文书，并通过"左看右写"的方式支持法官通过查阅原始卷宗来完善裁判文书的内容。①该种生成裁判文书所涉及的语义分析技术主要包括以下三种：（1）法律要素结构的搭建及应用技术，即在《人民法院案件信息业务标准（2015）》及分析具体案件的基础上搭建法律要素结构，并应用于裁判文书的自动生成。（2）底层要素分析技术，即根据对《裁判文书参考样式》、相关法律法规、案例数据及实例文本的分析，形成民事诉请要素、事实要素、基本要素、争议焦点和刑事法定情节、酌定情节及各罪的犯罪行为相关情形结构的底层要素结构，并通过分析具体要素在批量文书中所处的语言环境，总结出常用场景形成固定的提取规则，从而基本实现底层要素结构中简单要素的智能化自动化提取。（3）文本合成技术，即加工人员按照获取的数据进行单一模板的配置（分案由），形成一个案由下的模板集，之后再按照获取的数据在模板集合中进行文本的替换和重新整合。

裁判文书智能制作系统在规范文书制作化、捕捉案件事实及统一裁判尺度方面还是具有明显优势的：首先，是对审理流程规范化的改进，因为该系统最终生成的裁判文书初稿须以前置程序中所涉及的起诉状、答辩状、庭审笔录、证据等内容为基础，其天然的规范性与格式性，迫使法官在案件审理过程中必须遵循既定的审理流程，并按时录入相应涉案文字材料。其次，系统的自动生成功能可以极大地提高法官审理案件的效率，因其自身所具备的要素分析技术，可以整合各类案件事实及证据，并自动梳理出涉案争议焦点，一键式自动生成判决书，从而大大减轻法官庭审前整理案件各类材料的负担，也省去了开庭后书写判决书、整理案件材料归档等繁重工作。最后，关于裁判文书的生成过程还离不开一项重要技术，即类案判决的运用，例如，刑事案件主要依据案由、犯罪手段、量刑情节、刑罚、法院、地区、相关法条等

---

① 郑小琼：“北京市律典通科技有限公司——人民法院裁判文书自动生成系统"，载法制网，http://www.legaldaily.com.cn/zt/content/2018 - 06/21/content_ 7574760.htm? node = 92491，2018年6月21日。

多种关联因素综合检索同类案件，然后总结隐藏在类似案件中的共性规律，从而基于数据分析所呈现的平均结论对个案予以启发。[①] 虽然"世界上没有两片完全相同的树叶"，个案也一样，但不可否认的是，通过对法律问题的归结，案件与案件之间终会具有某种联系或比较的可能，这也使得个案的案情之间具有了可比性。这正是先例示范机制的价值：以经过检验的先例作为规范样本，事实上就是在强化法律本身。[②] 而我们需要警惕的是，大数据时代下的"类案"是由机械的数据对比得出的，而非人的思考、比较与分析，故智能裁判文书最终得出的判决结论是否可靠，系统中的数据是否有价值，也即所谓的类案数据是否具备足够的规模与跨度。如果上述数据不具有代表性与包容性，抑或未能与法律推理、法律解释及法律论证等结合，那么最终的智能裁判文书就不能达到充分释法说理的效果。

二、智能裁判——技术理性与司法理性之碰撞

随着司法大数据时代的到来，智能裁判系统的运用不可避免地使当下裁判文书具备了一定技术理性，也即技术应用程序化与规范化下的天然形式理性，这与文书一直所蕴含的内在司法理性不同，前者可谓是一个完全中性的词汇，而后者具有一定的道德价值倾向，尤其在保护公民各项权利方面，这种倾向更为明显。如此，当智能裁判运用于司法实践，不可回避地，即会出现技术理性与司法理性的碰撞，技术理性追求的是审判效率与同案同判，而司法理性更加注重判决的质量与个案的特殊正义，如何使二者顺利融合才是我们当下要思考的问题。

（一）技术理性下的同案同判

2018年8月，中国裁判文书网总访问量已突破180亿次，累计公开裁判文书超过5000万篇。[③] 裁判文书公开的数据积累，也进一步促进了司法各领域大数据的基础完善和崛起，尤其使得法律行业内运用人工智能挖掘分析裁

[①] 李世宇：《司法大数据在类案裁判中的应用探索》，载《郑州大学学报》2018年第1期。
[②] 白建军：《论法的确定性与公正的可检验性》，载《中国法学》2008年第2期。
[③] 中国裁判文书网，http://wenshu.court.gov.cn，最后访问时间：2018年9月1日。

判规律成为可能,全国各级人民法院为响应最高人民法院"智慧法院"建设工作,努力探索创新各项信息化应用,近年来诸如"裁判文书自动生成系统在××法院上线运行","一分钟即可生成裁判文书"的报道比比皆是。[①] 笔者发现,各地法院在报道中均不乏"促进同案同判"或是"避免同案不同判和法律适用不统一"等用语。

而"促进同案同判"语境下的案件多指刑事案件,一般一份刑事判决书最重要的两个部分即为定罪和量刑,而在我国以往实践中因对文书释法说理的要求还未充分落实,法官对此亦有较大的自由裁量权。以 2017 年"于欢案"为例,对中国裁判文书网上 100 多万起故意伤害案进行诸如"高利贷""警察在场""正当防卫"等关键词的搜索,结果发现类似案件已有多起,通过对部分案件的分析可将审判结果归为两类:一类是轻判的,比如河北省保定市的一起同类案件被认定为防卫过当,判处 7 年有期徒刑;一类是重判的,比如安徽省黄山市的一起同类案件,没有被认定为正当防卫,适用死缓。两种判决差异的关键在于正当防卫的适用问题。[②] 这一现象不禁引发我们对"同案不同判"问题的思考,即类似案件下却有着相去甚远的判决结果,这确实不利于树立公众对司法公平正义的认同感,极易削弱司法的公信力。所以,智能裁判系统如果能在一定程度上避免同案不同判现象的发生,自然会受到社会各界的广泛认同。

该系统在促进同案同判上的具体表现为:一是关于大数据定罪的运用,在人工智能机器研发之初,研发人员会截取系统案件中"经审理查明"到"本院认为"部分的文本交给机器学习,机器自身会借助文本相似度分析等技术,挖掘隐藏在以往司法文书中的法官、检察官定罪量刑的集体经验,计算出各定罪情节对罪名确定的影响程度,从而赋予各情节不同的平均影响系数,等到后续进行个案的分析时,即可综合对比系统案件中的事实部分,以确定最终罪名。其次是大数据量刑,此技术相比大数据定罪更为精准化,以

[①] 辽宁省高级人民法院网,http://lnfy.chinacourt.org/public/detail.php? id = 8902,最后访问时间:2018 年 9 月 1 日;陕西政法网,http://www.sxzf.gov.cn/html/11/201806/14/80820_0.html,最后访问时间:2018 年 9 月 1 日。

[②] 参见刘品新:"大数据司法就是大数据+司法?",载《人民检察》2017 年第 23 期。

"交通肇事罪"大数据量刑为例，可以选取"是否造成人员死亡""财产损失数额""是否醉驾（醉驾酒精含量多少）"等要素，交由计算机自动计算这些特征与判处刑期之间的关系，得出较为复杂的量刑公式，最后在个案中自动计算出量刑结果，以实现"精准量刑"。鉴于系统上述数据的产生大多是对以往相似案件所涉数值的分析并计算得出平均值，故其最终结果在一定意义上是能够彰显"同案同判"之价值的。

（二）司法理性下的差异化判决

司法理性从本质上说是一种实践理性，其实践性主要体现在以下两个方面：其一，法官运用理性解决的是社会生活当中真实存在的纠纷，理性的获取、提升和实现都离不开实践；其二，法官运用的方法更多的是实践的方法，而非单纯的自然科学法则。[①] 所以法官在裁判文书写作过程中涉及的法律推理、法律解释及法律论证，与科学世界里的数字推理并不相同，后者探求的是数字符号或命题间的必然联系，而前者追求的则是最佳法律解决方案，该方案不仅受到法官个人实践理性的指导，还会受到社会现实的影响。

反观上文所述的系列"正当防卫案件"，人工智能可以从中捕捉到"故意伤害""高利贷""警察在场"等关键词，或许在其看来业已满足了"同类案件"的要求，从而得出各案件最后的裁量结果也应相同，如果二者相去甚远，则需启动案件偏离预警。但这是否意味着上述两起案件中一定有一起文书的裁判说理及结果有违司法公正呢？恐怕还无一人敢给出肯定的回答。首先，暂不论关键词匹配成功是否一定意味着案件情节相似，即使是两起情节相似的案件，置于不同的社会环境或背景下，亦可能得出不同的判决结果，正当防卫在我国的适用即为很好的印证：在过去的司法实践中，案件被告提出正当防卫的辩护案件得到我国法院承认的情况是相当少见的，这一现象的直接原因就是中国法院认定正当防卫的门槛过高，导致了正当防卫条款的虚置。但在最近发生的一起"昆山反杀案"中，公安机关即直接认定当事人构成"正当防卫"并依法作出撤销案件的决定，这在一定程度上也反映了现代社会观念的变化与公民人权意识的增强。同样，该案的结果对于日后促进正

[①] 刘岩："论司法理性的特质"，载《长春大学学报》2007年第6期。

当防卫的适用，乃至对刑法及其他规范的正确理解，均具有积极的意义。可以试想，如果将昆山案通过智能裁判系统进行分析，那么系统所提炼出的关键词"持刀追砍""一人死亡"等，再结合历年案例数据分析，还会作出正当防卫的认定吗？

综上，数据化的均值判断虽然凝聚了类似案件价值选择、利益衡量、经验法则的时代评价和平均理解，但类案同样存在异质性，我们并不能完全否定一项差异化判决的存在价值。且对于文书中的内在因果逻辑、价值伦理、社会关系及文化背景等司法理性内容往往难以简化为智能裁判中的数据标准，所以民众对相似案件均等化处理的期许与具体个案的特殊正义间也会存在冲突，这亦是智能裁判文书形成过程中司法理性与技术理性的碰撞，而二者的融合还有赖于技术的进一步完善与法官自身能动性的调和。

三、我国当下智能裁判技术理性的潜在问题

不可否认，作为司法大数据产物的智能裁判系统在法治社会建设的当下有着不可估量的价值，其自身所具备的技术理性更是大大提高了法官办案和诉讼服务的智能化水平；但究其根本，智能裁判还只是人类生产工具变化的体现，在造福人类的同时，我们也不能忽视它潜在的法律问题。

（一）智能裁判在释法说理上的脆弱性

首先是上文所述的两种理性碰撞问题，随着最高人民法院《关于加强和规范裁判文书释法说理的指导意见》的出台，裁判文书的制作也面临着更高的要求，智能裁判所具备的技术理性虽然可以满足文书的格式化与规范化要求，但在文书充分释法说理层面，恐怕还离不开法官个人的主观性与司法的能动性。

当下，大数据的积累与精准算法的研究使得裁判文书的自动生成成为可能：即当一个刑事案件传入法官的裁判系统之后，就算仅有公诉文书，人工智能也可以通过自然语义识别技术，提取案件情节，根据先前的案例数据及形成的算法推导出定罪量刑的结果，且随着案件诉讼程序不断向前推进，相关的信息也会越来越多，系统作出的量刑测算会更加准确。但是，司法裁判

的任务不仅在于解决纠纷,更重要的在于说理和论证,这也是最高人民法院专门出台相关指导意见的原因——关于"释法说理"的目的,一份司法裁判文书,其判决结果的权威性与强制执行性并不单纯以国家机器和强制力为后盾,关键还在于"以理服人",使得法律成为一种说理型权威。这时就需要法官充分围绕证据的审查判断、案件事实认定和法律适用进行说理,以法律的适用为例:(1)如果案件所涉法律依据的含义清晰无争议,则可直接适用,继而围绕裁判内容和尺度进行释法说理;(2)如果法律含义不清晰且存在争议的,应进行法律解释,并逐项回应法律争议焦点;(3)在法律规范存在竞合或冲突时,还应先对所选裁判依据的理由进行说明……① 关于这些要求,恐怕目前的智能裁判系统尚未能满足。据了解,司法人工智能所形成的算法,大多建立在对海量文书学习、训练基础之上,其所具备的功能面对关键词提炼与简单的法条援引、适用可能没有问题,但对于复杂案件的说理,即上升到法条背后的法律解释恐仍有难度。

"释法说理"旨在增强裁判行为的透明度,提升司法公信力。一份裁判文书,它必须要能告诉当事人和社会公众,法官在审理案件时是如何选择法律依据,认定案件事实,以及将抽象的法条转变为具体的个案规范的,只有这样才能增强裁判过程的透明度,以规范审判权的行使;而这恰恰也是人工智能裁判的一个内在悖论:人工智能算法隐蔽性和案件裁判过程透明性间的冲突。② 不可否认,智能裁判预测罪名与量刑可以为法官尚未裁判的案件提供参考,但这样的算法背后毕竟只是一串数据,不仅公民或当事人不知道这些算法是什么,就连一线法官与数据研究人员也不能保证这样的算法就一定有科学依据;所以即使我们告诉当事人,人工智能的裁决最接近正义,他也努力去接受技术理性比带有非理性情绪的法官更为客观公正,但当事人还是无法与机器进行直接的沟通与对话,他也将因参与感的缺失而无法真切地感知正义实现的过程。③

---

① 雷磊:"释法说理成就'说得出的正义'",载《人民法院报》2018年7月2日。
② 参见李卓谦:"王禄生:司法大数据与人工智能开发需反思片面技术理性思潮",载《民主与法制时报》2008年6月3日。
③ 徐骏:"智慧法院的法理审思",载《法学》2017年第3期。

（二）司法大数据的基础尚不坚实

智能裁判系统有效运行的前提是司法数据的发展与完备，这意味着，一旦数据不完备或发生某种错误，其对我国司法裁判文书结论所带来的影响将是无法估量的；而这恰恰是目前我国司法人工智能面临的最大问题——数据基础的不坚实。

当前，我国统一的司法元数据标准尚未形成，数据集在质与量两方面均存在不完备之处。首先是质的方面，司法智能裁判系统最终的结论以历史案件为分析基础，但我们无法保证历史上每一个案件的裁决均符合公平正义，且事实上各类案件的裁决质量亦是参差不齐的。试想，如果大数据所依赖的文书本身即存在错误或瑕疵，那么基于这些数据所产生的模型和算法就可能遭遇精确性困境，最后可能的结局是历史的经验错误被不断放大并形成了固化的"错误路径"。其次，尽管我国目前拥有全球最大案件信息库和裁判文书网，司法数据资源初具规模，但仍有大量未结构化的信息沉淀在法院内部，且地方法院间各自研发"智能裁判系统"，出现了诸如"睿法官""智审""法官e助理"等平台，[①] 各系统在数据库、算法、模型设计以及分析技术上必然存在差异，数据信息呈现闭环流通，而难以发挥出大数据测算的优势，最终智能裁判文书结论的确定性与可靠性也必然大打折扣。

此外，据有关研发人员表明，在现有技术条件下还无法保证训练的样本文书与识别技术全都是绝对正确的。[②] 譬如，财产犯罪案件中，法官对金额的描述可能分布在文书的不同位置，如果一个案件真实涉案标的是5000元，但文书其他位置还存在其他金额（2000元、3000元等）的描述，此时不能排除智能裁判系统将金额识别为2000元或3000元，这样将会导致后续一系列包括类案识别、定罪量刑等模型算法产生错误。所以这方面也是当前技术的短板，有待于进一步完善。

[①] 参见人民网，http://legal.people.com.cn/n1/2017/0104/c42510-28996431.html，最后访问时间：2018年9月2日；浙江法院新闻网，http://www.zjcourt.cn/art/2017/5/8/art_3_11345.html，最后访问时间：2018年9月2日；江西法院网，http://jxfy.chinacourt.org/article/detail/2018/05/id/3313474.shtml，最后访问时间：2018年9月2日。

[②] 李卓谦："王禄生：司法大数据与人工智能开发需反思片面技术理性思潮"，载《民主与法制时报》2008年6月3日。

四、司法改革背景下对智能裁判之展望

数据的积累与共享、人工智能的发展已经让人们看到智能裁判对司法决策与执行的强大辅助力，但同时其自身存在的技术上的不足，以及与司法理性的融合问题，除了有赖于技术上的突破，还有待于法律职业者自身去主动拥抱这个对我们影响至深的工具革命，以期能够真正落实习近平总书记"把深化司法体制改革和现代科技应用结合起来"的要求。

（一）充分发挥智能裁判的数据理性

虽然目前的人工智能裁判系统就案件内在的逻辑关系与法律适用仍难以达到"司法智慧"的程度，但其在数据相关性上的分析对于司法审判来说还是具有诸多积极意义的，尤其是量刑辅助裁判系统的发展。从当下各地试验来看，裁判文书自动生成系统的运用主要集中于刑事案件的定罪量刑与简单的民商事案件裁判，但慢慢地该技术也开始运用于证据收集、提起公诉、事实认定、证据确认、案情分析等多个辅助裁判环节。笔者认为，现阶段法院可以充分发挥智能裁判系统在数据分析领域的技术理性功能，包括扩大在民事、商事、行政、国家赔偿等其他类型案件中的适用，尤其是与量刑近似的损害赔偿环节，智能辅助分析亦有其用武之地，既可以减轻法官办案的工作量，同时也能提高涉及数据判决结果的精准性。

（二）增加智能裁判的透明性

人工智能算法的隐蔽性和案件裁判过程的透明化是智能裁判系统内在的一个冲突，一旦引入智能裁判系统，即使其裁判结果非最终性结果，也必然对法官最后的裁决产生影响，而人工智能结果的推理过程只能具象为一连串数据与算法，这些可能连法官和审判庭也不知晓，被告及其代理人亦难以进行有效辩护，更不必说司法竞技的对抗效果。由于目前计算机识别技术尚不能保证百分之百的准确性，一旦系统某一参数发生任何细微变化，都有可能带来裁判后果的"蝴蝶效应"，其实际影响范围和程度也许会超出技术和司

法人员的想象与控制范围。① 因此从保护诉讼当事人基本人权的视角，笔者建议在应用智能裁判系统制作裁判文书的过程中必须做到程序公正，即披露智能裁判系统的技术参数以及对于量刑等裁判工作的影响程度，如果当事人提出质疑，且法院认为有必要的情况下，法院还应有权强制披露相关智能分析工具算法的代码，不过这一行为的行使还应考虑到智能算法商业秘密的保护，故对披露的条件、范围和程度最好出台相应的规定予以规范。

（三）技术理性与司法理性的融合

我国智能裁判系统在技术上的进一步完善与发展自然是必要的，也有赖于我国对高科技司法专业人才的引进与培养，从而深入挖掘司法大数据的价值，为我国司法能力和司法水平的提升提供人才支撑和技术支持，在此笔者不再多作赘述。下面主要讨论一下在适用智能裁判系统过程中司法理性与技术理性的融合问题。

近年来，司法大数据的发展给司法审判带来了诸多利处："截至2018年5月底，全省共有491位刑事法官使用该系统生成量刑表4073份，智能生成裁判文书856份，完结案件数7844件，系统总点击量55万余次"；"系统运行平稳，法官尤其是中、基层法院的法官高度认同，越用越喜欢并依赖这套系统来办理量刑规范化范围内的刑事案件"；"使用该系统后，法官办理量刑规范化案件的时间平均减少约50%，制作裁判文书的时间缩短约70%，制作程序性法律文书的时间减少近90%，大幅度减轻了法官量刑办案的工作量"……②但同时我们不免担忧，这会不会造成法官审判时对智能裁判系统的过度依赖，从而产生司法惰性？

在法院，法官的考核与绩效一般是公正与效率，其中公正一般难以被量化，但效率量化的指标就具体很多，包括审判周期、办案量、上诉率等等；所以在绩效指标无法量化的情况下，法官主要依据自己的专业素养和道德操守来审判案件，一旦考核有了可操作性，作为理性人的法官也会不可避免地

---

① 参见朱体正："人工智能辅助刑事裁判的不确定性风险及其防范——美国威斯康星州诉卢米斯案的启示"，载《浙江社会科学》2018年第6期。
② 陕西政法网，http：//www.sxzf.gov.cn/html/11/201806/14/80820_0.html，最后访问时间：2018年9月1日。

选择趋利避害。简言之，文书自动生成的智能化、格式化与高效率使得法官会不自觉地选择"优化"自己的司法行为，而导致其尽可能俭省地填写文书模板所要求的必备内容，而不是用逻辑去说服当事人。但是，虽然当前人工智能已经具备了自主学习的能力，若要其达到兼顾法律效果和社会效果这样的要求，显然还是超越了它的能力，更不可能期待它作出类似于"马伯里诉麦迪逊案"这样的伟大裁决。① 尤其在现今司法改革充分强调裁判文书释法说理背景下，裁判论证与解释负担的加强对法官的司法能动性提出了更高的要求，所以裁判者必须对个案的异质性予以足够关注，并保持一定的自主性，避免对智能裁判的盲目崇拜与过度依赖。笔者认为，现行裁判文书自动生成系统中"左看右写"的独特设计，是符合审判的实际需要的，即法官可以对智能裁判所形成文书初稿中的每一项信息要素逐个确认，并在综合全案作出整体价值判断后对机器结果进行二次验证：若一致，则再进行充分的说理论证；如若考虑到个案差异而与机器裁决不一致，则需要更加谨慎地思考，必要时可以通过内部机制，最终作出符合《指导意见》的裁判文书。如此，方能充分实现数据信息与司法智慧结合的价值，并发挥出智能裁判的预期效用。

结　语

大约从 2013 年开始，我国法院进入了以智能化为核心的"智慧法院"建设时期，也即在传统司法信息化建设的基础之上，进一步利用大数据与人工智能等前沿技术，推进人民法院在全业务、全方位和全流程上的智能化，这一点在司法裁判文书制作上的体现尤为明显，利用相关系统可以对起诉状、答辩状、庭审笔录、原审文书等材料进行文本分析和信息提取，再结合办案系统案件信息进行类似案件判断，从而基于法律规定与类案裁判结果，形成具体个案裁判文书的初稿。这一过程的优势在于其能够以规模性的数据计算并分析隐藏在类似案件中的共性规律，从而形成规范化样例或标准化量度，避免了个人主观差异所带来的不确定和偏差，也即所谓的"同案不同判"问题。

---

① 徐骏："智慧法院的法理审思"，载《法学》2017 年第 3 期。

审视我国目前的裁判文书智能制作系统，其数据基础是否足够夯实与完备，并能实现真正的"同案同判""等量等罚"，这是值得我们思考的问题，也即技术理性与司法理性的碰撞与融合问题——司法大数据背景下的技术发展确实可以实现对相似案件的均等化处理，但所谓的"均值判断"是否即等同于公正，答案不得而知，即使在整个社会追求"同案同判"的价值基础上，也并未完全否定差异化判决的存在，且考虑到个案特殊正义的存在，差异化判决在司法运行过程中是允许的，有时甚至是必须的，这也恰恰体现了司法理性的价值所在，司法理性在技术理性缺乏人的主体性与司法的能动性时，可发挥弥补法律漏洞之功能。笔者认为，工具理性和技术力量的发展并不能替代司法的经验智慧和价值判断合理性，法官在书写裁判文书的过程中也应在技术利用与司法能动性间找到平衡，只有二者真正融合，才能适应我国加强裁判文书释法说理改革之要求，并充分发挥出类案推送、裁判文书智能制作等数据系统的预期效用。

论法律评注研究范式的本土化路径与方法

——以大数据时代民事诉讼文书样式实例评注研究功用为题

◉ 杨 凯[*]

摘要： 开展民事诉讼文书样式实例评注研究是员额法官进行法律文书制作、写作与创作职业技能与法律思维训练主要方法，是深化审判权运行机制改革、提升审判团队扁平化管理模式审判管理水平的重要路径。在大数据时代的司法责任制改革背景下，通过法律文书样式实例评注研究范式和研究方法的本土化塑造，能较好地锻造法律职业共同体的法律思维实践理性和形成共识。应将新的民事诉讼文书样式实例评注研究方式与民事审判工作监督指导实践紧密结合，通过民事诉讼文书样式实例评注研究的形式进一步研究最高人民法院新颁布的民事诉讼诉讼文书样式的程序规制功能与规则指引作用，从大数据时代民事诉讼文书样式的程序规制功能视角研究民事诉讼程序规制和审判流程规制管理的新方法，研究民事诉讼文书样式对司法行为、诉讼程序、实体处理的规范性指引作用，拓宽民事诉讼文书制作、写作与创作的思路和方法，探寻法律评注研究范式的本土化路径与方法，论证在司法体制改革背景下如何继续彰显、延续和发挥民事诉讼文书样式的诉讼程序规制功能和裁判规则指引作用。

关键词： 大数据 民事诉讼 文书样式 法律评注 程序规制

---

[*] 华中师范大学法学院教授、华中师范大学应用法学与法治社会研究院院长、中国法学会法律文书学研究会常务理事。本文为作者主持中国法学会法律文书学研究会重大委托课题"民事诉讼文书样式实例评注研究"（课题编号：2017WSPZ001）阶段性研究成果。

引　言

长期以来，我国最高人民法院在民事审判工作监督指导中比较重视研究和推广标准化的民事诉讼文书样式，传统的审判管理模式主要是通过院庭长参与合议庭评议案件和逐级审签法律文书的方式来实现的，民事诉讼文书样式在过去的审判管理模式中实际上一直较好地发挥着诉讼程序规制的功能和规范裁判指引规则的作用。传统审判权运行机制中将院庭长审签法律文书作为一种"把关"的审判管理模式，表明法律文书这一诉讼表象的文本载体实际上蕴含着民事诉讼程序规制的功能与作用。而作为民事审判法官最常用的法律写作技能也是比照民事诉讼文书样式来写作案件的相关法律文书。由此可见，文书样式不仅是法官办案的必备工具书，而且还是一种民事诉讼程序的规则与指引方法。新一轮司法改革推行法官员额制、司法责任制和审判权运行机制扁平化管理模式，其中，有一项重点的改革项目就是取消过去传统的院庭长对主审法官办案法律文书的审签权，取而代之的是让主审案件的员额法官自行签发法律文书，这项改革的方向和目标无疑都是对的。然而，在彻底改变一种旧的审判管理模式时，我们一定要认真思考旧的审判管理模式的核心功能与作用是什么？我们将会用哪种具备更加强大的核心功能与作用的审判管理模式来取而代之？曾经有学者诟病民事诉讼文书样式，认为最高人民法院推行的这种格式化的文书样式制约了法官职业群体的个性发挥。迄今为止，关于民事诉讼文书样式的学术争论仍在继续，但最高人民法院重视法律文书样式的规范化研究和推广的司法传统并没有改变。新一轮司法改革积极推进的司法责任制之中重要的核心的改革指向，就是通过民事诉讼文书样式来促进民事审判执行程序合法性的进一步规范，通过民事诉讼文书样式的规范化管理来推行和强化审判流程管理中的程序规则意识和实体处理正确的检测意识，民事诉讼文书样式规范仍然是一种主流的民事审判管理程序规制和规则指引的指导引领方式。这一现象引发笔者的研究兴趣，并开始从法律文书学、法律评注学和民事诉讼法学的多元化视角进行持续观察和研究。

最高人民法院在新民事诉讼法和司法解释出台后不久，紧接着就颁布了新的《民事诉讼文书样式》，并于 2016 年 8 月 1 日开始施行。时至今日，新民事诉讼文书样式施行已经一年多时间,虽然学术界和实务界对此褒贬不一,但笔者认为:从法律评注学的研究范式来观察最高人民法院新颁布的民事诉讼诉讼文书样式的功能与作用,是一个探寻法律评注学研究范式本土化路径与方法的最佳视角。运用法律评注研究方法除了研究法律条文和典型案例之外,更重要的一个研究对象就是文书样式的程序指引功能与规范作用,从法理学的视域来理解就是法律评注研究方法更重要的是研究民事诉讼法和民事实体法的结合。一个民事案件的裁判文书及其裁判观点,将比其引据的民事法律条文对法律的实在效果和司法的实际权威性产生更广泛的影响;一本文书样式,将是司法办案过程中长期陪伴司法实务界的法律职业人的必备工具书籍;而一部典范的法律评注作品,将可能比其评注的对象对法律思维体系养成产生更为深刻的影响。许多一线办案员额法官(包括刚刚踏上员额法官职业岗位的初任法官、预备法官和法官助理、书记员)案头必备的就是法律文书样式、法律条文汇编和法律方法等工具书,但在具体比照文书样式来实际写作法律文书时,仍然还会有疑惑,仅仅看文书样式后的说明也不能解惑;过去有院庭长的审签"把关"可以依赖,员额制和司法责任制改革以后,就只有自己"把关"了,而自己审案如何"把关"?这就需要我们将民事诉讼文书样式、实际典型案例文书和法律评注按照启发思维的模式巧妙地融合在一起。如何凝聚匠心将样式、实例、评注三者融合,如何全面提升员额法官的法律文书制作、写作与创作的职业技能?如何将员额法官的文书审签"把关"能力夯实到超越过去传统的院庭长审签法律文书的能力与效果?如何弥合长期以来司法实践与法学研究、法学教育之间的鸿沟?这是一个值得我们在司法体制改革过程中认真思考的现实问题。

我们今天的司法体制改革、审判权运行机制改革和司法审判实践当然也需要借鉴先进法治国家的法律评注研究范式和研究方法,但我们更加需要的是学习借鉴法律评注的研究范式和研究方法,并将这一研究范式本土化,这是"古为今用,洋为中用"实践方法论的重要体现。我国法院系统目前已经形成体系和传统的民事诉讼文书样式完全可以与法律评注研究范式和研究方法相结合,通过在民事诉讼文书样式原有的价值功能中引入评注法学的研究方法,来开启和创新中国司法体系法律评注研究的本土化研究范式。传统的院庭长法律文书审签"把关"的功能与作用,除了极少的行政化管理不利因素之外,实际上更多的是凸显法律文书样式的诉讼程序规制功能和裁判规则指引作用,这是一个被我们普遍忽视的审判管理核心功能。我们如何在深化司法改革的进程中继续发挥民事诉讼文书样式的程序规制功能和裁判规则指引作用呢?本文试图论证在司法体制改革背景下如何继续彰显、延续和发挥民事诉讼文书样式的诉讼程序规制功能和裁判规则指引作用。本文结合十八届三中、四中全会关于司法体制改革的总体思路,以及最高人民法院《人民法院第四个五年改革纲要》的改革方向和举措,立足全国各地各级人民法院深化法官员额制改革、司法责任制改革和审判权运行机制改革对员额法官、法官助理等司法职业技能培训教育的现实需要,努力把握评注法学本土化研究的现实需求,从法律评注学研究范式和研究方法的本土化视域展开法律文书实例评注应用方法研究,探寻以评注法学研究方法为桥梁促进法律文书学与民事诉讼法学研究深度融合的路径,将新的《民事诉讼文书样式》实例评注研究方式与民事审判工作监督指导实践紧密结合,通过民事诉讼文书样式实例评注研究的形式进一步研究最高人民法院新颁布的《民事诉讼诉讼文书样式》的程序规制功能与规则指引作用,从民事诉讼文书样式的程序规制功能和视角入手,研究以民事诉讼文书样式为平台、载体的民事诉讼程序规制和审判流程规制方法,探寻民事诉讼文书样式对司法行为、诉讼程序、实体处理的规范性指引作用,拓宽员额法官民事诉讼文书写作的思路和方法,探寻法律评注研究范式的本土化路径与方法,寻求提升司法体制改革、司法责任制改革和审判权运行机制改革后员额法官法律文书写作与审签能力水平的最佳路径与方法。

一、评注法学研究范式与研究方法的借鉴意义

法官的司法审判活动是以诉讼文书为基础进行的交流活动。在法庭之上,法官以中立性的语言来引导控辩双方充分表达各自的观点;而在法庭之外,法官以裁判文书来表达法律的内涵、真谛以及法官对于法律条文本身的理解。所谓"判决之外,法官无言",法官通过裁判文书传达法治思想、法治理念,法律文本将纸上的法律转化为"活的法律"。评注法学派在欧洲大陆法系中世纪法学史上扮演过十分重要的角色。"注释法学派的兴起,对《国法大全》

和《学说汇纂》的注释成为近代法律评注的开端",① 12世纪由于原注释法学派的注释已经无法满足时代的社会需要和应用需求,法学应用需要寻找一种新的研究方式"既忠实于罗马法,又不锢于此;它不应再只建立在一千年前的法律文本之上,还要将之阐述成一个活的法律体系",②一种新的"强解"法律文本,寻找法律文本的精神和实质的研究方式。由此,评注法学派应运而生,"13世纪中叶以后注释学派为评注学派时代",③现代法学中的诸多概念、原理、规则的界定、发现和创造得益于评注法学派,"没有评注法学派,就不可能有现代法学"。④法律评注在当前德国的法律实践中,仍然具有持久不衰的影响力和强大的生命力,"尤其在民法领域,若离开评注,对《民法典》的研习和适用就无从谈起"。⑤"《施陶丁格民法典评注》是德国历史最悠久也是最大型的民法典评注书",⑥"评注"作为一种文体及研究方法,发端于公元前5世纪的雅典学派,其后古罗马人又将其引入西欧。13世纪中叶以后注释学派转化为评注学派,发迹于法国的两位学者雅各和皮埃尔使得评注法学从之前的主要从事注释罗马法的注释法学派独立出来。⑦评注法学派在注释法学派的工作成果基础之上,立足于解决实践运用的"实在的"法律和学者研究的"学理的"法律之间各行其是、互不交集的问题,这是评注法学派与前身注释法学派的分野,也是其日后繁荣兴盛的原因。14世纪的意大利,龙巴法和罗马法并存,而在法院中,意大利北部城邦仅对龙巴法予以承认;同时,在教会法院中承认的是寺院法,故而龙巴法和寺院法是实践运用中的法律。而在法学专著中,占据主流地位的又是罗马法,但罗马法在诉

---

① 王剑一:"德国法律评注的历史演变与现实功能",载《中国应用法学》2017年第1期。
② [英]梅特兰等:《欧陆法律史概览》,屈文生等译,上海人民出版社2008年版,第114页。
③ 漆竹生:"评注学派——后注释学派",载何勤华主编:《外国法制史研究(第17卷):罗马法与现代世界》,法律出版社2015年版,第67页。
④ 舒国滢:"评注法学派的兴盛与危机:一种基于知识论和方法论的考察",载《中外法学》2013年第5期。
⑤ 王剑一:"德国法律评注的历史演变与现实功能",载《中国应用法学》2017年第1期。
⑥ 张双根、朱芒、朱庆育、黄卉:"对话:中国法律评注的现状与未来",载《中国应用法学》2017年第2期。
⑦ 漆竹生:"评注学派——后注释学派",载何勤华主编:《外国法制史研究(第17卷)·罗马法与现代世界》,法律出版社2015年版,第67页。

讼中无从发挥作用。而注释法学派的工作是论证罗马法和诉讼中发挥实效的法律实际上在法理根源上具有同一性，是实在法和罗马法通过评注产生融合而发挥其在诉讼中的法律效果。意大利的奇诺又将上述法国学者的研究方法引入意大利，对其研究方法予以分类范式化，其研究步骤分为：（1）读取文本；（2）文本分类；（3）概括说明；（4）举实例；（5）收集重要法律观点；（6）寻找反驳观点。[①] 此后公元14、15世纪，评注法学派进入了全盛时期。评注法学的兴起，在于其满足了法学的科学性的历史召唤，又在实践层面回应了当时欧洲"共同法"的统一性，和"特别法"的多元性。进入15世纪末至16世纪初，由于评注法学派所依赖的理论来源《国法大全》本身的科学性和完整性受到了质疑，使得评注法学派在其科学性上遭受了质疑而一度式微。[②]

近代意义上的法律评注主要体现在大陆法系国家，是集合司法实务界和法学理论界的人士的观点对法律规范进行解释的一项工作，是在法律的框架内对法律进行解释的一种形式。19世纪德意志帝国成立后，在帝国主导下德国出现了大规模的评注。当时法学教育以德意志普通法为主线，但帝国议会也颁布了大量繁多的政策性法律，至此评注法学派出现了复兴，并且"评注（Kommentar）"作为这一文体的固定用语业已形成。此后为了便于法官及法科学生等查阅和使用，德国的评注朝着简明性的方向发展，例如，当时出现的《袖珍民法典评注》《袖珍民事诉讼法评注》都是考虑了便携性的工具性能，使得评注作为工具得以更加广泛流传。同时，由于法官参加评注的撰写，使得大量的判决书的裁判观点纳入评注内容之中。1921年开始编撰的《简明民法典评注》也考虑简明和便利性，其编写目的是"对法院实践和共识观点的全面关注，为法官和律师等提供民法学术研究最为详尽的阐释"。[③] 可见法律评注有其特定的受众范围，突出了实务性研究。法律评注撰写者除了大学

[①] 舒国滢："评注法学派的兴盛与危机：一种基于知识论和方法论的考察"，载《中外法学》2013年第5期。

[②] 舒国滢："评注法学派的兴盛与危机：一种基于知识论和方法论的考察"，载《中外法学》2013年第5期。

[③] 王剑一："德国法律评注的历史演变与功能实现"，载《中国应用法学研究》2017年第1期，第180页。

教授之外，也吸纳立法官、检察官、律师和公证人员等实务界人士参与。1978年《慕尼黑民法典评注》是现代化评注的代表作，其确立了一套完整的评注体例：规范目的、适用范围、构成性前提要件、法律后果、证明责任以及程序性事项。德国的法律评注由于系统性、简明性而具有实用价值，在司法实务的观点中由于便利、简明性的特征使得法律评注比法律条文内容本身影响更深广。纵观法治国家法治体系和司法权威的形成过程，无一例外都是运用法律评注的方法让法治思维深入人心，法律方法和法律思维的实际应用都是借助法律评注的载体来实现的。

在过去，中国法学界和司法实务部门对评注法学研究并不熟知。注释法学，也有学者将之称为法教义学，往往不被视为一种学科，一个学派，而仅将其视为"一种研究立场，体现的是一种研究方法"。[①] 经过几十年的发展，特别是近十年以来，注释法学越来越受到法学界，包括法理学和部门法学的广泛关注，实务界也对注释法学给予了相当的重视。不少基本法律、条例、实施细则出台后，几乎在同一时间就会有相对应的"释义"类书籍出版，不少法律出版社均有自己的释义类丛书，如法律出版社的"中华人民共和国法律释义丛书"，中国法制出版社的"法律法规释义系列"，中国民主法制出版社的"释义及实用指南"，人民法院出版社的"司法解释理解与适用丛书"等等，这些释义类书籍的一大特色，就是"执笔者大多参与过立法过程，掌握了相当的资料与信息"，[②] 执笔者在立法过程中着手释义类书籍的写作，因此，这些注释者除了规范的内涵以外，会使用较大的篇幅陈述垄断的立法信息，包括创制法律或修改法律的背景、修改中的争议、"立法意图"或规范目的，这种传统的释义类书籍的执笔者有着他人所不能及的写作优势。这些释义类书籍多是"逐条释义"，这与德国19世纪到20世纪之交仍然盛行的注释方式方法从形式上看是相类似的："撰写者进行注释时，仅仅参引与待注释法条相关的其他法律条文。只要法律条文相对较新，撰写人通常会引用

[①] 焦宝乾："法教义学在中国：一个学术史的概览"，载《法治研究》2016年第3期。
[②] 张双根、朱芒、朱庆育、黄卉："对话：中国法律评注的现状与未来"，载《中国应用法学》2017年第2期。

立法过程中的材料以记录立法者意志"①。这种对法律的历史解释方法被广泛运用于我国的释义类书籍写作当中。而在德国《民法典》生效之际，法律评注同样受到重视。法律评注与法律"释义"相区别的是：释义类书籍往往是立法机关在立法通过之后立即编写或出版，而法律评注"强调学术研究成果、立法情况和已有司法判决成果对法律实务的作用"，体现了"经验成果积蓄沉淀"，"是一种法律适用导向、但兼具学理辨识的法律工具"。② 在几名学者的对话中，张双根教授认为要取得法律评注的良好效果，要满足几个条件，包括"法律文本的可评性""评注者有相关训练""需要相当的组织""评注素材与方法的充分和合用"并表达了对我国当前引入评注条件并不成熟的担忧。③ 关于评注法学派的活动，德国科隆大学民法与法哲学教授诺伯特·霍恩写过一篇专论《欧洲近代私法史渊源与文献手册》，他认为评注法学派的活动特点有三个方面：一是转向法律事务。相对于注释法学派的法学家而言，评注法学派更强烈地致力于法律实务，处理纷繁复杂的地方现行特别法问题。二是方法的继续发展。评注法学家针对注释法学派的注释，尝试运用新的法学方式去处理具体难题或讨论法律实务的实际问题，形成一种更为深入的注释，带来了法教义学进展，并提出大量实际可行的解决方案。三是学者法的推广。学者法不仅构成法学的素材（资源），也构成法学的概念与方法基础。④ 由此可见，相较于注释法学，评注法学更加注重已有司法判决成果对法律实务的作用。评注法学研究法律文本对司法判决产生的影响，法律文本实施在司法实践中的成效、问题、不足及解决方法。对司法判决的研判反过来会引发我们对既定/约定/待定的法律文本范式的思考，包括对法律文本形式正义的思考，以及法律文本对当事人的程序性权利和实体性权利的思考。中国评注法学派的形成和发展是当前中国司法统一要求下的必然产

---

① 王剑一："德国法律评注的历史演变与现实功能"，载《中国应用法学》2017 年第 1 期。
② 张双根、朱芒、朱庆育、黄卉："对话：中国法律评注的现状与未来"，载《中国应用法学》2017 年第 2 期。
③ 参见张双根、朱芒、朱庆育、黄卉："对话：中国法律评注的现状与未来"，载《中国应用法学》2017 年第 2 期。
④ 参见舒国滢："评注法学派的兴盛与危机：一种基于知识论和方法论的考察"，载《中外法学》2013 年第 5 期。

物,标准化文本所具有的形式规范和统一,"对严格执行民事诉讼法,统一法律适用,维护当事人权益,以及展示司法公正,提升司法公信,弘扬法治精神,宣传社会主义核心价值观具有重大现实意义"。[①]

当前的时代,是剧烈变化的时代,通过对法律文本的评注,通过解构和建构法律文本的标准范式,通过这种研究法律文本的新方式,拓展法律的规范效力和适用范围,使法律文本成为"能够适应时代的社会需要的法律"。[②]在展望中国未来评注法学新时代的同时,我们也必须清楚认识到历史是循环往复的,过去德国评注法学所遭遇的危机,也同样会发生在中国评注法学研究上。评注法学的方法和理论将不可避免地遭遇危机:其一是认识论矛盾,这是评注法学派寻求法学学科不证自明的真理与在具体问题的法律论证中回到"或然的确定性"的论题学工具和技术的认识论矛盾。[③] 其二是方法论局限。法律评注来自规范,总结规范,发展规范,在这一意义上,"评注成了规范本身"。法国16世纪著名法学家弗朗索瓦·霍特曼就曾经批评道,"《国法大全》是在罗马帝国崩溃之后由一帮不懂罗马法精神的人编写而成的,这些编写者改变了很多东西"。[④] 作为法律的观察者、法律的实践者,职业法官群体对法律文本提出的看法、意见和建议,是否真实展现了法律文本自身的要义,是否真实体现了司法实践的真实要求,是否代表了中国的法律习惯和司法文化,是否揭示了中国司法的发展方向?这些问题也是评注法学派本身的方法和理论难以应对和加以解决的。

当前借鉴新近的德国评注法学研究范式和研究方法,将评注法学研究引入中国司法审判实践和法学教育,并基于中国的法治发展条件、司法资源和法律品质,赋予评注法学研究以新的内涵,丰富评注法学的理论、方法和文化,是研究中国法律文本的一种新路径和新方法,代表了中国法学研究的一

[①] 沈德咏主编:《民事诉讼文书样式》,人民法院出版社2016年版,第1页。
[②] 舒国滢:"评注法学派的兴盛与危机:一种基于知识论和方法论的考察",载《中外法学》2013年第5期。
[③] 参见舒国滢:"评注法学派的兴盛与危机:一种基于知识论和方法论的考察",载《中外法学》2013年第5期。
[④] 舒国滢:"评注法学派的兴盛与危机:一种基于知识论和方法论的考察",载《中外法学》2013年第5期。

种新思路、新方向和新路径。这不仅仅是一种"现代化范式",更是符合中国当今社会自己的司法实践路径和法治发展路径的"法律理想图景",为"中国法学向何处去"的宏大叙事可以提供部分构想。"中国法学在这个时代究竟是根据什么去想象那个'法律'或'法律秩序'的?"① 立法机关制定的法律/法律文本是理想追求中的法律,司法机关作出的司法判决及其执行是实践中的法律,两者共同建构了我们这个时代的"法律"或"法律秩序"。而当前对新颁布的《民事诉讼文书样式》进行实例评注研究,正是将评注法学研究范式和方法引入中国法学研究的最佳切入点。2012 年 8 月 31 日第十一届全国人民代表大会常务委员会第二十八次会议通过了《关于修改〈中华人民共和国民事诉讼法〉的决定》,新的民事诉讼法开始施行。至此,1992 年最高人民法院办公厅印发的《法院诉讼文书样式(试行)》及其他民事类诉讼文书样式已经不能满足民事司法实践需要。最高人民法院成立修改后民事诉讼法贯彻实施工作领导小组,把修订民事诉讼文书样式作为两项最重要的工作之一。民事诉讼文书样式属于司法性文件,包含了若干具体的技术性问题,这为评注留下了"法律文本可评性"的前提,并提出了现实的需求。我们正处于"信息爆炸"的"大数据"时代,中国特色司法公开平台建设,使得我国在较短的时间内在司法公开的道路上走在了世界前列。2013 年 7 月 1 日,中国裁判文书网开通运行;截至 2017 年 9 月底,中国裁判文书网站公开的裁判文书已超过 3200 余万篇,访问量突破 20 亿次。短短四年时间,中国裁判文书网的网站已经成为同类网站的世界第一,海量的裁判文书资源为法律文书实例评注研究提供了丰富的素材。2014 年 6 月 6 日,中央全面深化改革领导小组第三次会议审议通过《关于司法体制改革试点若干问题的框架意见》,意味着我国司法体制改革正式启动。司法责任制作为司法体制改革的"核心内容",其前提性、基础性和辅助性制度是司法员额制。据报道,2017 年 6 月,随着最高人民法院机关首批 367 名员额法官选任工作的完成,全国法院共遴选产生 12 万余名员额法官,法官员额制改革在全国法院系统已

---

① 邓正来:"中国法学向何处去(上)——建构'中国法律理想图景'时代的论纲",载《政法论坛(中国政法大学学报)》2005 年第 1 期。

经得到全面推广和落实。① 这预示着，员额制法官朝着专业化、规范化、职业化的道路上迈出了坚实的一步。结合司法审判实践中的真实案例和裁判文书对民事诉讼文书样式进行实例评注研究，是司法改革后民事诉讼文书样式功能和作用得以发挥的重要路径，是将评注法学研究引入民事诉讼文书制作领域的一种探索实践，是一种全新的、创造性的、开拓性的有益尝试。开展民事诉讼文书样式实例评注体系化研究将会不断改进民事审判管理中的现实问题，不断丰富法学研究作品的类型，在寻求注释法学新发展、新运用的同时，也开启了员额法官评论法学研究的新时代。过去的法律评注一般由立法者/立法参与者来完成，他们更多关注的是法律的"前世今生"，法律形成的过程和其中的争议，以及法律的规范目的，着重阐述立法原意和立法目的，而对法律实施的具体效果关注度不够。而由法院入额法官审判团队来体系化研究和撰写法律文书实例评注，在对法律文本的深度分析基础之上，关注法律文本的实效——民事诉讼文书样式在具体案件中的规制与运用，更能真实反映法律文本对司法判决和司法活动的影响，从而给出更加有用和有效的法律建议。随着法官队伍专业化、规范化、职业化水平的逐步提升，中国法学和中国司法必将迎来法官职业群体法律评注法学研究的新时代，这也预示着：在未来的中国司法改革和司法实践中，职业法官评注法学研究极有可能会逐渐形成一个新兴的本土化的中国评注法学流派。未来职业法官评注法学研究流派将会做些什么？将会怎么做？将会使用什么研究范式和研究方法进行评注？值得我们共同思考和探索实践。

二、评注法学研究范式在中国法律环境中的本土化应用

我们考量评注法学派研究范式和研究方法在中国本土化过程中的生长性，需要回到中文语境分析国人如何理解法律评注的实际意义，分析其能否具有在中国本土文化心理的可接受性。"评注"中文词义解析为评论和注解，在前面所说的评注法学遭遇的危机和质疑中，源于法理经典产生的质疑，这一

---

① 靳昊、李京："我国法官员额制改革全面完成：最高法首批入额法官共367名"，载《光明日报》2017年7月4日。

司法大数据与法律文书改革

问题移植到我国之后是否会面临同样的问题？1000年的中华法系集大成者《唐律疏议》，"疏议"其实就是对于《唐律》的议论和释义。封建社会晚期的《大清律例》也是用"例"的方式对于"律"做的说明和举例。以上这些都可以看作是中华法系古代原生态法律评注研究范式的原型，只不过没有形成像德国法律评注那样的固定体例研究范式和内容体系的系统性。另外，我国古代司法行政合一模式中的裁判法官同时也是地方行政长官，虽然典籍中描述的裁判方式为"引经据典、缘情定罪"，但实际，尤其是在民事诉讼领域，一方父母官作出的司法裁判往往更加具有实用性的意义，定分止争，服判息诉是有历史思想渊源的，引经据典的部分则具有很大随意性。例如，在清代曾国藩选编的《绝妙判牍》中裁判的文体夹叙夹议，"既有遵循法理、环环相扣，又能绝处逢生、出人意料"，[1] 其实并没有统一的原则和标准。司法制度演进到现代，中国的司法制度和诉讼模式随着时代的发展变化发生了很大的持续性变革，特别是新中国成立后的现代司法行为中，经过了一段市场经济改革大发展时期，司法功能又过度服务于政策性目标和回应社会矛盾，司法工作的重点不是建立裁判规则而是回应社会矛盾。

在当下，随着推进法治建设进程中法律体系的不断完备和发展，我国部门法研究已经逐渐从立法论转向解释论，这就需要大量法律评注来弥合特别法与普通法、回应社会与提炼规则之间的差异。因此，发端于欧洲的法律评注研究方法实际上与我国的传统法律环境土壤是有着一定的共生性的。当前需要更多考虑的是应用法律评注研究方法来应对频繁的社会经济体制改革和司法体制改革带来的司法治理中的任意性和法律思维的无序性等突出问题，用中国现代社会法律职业共同体可以接受的法律评注研究范式和研究方法和研究范式来研究中国社会的法律适用问题，用法律评注研究范式的本土化路径和方法来形成中国法律职业共同体的共识。在人工智能迅速发展的新时代，基于在线法律咨询和互联网法院的发展，不断有人提出法官和律师执业是否在未来会被人工智能所取代。在欧洲，科学家已经研发了一台人工智能计算机"法官"，可以准确预测欧洲人权法庭大多数的裁定，而为了人工智能

---

[1] 曾国藩等：《绝妙判牍》，海南出版社1993年版，序言第1页。

"律师"可以更加轻松地完成法律查询和检索工作。[①] 一个职业群体是否会受到科技发展的冲击，主要在于其作为一个独立职业的核心要素代表什么。影响社会文明显著变化的，往往是其中职业群体的思想和信仰结构性变化，而不是外在的物质生活环境。"在一个群体中，没有什么比世代相传的思维结构更加稳固。"[②] 在"文革"结束后，我国的司法体制和诉讼模式经历了数次改革，旧的体制和思维模式被逐渐颠覆变革之后，新的中国式法律思维模式和评价标准尚未形成和确立，"既有的观点已瓦解，新生的观念仍处于形成之中，现时代呈现为群龙无首的无序状态"。[③] 这就尤其需要我们大量应用法律评注的研究范式和研究方法来帮助法律职业共同体和社会公众形成共识。近年来，随着法律体系的逐渐完备，国内的学者也逐渐意识到我们只有走过一个以立法为主导的法学研究的时代，发展、演进、过渡到新的以法律解释为主导的法学应用研究的时代，才能兼顾法律体系的稳定性及其与司法实践的契合性的平衡统一。因此，陆续有学者开始进行法律评注研究，其中，既包括专著，也包括案例和论文。

目前国内以"评注"为主题的代表性专著主要有：（1）《民法总则评注》，以《民法总则》条文阐释评注的方式，对《民法总则》的 206 个条文进行逐一解读。其体例与内容包括：历史由来、规范目的、规范含义、举证责任分配、其他问题。（2）"家事法评注丛书"，全书共计 11 卷，按照现行《中华人民共和国婚姻法》《中华人民共和国收养法》《中华人民共和国继承法》等法律的结构，逐章、逐条地予以评注。其评注的内容包括：法条及其由来、法条释义、法条相互之间以及法条与司法解释之间的关系辨析、引述关键性法院判例、学术观点。（3）《税法解释与判例评注》，每年出版一到两期，是时下典型的"以书代刊"的连续出版物形式，介于专著和期刊之间，其评注的对象既包括内地法院的税法案件的裁判文书、财税机关的行政处理

[①] 张新宝："把握法律人工智能的机遇，迎接法律人工智能的挑战——致2017年重法学院毕业的同学们"，载《法制日报》2017年6月29日，本文为张新宝教授在华中师范大学法学院2017毕业典礼上的致辞。

[②] [法] 勒庞：《乌合之众：大众心理研究》，中国华侨出版社2016年版，第2页。

[③] [法] 勒庞：《乌合之众：大众心理研究》，中国华侨出版社2016年版，第2页。

决定，也包括港澳台及国外的税法案例，还包括财税机关关于税法适用中的解释。评注的形式结构自由，没有要求统一格式要求。

国内以"评注"为主题的代表性论文有：（1）吴香香《〈物权法〉第245条评注（上、下）》，主要针对《物权法》第245条，该条文是对占有保护请求权的行使的规定。其体例是按照规范意旨、占有保护请求权内容、规范的体系关联、举证分配的顺序来评述。（2）朱庆育《〈合同法〉第52条第5项评注》，①针对《合同法》第52条第5项评注。其评注顺序是：规范意旨与功能、裁判法源（法源位阶、裁判法源）、效力性与管理性强制规定（概念界定、判断标准、案例思路）、法律禁令规范意旨之探寻、规范的体系关联、法律效果、举证责任。较为接近德国民法典评注的体例。（3）汤文平《论合同解除、债权抵销之异议——〈合同法〉解释（二）第24条评注》，②内容为法律条文总体评说与程序上不合理问题的建议，程序节点上的要点注释，主要着眼于法律条文之间的关系分析，没有案例分析。（4）贺剑：《〈合同法〉第54条第1款第2项（显失公平制度）评注》，③内容包括：规范目的与立法历史，显失公平构成要件的共识与争点，法律效果，常见案例，证明责任。（5）史明洲：《执行和解的法解释论展开——〈民事诉讼法〉第230条评注》，该评注虽然名为法律条文的评注，但其实际内容为对整个法律制度的评注，其包含：条文释义，立法背景，执行和解的效力瑕疵、执行和解状态解除、执行和解制度的扩张，在效力瑕疵与状态解除两部分穿插了相关典型案例。④

以上国内较为典型的法律评注研究专著和论文，在编写主体上，作者大多为法学院的学者，实务界的法官和律师参与甚少。在评注对象上，大多数以民事实体法为评注对象，以诉讼程序法为评注的文献甚少。评注的范围，有的主

---

① 朱庆育："《合同法》第52条第5项评注"，载《法学家》2016年第3期。
② 汤文平："论合同解除、债权抵销之异议——《〈合同法〉解释（二）第24条评注》"，载《东方法学》2011年第2期。
③ 贺剑："《合同法》第54条第1款第2项（显失公平制度）评注"，载《法学家》2017年第1期。
④ 史明洲："执行和解的法律解释论展开——《民事诉讼法》第230条评注"，载《当代法学》2017年第1期。

要针对一个法律条文或者法律部门,有的针对一个法律制度体系评注。评注的对象、形式、基础材料和格式结构都不相同。当前我国的法律评注研究属于刚刚起步的探索阶段,研究范式尚未形成,研究方法也有进一步提高的空间,我们既可以借鉴世界法治发达国家已经形成较为成熟的研究范式、研究体例和研究方法,也可以尝试新的研究范式、研究方法和创新模式,何种研究范式和研究方法更适合我国社会的人文法律环境尚需时间和实践去检验。

实践是检验真理的唯一标准,根据当今中国司法制度中民事审判注重文书样式指引功能的司法传统,笔者提出一个较为大胆的本土化研究方法:结合民事诉讼文书样式和真实案例文书进行实例评注。这是尝试将我国现行的民事司法传统和习惯做法与评注法学研究范式相结合的一个本土化创意的研究路径和方法,也是探寻将民事诉讼法程序规则引入诉讼文书样式和法律评注相结合的评注研究范式的本土化研究路径与方法,希望这个跨界思维和探索研究能够在司法实践中得到检验。

在新一轮司法体制改革中提出了加强法官队伍的专业化、规范化、职业化建设要求,这表明在法治建设的时代背景下法官职业的专业化水平受到来自各方面的质疑和挑战。法律职业尤其是法官职业受到了来自于各方面的冲击,全国各地各级法院的员额法官队伍普遍存在着司法技能和法律思维的"断链"的现象,这固然和法官员额制改革有一定联系,同时也是法学院理论法学教育模式向法院以及其他司法实践领域输送的法学专业学生产品不能满足实践需求所致。在现有员额法官队伍中曾经出现过一次断层现象,那是1998—2002年历时四年的精兵简政运动,使得全国各级党政群机关共精简行政编制115万名,在这四年间各地法院人员招录几乎停止。在其后逐渐开始司法干警人员招录之后,新招录的人员是按照新的公务员招录方式,并结合了恢复人员录入之后新的公务员考试制度和司法考试制度同时施行。因此,其后新招录的司法人员知识结构和之前法官队伍有所区别。但当时仍然继续采用书记员—助理审判员—审判员的法官养成的三级过渡模式,以及师徒手把手"传帮带"的法官职业思维与职业技能的"言传身教"教导传承模式,对"断层"现象有所缓解。但是,当前新一轮法官员额制改革完成后,到第二轮员额法官遴选入额前,由于之前的传承模式完全打破,令人们不得不提出法官职业队伍断链的隐忧。实际上，本轮司法体制改革中的法官员额制度改革也相当于是在法官职业队伍中一次规模更大的"精兵简政"运动。由于法官助理和法官之间分工的逐渐明确化，即使再优秀的法官助理也不能保证任命同时立刻具备系统性的法官职业法律思维和司法职业技能。为此，有人提出下一轮员额法官的"分段式"养成模式观点，其实质仍然是类似于在法官助理和法官之间设立一个预备法官的中间阶段。①

波斯纳教授在其新著中提到美国司法制度存在着一部分难以解决的结构性问题和管理性问题，而法学院因为其日益的职业化、理论化与交叉学科化，其学术产出成果越来越不能满足司法实践的需求。其一直致力于提倡运用社会科学知识解决学法问题。②而我们现在所探讨的评注法学研究方式和教学方法其实也是应用法学的一种方法的分支。其实，评注法学研究方法的本身就是缘于应用和实用主义的思考，为了弥合法学院的学院派和意大利法院的实在法的距离，用立法背景、法理观点、法条之间分析和比较、制度体系、司法判例等综合性方式重新诠释实在法的方法。也可以说是用各种评注的依据重新翻译了实在法，使实在法和法理之间更加融合，使法学院的法学教育产品输出逐渐满足法官职业和律师行业的现实需求，通过评注法学研究范式和研究方法的本土化路径选择和实践，在法学院和法院之间架起一道能够逐渐形成法律职业共同体对法律和司法的共识的桥梁。"法律犹如国之语言"，在大陆法系国家的法律评注类文献经常被纳入法学教育的参考书目，所以评注法学就是对法理、法律条文、判例中的裁判观点综合性的翻译之后的再诠释，发现三者综合作用之下法律本身究竟在实境中的作用为何；同时，评注法学也是一种教学和锻炼思维的方法。翻译教学法中有种叫评注式翻译，也称为注解式翻译（annotation translation），是指译者在翻译的同时同步解释翻译基础的词源背景，在分析和传递原文信息的同时，提供自己解决翻译中重

---

① 林娜、钟贝：“为了持续的高质量正义：论法官员额背景下法官养成机制的'分段式'改革"，载贺荣主编：《深化司法改革与行政审判实践研究：全国法院第28届学术讨论会获奖论文集》，人民法院出版社2017年版，第294页。

② [美]理查德·A. 波斯纳等：《各行其是——法学与司法》，黄韬译，法律出版社2017年版，第273页。

要问题的方法与过程,并就其所使用的翻译技法、过程及其相关理论与实际问题交互讨论,确信自己翻译的基础根源。[①] 这种翻译方法与传统翻译技能的区别在于传统方式重视的是翻译结果是否符合范文,是一种以结果为取向的方法,而评注式翻译是以行为为取向,重视译者在翻译过程之中解决问题的思维和达成内容确信的路径探索,当前在外语教学中被作为一种具有引导式的教学法而逐渐受到关注。

当前我国司法改革过程中对于法律在社会实践中效果的理论研究,从过去对司法结果的关注逐渐转向为对司法行为的关注。其中,以司法责任制度研究为例,我国早期司法责任的规则原则采用结果责任模式,就是根据案件是否发回、改判、再审来评价责任,这不符合司法审判规律的实践理性。现在有学者提出"司法行为责任",是"主要根据法官在司法行为的过程中有无实施违法行为,如果存在违法行为即使裁判结果正确也要追责。"[②] 法官作为司法主体,能控制的仅仅是案件司法过程中的行为,而非案件结果。案件是否在二审发回、改判都是一审中不可预测和不可控制的。波斯纳法官在近年对司法活动的观察中提出了关于"司法行为学观察研究",其研究方式不是针对案件的结果——裁判结果中法官发表的司法意见本身进行分析,而是针对司法过程中的法官司法行为,如在案件讨论中的投票表决行为与其相关的背景因素,分析比较何种因素会对法官在案件讨论中的观点取向发生实际影响,以及如何预测其将来的行为。[③]

三、诉讼文书样式实例评注研究的司法行为学价值分析

法律评注是一种不同于法条释义、案例分析、裁判观点要览的法律文献题材以及法学研究方式,并具有自审式、启发式、体系化的法教义学意义。司法过程中的一系列决定,其实都是"一种偶然地产生的法律适用,如何才能既有

---

① 李小撒、柯平:"过程教学法在翻译教学中的应用——以同伴互译和评注式翻译为例",载《外语教学》2013 年第 9 期。
② 李浩主编:《员额制司法责任改革与司法现代化》,法律出版社 2017 年版,第 435—440 页。
③ 参见[美]理查德·A. 波斯纳等:《法官如何行为——理性选择的理论和经验研究》,黄韬译,法律出版社 2017 年版,第 273 页。

内部逻辑自洽性又兼具外在论证的合理性，且同时维护法律的确定性以及法律的正确性呢？处理法律理论的这个核心问题有三种可能的方案：（1）法律诠释学；（2）法律实在论；（3）法律实证论。"[1] 法律诠释学的价值在于"徒法不足以自行"[2]，"任何规则本身都不能规定它自己的运用方式。一个符合某个规则的事实构成，取决于根据运用它的规范的概念对它进行的描述"，[3] 而这个规范的具体含义又恰好仅当其被运用于一个具体实例中才得以展现具体样貌。

（一）对《民事诉讼文书样式》进行评注研究的价值和意义

民事裁判文书是案件动态的司法行为过程和静态的案件结果，以及诉讼程序法和实体法规范纵横交织的网。裁判文书样式本初的功能是制造裁判文书这张网，使得诉讼程序的经线和裁判规则的纬线能相互交织，又能各行其是，安然有序地反映案件过程和结果。"民为邦本、法乃公器"[4]，民商事案件占据国家各类案件的主要部分是一个国家社会从打击犯罪为主走向经济繁荣稳定的衡量指标之一。2016 年全国各级人民法院审结一审民商事案件1076.4 万件，在各类诉讼案件中位居首位。[5] 截至 2017 年 7 月 1 日中国裁判文书网上载裁判文书总量约为 307.29 万篇，其中民事裁判文书约为 189.91 万篇。[6] 我国已经出现的法律评注作品中，较多的是民事实体法内容的评注，鲜有民事程序法内容的评注。《民事诉讼裁判文书样式》本身既无法完全归类为程序法范畴，自然更加不能归类于实体法范畴，而其配套施行的《裁判文书制作规范》仅具有司法解释的效力，在目前我国民法典的编纂和评注尚未完全成功，民事诉讼法的评注尚少有涉足的前提下，我们选择以《民事诉

---

[1] [德] 哈贝马斯：《在事实与规范之间——关于法律和民主法治国的商谈理论》，童世骏译，三联书店 2014 年版，第 246 页。

[2] 《孟子·离娄上》，意谓治理国家必须把行善政与行法令结合起来。体现了法的局限性。这也就是说法律除了规范以外，要真正发挥作用，离不开主体的素质、法律体制、人们的法律意识等。

[3] [德] 哈贝马斯：《在事实与规范之间——关于法律和民主法治国的商谈理论》，童世骏译，三联书店 2014 年版，第 246 页。

[4] 这是儒家政治思想的一项重要内容。

[5] "最高人民法院工作报告——2017 年 3 月 12 日在第十二届全国人民代表大会第五次会议上"，载全国人民代表大会网，http://www.npc.gov.cn/npc/xinwen/2017-03/15/content_2018938.htm，最后访问时间：2017 年 6 月 30 日。

[6] 来源于中国裁判文书网 2017 年 7 月 1 日的实时数据。

讼文书样式》的实例评注作为我们实践探索法律评注研究方法的对象,是因为相比之下《民事诉讼裁判文书样式》在司法实践中的重要作用。当前,我国的民事实体法和程序法深受德国潘德克顿法学体系的深刻影响,但是在法律评注方面国内学者刚刚起步。当前,我国主要是实体法方面有学者做过评注的研究和尝试,主要集中于立法背景、制度原则、适用问题等内容,在诉讼法和裁判文书领域鲜有尝试,尤其是没有以裁判文书为依托的评注方面的著作成果。同时,关于裁判文书写作无论是司法实务界和法学教育界都有一些教授文书写作的文献,早期的裁判文书类著作侧重于案件的评价,较少完整系统地评价文书写作范式,近期的裁判文书类著作逐渐转向关注裁判文书的范式本身。文书样式虽然是法官撰写裁判文书的工具,但是其内容的内在结构关涉到了民事实体法和民事诉讼程序法的结合运用,对于展现法律适用的司法成果和规范法官解释适用法律的权力,乃至在司法行为过程中规范法官行为、形成裁判规则和裁判要旨有着至关重要的现实意义。

(二) 对《民事诉讼文书样式》进行评注研究的现实制度基础

为了指导各级人民法院的民事裁判文书制作,最高人民法院于2016年7月5日发布了《民事文书制作规范》和《民事诉讼文书样式》。这是继最高人民法院1992年发布《诉讼文书样式(试行)》(以下简称《1992年文书样式》)时隔将近1/4个世纪之后,对民事诉讼文书样式的一次集中重大调整。《1992年文书样式》已经为我们文书样式改革和评注研究奠定了丰富的实践基础,而2016年的新《民事诉讼文书样式》在文书样式的体系之内结构较以往更加完整。其以提高文书质量为核心目标,并与此同时提出了文书撰写做到格式统一、结构完整、要素齐全的外在形式要求,以及裁判说理繁简得当、逻辑严密、用语准确的内在要求。此前,各级法院在民事案件中使用的是最高人民法院1992年下发的《诉讼文书样式(试行)》,此后24年期间随着民事实体法的变化,以及民事诉讼法历经了两次修订,《1992年文书样式》已不能满足民事诉讼程序的需要。新文书样式是紧随2015年新《民事诉讼法解释》而制定颁布的,为了统一规范写作标准,还同时颁布了《人民法院民事文书制作规范》。新文书样式的主要特征是:"1. 在诉讼程序上以案件的审理级别为主线,重点体现不同的审级程序特征。2. 结合案件的实体特征提出了对裁判说理的具体要求：（1）根据不同审级功能确定的审理实体争议范围不同而确定裁判说理重点；（2）结合案件争议性质繁简得当地说理；（3）围绕案件事实和法律争议，对证据的采信理由、事实认定以及推理过程等予以充分论述。3. 明确了繁简分流的格式标准，新增加了适用于简易程序、小额诉讼程序的案件的要素式、令状式和表格式的简易文书样式，以便简案快审、繁案精审。4. 优化了裁判文书的体例结构。5. 规定裁判文书事实部分增加争议焦点的归纳，以便于其后结合争议焦点有针对性地阐述裁判理由。"① 尽管新民事诉讼文书样式体系数量庞大，但在样式种类上，仍没有完全涵盖所有民事诉讼案件的具体类型，并且随着司法改革进一步深化以及民事诉讼法律制度的发展变化，相关诉讼制度的变化会导致文书样式的部分内容与新的诉讼制度难免出现冲突，加之民事诉讼案件本身纷繁复杂的诉讼形态，以及民事案件受案范围的适度开放性特征，需要我们不断在司法实践中结合具体案情需要和制度特征对新民事诉讼文书样式作出注解。基于体系完整性需要，当前已经具备了对《民事诉讼文书样式》进行体系研究和评注研究的制度性基础。

（三）动态审判与文书要素交互指引作用的诉讼法原理

在司法改革背景下，将动态审判要素与裁判文书要素相结合，二者紧密结合、同步运用是当下司法职业技能训练和法律思维养成的高效模式，并且也会潜移默化地影响到裁判文书中裁判思维去行政化效果。波斯纳法官在其对司法行为学研究的著作中描述到美国司法中存在着和我们实行法官员额制改革后裁判文书写作有可能必将面临的通病："法官可能会让有一定司法工作经验的法官助理来撰写司法意见。不擅长进行法律分析的法律工作者却可以成为合格的法官，因为他们不必论证其作出的裁决（交由法官助理完成），必然导致法院政治化程度加深和司法裁判质量下降。"② 那么，我国法官员额制改革后，是否也存在这样一个隐忧：将来法官因为将裁判文书中的部分内

---

① 参见2016年7月5日最高人民法院召开的新闻发布会上，最高人民法院审判委员会专职委员杜万华对《民事诉讼裁定文书样式》修订及发布实施情况所作的通报内容。

② ［美］理查德·A. 波斯纳等：《法官如何行为——理性选择的理论和经验研究》，黄韬译，法律出版社2017年版，第273页。

容和论证分析交由初离法学院的法官助理写作，而钝化了法官法律思维的继续生长，而法官助理由于没有从裁判文书中吸收足够的司法经验，没有完善养成司法实践过程和形成裁判观点这一交互指引系统的"循环回路"，难以直接过渡到一名合格的法官。

作为法官、法官助理和书记员，在日复一日的司法审判实践中几乎每天都要和裁判文书打交道，而制作、写作与创作裁判文书又是法官、法官助理、书记员的一项重要的工作内容。从司法程序功能的视角来看，裁判文书的制作、写作与创作就是一个以审判要素为主导的动态审判程序制作过程，法官、法官助理、书记员在审判中所做的许多工作，实际上都是与裁判文书制作内容相关的。裁判文书上的许多话语实际上也都来源于法官、法官助理和书记员在司法程序中的各项工作。法官、法官助理和书记员的送达、调查、归纳整理争点、固定证据、庭前调解、庭审、庭审记录、合议庭评议案件等工作过程，实际上都是运用要素式审判方法在制作、写作与创作裁判文书的动态过程，只不过我们没有意识到也没有深化裁判文书动态写作工作方法和职业技能养成。

裁判文书的制作与写作并不是在案件庭审之后，或合议庭评议案件后才开始的，而是应当贯穿于整个司法审判活动的全过程，每完结一个诉讼程序环节就应当同时制作或写作完成裁判文书的一部分内容。例如，民事案件审理中，完成立案登记和审前送达程序性辅助工作之后，就可以写出审理报告中的"当事人和其他诉讼参加人的基本情况"；完成归纳整理案件争点和组织进行证据交换程序性辅助工作之后，就可以写出审理报告中的"当事人的诉讼请求、争议的事实及其理由"；完成庭审记录和参与相关调查审核程序性工作之后，就可以写出审理报告中的"事实和证据的分析与认定"。

在司法审判实践中，笔者发现有经验的法官、法官助理或书记员写审理报告和裁判文书都是在司法审判程序运行的动态过程中及时完成的。一般到庭审完毕或合议庭评议完毕后，很快就可以出裁判文书了，有的简单案件甚至达到当庭即可完成审理报告和裁判文书。结合笔者总结的这种要素式审判方法与动态阶段性裁判文书写作方法相结合的司法审判实践经验，我们可以将法官、法官助理和书记员裁判文书制作、写作与创作总结归纳为不同的程序阶段。[①] 大

---

① 杨凯：《法官助理和书记员职业技能教育培训指南》，北京大学出版社2016年版，第311页。

家都知道审理报告就是裁判文书的"前身",是写作裁判文书的基础。在审判实践中,人们的思想观念在一定层面存在两个误区:一是认为必须先经过庭审,经过合议庭评议再撰写审理报告,并在合议庭意见分歧不能形成多数意见时将审理报告提交审委会讨论最后写作判决书(或裁定书)的分段式处理模式;二是认为裁判文书的制作完全是员额法官应当干的活,是员额法官的职责。实际上审理报告的写作完全可以根据审判活动的进程分阶段完成,同理,裁判文书的部分内容初稿就可以分阶段完成。法官助理、书记员除了负责审前准备程序之外,还有一个重要的任务就是辅助员额法官制作裁判文书,裁判文书应当是法官与法官的助手们合作的产品。实践中常见两个极端现象:要么完全依赖法官助理或书记员代写文书,有的法院甚至还专门将法官助理分为程序助理和文书助理,文书助理就是专门负责协助写作文书的;要么完全不要法官助理或书记员辅助制作文书,而由员额法官自己撰写法律文书。完全依赖书记员和法官助理来代替法官制作文书肯定是不对的,而完全不要法官助理和书记员的辅助,也是机械的、教条的、不切实际的思路。法官助理和书记员完全可以在审判过程中阶段性地动态地辅助员额法官制作审理报告和裁判文书,法官同样也可以在审理案件的过程中动态写作审理报告和裁判文书。

具体动态制作过程包括如下几个环节(见图1):

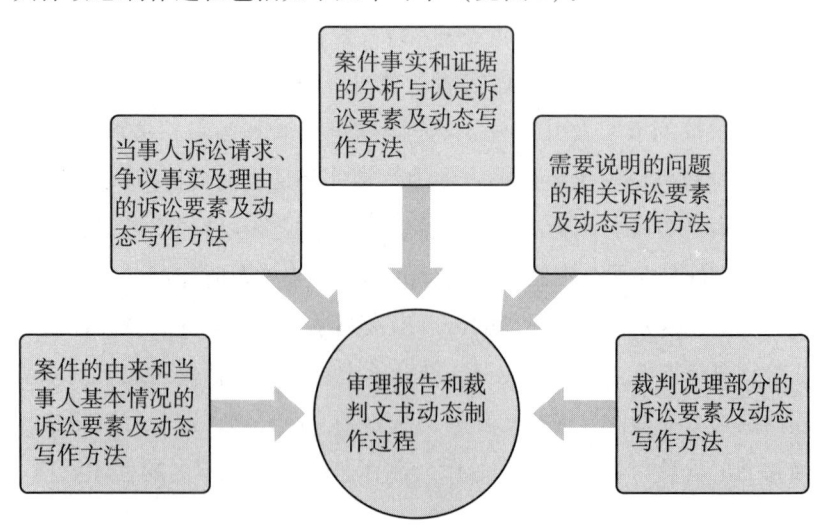

图1 审理报告和裁判文书动态制作过程主要环节

专题一 面向司法大数据的法律文书改革

一是案件的由来和当事人基本情况的诉讼要素及动态写作方法（见图2）。

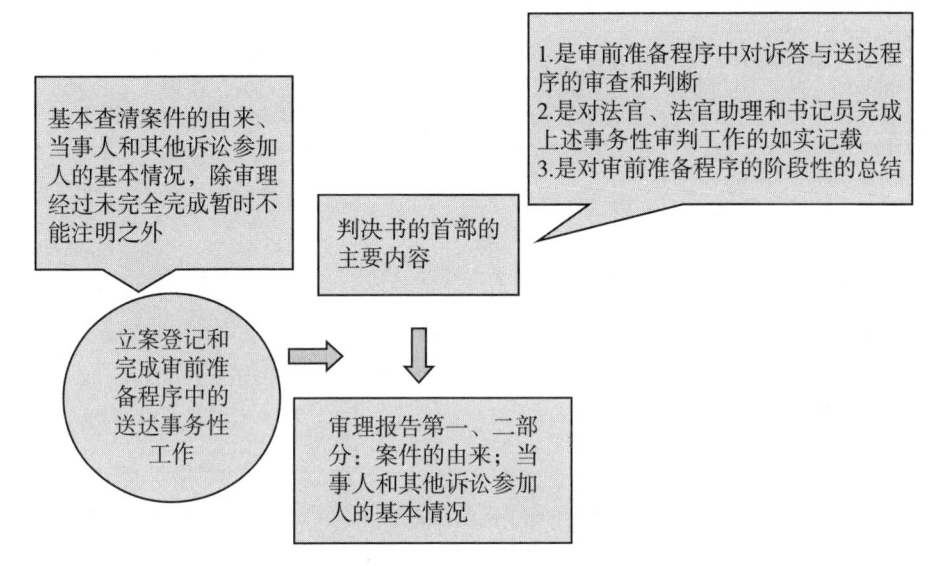

图2 案件的由来和当事人基本情况的诉讼要素及动态写作方法

在立案登记和完成审前准备程序中的送达事务性工作之后，对于案件的由来、当事人和其他诉讼参加人的基本情况应当基本查清，除审理经过未完全完成暂时不能注明之外，可以写出审理报告中的第一部分"案件的由来"和第二部分"当事人和其他诉讼参加人的基本情况"的主要内容。与此相对应的就是判决书的首部的主要内容，这部分的写作内容既是审前准备程序中的法官、法官助理和书记员进行诉答与送达程序的审查和判断，也是对法官、法官助理和书记员完成上述事务性审判工作的如实记载，是对审前准备程序的阶段性的总结。这一阶段的事务性的审判要素审查完成了，审理报告和裁判文书中的相对应部分就应当同步制作出来。这就印证了审判实践中有经验的法官常说的一句话："判决书上的每一句话都应当有相应的证据或程序性工作来印证。"通过审查立案登记表以及送达后诉状与答辩状的主要内容，对于初步确定的案由、排定的案号、当事人和其他诉讼参加人的基本身份情况及委托代理情况、合议庭组成人员及主审法官的确定等事项，基本上能够查清，也就能够制作出判决书首部的基本内容。

37

二是当事人诉讼请求、争议事实及理由的诉讼要素及动态写作方法（见图3）。

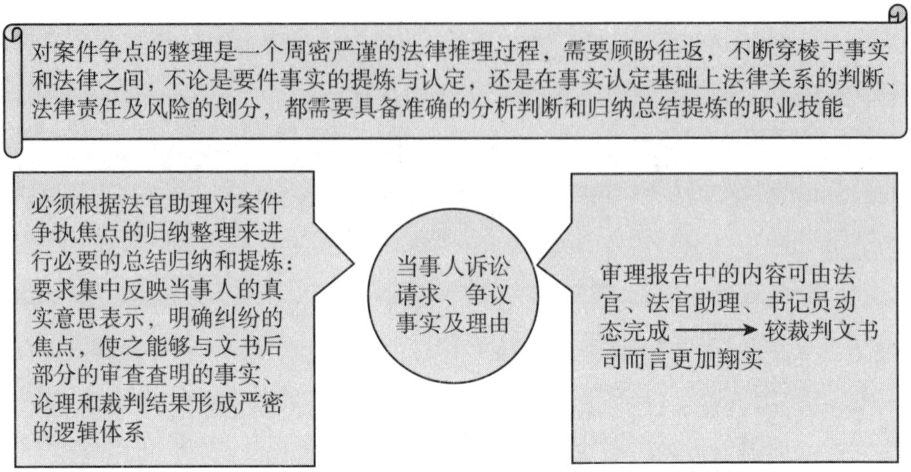

对案件争点的整理是一个周密严谨的法律推理过程，需要顾盼往返，不断穿梭于事实和法律之间，不论是要件事实的提炼与认定，还是在事实认定基础上法律关系的判断、法律责任及风险的划分，都需要具备准确的分析判断和归纳总结提炼的职业技能

必须根据法官助理对案件争执焦点的归纳整理来进行必要的总结归纳和提炼：要求集中反映当事人的真实意思表示，明确纠纷的焦点，使之能够与文书后部分的审查查明的事实、论理和裁判结果形成严密的逻辑体系

当事人诉讼请求、争议事实及理由

审理报告中的内容可由法官、法官助理、书记员动态完成 ⟶ 较裁判文书而言更加翔实

图3 当事人诉讼请求、争议事实及理由的诉讼要素及动态写作方法

法官、法官助理、书记员在审前准备程序中整理争点，组织进行证据交换并固定证据的审前准备工作实际上是与审理报告中的这部分内容完全相对应的。以民事一审判决书写作要素为例，也就是"原告诉讼请求及事实和理由""被告辩称"和"第三人述称"的内容。当事人的诉讼请求以及争议的事实和理由部分的内容虽然主要是通过原告、被告和第三人的陈述来表述的，但不能照抄照搬起诉状和答辩状的内容，而必须根据法官助理对案件争执焦点的归纳整理来进行必要的总结归纳和提炼。要求集中反映当事人的真实意思表示，明确纠纷的焦点，使之能够与文书后部分的审查查明的事实、论理和裁判结果形成严密的逻辑体系，前后呼应，相互印证。审理报告中的内容可以写得详细具体一些，但裁判文书中的叙述应当更加简练。审理报告中的内容可由法官、法官助理、书记员动态完成，而裁判文书中的这部分内容可由法官在审理报告内容的基础上更进一步来进行精简和提炼后来写作。法官、法官助理对案件争点的整理是一个周密严谨的法律推理过程，需要不断顾盼往返，穿梭与事实和法律之间，不论是要件事实的提炼与认定，还是在事实认定基础上法律关系的判断、法律责任及风险的划分都需要具备准确的分析判断和归纳总结提炼的职业技能，而这种职业技能的培养如果跟诉讼要素和

专题一　面向司法大数据的法律文书改革

裁判文书的动态写作相结合，则更有利于其职业技能的提高和规范。对争点的整理水平只有从裁判文书的制作上才能真正体现出来。司法权本质上就是一种判断权。从司法的过程视角来定义，对争点的整理实际上也就是对当事人之间法律关系的审查判断。对于案件争点的整理实际上是法官助理对于当事人之间法律关系产生、变更及其内容的理性的分析、判断过程，这一过程也是审判思路的形成过程，其分析、判断的技能水平对案件的审理方向和裁判文书的写作起着至关重要的作用，是立案后整个后续审判活动过程的出发点和方向标。因此，能够高度概括和提纲挈领地归纳总结并撰写出原告、被告及第三人的诉辩意见，本身就是法官、法官助理和书记员整理、固定争点技能水平的体现。审理报告和裁判文书此部分内容的写作也是对整理固定争点准备工作的文字固定记载及质量的评判。此外，在审理报告之中，还应对双方当事人就事实理由所提供的所有证据项目进行分析式的列举，便于法官下一步对证据进行分析与判断。此部分写作应当形成对当事人诉辩主张、事实理由及举证的初步审判判断的结果。

三是案件事实和证据的分析与认定诉讼要素及动态写作方法（见图4）。

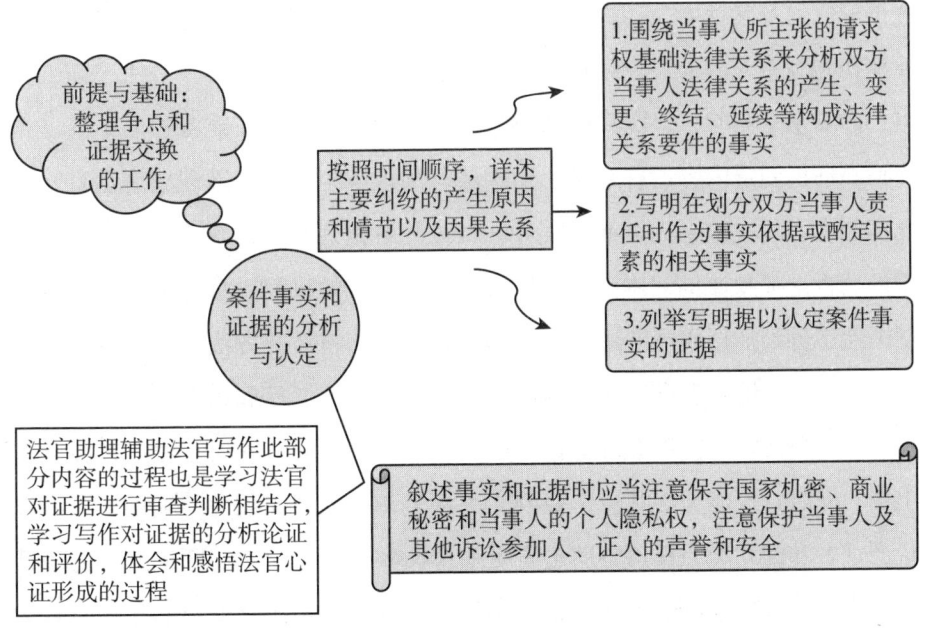

图4　案件事实和证据的分析与认定诉讼要素及动态写作方法

法官、法官助理和书记员在审前准备程序中组织进行整理争点和证据交换的工作其实就是本部分内容的前提和基础，如果法官助理参与庭审/听审，则可以辅助法官更加全面地写好本部分的内容。本部分内容与裁判文书相对应的就是"经审理查明"部分的内容。法院经审理查明的事实，应当是经过法庭审理查明的事实。叙述的方法一般应按照案件发生的时间顺序，客观地、全面地、真实地反映整个案件情况，同时要抓住纠纷的重点和关键内容，详述主要的纠纷产生原因和情节以及因果关系。具体包括：（1）围绕当事人所主张的请求权基础法律关系来分析双方当事人法律关系的产生、变更、终结、延续等构成法律关系要件的事实，其中所包含的时间、地点、参与人员等要素应该具体明确。（2）应当写明在划分双方当事人责任时作为事实依据或酌定因素的相关事实，包括纠纷的起因、经过、双方的行为态度及后果影响等。（3）应当列举写明据以认定案件事实的证据。列举的方式包括统一列举式、逐一列举式和内容证明式等多种列举方式。对于双方无争议的证据可以简写，对于双方有争议的证据应当逐一列举，并写明双方的质证意见以及法院认定证据的意见及其理由。另外，叙述事实和证据时应当注意保守国家机密、商业秘密和当事人的个人隐私权，注意保护当事人及其他诉讼参加人、证人的声誉和安全。同时，事实和证据部分的写作因为涉及审前准备程序中的证据交换和证据固定内容，有大量工作由法官助理承担，法官助理辅助法官写作此部分内容的过程也是学习法官对证据进行审查判断相结合，学习写作对证据的分析论证和评价，体会和感悟法官心证形成的过程，参与辅助制作可以逐渐熟悉诉讼证据规则的运用和证据审查判断的技巧与方法。此部分的写作实际上是对审前证据交换与证据固定技能的延伸性学习和拓展性训练，由此可以从深层次提升庭审准备工作的职业技能，更好地辅助法官做好审前准备工作。同时，也能为法官写作裁判文书提供初始性和原创性的辅助，还可以从旁观者和辅助者的视角协助法官更加全面和直观地审查判断证据，避免证据审查判断过程中可能出现的偏见和错误，真正起到法官助手的作用。就人的思维弱点来分析，"智者千虑，必有一失；愚者千虑，必有一得"，如果能将二者有机地结合起来，则更加有利于审判结果的正确与恰当，而裁判文书的辅助制作就是二者最好的契合点。法官助理辅助制作裁判文书技能的提升能够从一定层面辅助法官提升裁判文书的质量和效率。所谓"三个臭皮匠顶个诸葛亮"，法官与法官助理对于审判工作相互配合的合力的效果肯定胜过法官单独的力量和智慧。从写作的经验的视角来看，"好的文章是改出来的，而不是写出来的"①，由法官助理根据审前准备程序的直观感受和审查判断的理性思考而起草的对证据审查判断的初稿，无论对于法官庭审前拟定庭审提纲，还是法官庭审后拟写事实证据的审查判断都是一个良好的基础和成功前奏。法官在法官助理撰写的初稿的基础上再根据庭审的实际情况及合议庭评议的情况来修改和写作将更有利于提高裁判文书的制作水平和效率。

四是需要说明的问题的相关诉讼要素及动态写作方法（见图5）。

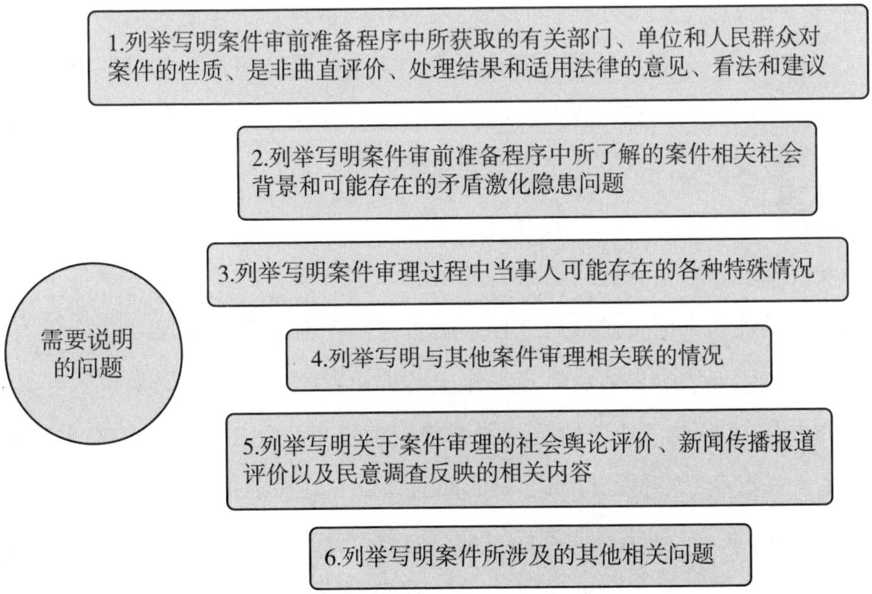

需要说明的问题

1. 列举写明案件审前准备程序中所获取的有关部门、单位和人民群众对案件的性质、是非曲直评价、处理结果和适用法律的意见、看法和建议

2. 列举写明案件审前准备程序中所了解的案件相关社会背景和可能存在的矛盾激化隐患问题

3. 列举写明案件审理过程中当事人可能存在的各种特殊情况

4. 列举写明与其他案件审理相关联的情况

5. 列举写明关于案件审理的社会舆论评价、新闻传播报道评价以及民意调查反映的相关内容

6. 列举写明案件所涉及的其他相关问题

图5　需要说明的问题的相关诉讼要素及动态写作方法

---

① 此语源自迄今为止已经成功举办二十九届的全国法院系统学术讨论会历届组织者和评委们的经验之谈。

在案件的审前准备程序以及整个审理过程中，可能会牵扯或涉及很多相关案件背景和社会影响的情况，例如，有的案件当事人有些特殊情况，有的案件存在深层次的社会问题，有的案件有深刻的社会背景，有的案件当事人之间存在矛盾激化的隐患，有的案件涉及整体社群或利益集团的利益，有的案件涉及社会稳定问题，有的案件涉及本辖区的民生问题，这些情况都是需要记录和写作的内容。审理报告固定写作模式中专门列有一项"需要说明的问题"。法官、法官助理和书记员需要培养一种善于及时捕捉和获取审判活动中各种相关信息的能力。这种能力体现在裁判文书的辅助制作中，就是对于审理报告中"需要说明的问题"部分的撰写技能水平。审判实践的社会复杂性告诉我们，每一起案件都是社会矛盾与纠纷的集中体现，案件的背后可能隐藏着深层次的社会问题，也可能存在这样或那样的矛盾隐患，这就需要我们办案法官、法官助理和书记员们具有一双"慧眼"，及时发现问题和矛盾隐患，不仅仅是就案办案，而是运用法律的精神真正化解矛盾和纠纷，达到"案结事了"的最佳效果。审理报告"需要说明的问题"的撰写水平从某种程度上也反映了法官、法官助理和书记员在案件审理全过程中的审判水平。是否善于发现问题，是否善于归纳和总结问题，是一种运用司法手段和技术手段妥善解决社会矛盾纠纷能力的具体体现。司法审判辅助职业技能的培养，包括及时发现和总结分析问题能力的培养。这一部分的写作水平就是考察法官、法官助理和书记员在审判过程中是否是一个有心人的标尺。本部分内容的具体的写作方法应当结合审判工作中的诉讼要素和实际情况来撰写。具体包括如下几个方面：（1）列举写明案件审前准备程序中所获取的有关部门、单位和人民群众对案件的性质、是非曲直评价、处理结果和适用法律的意见、看法和建议；（2）列举写明案件审前准备程序中所了解的案件相关社会背景和可能存在的矛盾激化隐患问题；（3）列举写明案件审理过程中当事人可能存在的各种特殊情况；（4）列举写明与其他案件审理相关联的情况；（5）列举写明关于案件审理的社会舆论评价、新闻传播报道评价以及民意调查反映的相关内容；（6）列举写明案件所涉及的其他相关问题。

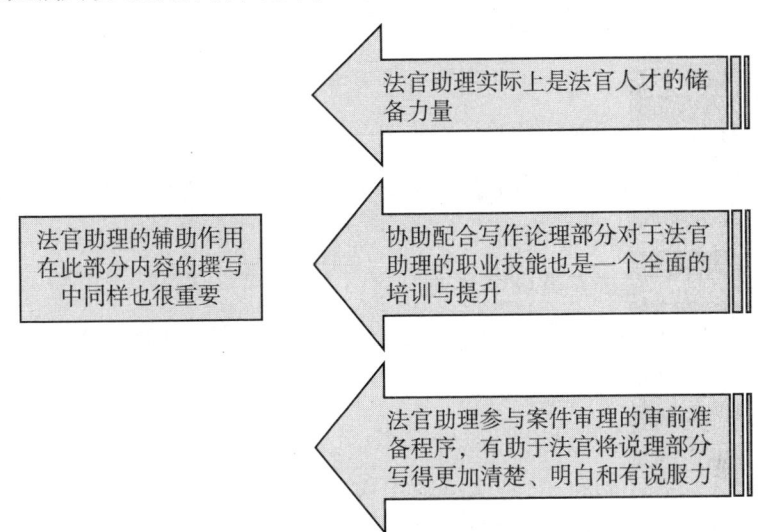

专题一　面向司法大数据的法律文书改革

五是裁判说理部分的诉讼要素及动态写作方法（见图6）。

法官助理的辅助作用在此部分内容的撰写中同样也很重要

法官助理实际上是法官人才的储备力量

协助配合写作论理部分对于法官助理的职业技能也是一个全面的培训与提升

法官助理参与案件审理的审前准备程序，有助于法官将说理部分写得更加清楚、明白和有说服力

图6　裁判说理部分的诉讼要素及动态写作方法

裁判文书说理部分制作中主要体现为对涉及案件可能适用相关法律的收集与整理，这也是写好裁判文书论理部分的前提和基础。以民事案件为例，审理报告中最重要的一部分就是"解决纠纷的意见和理由"，此部分实际上也就是裁判文书的说理部分。实践中有人认为裁判文书的论理部分应当是主审法官操心的事，与法官助理职业技能没有什么关系，实际上这是一种偏见和片面的理解。法官助理的辅助作用在此部分内容的撰写中同样也很重要，一方面，法官助理实际上是法官人才的储备力量，今后有可能成长为法官，法官是一种实践性、经验性很强的职业，与医生需要临床经验一样，一名合格的职业法官需要长期审判实践经验的培养，而裁判文书的论理部分是法官职业技能的关键所在，实践中，很多法官都是在辅助写作的锻炼中成长起来的。另一方面，协助配合写作论理部分对于法官助理的职业技能也是一个全面的培训与提升，对论理部分的思考与实际操作将会更加有利于法律思维习惯的养成，更有利于综合素质和审判业务素质的提高，从而使法官助理的审前准备技能更加精湛和全面。法官助理参与案件审理的审前准备程序，对于案件的诉辩主张和事实、理由有直观的感受和一定程度的判断和认识，以此为基点的辅助写作工作将会有助于法官将说理部分写得更加清楚、明白和有

43

说服力。运用要素式审判法进行动态写作裁判文书的过程也是持续训练法律思维与司法写作能力的职业技能培养过程。裁判文书动态写作实际上是对所审理案件审理思路、法律事实认定和法律解释与适用的书面表达，而实际的动态审判过程转化成文辞精美、言简意赅、逻辑严密、论理充分的优美判文，还是需要一定的思维与写作能力的。因此，通过要素式审判方法指引下的动态制作裁判文书的训练，法官、法官助理和书记员的写作能力将会得到大幅提升。古代选用司法人员讲究"身、言、书、判"，其中"书"是指记录能力，"判"即指裁判文书写作能力。古代将司法审判职业称之为"刀笔吏"，就是将这一职业与写作紧密地联系在一起，记录和写作同样也应当成为现代法律职业的重要职业技能，并且应当比古代司法职业有更进一步的职业技能拓展和职业技能的创新。[①] 司法实践中动态审判要素和裁判文书要素穿插交互指引的作用原理，也正与司法行为学研究原理以及法律评注的法学教育方式过程化教学原理一脉相承、相互支撑。

四、民事诉讼文书样式本土化评注研究范式的功能与作用

法律评注研究之所以能够作为一种独立研究范式以及写作体例，是基于其有着不同于学理分析类法学论文、法条释义、案例分析的研究范式和具体功能实现机制。新一轮司法体制改革成功的关键在于法官队伍的专业化、规范化、职业化建设。而建设一支专业化、规范化、职业化的法官职业队伍必须要有正规化、专门化、常态化的高水平司法职业技能培训教育体系作为支持。[②] "为了实现法律秩序的社会功能并同时满足法律的合法性声称，判决必须同时满足其逻辑自洽性和社会可接受性。因以上两者又往往相互冲突，故这两套不同的评价标准最终必须在司法实践中相互妥协。"[③] 遵照案件与裁判文书实例的原始形态的真实性，紧随司法制度改革的时代性，补足新民事诉

[①] 杨凯："司法体制改革视角下的要素式裁判文书动态写作方法"，载《中国审判》2016年第24期。

[②] 张新宝："探寻司法职业技能培训与法学教育融合共进的创新路径"，载杨凯：《法官助理和书记员职业技能培训指南》，北京大学出版社2016年版，序言第3页。

[③] ［德］哈贝马斯：《在事实与规范之间——关于法律和民主法治国的商谈理论》，童世骏译，三联书店2014年版，第246页。

讼文书样式及裁判文书制作规范中未为详尽之处，弥合新民事诉讼文书样式与民事诉讼制度发展之间的缝隙，充分展示民事诉讼文书繁简分流的内涵与外延，将动态审判要素与裁判文书要素写作紧密结合，总结实践经验并指导司法实践中的裁判文书写作，构建将动态审判要素与裁判文书要素紧密结合的法官司法职业技能养成新模式是我们开展新民事诉讼文书样式实例评注研究和编纂的意义所在。

(一) 完善和补充新民事诉讼文书样式中未予以明确的形式要素

尽管新民事诉讼文书样式包含样式568个（1992年样式民事类196个），其中463个为各级人民法院用文书（1992年样式中法院文书样式180个），当事人文书样式105个（1992年样式中当事人文书样式16个），同时颁布了《人民法院民事裁判文书制作规范》，但仍然需要在评注中进一步明确一些审判程序要素和裁判文书写作要素。完整地说来，裁判文书应当包括形式要素和实质要素两个部分。裁判文书的形式要素，是指文书形式规范要求，也可以理解为裁判文书的结构要素，其主要体现案件的程序类型和具体程序性要求，文书制作规范第1条中规定的文书基本要素即为形式要素：文书由标题（包含法院名称、文书名称、案号）、正文（首部、事实及理由、裁判依据、裁判主文、尾部）、落款（包括署名和日期）三个部分组成。其中，落款部分没有表述法官助理在文书中所处的地位，主要是由于在新一轮司法体制改革进程中，法官助理的具体职责和法律地位尚未通关立法予以明确化。为此，本实例评注展示了几篇落款处明确载明法官助理的裁判文书实例来分析实践中对于法官助理在文书落款的处理方式。另外，文书制作规范中重点规定了一审裁判文书尤其是判决书的制作详细要求，但是对于其他程序裁判文书的详细要求没有规定和说明。由此，需要我们借助实例评注来对文书制作规范中未予以规定的文书写作的通常性要素和具体要求进行梳理和说明。

(二) 结合要素审判法动态提炼要素式裁判文书的制作要领

裁判文书除了形式要素之外，还有其实质要素，实质要素是指经过审理作出裁判的必备要素，也是裁判文书必备的内容要素。《1992年文书样式》不论案件类型，繁简不分，对简易程序案件依然罗列一些与案件裁判无影响的内容，但对于作出裁判结果必须考量的实质性构成要件，即裁判要素却没有具体要求，因此导致有些案件案情简单，但文书冗长、却并无充分说明裁判理由。为此，新文书样式增设了表格式的、令状式的、要素式的文书格式，以上几类文书样式主要是针对简易程序和速裁程序案件，以提高案件的审判质效。推行表格式、令状式、要素式裁判文书是为了：（1）提高审判效率的需要。目前，我国诉讼案件的数量大幅提升，法院案多人少的矛盾日趋尖锐，同时，实行法官员额制改革也精简了法官的数量，这就有必要通过诉讼体制和审判机制的优化来破解这一矛盾。对诉讼案件进行繁简分流，通过要素式审判法快速处理简单或一般的民事案件，从而使法院将司法资源和审判精力主要放在复杂疑难、影响力大的案件上。（2）满足程序多元化发展的需要，适应现代民事诉讼程序发展的价值诉求。（3）促进法院司法水平的提高和司法公信力的提升。相较于长期沿用的浑然一体、繁简不分的《1992年文书样式》而言，新民事诉讼文书样式更能有效促进民事案件审理程序有的放矢地高效进行。这一方面更加适应了庭审中心主义诉讼制度改革的需要，另一方面也要求司法者做足功课，充分提炼民事案件的审理和裁判要素，准确把控案件审理的争议焦点。①

1. 关于案件要素的内涵、特点和功能

要素是构成事物必不可缺的因素或者组成系统的基本单元，审判的对象笼统地说是案件本身，但具体地说则是构成案件的各个要素，包括案件事实要素、证据要素、法律要素以及程序要素。其中，案件事实要素是基础性要素，其他要素都是在该要素的基础上生成的。因此，要素式审判首先就是指针对案件的事实要素所进行的审判。由此可以概括出要素的几个特点：一是要件性。案件要素来源于法律要件，但比法律要件更加丰富。在法律要件的支配下，案件要素依次展开；在案件要素中，法律要件也蕴含于其中。所以，法律要件是概括和铺陈案件要素的指针和中轴，离开法律要件来谈案件审判要素，无异于缘木求鱼。对解决案件不具有要件意义的案件事实，不足以上升到案件审判要素的高度和层面。二是层次性。案件具有多个要素，这多个

---

① 汤维建："如何理解要素式审判法"，载《中国审判》2016年第24期。

要素之间具有内在的逻辑关联,这种逻辑关联不仅表现在案情展开的纵向方面,也表现在各要素的横向方面。所以,最终的要素图是纵横交错的,如同一张网,要素便是这"网上的纽结"。法院审判案件,便是针对这些"网上的纽结"而进行的。三是个案性。对所有的案件而言,案件审判要素是抽象的若干要件事实;对类案而言,案件审判要素表现为完整的要素节点;对个案而言,案件审判要素便涵盖了具体的时间、地点、人物、情节以及主观客观因素、因果关系等,成为案情的纲要或目录。只有依据个案而形成的案件要素才可转换成法官的审判提纲。四是动态性。就本质而言,审判其实就是对案件审判要素的摸索、发掘和判定,是案件要素不断注入法官心灵并最终拼凑成案件图案的过程,这个过程呈现出由不清晰到较为清晰再到最终臻于清晰,以及由不完整到较为完整再到最终达到完整的动态过程。希望在诉讼之初就将案件要素网罗殆尽是不现实的,也是本末倒置的。

2. 文书实质要素必须结合要素式审判方法理解和掌握

由于要素式文书适用于简易程序案件,新民事诉讼文书样式并没有完全详细列举所有适用要素式文书样式的案件类型的文书要素,因此,各种案件类型的民事裁判文书要素有待于我们在司法审判实践中归纳提炼。一般说来,要素式裁判文书应注重以下几方面的制作要领。

(1) 要素式文书的案情概要简写必须以无争议为基础。案情概要位于要素式裁判文书的正文部分,也是要素式裁判文书制作的核心部分,这部分的写作特点集中体现了要素式裁判文书与普通式裁判文书的区别。根据《民事诉讼文书样式》对要素式裁判文书的"说明"第5点,要素式文书对于无争议的要素(事实)可以用一句话简要概括,不再分开陈述原告、被告和法院三方意见。[①] 也就是说,要素式文书不再全面铺陈原告、被告诉辩意见,本院查明事实和本院认为部分,而是围绕双方当事人所争议的要素,陈述当事人双方的意见及证据和法院认定的事实理由。由此可见,要素式裁判文书的简略,是对于无争议的事实才可以简略概述,即对于一方陈述的事实,另一

[①] 沈德咏主编,最高人民法院修改后民事诉讼法贯彻实施工作领导小组编:《民事诉讼文书样式》(上册),人民法院出版社2016年版,第350页。

方表示认可的内容，而不是所有案件事实。其可以表述为"双方对……等要素无异议"或者"被告对原告主张的……等要素事实予以认可"；对于对方当事人有异议的，哪怕是部分异议也必须将有争议的要素具体表述，而不能省略。当然，对有争议的案件要素，可以夹叙夹议，简单事实也可在庭审中予以确认并记入笔录，在文书中可不再说理。① 需要强调的是，如果案件中出现当事人前后不一致的陈述该如何取舍，在要素式裁判文书中与普通式文书制作中应体现不同的判断标准。要素式裁判文书采纳"从新原则"，普通式裁判文书主要采取"从旧原则"，但以上"从新"与"从旧"之间的价值目标并不相互冲突。这里要素式裁判文书的"从新"是指如果当事人在填写《诉讼要素表》时的内容和开庭审理中的陈述不一致，经过询问后明确了要素表填写的内容有可能因为对于要素表内容、意义没有理解透彻产生错误，应当认为庭审中陈述的事实更接近案件发生的自然经过。普通式裁判文书的"从旧"是指当事人在普通程序案件中陈述或认可某种事实后，又改变以上陈述作出对自己一方更有利的陈述，该发生变化的内容对本案的结果可能有影响。一般认为当事人在诉讼中的首次陈述较为接近案件的真实经过，事后变更的陈述有可能经过了加工、删改。另外，在要素式裁判文书制作中，如果当事人前后矛盾的陈述不是基于认识错误，而仅仅是单纯地将先前的陈述变更为有利于己方的陈述则应当与普通式裁判文书处理的原则一致"从旧"。因此，无论是"从新"还是"从旧"均是以尊重当事人表意的真实性为基础。综上所述，案情概要可以简化的前提和基础必须是案件无争议的内容，如果双方当事人有争议，既包括当事人双方意见不一致，也包括当事人一方前后陈述不一致，这些有争议的内容则在民事裁判文书制作中不得省略。

（2）要素式文书的裁判依据与主文的标准并不低于普通文书。要素式裁判文书的裁判依据也即是裁判中法律条文的引用，应当严格依照最高人民法院《关于裁判文书引用法律、法规等规范性文件的规定》要求，分别依据不同法律条文的效力等级，按照先实体规范后程序规范、先适用特别法后适用一般法的次序引用。在裁判文书上引用的法律规范的范围仅限于国家颁布的

---

① 滕威："要素式审判法的理论与实践思考"，载《中国审判》2016年第24期。

法律、行政法规和司法解释，其他政府规章、旨在保护本地区经济发展的地方性法规等则不应在裁判文书中体现和引用。要素式裁判的主文部分的表述与普通式文书一样，必须语法结构完整，权利义务主体和执行标的以及履行内容、履行方式及期限明确具体，并具有可执行性。在裁判文书的执行程序中不允许对案件的实体法律关系产生的争议再行作出判断，只能依照裁判主文明确的范围予以执行，故而在裁判主文中不应当给实体问题争议留下空间。此外，令状式裁判文书只包含当事人称谓和裁判主文，不记载当事人的辩诉主张和裁判理由，此种设计主要是为了配合小额速裁案件的审理，但这种文书表面形式的简化，背后实质上是以案件经过了前期的甄别环节，各项案件特征适用于该程序为其前提的。表格式裁判文书即用表格列举双方当事人的辩诉主张、法院查明事实、裁判理由和裁判主文的简易式法律文书，以及附表列举金钱给付项目的裁判文书。由于上述三类适用简易、速裁程序的裁判文书在新裁判文书样式之前仅仅在一些试点地区使用过，在全国并非普遍推广，为了明确其在普遍推广实践中的写作要点，我们特别邀请正在基层法院从事小额速裁审判工作的员额制法官来承担此部分的撰写任务，以正在办理的真实案例和实际办案感受经验总结的实例评注来展现文书要素的提炼运用方式，以及裁判文书繁简分流中对文书样式选择甄别的技巧。

（三）弥合文书样式体系和诉讼法制度体系之间的缝隙

我国的民事诉讼制度改革不断持续进行，部分民事诉讼制度经常会出现调整更新，而一部大型的民事诉讼文书样式规范却必须保持其固有的稳定性才能使得裁判文书的题材在司法裁判者的司法习惯中根深蒂固，形成书写习惯和风格。因为，民事诉讼制度常修而民事诉讼文书样式不可经常变更，这一冲突产生的困惑必须由裁判文书样式的评注工作来消解。而且没有包含原来样式规范中的新的问题的处理方式，也必须由后续的评注工作来示范和指引。虽然新民事诉讼文书样式是在新民事诉讼法及其解释的基础之上进行的编纂，其中仍有一些内容在实践运用中会与现有的民事诉讼法及其司法运用中的实践问题产生冲突，并且以上冲突又可以分为两部分，原发型冲突和后发型冲突。

一是样式中存在原发型冲突。样式中的原发型冲突即在样式制订中存在一些与实践操作不契合的问题，需要明确实践中如何结合实践需要在不违反民事实体法和诉讼程序法，且不减损当事人诉讼权利的前提下，对样式的部分细节问题予以变通处理。例如，样式中的各类案件的公告格式，都要求写明公告期限"从公告期间为×××年××月××日至×××年××月××日"。但是我国当前的司法实践，法院的公告大多数是以刊登在《人民法院报》的形式作出的，往往在撰写公告文书内容时，根本无法确认报社实际安排刊登的日期，因此在实践中根据现实情况，有的裁判文书表述为"从本公告刊登之日起××日内"。

二是文书样式中存在后发型冲突。新民事诉讼文书样式中除了会出现与实践不符合的情况外，随着我国民事诉讼制度的发展变化，必然会有部分内容与新民事诉讼制度无法匹配，需要在新民事诉讼文书样式颁布后进行补救。根据2016年12月1日实施的《关于民事执行中变更、追加当事人若干问题的规定》第27条规定，执行当事人姓名或名称发生变化的，人民法院可以直接将变更后的主体作为当事人，在文书中注明变更前后的姓名或名称。也就是仅仅因为更名导致的变更，可以不单独下裁定。这一规定直接导致了文书样式第二十一章（执行）部分第81号样式（名称变更后的法人或者组织为被执行人）在未来的实践中没有可以适用的空间，这些新的诉讼制度都是在新民事诉讼文书样式制定时无法预见的。因此，需要我们在后续的评注中结合实例来说明处理办法，以此弥补新民事诉讼文书样式的不足。上述《规定》第32条还增加规定了："被申请人或申请人对执行法院依据本规定第十四条第二款、第十七条至二十一条规定作出的变更、追加裁定或驳回申请裁定不服的，可以自裁定书送达之日起十五日内，向执行法院提起执行异议之诉。"第二十一章（执行）部分的文书样式中的样式73、78、81依照上述司法解释可以复议，样式79可以复议或者起诉。以上是由于《民事诉讼文书样式》颁布之后，新的司法解释对原来的诉讼程序及当事人权利义务内容作出了调整，直接导致了原来样式的适用范围、文书首部中的诉讼主体称谓、尾部的救济途径和期限告知等内容的变化，乃至部分文书由于制度的变化变得没有适用空间。这些问题都需要文书样式实例评注研究的方式来弥补。

(四)准确把握裁判文书繁简分流中文书说理的限度和张力

2016年9月12日,最高人民法院正式出台了《关于进一步推进案件繁简分流优化司法资源配置的若干意见》(以下简称《繁简分流意见》),提出要根据案件事实、法律适用、社会影响等因素,选择适用适当的审理程序,规范不同程序之间的转换衔接,做到该繁则繁,当简则简,繁简得当,努力以较小的司法成本取得较好的法律效果。根据《民事诉讼法》第157条的规定,简易程序的适用范围为"事实清楚、权利义务关系明确、争议不大的简单的民事案件",但是上述规定在实践中掌握标准并不明确,并且有的案件在立案最初呈现为简单案件的一些特征的,在诉讼过程中有可能转化为繁难的案件。有鉴于此,《繁简分流意见》中专门给出了一个原则性的规定,即地方各级人民法院根据法律规定,科学制定简单案件与复杂案件的区分标准和繁简分流规则。对于案件繁简程度难以及时准确判断的案件,立案、审判及审判管理部门应当及时会商、沟通、协调,实现分案工作的有序高效。因此,案件繁简分流无法从法律规定上一刀切,这就需要我们在具体个案的裁判文书中再现案件繁简分流的实践尺度。

(五)辅助智能化文书模块生成和审判规则提炼的交互指引

随着大数据时代各地智能化裁判文书辅助制作模块软件的研发和投入运行,充分掌握要素式裁判文书的制作要领显得更具有时代意义。可以说,审判要素和要素式裁判文书样式的结合是智能化裁判文书辅助制作模块软件生成的前提和基础,也是智能化裁判文书辅助制作模块软件能够及时更新和发展的保障,只有审判要素和要素式裁判文书样式高度结合,才能在庭审过程中结合庭审笔录同步智能生成裁判文书。"案多人少"一直是困扰基层人民法院民事审判的最大难题,为破解这一难题,各地法院在探索进行要素式审判方式改革和案件繁简分流机制改革;同时,也在多方尝试研发裁判文书智能辅助写作的文书自动生成软件系统。司法改革从信息化技术入手,向信息化运用要效率,为要素式审判与繁简分流机制改革增添"翅膀"。智能化裁判文书自动生成系统详解基于专有法律语义分析技术,对案件的起诉书、答辩状、证据等前置数据和庭审笔录的内容进行智能判断分析后,按照最高人民法院新颁布的民事诉讼文书样式的格式要求，一键式自动生成案件的判决书、裁定书等各类裁判文书。各类裁判文书辅助生成软件大致的检索和分类路径及原理基本上都是相类似的，都是沿着以下路径展开工作：（1）登陆审判管理系统⇨（2）选择案件⇨（3）查看电子卷⇨（4）点击裁判文书制作⇨（5）进入案件分析页面⇨（6）选择生成模板⇨7. 查看裁判文书。这个文书智能生成系统软件的准确性实际上还必须依赖于目前裁判文书及案件审理的规范性、准确性、明确化。因为一般在电脑登记录入裁判文书和案件其他文书时，都会涉及案由检索的问题，根据案由进行分类后才能进一步根据相应的程序进行下一次事项的选择。实践中，无论过去还是现在，很多法院裁判文书写作中会出现一些不符合《民事案由规定》的"土案由"，即在司法实践中形成了习惯的案由写法但是在《民事案由规定》中无法找到对应的具体案由，如"欠款纠纷""腾退纠纷"，这些都是不符合《民事案由规定》的做法，其也无法正确体现案件争议的法律关系，更无法通过请求权基础关系来对案件进行检索和后续生成相应的庭审笔录和裁判文书。最为明显的事例是，如果在中国法院裁判文书网检索民事案件，理论上同一时间段的民事案件，无论是按照审判级别分类，还是按照案由分类，两种分类法计算的各项目综合案件总数应当是一致的，但是实际上按照案由分类之后检索的案件数总和往往小于全部民事案件数的总数，这主要是由于部分案件裁判文书案由书写不规范，导致无法自动根据案由检索到该案件，裁判文书形式填写的规范性直接影响到裁判文书自动智能生成系统运转的有效性。因此，现实状况需要我们应用法律评注的研究范式和研究方法来弥合民事诉讼文书样式体系和民事诉讼法制度体系之间的缝隙。

结　语

人民法院的民事裁判文书不仅仅是民事案件裁判结果和裁判规则的司法载体，也应当是法院作为国家审判机关记录和规范司法行为的载体。司法裁判文书不仅要承载个案公平，通过其结合裁判要素的充分说理发挥司法裁判的教育、评价、指引和示范功能，还要结合司法实践活动通过文书样式的形式要素保障民事诉讼程序过程的公开公正，防止司法程序裁量权的滥用。本文力争重点把握开展评注法学本土化研究的现实需求,从法律评注学研究范式和研究方法的视域展开实证与应用研究,通过民事诉讼文书样式实例评注的形式重点研究最高人民法院新颁布的民事诉讼诉讼文书样式的功能与作用,探寻大数据时代法律评注研究范式本土化的新路径、新视角与新方法。实例评注研究是提升裁判文书制作、写作与创作方法研究的重要路径,通过裁判文书样式实例评注研究范式和研究方法的本土化塑造,能够较好地锻造法律职业共同体的法律思维、实践理性和形成共识,通过法律文书评注实例法学研究来构建法律职业共同体的专业法律思维特有的规范化、专业化、职业化运行体系,让充分体现法治精神和法治原则的社会主义核心价值观通过民事诉讼文书样式这样一个司法审判的有形载体和平台找到应用于司法实践的落脚点、着力点、生长点,让法律精神和公平正义在中国转型社会时期的司法审判实践中落地生根、无形生长。

论司法大数据与裁判文书公开

◉ 刘金华[*]

摘要：信息技术正在深刻地改变着人类社会，以大数据为代表的现代信息技术在司法领域得到了广泛的运用。司法大数据为裁判文书公开创造了条件，也提出了挑战，对文书的制作从质量上提出了更高的要求。在现有情况下，应当既注重裁判文书公开数量的提升，更应当注重裁判文书制作质量的提高。同时，也应当注意案件当事人合法权益的维护。最终目的是，充分利用司法大数据，发现问题解决问题，保障司法公正的实现。

关键词：司法大数据　裁判文书公开　司法公正　文书质量

随着互联网时代的到来，大数据技术呈现蓬勃发展的态势，在司法领域得到广泛的应用。司法大数据技术的运用，为裁判文书公开创造了条件，不仅有利于保证司法公正，而且有利于提高诉讼效率。

一、司法大数据对裁判文书公开的影响

（一）司法大数据与司法公开

根据现代汉语词典的解释，"数"，是指数目；"据"，是指凭据、依靠。[①] 据此，数据是指数目的凭据或者依靠。有学者为大数据下定义为：大数据（Big Data），是指无法在一定的时间内用常规软件工具对其内容进行抓取、管理和处理的数据集合。从表象看，"大数据"就是一个容量特别大，数据

---

[*] 中国政法大学教授、中国法学会法律文书学研究会常务理事。
[①] 中国社会科学院语言研究所词典编辑室编：《现代汉语词典》，商务印书馆1998年版，第1174、684页。

类别特别多的数据集。从内涵看，大数据的价值在于大数据内部的关联、挖掘数据与数据的复杂关系以及数据与业务和决策间的关系等。① 维克托·迈尔·舍恩伯格和肯尼斯·库克耶编写的《大数据时代》中指出，大数据具有四个特征，数量大、价值大、速度快、多样性。② 司法，是指检察机关或法院依照法律对民事、刑事案件进行侦查、审判。③ 根据上述解析，结合本文内容，司法大数据是指人民法院在司法审判中，为了提高审判质量和效率，运用先进的科学技术，通过对大数据的汇集、管理、研究和应用，获取数字管理和服务的数目凭据。

司法公开，是指法院审判公开及与审判相关事务的信息公开。2005年10月26日，最高人民法院颁布的《人民法院第二个五年改革纲要（2004—2008）》提出："要进一步落实依法公开审判原则，采取司法公开的新措施"。这是我国首次在官方文件中出现"司法公开"一词。2014年10月29日，党的十八届四中全会通过的《中共中央关于全面推进依法治国若干重大问题的决定》指出："构建开放、动态、透明、便民的阳光司法机制，推进审判公开、检务公开、警务公开、狱务公开，依法及时公开执法司法依据、程序、流程、结果和生效法律文书，杜绝暗箱操作。加强法律文书释法说理，建立生效法律文书统一上网和公开查询制度。"其中，"审判公开"，实为法院司法公开的另一种表述。

推进司法公开，是人民法院依法履行职责的必然要求，是实现司法公正、破解司法难题、提升司法公信力的重要措施，是促进司法民主的重要途径，也是社会政治文明和法治程度的重要标志。④ 司法公开包括审判流程公开、裁判文书公开、执行信息公开。其中，裁判文书作为审判成果的集中体现，是展示办案质量的窗口，是司法公开的重中之重。习近平总书记指出，要坚持以公开促公正、以透明保廉洁，增强主动公开、主动接受监督的意识，让

---

① 孔德智、杨晓明、张莹莹："大数据浅析"，载《计算机科学与技术》2013年增刊。
② 杜航："大数据的分析"，集美大学诚毅学院2016年硕士毕业论文，绪论。
③ 中国社会科学院语言研究所词典编辑室编：《现代汉语词典》，商务印书馆1998年版，第1190页。
④ 周强："深化司法公开促进司法公正"，载《人民法院报》2014年1月27日。

暗箱操作没有空间，让司法腐败无法藏身。① 司法大数据的运用，为裁判文书的公开奠定了基础、创造了条件，加强大数据的司法应用，是人民法院推进司法公正的必然要求，是信息化建设的必然趋势。

（二）司法大数据与裁判文书公开

裁判文书是人民法院审判工作的最终产品，是承载全部诉讼活动、实现定分止争、体现司法水平的重要载体。建立生效裁判文书公开上网和统一查询制度，让公众通过网络便捷查阅裁判文书，是最高人民法院深化司法公开、保障司法公正、展现司法文明的重要举措。司法大数据的应用，为裁判文书公开创造了条件，提供了便利。实践证明，裁判文书在互联网公开，取得了良好的社会效果。具体主要体现在以下几个方面：一是有利于增强社会公众的法律意识。裁判文书在网上公开，既畅通了社会公众了解司法、监督司法的渠道，也指引社会公众依法从事社会生产生活，不仅有助于群众形成理性的诉讼理念，而且有助于营造全民学法、尊法、守法、用法的良好法治氛围。二是有助于指导法官办案。裁判文书公开上网，各类案件的裁判情况可以在网上查询，既有利于法官审理新型、疑难案件参考借鉴，也有助于实现裁判标准的统一。三是有利于落实审判责任。裁判文书上网公开，构建了有效的外部监督机制，由此可以倒逼法官不断提升司法能力、改进司法作风、规范司法行为，落实审判责任，以保证司法公正的实现。四是有利于法学研究。司法数据的公开，为学者们开展法学实证研究提供了鲜活的实例和丰富的样本。基于司法大数据的支撑，法学研究者可以运用更为灵活的实证研究方法，使法学研究更有针对性。②

---

① 沈荣：“司法公开：让人民群众实实在在看到社会正义”，载《人民法院报》2018年3月13日。
② 罗书臻：“日均访问量超一千七百万人次覆盖全球二百一十多个国家和地区——中国裁判文书网总访问量突破百亿”，载最高人民法院网，http://www.court.gov.cn/fabu-xiangqing-57042.html，2017年8月24日。最后访问时间：2018年8月15日。

二、裁判文书公开的状况

(一) 裁判文书公开的发展历程

裁判文书公开,是指法律规定应当公开的裁判文书,人民法院经过严格的法定程序,将其传到互联网上,供社会公众搜索查阅。裁判文书在网上公开,体现的不仅是司法技术的提升,更是司法理念的与时俱进。[①] 裁判文书公开最早出现在20世纪90年代,在司法改革过程中,部分法院尝试将裁判文书公开供社会公众查阅,在社会上产生了较好的反响。

2010年11月21日,最高人民法院印发了《关于人民法院在互联网公布裁判文书的规定》,该规定对裁判文书上网的原则、范围、程序、机制等作了规定,为规范和促进全国各级人民法院的裁判文书上网工作提供了制度保障。2013年7月1日,全国统一的裁判文书公开平台——中国裁判文书网第一次在公众面前亮相,同日,《最高人民法院裁判文书上网公布暂行办法》生效实施。自此,除法定及特殊情形外,最高人民法院全部生效裁判文书在互联网公布,裁判文书上网公开工作迈出历史性一步。2013年11月21日,最高人民法院发布了《关于人民法院在互联网公布裁判文书的规定》,根据该规定,最高人民法院在互联网设置中国裁判文书网,统一公布各级人民法院的生效裁判文书。各级人民法院对其在中国裁判文书网公布的裁判文书质量负责。中西部地区基层人民法院在互联网公布裁判文书的时间进度由高级人民法院决定,并报最高人民法院备案。2015年12月15日,中国裁判文书网全新改版上线,新版中国裁判文书网坚持需求和问题导向,为社会各界带来了更加人性化、智能化的用户体验,内容也进一步覆盖到民族语言裁判文书,更好地满足了人民群众和专业用户对裁判文书的多样化需求。2016年7月25日,最高人民法院审判委员会第1689次会议通过了《关于人民法院在互联网公布裁判文书的规定》(以下简称2016年《公布裁判文书的规定》),自2016年10月1日起施行。该规定进一步扩大了裁判文书上网公布的范围、

---

① 李浩浩:"司法透明化之裁判文书网上公开",载《青年与社会》2014年第8期。

司法大数据与法律文书改革

明确了不予公布的例外情形等。①

（二）裁判文书公开存在的问题

据官方报告，截至 2018 年 5 月，中国裁判文书网共公布全国各级法院生效裁判文书 4490 余万篇，访问量突破 149 亿人次，访客来自全球 210 多个国家和地区，已经成为全球最大的裁判文书网；中国执行信息公开网累计公布执行案件 3706 万余件、被执行人信息 5365 万条、失信被执行人信息 1045 万余条，为凝聚全社会力量推动解决"执行难"问题起到了积极作用。② 从目前情况看，裁判文书上网公开已经制度化，打造"透明法院"、实行"阳光司法"的目标，至少在裁判文书公开领域正在快速接近。但是，从司法实际情况看，也还存在一些问题，需要不断的改革完善。具体体现在以下几个方面。

一是文书公开量有待提升。根据有关调查报告显示，目前仍有一半以上的文书未在中国裁判文书网上公布。一些具有重大社会影响、群众关心的案件，无法在裁判文书网上找到。③ 2016 年 11 月 5 日，最高人民法院院长周强在十二届全国人大常委会第二十四次会议上作《深化司法公开、促进司法公正情况的报告》中指出，一些法院存在裁判文书选择上网的现象，要加大裁判文书全面公开的力度，建立严格的不上网核准工作机制，杜绝裁判文书选择上网问题。同时还指出，一些裁判文书过于简单，说理不充分，有些案件还存在裁判尺度不统一问题。④ 由此可见，裁判文书公开量还有待进一步提升。⑤

二是文书制作质量有待提高。司法大数据为人民法院、社会公众、当事人带来了巨大的便利，让司法贴近人民，便于司法公正的实现。然而，司法

---

① 该规定施行后，最高人民法院以前发布的司法解释和规范性文件与本规定不一致的，以本规定为准。

② 徐隽："司法大数据让公平正义看得见"，载《人民日报》2018 年 5 月 2 日。

③ 马超、何海波、于晓虹："大数据分析：中国司法裁判文书上网公开报告"，载《中国法律评论》2016 年第 4 期。

④ 戴玉玺、李丰："最高法：杜绝裁判文书选择性上网该公开不公开"，载《新京报》2016 年 11 月 5 日。

⑤ 在美国，州法院系统的裁判文书已经实现全部上网，以加利福尼亚州为例，法院的全部文书均在官方网站的"判决文书"栏目中加以公布，任何人通过检索都可以查询到加州初审法院、上诉法院和最高法院的判决书。联邦最高法院诉讼规则规定，最高法院裁决的任何案件宣判之后，判决书都必须在 10 分钟内上传至官方网站。参见关升英："美国司法公开制度及其启示——关于赴美学习考察司法公开制度有关情况的报告"，载《山东审判》2014 年第 6 期。

大数据也给我们带来了挑战。裁判文书在网上公开，增强了司法的透明度，也对文书制作者提出了较高的要求。高质量的法律文书，能够经得住实践的检验。目前，裁判文书制作存在最大的问题就是缺乏说理，包括说理不充分、空泛、缺乏针对性等。裁判文书是司法审判的最终产品，是当事人权利义务的宣告书，是法治宣传教育的生动教材，其重要性不言而喻。"说理"则是裁判文书的精髓，体现了裁判过程，彰显了法官智慧，承载了司法文明，对于服判息诉、定分止争具有至关重要的作用。唯有具有针对性、充分性、逻辑性的说理，才能让实现正义的过程以看得见的方式呈现，才能"让人民群众在每一个司法案件中感受到公平正义"。① 因此，裁判文书公开应当加强说理，做到以事明法、以理服人。

三是文书撤回制度需要完善。在司法实践中，并不是所有的文书都需要在网上公开，诸如涉及个人隐私、影响社会和谐发展的文书，应当有不公开的例外规定。从我国目前情况看，最高人民法院的规定中，只是规定文书撤回的标准是具有法定事由或者特殊原因，对撤回程序并未作出具体的规定。这一规定较为原则，法官的自由裁量权较大。在实际操作过程中，存在法官疏于审查的情形，只要当事人申请，法官往往不做审查，一撤了之，导致规定形同虚设。②

三、司法大数据对裁判文书公开的挑战

司法大数据对公正司法、司法公信来说是一场革命，是历史为我们提供的一次难得的机遇。同时，司法大数据为人民法院、人民群众、当事人带来了巨大的便利，让司法贴近人民，便于正义的实现。需要注意的是，司法大数据也给我们带来了严峻的挑战，需要我们不断开拓进取，善于运用司法大数据和信息化技术。③

---

① 朱新林："裁判文书说理的几个着力点"，载《人民法院报》2017年5月26日。
② 马超、何海波、于晓虹："大数据分析：中国司法裁判文书上网公开报告"，载《中国法律评论》2016年第4期。
③ 蒋惠岭："司法大数据能为我们带来什么"，载《人民论坛》2017年12月下期。

司法大数据与法律文书改革

(一) 提升文书公开量

运用现代技术公开裁判文书只是手段，不是目的。将裁判文书公之于众的目的，是提高司法的透明度，实现社会公众的知情权、对社会治理的参与权和对司法的监督权，限制法官专断，防止司法腐败，保证司法公正，确立司法的公信力。同时，倒逼法官提高自身的业务素质和司法技能，增强各级法院之间的交流，防止同案不同判的现象出现。从目前情况看，较大数量的文书已经公之于众，供社会公众查阅，既有利于社会公众的监督，对法官公正司法亦起到了督促的作用，效果是显著的。在此基础上，需要考虑的问题是，在提升文书公开量的同时，如何进行下一步的工作，即不仅将文书公之于众，还对文书进行分层管理和数据分析。通过数据分析，至少达到两个方面的目的：一是对典型案件裁判文书进行分析。将社会公众关注的典型案件剥离出来，进行深入分析研究，作为判例，单独在网上公示，起到案例指导的作用。二是对所有裁判文书进行抽样检查。通过抽样检查，查找裁判文书制作问题所在，通过裁判文书的抽查，倒查案件质量和文书制作存在的问题，以达到监督司法，提高文书制作质量的目的。

(二) 提高文书制作质量

司法大数据的运用，为裁判文书分类研究提供了可能。据有关资料显示，目前，在许多地区自动生成法律文书技术已经较为成熟，可以通过机器自动生成审查报告、起诉书、判决书、送达通知等。就司法文书而言，大部分文书具有既定的框架和标准，实质上相当于一个"表格"。通过对海量文书的分析，能够自动生成各类文书模板。在此基础上，通过将内容部分抽出，再填入到相应位置上，即能以"表格"形式生成法律文书。针对机器无法自动填入的部分，可以结合智能语音输入功能由人工来完成，未来还可以考虑通过机器学习进行填写。如此可以大大提高司法效率，解决司法人员人手不足的问题。①

现代科学技术的发展，为法官撰写裁判文书充分说理提供了可能。从我

---

① 刘品新："大数据司法就是大数据+司法？"，载《人民检察》2017年第23期。

国民事裁判文书的制作看，程式性比较明显，有可以遵循的详细的文书格式作为基准，弊端是机械古板，限制文书制作者的思维；优点是制作的文书形式规范。另外，还有一个益处，即利用现代科学技术很容易形成文书制作模板，供法官撰写裁判文书使用。那么，未来发展需要考虑的是，在这种情形下，裁判文书制作可能会发生变化，即大多数内容程式化，需要法官撰写的部分只是文书说理内容。文书的主体内容可能只包括以下三个部分：裁决结果的说明、案件事实的简要阐述、文书说理。其中，说理无疑是文书制作的重点。文书制作者需要运用文字手段，围绕当事人双方争议的案件事实，依据庭审当事人举证、质证形成的心证和法律规定，运用缜密的逻辑思维，进行深入细致的分析，阐述清楚裁判结果形成的过程。因此，在司法大数据广泛运用的背景下，裁判文书公开需要重点研究和解决的问题，是文书的说理。可以从典型案件入手，对裁判文书的说理进行分析研究，查找说理困难的根源所在，针对存在的问题，解决问题。

目前，从司法实践看，文书说理重点需要解决以下三个方面的问题：一是完善多元化纠纷解决机制。通过多元化纠纷解决机制的完善，调动社会各方面的力量，在诉前和审前分流案件，减轻法官的负担和压力，使法官有更多的时间和精力撰写裁判文书。二是提高法官整体素质。法官素质的提高是多方面的，核心是业务素质，包括文字驾驭能力，以文字的形式展示案件裁决的全部过程，这是对法官素质最基本的要求。三是赋予法官更多的自主性。撰写裁判文书不以长短论优劣，只要法官能够将作出裁决的理由阐述清楚即可，鼓励法官用简短的文字深入浅出地阐述清楚裁判理由。

（三）完善文书撤回制度

案例是法治的细胞，是微缩的法治。裁判文书大规模公开，人们不仅可以迅速检索到所需案件信息，还能实现各类"细胞"的大数据实证研究，从整体上把握各类法律现象。只有真正做到生效裁判文书的全面公开，一切非法的干预才会无立足藏身之地。[①] 裁判文书通过互联网公开的效益是显而易

[①] 靳昊："公开裁判文书透视司法正义——最高人民法院中国裁判文书网上线4年访问量突破100亿次"，载《光明日报》2017年9月7日。

见的，需要注意的是，裁判文书公开亦应当有限度，如果将不应当公开的裁判文书在网上公开，会有损当事人的合法权益。根据最高人民法院发布施行的 2016 年《公布裁判文书的规定》第 16 条规定，在互联网公布的裁判文书与裁判文书原本不一致或者技术处理不当的，应当及时撤回并在纠正后重新公布。在互联网公布的裁判文书，经审查存在本规定第 4 条列明情形的，应当及时撤回，并按照本规定第 6 条处理。①

从上述规定看，裁判文书法定不公开的情形规定得比较详细、具体，文书撤回制度不完善之处在于程序。从最高人民法院发布施行的规定看，权力行使是单方面的，即只规定了法院的权力，忽视了当事人权利的保障。例如，2016 年《公布裁判文书的规定》第 12 条规定：办案法官认为裁判文书具有本规定第 4 条第 5 项不宜在互联网公布情形的，应当提出书面意见及理由，由部门负责人审查后报主管副院长审定。由此规定可以看出，2016 年《公布裁判文书的规定》只规定了办案法官的异议权，而忽视了当事人的异议权。因此，应当完善相关的法律制度，赋予当事人文书公开的异议权，因为当事人个人才是自身权利的最好维护者。在赋予当事人异议权的同时，也应当明确法院的审查权，并明确规定审查权的审查方式和期限。如果经过法院审查，当事人提出的异议理由成立，应当撤回已经在网上公布的裁判文书；如果经过法院审查，当事人提出的异议理由不成立，应当予以驳回。

总之，现代化科学技术的发展，为裁判文书公开创造了条件，使裁判文书公开成为现实。司法大数据的运用，为裁判文书的汇集、管理、研究和应用提供了保障，在现有的条件下，应当提升裁判文书上网的数量，保证上网文书的质量。同时，应当注意保护案件当事人的合法权益，从程序上完善文书撤回制度。最终目的是使司法大数据充分发挥作用，以保障司法公正的实现。

---

① 最高人民法院发布施行的《关于人民法院在互联网公布裁判文书的规定》第 4 条规定："人民法院作出的裁判文书有下列情形之一的，不在互联网公布：（一）涉及国家秘密的；（二）未成年人犯罪的；（三）以调解方式结案或者确认人民调解协议效力的，但为保护国家利益、社会公共利益、他人合法权益确有必要公开的除外；（四）离婚诉讼或者涉及未成年子女抚养、监护的；（五）人民法院认为不宜在互联网公布的其他情形。"第 6 条规定："不在互联网公布的裁判文书，应当公布案号、审理法院、裁判日期及不公开理由，但公布上述信息可能泄露国家秘密的除外。"

大数据时代检察法律文书公开的问题研究

◉ 刘红雨[*]

摘要： 大数据在应用过程中，其所侧重的量化分析、相关关系以及概率思维等对司法环境带来诸多改变。在大数据时代，检察法律公开对推进权力运行的公开化、规范化有着重要意义，同时更重要的是通过大数据时代的检察法律文书公开倒逼员额内检察官司法理念、责任意识、执法规范的大提升，为检察人员的"职业化、专业化、精英化"发挥积极作用。大数据时代检察法律公开仍面临着一些问题。分析问题产生的根源，找出解决问题的路径，必将进一步推动检察工作的发展。

关键词： 大数据　法律文书公开　检察文书

大数据迅速而广泛地改变着人们的日常生活、工作方式和思维模式，为社会发展带来前所未有的挑战与机遇。如何树立大数据新理念、如何运用大数据全面做好法律文书公开工作，是当前检察机关面临的重要课题。随着大数据时代的到来，检察法律文书公开的意义不仅能"推进权力运行的公开化、规范化，让人民监督权力，让权力在阳光下运行"，更重要的意义在于倒逼员额内检察官司法理念、责任意识、执法规范的大提升，为检察人员的"职业化、专业化、精英化"发挥积极作用。

一、大数据时代司法环境的改变

所谓大数据，是指种类多、流量大、容量大、价值高、处理和分析速度

---

[*] 江苏省泗阳县人民检察院刑事检察一部检察员、江苏财经与金融法学会理事、中国法学会会员。

快的真实数据汇聚的产物。[①] 这样的数据是一般软件工具难以捕捉、管理、处理、整理和分析的，通常以"太字节"为单位。随着网络技术的发展和大数据时代的到来，网络正迅速改变着社会的各行各业，这种变化不仅体现在数据本身，也体现于人们的思维模式，进而酝酿并带动着社会各个领域的整体变革。

（一）从注重定性分析向注重量化分析转变

大数据之大，并不仅仅在于容量大，更大意义在于通过对海量数据的交换、整合和分析，发现新的知识，创造新的价值，带来"大知识""大科技""大容量"和"大发展"。大数据时代强调数据的大，一改传统数据分析的样本收集，强调尽可能全面地收集数据并进行分析。相比依赖于精确性的小数据时代，大数据更强调数据的完整性和混杂性，可以帮助人们更进一步接近事实的真相。在大数据时代资源有限，要选择收集全面完整的数据需要付出高昂的代价，样本分析法无疑是条捷径。大数据打破以往对数据节点的随机抽样，采用所有数据集中采集分析的方法，其所研究的结果更具有普遍的应用价值。当前，大数据时代的量化分析模式已经突破了传统定性分析的局限性，随着信息技术的进一步发展，量化分析将成为大数据时代数据分析的主流。从注重定性分析到更加注重定量分析的转变，对司法机关准确地把握犯罪趋势、制定相关的预防惩治政策，进而有效地打击犯罪维护社会稳定带来巨大的影响。

（二）从注重因果关系向注重相关关系转变

大数据借助于强大的数据计算法则和计算能力，其数据挖掘和分析能力超出传统统计学的抽样样本的局限性，使接近于全体的数据分析成为可能。其能够通过一定的运算法则，将事物之间通过相关关系搜索列入量化数据分析的范畴，其所提供的是事物之间的相关关系而非因果关系。这种相关关系的分析无疑会改变传统司法的思维方式。

[①] 参见麻玉然："检察机关运用大数据、云计算、物联网的前景与思考"，载《法制与社会》2016年第35期。

（三）从注重精确推理向注重概率思维转变

传统科学研究强调演绎思维，是在观察分析的基础上提出问题，通过猜想提出解释问题的假说，再根据假说进行演绎推理，最后通过实验检验推理得出确定性结论。在大数据时代，信息量大而丰富，科学研究往往通过分析大而全的事例归纳出共性特征，最终得出非确定性结论或者说作出概率性、可能性推断。① 大数据从类型上可分为结构化数据、半结构化数据和非结构化数据。② 结构化数据是在固定字段集合中存放的数据，如 Excel 表格中案件情况的统计数据等，属于精确表达。非结构化数据是指难以用数据库二维逻辑表表现的数据，主要是基于互联网、手机等智能终端等所形成的视频、图片、地理位置、活动轨迹、网络日志等数据。半结构化数据介于结构化数据和非结构化数据之间，用标签和其他标志划分数据元素的数据，包括可扩展标记语言和超文本标记语言等③，如 Word 文档中的文字、网页中的新闻、电邮等。大数据时代，只有 5% 的数据是结构化且能适用于传统数据库的。如果不接受不确定性，剩下 95% 的非结构化数据都将无法被利用。④ 大数据时代通常用概率说话，而不是执着于"确凿无疑"的结论。这种概率性统计分析与思维方式在预防犯罪、把握犯罪的发展趋势方面具有独特的作用。由上可知，大数据时代，因数据本身所具有的既大又全且复杂的特性，从而引发了人们在分析问题、判断问题和解决问题方面思维模式的根本性转变，人们在思维方式上的这种转变无疑会对传统司法模式带来很大的冲击与挑战，这在检察法律文书公开上表现得尤为突出。

二、大数据时代检察法律文书遇到的问题与挑战

在大数据时代，检察法律文书是检察机关加强司法公信力、提高工作效

---

① 参见郑一卉："范式与方法：对大数据环境中社会科学研究的反思"，载《新闻知识》2016年第1期。
② 参见王岑："大数据时代下的政府管理创新"，载《中共福建省党委党校学报》2014年第10期。
③ 参见徐继华、冯启娜、陈贞汝：《智慧政府——大数据治国时代的来临》，中信出版社2014年版，第56页。
④ 参见［英］维克托·迈尔—舍恩伯格、肯尼思·库克耶：《大数据时代》，盛杨燕、周涛译，浙江人民出版社2013年版，第45页。

率、促进司法公正的必然要求，也是加强信息化建设的必然路径选择。但是，从总体情况来看，目前我国检察机关在开发和运用大数据有效促进检察法律文书公开方面，存在以下几个方面的问题。

（一）理念上的问题

由于大数据这一概念具有普适性和不确定性，当前司法人员包括检察人员，容易陷入两种错误的思维误区：一是僵化思维；二是"唯大数据论"思维。前者认为，大数据与检察工作无关。虽然，经过短短几年的迅猛发展，大数据已在金融、电子商务、医疗等诸多领域带来了颠覆性的革命，但相当一部分司法人员仍然认为大数据与司法工作无关，喜欢固守于传统的办案模式，没有树立起大数据理念。而后者则认为，大数据是无所不能的。这类人容易陷入"唯大数据论"误区，认为大数据分析结果一定是准确的，大数据算法可以应用于所有领域。但客观情况并非如此，大数据分析结果很难达到100%准确，如上所述，大数据的统计分析更侧重于概率性而非精准性。

（二）现实中的挑战

大数据时代，检察法律文书公开工作还存在如下需要完善的地方。

1. 法律文书公开不够全面

目前，对外公布的法律文书仅限起诉书、不起诉决定书。同时，起诉书、不起诉决定书公开的数量仍远远低于审结数，超过1/3的文书仍未对外公布。未公布的原因通常依据《人民检察院案件信息公开工作规定（试行）》第4条，"人民检察院对涉及国家秘密、商业秘密、个人隐私和未成年人犯罪的案件信息，以及其他依照法律法规和最高人民检察院有关规定不应当公开的信息，不得公开"。但该条文规定的不得公开的对象为案件信息，而非法律文书。因此，依据该条文不予公开已经生效的法律文书不合要求。另外，在起诉书、侦查终结报告、审查报告等法律文书中，叙述案件事实尤其是对定罪量刑有影响的事实情节过于简单。如犯罪嫌疑人或被告人的作案过程交待不清，案件起因和犯罪动机未写明等。

2. 法律文书公开不够及时

依据《人民检察院案件信息公开工作规定（试行）》的规定，"案件承办人应当在案件办结后或者在收到人民法院生效判决、裁定后 10 日以内，依照本规定，对需要公开的法律文书做出保密审查和技术处理，报部门负责人审核、分管副检察长或者检察长批准后，提交案件管理部门复核、发布"。但通过核对法律文书做出的时间和网上公开时间可以发现，二者之间往往存在几十天甚至几个月的时间间隔，与规定的"10 日以内"公开相去甚远。其原因：一是目前公开发布的法律文书需要按规定进行保密审查和信息屏蔽操作；二是目前法律文书公开未采用自动公开，需要通过层层审批后，经复核后才对外发布；三是检察官办案任务重，忙于审查案件忽略文书公开这一新兴事物。

3. 公开的法律文书质量不够高

法律文书瑕疵主要体现在书写错误，如错别字、写错信息等；语句表达不规范影响意思的传递；引用法律条文错误等。从公开的法律文书的内容来看，法律文书质量不高还体现在对辩护人、诉讼代理人意见是否采纳未体现，未进行释法说理或释法说理不充分。

三、大数据对法律文书公开的实践价值及完善路径

（一）大数据对法律文书公开的实践价值分析

1. 有利于提升司法公信力

大数据时代为同案同判提供了操作平台，诉讼参与者均能够通过平台获得基本一致的司法结论，让民众对司法的严肃性保持一定的敬畏之心。与此同时，司法工作者通过数据信息平台，可以快速找到相关联的"同案"，作为案件办理的参考样本，从而提升司法效率。大数据时代信息平台的构建，使得各类检察信息能够在平台上得以公开，让民众实时了解司法办案，让司法公开成为常态，也有助于提升司法公信力。如对于非法获取网络游戏币、充值卡，并予以转让牟利行为的定性，司法实践中有定盗窃罪的、有定非法获取计算机系统数据罪的、有定破坏计算机信息系统罪的。办案人员可以通过大数据平台，分析对此类案件定性的地域分布和时间分布，掌握此类案件不同定性的司法说理，在全方面参考的基础上，对案件的定性充分说理，使

民众信服此类案件的处理结果，从而确保司法公信力的维护与提升。

2. 规范司法办案

检察机关横向纵向信息共享平台的搭建，将实现对检察机关司法办案的规范。在大数据时代，检察法律公开对推进权力运行的公开化、规范化有着重要意义，更重要的是通过大数据时代的检察法律文书公开倒逼员额内检察官司法理念、责任意识、执法规范的大提升，为检察人员的"职业化、专业化、精英化"发挥积极作用。

(二) 大数据时代检察法律文书公开的完善路径

1. 转变观念

培养大数据意识大数据不仅带来技术上的变革，更带来人类思维模式、意识理念的变化。检察人员不仅要熟练掌握法律规定，更要与时俱进，充分了解并跟上时代的发展、社会形势的变化，尽快转变传统的办案思维，树立大数据意识，学会运用大数据方式办案、办公。当然，大数据意识本身是个复杂的体系，包括数据开放共享理念、数据化理念、数字化管理理念等多元化体系。检察人员在具体工作中，应重视数据、尊重数据，"让数据发声"，从关联数据信息中发现问题、判断趋势、策划解决方案。与此同时，还应转变原来的管理观念，增强服务意识。主动"依法、及时、全面、规范"公开法律文书。应严格按照最高人民检察院《人民检察院案件信息公开工作规定(试行)》"依法、及时、全面、规范"的要求，在案件办结后10日以内或者在收到人民法院生效判决、裁定后10日以内，对需要公开的法律文书进行保密审查和涉及个人隐私、国家秘密等需要技术处理的信息进行屏蔽操作，及时申请对外发布。对外公布的法律文书应当包括起诉书、不起诉决定书、抗诉书、刑事申诉复查决定书以及其他法律文书，保证公开法律文书类型的多样化。对外公开的法律文书应该根据类型的不同，设定统一、规范的格式标准，保证文书内容的一致性、完整性、规范性。

2. 创新法律文书说理方式，保证公开的法律文书质量

打破传统对事实进行直线陈述、缺少动态分析，对证据进行简单堆砌、缺少分析论证，对法律解释笼统陈述、缺少具体问题具体分析的针对性等问

题。通过结合证据"三性"对证据进行层层深入的推理论证，给认定的案件事实找到法律依据和理由；通过结合案件事实与法律解释进行说理，说服公众接受其法律适用观点。真正实现通过法律文书全面展示检察官办理案件中事实认定、证据采信的全过程，更为重要的是透过充分说理论证，说服大家能够理解并且接受检察官适用法律所做决定的合法性、合理性。

构建检察大数据对裁判文书的评监模式

◉ 文向民[*]　文李青[**]

摘要：大数据的发展及其价值功能为推进对裁判文书"评监"模式提供支撑，本文建议以强化检察监督职能为切入点，积极提供法律评监裁判文书的依据范畴、标准模板，依托强化对科学"评监"手段的综合适用，促进检察工作科学发展。

关键词：检察大数据　裁判文书　评监

习近平总书记所作的党的十九大报告强调要"为建设科技强国、网络强国、数据强国、智慧社会提供有力支撑"。明确提出要"推动互联网、大数据、人工智能和实体经济深度融合"。为了"促进大数据发展，加快建设数据强国"，最高人民检察院先后颁布过《全国检察机关统一业务应用系统使用管理办法（试行）》（以下简称《数据管理办法》，2013年）、《人民检察院案件信息公开工作规定（试行）》（2014年）、《关于全面推进检务公开工作的意见》（以下简称《意见》，2015年）。2017年9月21日，最高人民检察院还成立了智慧检务创新研究院。举国上下对司法大数据的研发如火如荼，这对公正司法、司法公信来说，是一场深刻的革命。为迎接这场新的革命性挑战，司法部门各自从不同的角度收集研发大数据，无论在理论研究和实务研发方面，堪称齐头并进，硕果累累。2016年7月最

---

[*]　湖南省株洲市攸县人民检察院四级高级检察官。
[**]　浪潮软件集团有限公司智慧城市高级规划师。

高人民法院《关于人民法院在互联网公布裁判文书的规定》正式实施。"人民法院建立的司法大数据管理和服务平台已经汇聚了全国法院1.08亿条案件信息,成为全世界最大的审判信息资源库"。[1] 笔者以检察机关的法律监督职能为切入点,以法院裁判文书为评(研)判、监督对象,以检察大数据概念功能分析技术为指导,对"评监"模式作初步探讨,以期促进检察工作科学发展。

一、以大数据概念及其价值功能为指导、手段,为推进"评监"模式提供支撑

目前,各界对大数据的内涵所给出的概念繁多,定义不一,不在此逐一介绍。笔者倾向于这样一种专业概括,所谓司法大数据系指"由司法机关内外快速产生和流转的案件、数据、视频、音频等多样数据类型组成的,超越常规提取储存和分析能力且能够分析和预测未来的海量数据。"[2] 就大数据的价值功能版本多多,诸如有人认为"数据是新的石油"[3],"掌握了数据,你将无往而不利"。[4] 当然,司法大数据的价值功能,在笔者看来应该大同小异。诸如:一即"治理"功能,二即科学决策功能,三即分析功能,四即预测功能,五即质效功能,六即预防功能等,甚至还可能拥有更多我们今天看不到、想不到的功能。从前述定义看,大数据的价值功能关键性的只有两个,一个是分析功能,一个是预测功能,这是大数据的核心。这两种功能通过人机结合,作用于特定的事物或对象,可能形成经济效益。因此,前述的一、二、五、六价值功能,实际是分析功能和预测功能所衍生出来的价值功能。其功能的充分发挥,对于构建"评监"模式可以起到积极作用。

---

[1] "司法大数据,这样助力社会治理",载《人民日报》2017年6月7日。
[2] 张嘉军:"司法大数据的价值功能、应用现状及其应对",载《郑州大学学报(哲学社会科学版)》2018年第1期。
[3] [美国] 埃里克·西格尔:《大数据预测》,周昕译,中信出版社2014年版,第86页。
[4] [美国] 埃里克·西格尔:《大数据预测》,周昕译,中信出版社2014年版,第4页。

二、以强化检察监督职能为切入点，积极提供法律评监裁判文书的依据范畴、标准模板依托

党的十八大以来，我国修改后的《宪法》第 134 条规定："人民检察院是国家的法律监督机关"。这是我们实施监督工作的宪法依据和根本遵循。对人民法院未生效或生效的刑事裁判文书和生效的民事、行政裁判文书依法提出抗诉，是检察机关的基本职能之一，具体"评监"标准如下。

（一）统一评监标准

刑事抗诉、民事抗诉、行政抗诉统一适用的评监标准如表 1 所示。

表1　刑事抗诉、民事抗诉、行政抗诉共同"评监"标准

诉讼类别	依法启动抗诉或再审程序的法定主体范围							共同"评监"标准
^	上级		法院院长	当事人	当事人的		被告人	被告人的法定代理人	^
^	检察院	法院	^	^	法定代理人	近亲属	^	^	^
刑事诉讼法	提出抗诉	启动再审	^	申诉启动再审		请求抗诉		（1）违反法律规定的诉讼程序，可能影响公正审判的；（2）审判人员在审理该案件的时候有贪污受贿、徇私舞弊、枉法裁判行为的；（3）原判决裁定适用法律确有错误的；（4）有新的证据足以推翻原判决裁定的（适用民事或行政）
民事诉讼法	^	^	^	申诉启动再审					^
行政诉讼法	^	^	^	^					^

（二）分类评监标准

1. 刑事抗诉"评监"标准

根据我国修改后的《刑事诉讼法》（2012 年）所规定的精神：（1）按照

上诉程序启动二审的法定主体有二，一是检察机关提出抗诉，引发二审，二是被害人及其法定代理人不服地方各级人民法院第一审的判决的，自收到判决后的5日以内，有权请求人民检察院提出抗诉。人民检察院自收到被害人及其法定代理人的请求后5日以内应当作出是否抗诉的决定并且答复请求人（第218条）。（2）按照审判监督程序启动法院再审，以纠正裁判文书中的错误。适用于①有新的证据证明原判决裁定认定的事实确有错误，可能影响定罪量刑的；②据以定罪量刑的证据不确实、不充分，依法应当予以排除，或者证明案件事实的主要证据之间存在矛盾的。（3）对尚未生效的刑事裁判文书的提起抗诉的"评监"标准（条件、情形）。根据2013年1月施行的最高人民检察院《人民检察院刑事诉讼规则（试行）》（高检发释字〔2012〕）第584条规定适用于：①认定事实不清，证据不足的；②有确实、充实证据证明有罪而判无罪，或者无罪判有罪的；③重罪轻判，轻罪重判，适用刑罚明显不当的；④认定罪名不正确，一罪判数罪、数罪判一罪，影响量刑或者造成严重社会影响的；⑤免除刑事处罚或者适用缓刑、禁止令、限制减刑错误的；⑥人民法院在审理过程中严重违反法律规定的诉讼程序的。

对犯罪成立的否定性"评监"标准。判断一个行为人构不构成犯罪，话语权在证据掌控人。关键靠数据分析，靠数据说话，笔者认为：这个问题在主要节点上，要求凡是缺证证明、证据存疑、证据矛盾，凡是不合逻辑，不合经验法则、不合常理，不能排除合理怀疑的，就是"证据不足"，就不能确定行为人构成犯罪，依法不需要追究刑事责任。

2. 民事抗诉"评监"标准

（1）有新的证据，足以推翻原判决裁定的；（2）原判决裁定认定的基本事实缺乏证据证明的，（3）原判决裁定认定事实的主要证据是伪造的；（4）原判决裁定认定事实的主要证据未经质证的；（5）对审理案件需要的主要证据，当事人因客观原因不能自行收集，书面申请人民法院调查收集，人民法院未调查收集的；（6）审判组织的组成不合法或者依法应当回避的审判人员没有回避的；（7）无诉讼行为能力人未经法定代理人代为诉讼或者应当参加诉讼的当事人，因不能归责于本人或者其诉讼代理人的事由，未参加诉讼的；（8）违反法律规定，剥夺当事人辩论权利的；（9）未经传票传唤缺席审判的；（10）原判决裁定遗漏或者超出诉讼请求的；（11）据以作出原判决裁定的法律文书被撤销或者变更的。

3. 行政抗诉"评监"标准

（1）不予立案或者驳回起诉确有错误的；（2）有新的证据，足以推翻原判决裁定的；（3）原判决裁定认定事实的主要证据不足、未经质证或者系伪造的；（4）原判决裁定遗漏诉讼请求的；（5）据以作出原判决裁定的法律文书被撤销或者变更的。

三、强化对科学"评监"手段的综合适用，促进检察工作科学发展

论及科学，按其分类和产生的领域，可分为自然科学和社会科学。黑格尔曾经说过：人是目的和手段，手段也是"为达到某种目的而采取的具体方法"。人的正确思想观念、理性思维、认识、理念、经验、法律等等，所有这些被社会实践检验过的智慧结晶，自然属于社会科学范畴。机器人、人工智能、所有这些科学发明、科技成果、科学技术，其实都是人的思想被物化了的脑力劳动的产物，我们对裁判文书进行科学"评监"，必须始终坚持以这两种科学态度。

（一）解放思想，广开"数"源

这里"数"源，即数据源或司法大数据的存储、取得和来源，数据信息是检察机关开展"评监"工作的基础，要广开数据源就必须开放、公开信息数据，化解公开风险。如前述所论及的刑事抗诉"评监"标准，就是指检察机关对人民法院认定事实不清、证据不足或适用法律"确有错误"的生效裁判文书提请上级检察院向同级法院提出抗诉，启动再审程序以纠正错误的裁判文书。但由于在这种纠错过程中，检察机关所启动的只是程序权，是否纠正或者说是否改判，主动权不在检察官这一边，而在法官自己手中。结果一纸维持原判的裁判既使检察官感到尴尬，同时也使当事人一方感到难以接受。因为当他踏入检察院的大门槛，努力寻找并寄希望于检察官为其伸张正义，维护司法公正的那时那刻起，他是那样的信心百倍，而结果却大失所望。使得我们的司法公信力在他们心中大打折扣，不少人认为如果在网上公开这些

诉讼活动和裁判文书，其负面作用不容低估，也正因为是这个原因，笔者从调研中发现：检察官不太愿意选择抗诉途径纠错。主要是担心影响检法关系，畏惧承担司法责任，甚至"终身追责"。

随着检务公开行为的信息化，网络化，特别是处在互联网时代，当前明显有一种动态趋势，即现在的抗诉案件越来越少，检察建议案件越来越多。但无论错案多寡，都必须公开，不能囿于那种不合时宜的传统的惯性思维。主动公开，说明我们敢于"亮丑""揭短"。勇于纠错，在古代，诸如雍正等封建帝王都曾有过"罪己诏"的思想，并将这思想付诸行动，昭告天下。那时候有网络吗？没有。所以我们今天更应该超然超越，公开到位。浙江宁波法院通过设置有酬纠错的方式，鼓励社会公众给上网裁判裁文书挑错，这就是高境界，这种做法值得借鉴。使公开成为常态，不公开［涉及国家机密、商业秘密和个人隐私（以下统称"两密一私"）、未成年人犯罪等案件］成为例外，这是落实司法责任制的内在要求，也是深入推行开放、动态、透明、便民阳光司法机制的必然要求。

（二）统一构建"评监"模板，科学探索研发"评监"产品

我国推进"数据强国"，这是国家战略之一，司法行为同样属于国家行为，为实施这一战略，笔者认为：（1）要统一构建时间，强化办案的科技建设。全国政法机关统一划定一个自然时间段或节点。即从1979年刑事诉讼法实施以来，截至现在给出一个时间段，如某年某月某日止，作为第一个"评监"日，借用一定的工具，收集、存储全国司法机关所有的"认定事实错误"、适用法律"确有错误"的裁判文书、调解书、检察建议书、抗诉书等；收集所有的案卷材料，特别是冤假错案案件。被告人供述包括无罪辩解，对于依法规定需要采取保密措施的，从其规定。收集物证、书证，如视听资料、鉴定结论、照片等，在必要和可能时，对所有涉案人员，根据构建模板需要，可以实行零距离接触，面对面谈话做好录音录像，这项工作是一项复杂的系统工程，任务艰巨，要举全国之力，争取用三到五年时间完成。（2）边办边建，即以第一个"评监"日为节点，自此以后，统一对公诉案全程进行同步录音录像，做到"每案必录"，并以数据形式集中存储，定期备份，长期保

存。当事人申请查阅公诉活动音像记录的,检察机关可以提供查阅场所。(3)围绕前述的"评监"标准,构建三大板块。一是犯罪嫌疑人或被告人的"供述板块"。出生年月、性格、人格特征、历史表现等,重点关注心理活动描述、行为特征等。借助一定的工具,将其还原成数据信息。二是抗诉活动板块。三是证据板块。如前述,还要重视品格证据。(4)研发"评监"科技手段。强化人对机器的模型训练、学习能力、识别能力、分析能力、预测能力、发现问题的能力。我们知道,大数据分析技术,它只是给我们提供建议,它始终都在为我们做强化和优化工作(以下统称"两化")。其他一些综合性情节、因素,它无能为力,作用有限,还须依赖于科技发明。2017年8月1日,江苏省检察院向社会通报,由江苏省检察机关研发的"案管机器人"已正式在全省范围内启用。该系统能辅助检察官审阅卷宗、推送类案甚至还能甄别疑点,提出量刑意见、自动生成批准逮捕意见等,[1] 这就是一种能力。司法大数据具有预测性。"数据具有内在预测性"。[2] 数据之所以具有预测性的原因,就在于数据之中蕴含的规律和知识。"作为原始材料的数据只是枯燥无味的代码组合,只有从数据中提炼出来的规律和知识才是黄金"。[3] 海量司法大数据呈现在我们面前的仅仅是一堆杂乱无章的数据、视频、音频乃至文字,并不能说明什么。但是如果运用一定的分析工具,对这些大数据进行处理和运算,就可能发现这些数据中蕴含的规律性,就能获得对某一问题的基本判断和预测。诸如,某人在一段时期内,在网上购买了很多部件和物品,但这些并不能说明什么。但是如果将该人这一时期内购买这些部件或物品的数据汇集起来分析,就发现这些部件或物品可以组装成枪支,那么就可以初步得出这样的判断:该人在组装枪支,准备实施犯罪行为。又如,一审法院民事裁判宣判后有15天的上诉缓冲期,裁定还有10天的缓冲期。当事人是向上级法院上诉,还是申请检察院抗诉,往往对此犹豫不决,实践中不少法官劝说阻止当事人走抗诉途径,还戏称:"凡上必改,凡抗必败"。甚至威胁诱惑当事人,叫当事人放弃申请抗诉权。修改后的《民事诉讼法》第209条

---

[1] 靳丽君:"法律与科技:朋友还是敌人",载《检察日报》2017年11月3日。
[2] [美国]埃里克·西格尔:《大数据预测》,周昕译,中信出版社2014年版,第85–86页。
[3] [美国]埃里克·西格尔:《大数据预测》,周昕译,中信出版社2014年版,第11页。

明确规定:"有下列情形之一的,当事人可以向人民检察院申请检察建议或者抗诉:(1)人民法院驳回再审申请的;(2)人民法院逾期未对再审申请作出裁定的;(3)再审判决、裁定有明显错误的。"很明显,该条规定所用之词是"可以",而不是"应当",当事人所行使的是自由裁量权,但是最高人民检察院于2013年11月18日公布施行的《人民检察院民事诉讼监督规则(试行)》(以下简称《监督规则》)第32条却又规定:"对人民法院作出的一审民事判决、裁定,当事人依法可以上诉但未提出上诉,而依照《中华人民共和国民事诉讼法》第二百零九条第一款第一项、第二项的规定向人民检察院申请监督的,人民检察院不予受理"。笔者认为:无论这条规定是两高协商的结果也好,还是检察机关单方妥协的结果也好,无论从哪个角度讲,都是扩张的司法解释或规则。因为该条规定剥夺了当事人的自由选择权,无异于通过准立法手段,强制当事人走上诉途径,于法无据,因而这条规定是无效的。而且各基层检察院,甚至是上级检察院都是按照该条执行的,不予受理率在全国占100%。假如我们以数据信息的形式上网后同样借用一定的工具通过搜索引擎查找一个"关键词",屏幕立即显示一段文字,即:当事人针对人民法院作出的已经发生法律效力的一审民事判决、裁定提出的监督申请,无论是否提出过上诉,只要符合《中华人民共和国民事诉讼法》第209条规定的,均应依法受理。建议停止执行《监督规则》第32条。这就是我们想要的知识信息。

(三) 完善资源共享制度,推动创新融合的强制性联网立法

为了跟上大数据时代的节奏步伐,与时俱进。笔者认为:在国家的立法规划中,目前至少要制定以下三部独立的法律:(1)《司法错案追责统一法》,要求对错案统一认定、统一范围、统一追责等。(2)《司法录音录像统一法》,"两录"立法很重要,绝非可有可无,"两录"要求侦查人员必须全程进行,保持完整性。我国现行刑事诉讼法只规定了在讯问犯罪嫌疑人的时候,对于可能判处无期徒刑、死刑的案件或者其他重大犯罪案件,实行强制"两录"。除此外,推行自由(裁量)"两录"制度,《刑事诉讼法》第121条第1款使用的是"可以",我们建议将其改为"应当""或者""必须"等

措辞。因此而"牺牲"一些成本，完全是价值之应然。（3）《司法大数据信息公开统一法》，统一列明主体，明确将公安机关明确纳入其中。考虑到"目前为止还没有直接就犯罪信息公开问题作出的法律规定"，"缺少统一的法律规范"[①] 包括统一的罚则、制裁措施，建议犯罪信息公开制度法律化。必须强制互联（网）。对一时经济困难的地区，要加大投入。我们要以扶贫的态度予以对待，精准发力，促其互联；对应当公开而不公开，不应当公开而公开的，要以反腐败零容忍的高压态势对待之，真正建立起不敢不公开，没有必要不公开，不能不公开的机制，目的是推进创新融合，实现全覆盖。实现"类案件信息推送""证据信息共享平台""统一送达平台"等司法大数据技术的应用，将绝大部分的司法辅助和司法事务性工作分段集约，从而在很大程度上提高司法工作的效率。

当今现代化的高速发展，使人类进入大数据时代，这个世界是"数"的天下。"数据是一个平台"、[②] "大数据是一种资源，也是一种工具"。[③] 前面所述"激扬文字"，检察机关对人民法院的裁判文书进行"评监"，旨在统一构建科学模型，通过再审抗诉途径，纠正错判文书，以解决错案追责问题，更好地落实司法责任制，最终演进到由机器操作完成这些工序，这是笔者的原始思维，最初思想。因为"错案追责"，如果落实不当势必会诱使优秀的司法工作者作出"逆向选择"，导致司法质量的降低。这是一大难题，司法大数据的发展提供了一种重要的契机和可能，就是将结果意义上的司法责任转换为程序意义上的司法责任。既有的数据挖掘和司法流程管理技术已经做到让司法工作者对自己的程序操作过程司法责任制的边界可以获得相对清晰的界定。《黑客帝国》中，人类发明了人工智能（AI），然后AI叛变，结果爆发了一场人机战争。[④] 无论何种先进的高端的科学发明，首先都是无数的伟大的科学家的思想产品。"当文字变成数据，它就大显神通了——人可以

---

① 罗庆东：《犯罪信息公开制度研究》，中国检察出版社2017年版，第175页。
② ［英］维克托·迈尔·舍恩伯格、肯尼思·库克耶：《大数据时代》，盛杨燕、周涛译，浙江人民出版社2013年版，第156页。
③ ［英］维克托·迈尔·舍恩伯格、肯尼思·库克耶：《大数据时代》，盛杨燕、周涛译，浙江人民出版社2013年版，第247页。
④ 靳丽君："法律与科技：朋友还是敌人"，载《检察日报》2017年11月3日。

用之阅读,机器也可用之分析"。① "大数据需要人们重新讨论决策命运和正义的性质。我们的世界观正受到相关性优势的挑战"。② 但"永远不要怀疑那一小部分有思想并且执著努力的公民能够改变这个世界。事实上,人类的历史从来都是这样"。③

---

① [英] 维克托·迈尔·舍恩伯格、肯尼思·库克耶:《大数据时代》,盛杨燕、周涛译,浙江人民出版社2013年版,第112页。
② [英] 维克托·迈尔·舍恩伯格、肯尼思·库克耶:《大数据时代》,盛杨燕、周涛译,浙江人民出版社2013年版,第239页。
③ 涂子沛:《大数据》,广西师范大学出版社2013年版。

司法大数据对民事判决书改革的影响机理

——以争议焦点的归纳和论证为切入点

● 李锐宾[*]

摘要：司法大数据有利于实现司法资源共享，促进精准裁判与审判质效一体化，推动司法公开，夯实司法能力，提升基础平台，增强对纠纷化解安定性、可预期性的认知。民事判决书直接体现着民事纠纷的化解过程与化解成效。以民事判决书争议焦点的归纳和论证为分析切入，司法大数据对民事判决书改革的影响主要体现在争议焦点全面性、论证层次性、说理明晰性等方面。民事判决书改革应着力增强争议焦点归纳一体性、论证逻辑性、说理精准性，建立健全模板智能推送、预判纠错、绩效考评、发改焦点指引等多方面机制。

关键词：司法大数据 民事判决书 改革 可接受性 动力

引 言

智慧法院建设的一项重要成果就是司法大数据的信息公开化、共享便捷化，尤其是监测常态化。而作为司法裁判的具体承载即裁判文书成为信息公开化的重要聚焦对象。在"互联网＋"的作用之下，从法院公布个案裁判结果到裁判文书成为社会共享资源，从法院单向度向社会展示其司法过程及结果到裁判文书被社会主体与法院双向利用，从向社会寻求对司法行为的监督和评判到裁判文书成为对后续司法行为的"反制性约束"，所有这些都是裁

---

[*] 河北省馆陶县人民法院法官兼研究室负责人。

专题一　面向司法大数据的法律文书改革

判文书上网作为司法公开举措的溢出效应,①也对民事判决书的改革产生了重要影响。理解司法大数据对民事判决书改革的影响机理,有必要明确几个前提问题。司法大数据具有多方面深层次内涵,但是,就对民事判决书改革的影响而言,至少应从公开、结果、过程、智慧资源挖掘等方面理解司法大数据。公开是基础,结果是评判参照,过程体现着完善的立体空间,智慧资源挖掘有利于推动审判质效一体化进程。

本文以民事判决书争议焦点的归纳和论证为分析切入点,具体研究司法大数据对民事判决书改革产生了什么样的影响,或者说司法大数据对民事判决书改革的影响有哪些特殊之处?影响之处的关键点体现为什么?民事判决书改革如何回应这样的影响?民事判决理由如何获致普遍的可接受性?②回应的机制如何构建完善?如何更好地激发民事判决书改革的内生动力?

一、司法大数据对民事判决书改革的影响

司法大数据对民事判决书的影响体现在多个方面,比如说相同案由的裁判理由差异问题、类似纠纷的不同结案方式问题等。但究其影响的根本层面而论,司法大数据对民事判决书的影响主要体现在以下方面,即民事判决书争议焦点的全面性、论证的层次性、说理的通透性、技术理性的影响。

(一) 争议焦点的全面性

在司法大数据背景下,对民事判决书的获取、查找、比较、分析更为便捷。通过对民事判决书的比对,第一个比较直观的问题就是诉讼请求反映的问题、双方争执的焦点是否在判决书中得到体现。争议焦点是否得以全面体现是衡量对案情全貌认识把握程度的重要标尺。争议焦点的全面性主要体现在三个方面:争议焦点的初始度——对原告诉讼请求的回应;争议焦点的涵盖度——对双方争执焦点的总结回应程度;争议焦点之间的关联度——争议焦点是否足以构成焦点体系,体现出论证问题的针对性。

---

① 参见顾培东:"判例自发性运用现象的生成与效应",载《法学研究》2018年第2期。
② 参见王合静:"论民事判决理由的可接受性",载《法学评论》2012年第4期。该文认为,判决理由固然是对判决结果的说明和阐释,但其更深层级的意义则在于能够获得说服各受众主体之效益,使得社会共同体能够理解和接受司法者对民事纠纷的裁断,以实现其预设的各种功效。

司法大数据与法律文书改革

1. 争议焦点的初始度——对原告诉讼请求的回应

原告在起诉时所提交的民事起诉状诉讼请求部分，既体现了原告通过诉讼想达至的直接追求，也或多或少、或概括或具体、或详或略地反映了原告对一些问题的直接感知态度或判断，甚至会显示出"形象大于思想"的特点。而理性的焦点归纳或是对问题的解释，在形象的直觉感悟面前都往往显得简单、枯燥和拙劣。尽管如此，对争议焦点的归纳往往仍构成了论证和说理的重要起点，通过对原告诉求及事实与理由部分的分析、"追问"与归纳，可以使那些不明确的、也许是一闪即逝的感触得以明确和确定。[1] 而如何实现"从形象到思想""从要说法到从焦点说"这样的过渡或理智的解释或归纳成为司法大数据背景下应面对的一个突出问题。

2. 争议焦点的涵盖度——对双方争执焦点的总结回应程度

在民事案件中，双方争议的焦点可以概括为双方直接对立的主张观点冲突、支持各自主张的基础观点。其中，支持各自主张的基础观点，虽然从形式表现看冲突对抗的激烈程度或许不够激烈，但这些观点的成立与否往往对民事案件事实的认定具有直接甚至根本性的影响。在许多情况下，可以把焦点划分为前提焦点和内容焦点。比如，一起民间借贷纠纷，被告在向原告出具借条后，双方仍有大量资金往来，而双方对此又说法不一，原告主张系被告归还其他借款，被告主张双方系合作关系，但均未提交相应证据予以证实。在这种情况下仅依据原告提供的流水及陈述认定借款事实及欠款数额就不妥。进一步分析，在这起案件中可以把焦点分为两个方面，前提焦点：是否系合伙关系；内容焦点：借款数额、已偿还数额等。如果双方系合伙关系或者不是合伙关系，对后续内容事实的认定将会存在深层次认知程度的不同。[2]

---

[1] 参见苏力：《法治及其本土资源》（修订版），中国政法大学出版社2004年版，第26页。

[2] 类似的情形还可参见：一起民间借贷纠纷，原告起诉时提供了其2014年4月11日向被告转款的银行证明，但其提交的"某合作社成员出资存单"显示时间却为2015年2月14日。被告提供了自2014年4月11日开始的注明户名为原告的"某合作社成员出资存单"及相关分红凭单，并主张有原告的爱人刘某签字，以证明原告系向某养殖专业合作社出资，而非原告与被告之间的借贷关系。故鉴于以上事实，应对原告与被告之间是否存在借贷关系继续查证。在本案中，可以认为前提焦点是一审原告是否向合作社出资；内容焦点主要为如果存在借贷关系，如何确定借贷的数额。

3. 争议焦点之间的关联度——争议焦点是否足以构成焦点体系，体现出论证问题的针对性

原、被告之间就焦点的争执在许多情况下是多回合的，如果把多回合的过程用"平行线"概括，可以发现多条"平行线"看似都有道理，仅从表面分析，对事实的认定似乎回到了原点，但实则相反。这种情况的存在加大了对争议焦点归纳的难度。比如一起房屋买卖合同纠纷，原告已将房屋过户给被告接近两年之久，房管部门已为被告办理过户手续并颁发了房屋所有权证。原告以购房款未付为由主张该房屋买卖合同未实际履行。但综观双方买卖合同履行的过程，房屋过户经过了房管部门，被告已将房管部门监管的30万元汇入了房管部门，在此前提下房管部门方予办理了过户手续，此后房管部门将该30万元交付给原告，至此已说明双方各自履行了买卖合同的义务，房屋买卖所有手续已经完成，被告已合法取得了房屋所有权。诉讼中，原告以该30万元又退还给被告为由，主张房款未付，被告主张购买该房屋系以原告借被告之母的借款抵充购房款予以抗辩。通过分析不难发现，对争议焦点的归纳存在这样几条"平行线"：一条"平行线"是"房屋过户经过了房管部门，被告已将房管部门监管的30万元汇入了房管部门，在此前提下房管部门方予办理了过户手续，此后房管部门将该30万元交付给原告"；另一条"平行线"是"原告以该30万元又退还给被告为由，主张房款未付。"还有一条"平行线"是"被告主张购买该房屋系以原告借被告之母的借款抵充购房款予以抗辩。"通过对这几条"平行线"的对比分析，可以从中发现对案情有重大影响的关键节点甚或焦点，增强焦点之间的关联度，完善焦点体系，提升论证的针对性，从而有助于认定案件事实。

（二）论证的层次性

司法大数据对论证的影响主要体现为对论证层次性的要求。在论证过程中，论证的层次性主要体现在三个方面：论证的对应性——对争议焦点的逐一回应；论证的支撑性——基础关键焦点的深度侧重；论证的明确性——逻辑严密性的自然延展。

论证的对应性要求围绕争议焦点涉及的具体问题展开论述，而不是概括

地进行简要综述，进一步而言，论证的对应性要求从面对面、面对点深化、细化、精化到点对点。论证的支撑性，不是仅论证认定案件事实后应如何适用法律或者只论证通过法律适用得出明确的判决结果。论证的支撑性要求关注多个支撑面、支撑点，不仅论证事实、法律适用，而且还要论证有哪些证据没有采信？为什么没有采信？如何以认定的证据认定案件事实？在认定案件事实部分，认定了哪些事实？与案件事实有关联的事实如何处理？在论证法律适用过程中，适用了哪些法律？没有适用哪些法律？没有适用的理由是什么？采用一些标准的依据是什么？另外，论证的支撑性也需关注司法大数据背景下案例的重要意义。一些案例中的裁判要点、相关法条、基本案情、裁判理由等要素均是法官在待决案件中论证一个法律命题的重要参阅。在论证的过程中，思考如何进行案件的相似性判断？又如何通过相似性判断对个案进行精准裁判？[①] 论证的明确性要求论证的过程及论证的结果是明确的而不是含糊的。论证的组织结构、结构之间的关系、结构之间稳定性科学性评估等都成为论证明确性的重要基础参照。论证的明确性不仅仅是论证语言的明确性，还包括论证结构的明确性、论证方法的明确性、论证过程的明确性、论证实效评估监测的明确性等。论证的明确性也需对论证的"表面"问题有清楚的认识。有观点认为，法律论证通过"表面的"说理甚至可以将非理性的决定以看得见的方式理性化，从而使公众得以评判法律决定的正当性，促进法律决定的一致性。[②]

（三）说理的通透性

司法大数据对说理的影响主要体现为对说理通透性的要求。说理的透彻性主要体现在三个方面：说理的聚焦性——深化对焦点问题的全面认知；说理的具体性——围绕案件特殊性展开；说理的弥合性——增强文书论证的力量。

在司法大数据背景下，通过对数据的分析、整理、提炼、总结，既为待裁判案件的说理提供强有力的支持，也对说理提出新的更高要求。这样的要

---

① 参见王彬："案例指导制度下的法律论证"，载《法制与社会发展》2017年第3期。
② 参见杨贝："法庭意见、论据与论证"，载《环球法律评论》2014年第4期。

求可以概括为说理的通透性,具体而言就是聚焦性、具体性、弥合性。说理当然要围绕争议焦点展开,但是说理的聚焦性更关注对焦点实质内核的关注。说理关注点、说理切入点、说理转折点等会有很多,也相应的会有多样的说理备选方案。说理的过程也是对案件认识理解更加深化的过程。在说理过程中,围绕案件的具体情况,因案制宜、因时制宜、因事制宜的说理显得比较重要。说理是一个具体化、详细化的过程,同时也是一个围绕案件的特殊性展开的过程。判决书的功能不只是宣告某一案件的判决结果,判决书说理的目的也不只是为判决结果提供支撑材料。必须看到,判决书中的理由还有可能成为普遍性的裁判规范。[①] 说理的弥合性主要是指,说理的过程应是说理协调性、实效性、逻辑性、逻辑与经验支撑性不断增强的过程;通过多角度深度细致的说理,各方面说理之间的支撑性不断增强而不是相互削弱;通过合理运用说理规则、说理方法、说理技巧,对案件事实判断与价值判断的认识不断深化,法理、推理与情理不断融合。

（四）技术理性的影响

探讨司法大数据对民事判决书改革的影响,需关注司法大数据技术,而对技术的关注又不可避免的涉及技术理性。对技术理性的深刻认知有助于分析司法大数据对民事判决书改革影响机理的深层次问题。

司法大数据需要以信息及人工智能技术为支撑,但信息及人工智能技术不是司法大数据的全部。技术是对科学理论的应用,是通过这种应用取得某种实际效用的行为。技术具有直接现实性,是非至上的。彰显人文精神、尊崇科学理性、对非理性的技术行为进行约束,是保证科学技术合理性的要求。[②] 司法不仅追求高效,更追求公正。技术在司法领域的广泛运用,丰富了实现司法效率手段的多样性,加速了司法效率实现的进程,使得公正与高效的有机统一有了更好的技术保障载体,为民事判决书改革提供了重要的数据支撑。但技术、功能的合理性并不必然导致民事判决书论

[①] 参见杨贝:"法庭意见、论据与论证",载《环球法律评论》2014 年第 4 期。
[②] 蔡曙山:"论技术行为、科学理性与人文精神",载《中国社会科学》2002 年第 2 期。

证的严密性、说理的精准性，这是由技术理性的特点决定的。技术理性指的是围绕着技术实践所形成的合乎目的的合理的行为方式。技术理性以经验主义、唯理主义、实证主义与分析哲学为哲学上的支持，追求有效性思维，以数学式的思维方式作为了解和解释自然的重要工具。技术理性从功能、效率、手段与程序来说是充分合理的，但却失去了对终极价值的依托，因为摆脱了价值理性的支配。① 另外，还需要克服信息及智能技术可能的被异化。与科学相比较，技术并没有什么自主性。异化意味着原初追求的目标与实际达到的结果相悖。技术异化的实质在于人们预设的技术目的和实际达到的技术功能之间发生了背离。② 克服信息及智能技术可能的被异化，需关注价值理性、责任理性。

二、民事判决书改革对司法大数据的回应

面对司法大数据对民事判决书改革的争议焦点全面性、论证层次性、说理明晰性等方面的影响，民事判决书改革应着力从争议焦点归纳的一体性、论证的逻辑性、说理的精准性等方面予以回应。

（一）争议焦点归纳的一体性

争议焦点归纳的一体性，主要体现在三个方面：争议焦点归纳的基准化；焦点比对筛选的便捷化；争议焦点归纳备选方案的绩优化。在司法大数据背景下，通过对不同案由的海量数据提炼，可以总结争议焦点归纳的一些基准问题。以民间借贷纠纷为例，焦点归纳的基准化涉及如下问题：谁是出借人？谁是借款人？借款本金多少？利率怎么约定的？利息如何计算？借款用途？债务人怎么确定？是保证还是债务加入？等等。再以租赁合同纠纷为例，焦点归纳的基准化涉及如下问题：租赁合同是否成立？合同的具体内容是什么？租赁期限是合同约定的定期还是不定期？不定期的期限怎么合理确定？租金的交付方式怎么确定的？在具体案件中如何确定租赁合同的效力？是否存在

---

① 高亮华："技术理性问题探讨"，载《哲学研究》1993年第2期。
② 王大洲、关士续："技术哲学、技术实践与技术理性"，载《哲学研究》2004年第11期。

可解除租赁合同的情形?① 由于司法大数据的特点,在撰写民事判决书过程中,对焦点归纳的确定性有了高效的比对平台,以这一平台为基础,比对的项目和比对的精准性有了实质提升,进一步拓展了选择争议焦点归纳方案的广度。焦点比对筛选的便捷化、争议焦点归纳备选方案的绩优化都可以以矛盾分析法为基础,发现前后矛盾之处,准确认定案件焦点,选择确定备选方案,破解案件难题,提高民事判决书的质量。②

(二) 论证的逻辑性

论证的逻辑性,主要体现在三个方面:论证识别的严密性;论证结构的有效性;论证结论的可接受性。争议焦点归纳的基准化、焦点比对筛选的便捷化、争议焦点归纳备选方案的绩优化为论证识别的严密性提供了重要基础。论证结构的有效性既应关注内部机构的有效性,亦应关注论证的关系结构的有效性。评估论证的内部结构关注的是如何得到论证或命题的强度。论证的关系结构评估关注的是如何得到论证的证成度。证成度反映的是考虑攻击论证影响下的论证的可接受程度。论证的强度直接来源于人们的初始信念,而证成度则表达的是论证在受到攻击时其论证强度得到修正后的概念。③ 论证

---

① 可参见一起租赁合同纠纷,原告称被告应当支付2016年10月4日至2017年4月4日半年的租赁费27500元并支付自2017年4月5日至交付房屋之日期间的租金。2013年3月12日,原告与被告签订房屋租赁协议期满后,双方并未签订书面租赁合同。被告仍按照合同约定提前支付了原告2015年4月5日到2016年10月4日一年半的租赁费,原告并未提出异议,原合同继续有效,但租赁合同的租赁期限为不定期,双方均可以随时解除合同。到2016年10月5日租赁期满,被告未再支付租金,按照双方签订的房屋租赁协议第3条的约定,租金交付方式为提前交付。被告未提前支付租金,原告应当在合理的期限内要求被告支付租金或解除合同,并且证人刘某作证证明,租赁期满,原告知道租赁物的钥匙在刘某处,原告应当知道被告不再承租其房屋。原告应当要求被告在三个月合理期限内继续支付租赁费或者解除合同,故被告应当支付原告租赁合同期满后三个月的租金13750元。在该案中,不定期租赁合同的认定及合理期限的确定成为争议焦点归纳应考虑的主要问题。

② 以一起民间借贷纠纷为例:原告诉称已向被告支付了50万元,被告否认收到50万元借款,则由此产生的举证责任应该由原告来承担,原告仅有一张借条,并无资金交付的证据。原告虽然提供了李某的证人证言,但该证言不能作为定案依据,理由是李某于2016年11月2日向法院提交的证明中证实案涉抵押车辆在2015年9月交易价格为148000元,其中78000元用于偿还原告借款。但法院调取的证据显示,2015年9月25日该车交易价格为15800元,价格悬殊,故李某所作证言不足以采信。原告在法庭上所作陈述亦有多处矛盾,其先是陈述出借的50万元系向朋友借来的,后又陈述款项来源于自己的工程款和向别人的小部分借款,对出借款项来源陈述前后矛盾。在本案中,"原告仅有一张借条,并无资金交付的证据。原告对出借款项来源陈述前后矛盾。"对焦点如何比对及争议焦点归纳备选方案绩优化如何评价将产生重要影响。

③ 参见梁庆寅、魏斌:"论证结构的逻辑分析",载《哲学研究》2013年第10期。

结论的有效性涉及众多问题，在司法大数据背景下，类比论证对论证结论的有效性发挥着或明显或潜在的影响。有观点认为，类比论证是指导性案例法律适用的基本结构形式，在这一结构形式中，既包含了对指导性案例事实构成要素和待决案件事实要素相关相似性的逻辑判断，又包含了对其"决定相似性"标准进行证成的实质论证。① 论证的可接受性既应考虑论证结论的法律效果，也应关注论证结论的社会效果。

以对证据的论证为例探讨论证的逻辑性。在认定案件事实过程中，经常会发现证据证明的基础方向是相异的。比如原告提出诉讼请求，而被告提出证据证明原告提起的诉讼请求已过诉讼时效；原告提出证据证明被告欠款不还，而被告提出证据证明欠款已还或者已偿还一部分。以一起民间借贷纠纷②为例，在本案中，证据的相异性突出体现在：原告要求被告还款，而被告提出证据证明已偿还借款的数额，原告又提出证据证明被告的证据对本案没有证明力。论证识别的严密性要求论证的展开亦应考虑如上的证据焦点；论证结构既应考虑原告提出证据的初始证明内容，亦应考虑之后原、被告所提出证据的证明力乃至于证明的强度问题。③

（三）说理的精准性

说理的精准性主要体现在三个方面：说理的针对性；说理的简洁性；说

---

① 参见王彬："案例指导制度下的法律论证"，载《法制与社会发展》2017年第3期。
② 被告刘某、刘某某于2016年2月4日向原告出具的借条，能够证明双方存在民间借贷关系，原告通过账户向刘某转款共计104万元的事实能够证明原告已履行了出借义务，故双方借贷关系成立并已生效。虽然刘某提交了其分别于2015年12月29日，2016年1月2日、1月5日、1月7日、1月8日、1月9日、1月11日、1月13日、1月18日、1月22日、1月27日、1月28日、1月31日向梁某还款13笔共计1311800元的相关证据，但原告针对刘某提交的上述13笔还款情况一一对应地提交了相关的反驳证据和理由，且上述13笔还款均发生于刘某、刘某某出具借条之前，依交易习惯为先还款后打账，再出具借条，故上述13笔还款不能认定为对本案借条中债务的清偿。
③ 对证据焦点问题的论证，不仅涉及对单独证据的审查判断或是对证据体系的审查判断，在认定案件事实过程中，也需要运用逻辑推理和日常生活经验法则对证据的证明力进行判断，甚至还需要进一步合理分配举证责任。比如一起民间借贷纠纷，原告为证明自己的主张，提交的履行证据为某贸易有限公司向杨某和王某账户转款35万元的交易明细，被告认可收到了该款项，但辩称该款项系某贸易有限公司法定代表人偿还自己的款项。对此，应合理地分配举证责任，由负有举证证明责任的一方提供证据证明其主张，否则应承担不利后果；朱某的银行账户交易明细显示，2015年5月25日被告转入朱某账户8680元，原告称该8680元为70万元本金一个月的利息，而被告否认系其偿还的利息，对该款项的性质应予查明认定。在本案中，为进一步认定案件事实，需合理分配举证责任，并对证据的证明力进行论证判断。

理的协调性。民事判决书的说理应注重繁简分流,结合普通程序、简易程序等的区分,突出说理的可接受性。说理的可接受性既应考虑说理的法律效果,也应考虑说理的社会效果。同时,说理不仅仅体现在说理结果的可接受性方面,说理应注重与庭审过程紧密关联,对合法与合理的关系保持必要的警觉,理性分辨并因案制宜、因事制宜科学统一逻辑与经验,既讲法理尤其是概念分析、价值判断,也讲推理与情理,深度分析并理性权衡判决所涉利益。民事判决书的说理应正确处理证据、事实与法律之间的关系,总结凝练并适度运用说理规则、说理技巧等,克服说理过程中证据处理过于简化、事实分析过于概化、法律分析单一、偏重实体法或程序法等不太科学的做法。

说理应重视逻辑推理和日常生活经验法则的运用。在认定案件事实过程中,逻辑推理和日常生活经验法则的恰当运用有助于提高认定案件事实的速率及审理质效。以一起产品质量财产损害赔偿纠纷[1]为例,在该起案件中,就运用逻辑推理和日常生活经验法则,对当事人提交的证据有无证明力和证明力大小进行判断,依法确认本案事实。[2] 另外,说理亦应重视对交易习惯和方式的判断。对交易习惯和方式的正确理解、判断有助于深入分析案情,

---

[1] 原告为证明自己的主张,提交的证据有购酒收据、POS 机小票及盖有某烟酒食品店发票专用章的酒箱。现有证据证明刘某(一审被告为某商行,刘某系该商行的经营者)的丈夫高某曾刻制过某烟酒食品店发票专用章,如果原告提交的购酒收据和酒箱上的印章与公安机备案的某烟酒食品店发票专用章系同一枚,基于刘某与高某的夫妻关系,购酒收据和酒箱上的印章由刘某加盖具有高度可能性。刘某辩称 2015 年 5 月 11 日有人在其门市套现 7100 元,刘某对此负有举证责任,在其不能证明原告提交的 POS 机小票即为套现的情况下,应认定原告在 2015 年 5 月 11 日在刘某经营的某商行进行了消费。

[2] 类似的情形还可参见一起房屋买卖合同纠纷:被告与原告签订房屋买卖合同之后,因给付房款时间问题发生争议,被告要求将给付房款的具体时间明确在合同中,合情合法,只有将给付房款的具体时间明确在买卖房屋的合同中,才便于随后合同的实际履行,没有房款的具体给付时间,属于合同的主要内容约定不明,被告请求将给付房款的履行时间明确在合同中并无过错。在被告、原告、中介公司三方协商过程中,原告不辞而别,擅自离开现场,对于本案所涉的房屋买卖合同最终没有达成一致意见,应负相应的责任。被告应当返还原告购房款定金 3 万元较为合理。在这起案件中,"被告要求将给付房款的具体时间明确在合同中,合情合法,只有将给付房款的具体时间明确在买卖房屋的合同中,才便于随后合同的实际履行,没有房款的具体给付时间,属于合同的主要内容约定不明,一审被告请求将给付房款的履行时间明确在合同中并无过错。"明显体现出在说理过程中运用逻辑推理和日常生活经验法则的特点。

细化影响认定案件事实过程中的焦点，增强说理的精准性。①

（四）价值理性的回应

技术的运用有助于提高办案过程的可视性、可感知性，但却无法真正实现办案过程的社会性、过程性、公正性。而撰写民事判决书的过程也是对办案过程性、公正性认识不断深化的过程。民事判决书改革质量的深化提高需要激发内生动力，提高民事判决书改革的自觉，而司法大数据技术对反思能力提升的实效有赖于多方面条件的成就，即技术的广泛运用并不必然导致反思能力的提升，而反思能力是自觉的重要基础。②

司法大数据难以全面满足民事判决书评价、导向目标的实现。价值理性具有主体性与客体性相统一、事实性与价值性相统一、现实性与超越性相统一、目的性与手段性相统一的特征。③ 民事判决书是追求公正司法的重要载体，而公正司法的实现需要以正规化、专业化、职业化能力建设的扎实实效为重要依托。司法大数据的运用对提升正规化、专业化、职业化能力具有直接现实推动性，那么这样的直接现实推动性怎么样在动态过程中推动民事判决书的改革？民事判决书改革的实效如何评价？

司法大数据的运用对复杂疑难案件民事判决书撰写的参考借鉴价值是需要进一步探讨的。复杂疑难案件往往具有多重的事实交错与价值碰撞。针对复杂疑难案件，只有技术是不充分的。在掌握了强有力的工具后，如若没有价值的引导，或许会在关键时刻不知所措。④ 复杂疑难的案件，既涉及对复杂法律关系的抽丝剥茧式梳理，也涉及对不同价值内容甚或是同一价值目标不同价值规则之间的暂时区隔、综合判断。在这一过程中，如何认知价值理性就显得尤为重要。

---

① 以一起物权保护纠纷为例：原告与被告就案涉房屋的买卖达成了口头协议，原告将案涉房屋交付与被告，被告接受，故双方的口头房屋买卖合同成立。原告的诉讼请求是判令被告返还房屋，其依据的事实和理由之一为2016年11月7日向被告发出了解除合同通知书，故应查明被告是否收到解除合同通知书，以确认合同是否已经解除。在该起案件中，说理需结合交易习惯对口头协议的效力进行认定。

② 杜维明：“以良知理性重建价值”，载《道德与文明》2016年第2期。

③ 王岩、邓伯军：“试论政治哲学视域中的价值理性”，载《哲学研究》2009年第6期。

④ 翟振明：“价值理性的恢复”，载《哲学研究》2002年第5期。

三、民事判决书改革的动力机制

民事判决书改革是一个系统过程,在这一过程中,激发民事判决书改革的内生动力,无疑是基础的,也是关键的。建立完善民事判决书改革的动力机制,应着力做好如下方面:模板智能推送机制——基于海量数据的支持;预判纠错机制——基础底线的保障;绩效考评机制——发挥激励导向的功能;发改焦点指引——监督实效的侧重;健全责任机制——兼及责任理性的分析。

(一) 模板智能推送机制——基于海量数据的支持

在基于大数据的知识发现中,数据是作为一种资源来开发的,数据本身多为已大量累积或不断动态产生的,而且其形成可能与新的知识发现的目的并无必然的联系。基于大数据的知识发现通常称为数据挖掘,作为挖掘对象的"矿"的产生与挖掘是两个相对独立的过程。[①] 模板智能推送旨在解决类案信息查找过程中面临的精准性问题,辅助快速构建案件的语义画像,并基于语义画像从海量历史案件中发现相似案件,面向法官提供专业、智能的类案精准推荐服务。夯实民事案件的数据链动态实时更新的支持与保障,将模板智能推送作为辅助审判的基础手段和基本媒介,加强基于大数据的类案查询与推送,增强对民事判决书的可视化分析水平,从而有助于提升民事审判质效。

(二) 预判纠错机制——基础底线的保障

预判纠错机制应关注两个方面,首先是对法官的能力进行科学评估,这是增强预判纠错机制精准性的重要基础;其次是完善智能纠错系统。可以根据每名法官的结案数量、结案率、结案周期、卷宗册数、案由类型、文书说理占比、起诉书与判决书比较的偏离程度等多个维度对每位法官的能力情况进行立体展示。通过对法官作为裁判主体的主体数据挖掘和定位分析,推进法官尤其是一审法官队伍建设的精细化、精准化、专家化成长。以对法官能力的评估为基础完善智能纠错系统,围绕争议焦点的归纳、论证、说理等展

[①] 参见段伟文:"大数据知识发现的本体论追问",载《哲学研究》2015 年第 11 期。

开评估筛查,增强智能纠错的辅助性、针对性、实效性,扩充智能纠错的范围,而不仅仅是语法、错别字或是诉讼费计算等的测算筛查提醒,增强智能纠错的论证占比、说理占比,提高民事判决书说理的逻辑性、可接受性。

(三) 绩效考评机制——发挥激励导向的功能

把民事判决书质量作为评价办案绩效的一项重要内容,适当提高撰写民事判决书质量在法官业绩考评系统中的占比,建立健全民事判决书改革的激励机制。需注意的是,长期以来,由于绩效考核工作未得到应有重视,各级法院法官考评委员会未能充分发挥作用,有的法院甚至未设立法官考评委员会。[①] 理解法官业绩考评的绩效特征,应理性认识信息技术对完善业绩考评组织的影响。[②] 问题的关键在于如何建立激励的传导机制,经过科学严密的业绩考评程序,将考评结果传导转换成切实提高民事判决书质量的实效。

(四) 发改焦点指引——监督实效的侧重

数据存在的形式刚开始可能是一份份笔录、证言、书证、物证,最终经过办案人员整理,形成终结性的办案文书,载明上述数据的内容和明细,同时将相关数据进行结构化处理,输入或者上传至办案系统,从而在实体和线上都留存了相应数据。在降低不应有的改判、发回重审的目标导向下,将一审案件的存在形态和基本内容进行数据化转换与解析,通过对发改焦点进行归纳,提高监督实效,并切实推动提高一审民事判决书的焦点归纳质量。

(五) 健全责任机制——兼及责任理性的分析

民事判决书改革应力避责任被空洞化。从责任理性出发,责任如果就对象而言主要可分为两大类别:一类是行为责任即法律责任,另一类是任务责任。法律责任是指对行为本身负责,特别是指对行为的过失承担责任。责任是外在任务的内在化,能够成为责任的任务只是任务中的极少部分;但一旦任务变成了责任,对于主体来说,它就具有了内在的强制性,在主体的内心深处,它们常常被视为非做不可的事情。任何责任最终只会具体地落实到具

[①] 参见何帆:"完善绩效考核办法实现员额'有进有出'",《人民法院报》2017年5月26日。
[②] 邱泽奇:"技术与组织的互构",载《社会学研究》2005年第2期。该文关于技术与组织的互构的论述可以为思考绩效考核组织提供些许启发。

体的个人身上，承担责任往往是个体性行为。[①] 在民事判决书改革过程中，如果运用司法大数据是一种责任，那么承担这种责任的理由是什么？需不需要进行责任的细致划分？运用司法大数据的责任与已有的责任规定如何进一步衔接融合？责任是对人的一种挑战，承担责任即意味着愿意担负起与责任相联的风险与压力。必须在强调承担责任这个大前提下运作一些思想观念。[②] 发挥司法大数据对执法办案的重要支持作用，强化、细化责任，有助于增强民事判决书论证的逻辑性、说理的精准性，提升民事判决书的质量。

[①] 欧阳英："责任的误读与责任理性的恢复"，载《哲学动态》2005年第3期。
[②] 欧阳英："责任的误读与责任理性的恢复"，载《哲学动态》2005年第3期。

大数据时代下类案、关联案的检索与运用

● 程 滔[*] 陈华倩[**]

摘要：《最高人民法院司法责任制实施意见（试行）》为了进一步统一裁判尺度，保证法律的统一适用，新创设了类案与关联案件检索机制，明确承办法官在审理案件时，应当依托相关平台及数据库，对最高人民法院已经审结或正在审理的类案与关联案件进行全面检索。本文一方面与英美判例国家对于判例的应用进行比较与分析，另一方面阐述法官如何运用大数据进行类案与关联的检索与运用。

关键词：大数据 案例指导 类案 关联案件

英美法系国家实行判例制度，先例（precedent）本身就是法律渊源，法院做出的判决对于自身和下级法院具有法定的拘束力，法院自身和下级法院必须遵守；而大陆法系国家，虽然成文法是其法律渊源，但是判例也具有不可忽视的重要作用，判例所发挥的作用远远大于我们所想象中的情形。由于法治本身所要求的同案同判的要求，即便在大陆法系国家，法官在作出判决时也必须考量自身和上级法院针对相同或者类似案件所作出的判决。

一、从案例指导到类案与关联案件——判例运用的必要性

我国 1985 年最高人民法院创办《最高人民法院公报》（以下简称《公报》），《公报》作为最高人民法院公开发布司法解释、司法文件、典型案例

---

[*] 中国政法大学法学院教授、法学博士、硕士研究生导师、中国法学会法律文书学研究会理事。
[**] 中国政法大学法律硕士研究生。

等各类重要司法信息的权威载体,在指导审判实践,促进司法公开等各个方面发挥了重要而积极的作用,再到法律出版社出版的最高人民法院审判指导系列丛书。2010年最高人民法院发布《关于案例指导工作的规定》,标志着案例指导制度在全国范围内得以初步确立。从2011年12月发布第一批指导性案例,至2018年9月底,已总共发布16批共96个指导性案例。[1] 2013年裁判文书上网,截至2017年8月18日,文书总量已达53753341篇,其中包括刑事、民事、行政、赔偿、执行文书[2]。由此可见,案例在法官的案件审理过程中扮演着重要的角色,并且其重要性将不断增加。

(一) 克服立法的局限性

法律制定于现今却面向未来,随着社会关系的日益复杂化和极强的变动性,各种社会矛盾相对集中,社会价值取向也趋于多元化,而法律是稳定的,不能朝令夕改,况且立法机关向社会输入的法律即使再详细,如果我们把它和复杂的案件相比,其不周严性仍能显现出来。所以,面对成文法律的空缺,法官的任务就是用智慧去弥补它。这种弥补在审判过程中就要求法官根据法律精神和原理去解读法律和事实,去构建裁判案件的审判规范。我国台湾地区学者王泽鉴曾言:"凡法律均需解释,盖法律用语多取诸日常生活,须加阐明;不确定之法律概念,须加具体化;法规之冲突,更须加以调和。因此,法律之解释乃成为法律适用之基本问题。法律必须经由解释,始能适用。"

(二) 改善层层上报请示的局面

在审判实践中,当遇到新型、疑难,甚至存在法律空白与漏洞的棘手案件时,地方法院往往通过向上级请示的方法,上级法院通过司法解释或者作出批复的方式作出答复与解答,从而对下级法院作出指导。通过这种方式,下级法院一方面可以尽可能避免由于审判能力、经验等方面的不足作出不合理的裁决,另一方面也在规避判决被上诉法院推翻的风险。这种方法在实践中运行已久,但不得不否认,其与"让审理者裁判,由裁判者负责"的要求

---

[1] 最高人民法院网,http://www.court.gov.cn/shenpan-gengduo-77.html,最后访问时间:2018年10月1日。

[2] 中国裁判文书网,http://wenshu.court.gov.cn,最后访问时间:2018年10月1日。

是有一定差距的，上级法院对具体个案情况的了解是有限的，另一方面，层层上报降低了审判的效率，也不利于法官在案件审理过程中形成真正的独立思考。

笔者期盼，通过指导案例与类案、关联案件检索机制，一方面，可以倒逼上级法院在审理案件时作出更加清晰的说理与论证，以供下级法院参考，另一方面，可以通过依托个案的具体情景镶嵌审判思路的方式，供下级法院法官在类案中进行比较、类推分析，从而获得审判进路，由此打造一支不断进步的高效、功底深厚的审判团队。

（三）扩大检索、参考范围

最高人民法院《关于案例指导工作的规定》第7条规定：最高人民法院发布的指导性案例，各级人民法院审判类似案例时应当参照。虽然指导性案例具有典型性和示范性，但由于不具有法律拘束力，其对于法官的影响主要体现在其"指导性"。但不可否认的是，相对于抽象的制定法，案例以具体个案与事实背景为依托，提供了更为具体的法律适用标准，而指导性案例由于其"典型性"，是审判经验的浓缩与总结，对于规范法律的统一适用，解决同案不同判的现状有着非常重要的意义。

如今，类案与关联案件检索机制恰恰将法官需要关注的案例，从指导性案例，进一步扩展到"对最高人民法院已经审结或正在审理的类案与关联案件"，要求法官在审理案件时进行全面检索，制作检索报告。从裁判规律角度分析，当案例的数量越多且越集中体现某一裁判规律，或者指向更加明显时，案例对于法官就越有参考价值，而且作为依据的说服力越强。从审级制度分析，法官在审理案件时如果遵循了先前法院尤其是上级法院的裁判依据，采纳了具有指导性的案例的判决思路和结果，借鉴了案例的论证思路作为正在审理案件的解决进路，那么在上诉时被推翻的风险就相对下降了。因此无论是从法官个人审判的实践，还是从维护法律的安定性，或者从公众对于法律、裁判结果的可预见性而言，都是非常合理的。

类案与关联案件检索，要求法官在审理案件、参考案例时，不能仅仅局限于只看到一个或者少数案例，而是需要通过一定量的检索，尽量寻找更多类似或者相关联的案件，尽可能遵循统一的法律适用和裁判尺度，从而作出公正、合理的裁决。

二、英美判例法制度的比较与借鉴

正如当初案例指导制度的确立引发了学者和实务界对引入英美判例法制度的讨论一样，此次《实施意见》中关于类案与关联案件检索机制的确立，也让不少人在思考，对于案例的重视是否意味着大陆法系的成文法制度，在一步步地向普通法系判例制度靠近。对此，笔者认为，英美判例制度与案例指导制度以及类案检索制度有一定的内在共同点，体现为对"同案同判"的要求，但从我国目前的法律体系来看，我国法律实践中案例的地位与英美法中判例之于判例法，是不可同日而语的。当然，在比较中会发现，判例法的一些做法有其可借鉴之处。

（一）与英美判例制度的比较

如前所述，判例是英美法系国家的法律渊源，具有法律拘束力，而在大陆法系制定法国家里，判例或先例更多体现的是加强判决的理由。另一方面，从法官对待判例的不同思维方式和审判思路也可以看出，两个法系下法官对待案例的态度是有巨大差别的。

作为成文法国家，与大多数欧陆国家一样，人们对于成文的规则有极大的忠诚度，加之长期以来的法学教育与法律思维，成文法国家对待案例或者判例的态度，与判例法国家存在极大差别。"（欧陆）法官在'先例'中所寻找的是更高权威所作出的类似于规则的表述，而案件实施却被弃置一旁。"[1]

对于制定法国家而言，案例更多是作为解释法律的一个工具或手段，或者依托于具体个案的事实，作为解释法律的一个载体。因此，这些国家法官会更加注重从判例中归纳出一般性的法律规则。法官更加习惯于通过演绎推理等方式，将具体的案件归入一般性的法律概念，进行定性以后，得出判决结果。

---

[1] ［美］米尔伊安·R.达玛什卡：《司法与国家权利的多种面孔》郑戈译，中国政法大学出版社2004年版，第51页。

而在普通法系国家，判例是具有法律拘束力的。以英国为例，1854年《国会法》的颁布，就标志着判例法主义的正式形成，每个法院都必须遵守各上级法院的审判结论，贵族院受到以前判决的限制。[①] 对英美法国家而言，法官面对以往的判例，最看重的是判决理由，需要识别出先例中的关键事实（又称实质事实），细致地分析判例中先前的法官是如何从案件事实一步步推导出判决结果，从而汲取论证脉络，参考先例中体现的说理理由。因此相对于制定法国家注重提取裁判规则，英美法国家更注重判例的说理论证，通过先例的示范作用，寻求在审类案的解决进路。

（二）判例法"区别技术"的启示

虽然判例法国家法官的一套判例工作模式对于制定法国家法官未必适用，但其中却有一些操作方法值得思考。如上文提到，判例法国家法官需要考察先例中起决定作用的关键事实是什么，然后对当前在审案件中的争议事实进行比较，进而判断当前在审案件与先例的实质争议点是否相同，以决定该先例是必须遵守，还是不适用而进行规避。这个过程，就是"区别技术"（distinguish）在法官审判中的运用。

"区别技术"原本是法官在推理过程中，为了摆脱旧的先例对手头案件的适用，而竭力在当前案件与先例中找出不同点，从而得出先例不适用于当前案件的结论，摆脱先例的束缚。由于判例法要求遵循先例，体现为同案同判，这也意味着法官在面对先例时，需要识别出先例的实质事实，以及与该实质事实相匹配的判决理由，同时对当下案件的争议事实进行比较，各种相关或类似的因素进行区分，以找出其中的差别，通过判断这些差别会否影响到先例判决理由的参照适用，来决定该先例是否能够作为在审案件必须遵循的"目标先例"。

要实现有效的"区别"，就必须保证找到足够全面的"关联"案件来作为参照和对比的样本。这也意味着，法官检索的类似和关联案件必须足够全面覆盖才不至产生偏差或遗漏。另一方面，检索出的先前判决必须与当前在审案件足够关联及匹配，体现在实质争议事实、案件背景的尽可能相似，才

[①] 杨丽英："英国判例法主义的形成、发展及评价"，载《比较法研究》1991年第4期。

能保证从先前判决中汲取的裁判理由、意见能够引导在审案件的法官作出合理而公正的裁判结果。

由此，从判例法下法官的工作思路中，可以体会到类案与关联案件检索的必要性，并且法官也需要在审判实践中有意识地借鉴、参考"区别"技术的工作思路，真正实现"同案同判"下的实质正义。

二、对"类案检索"新要求下法官工作方法的思考

许多人会提出，法官对案件进行全面检索及制作检索报告，会否给法院的运作以及法官的工作造成负担。这种担心是可以理解的，的确，我国的案件受理量已经达到了巨大的体量。最高人民法院公布的2017年上半年全国法院和最高法院最新的审判执行工作数据，全国法院共受理案件1458.6万件，结案888.7万件，结案率为60.9%。与2016年上半年相比，全国法院受理案件数量上升11.2%[1]。

另外，法官员额制改革使得全国法官的数量大幅下降，由21万减至12万[2]。这意味着，在案件数量存在着增量的情况下，法官的数量却有所下降，进一步讲，平均到每个法官的办案数量大幅增长，在法官每年工作日只有200多天的情况下，就倒逼着法官要不断提高办案效率，在保证质量的前提下，压缩每个案件所耗费的时间。

因此，人们对于此次意见提出的要对案件进行全面检索及制作检索报告有些疑问，认为会给法官造成工作负担和压力，也在情理之中。针对这个问题，笔者提出以下的解决方案，以供探讨和参考。

(一) 区分法院层级、案件类型

《实施意见》中规定："承办法官在审理案件时，应当依托办案平台、档案系统、中国裁判文书网、法信、智审等，对最高人民法院已经审结或正在审理的类案与关联案件进行全面检索，制作检索报告。"从表述上看，使用

---

[1] "最高法院发布上半年全国法院审判执行工作态势"，载中国法院网，http://www.chinacourt.org/article/detail/2017/07/id/2939593.shtml，最后访问时间：2017年7月31日。
[2] 胡仕浩："完善和发展中国特色社会主义司法制度"，载中国社会科学网，http://ex.cssn.cn/index/skpl/201708/t20170818_3614244.shtml，最后访问时间：2017年7月31日。

了"应当"一词,这意味着类案与关联案件检索将成为法官办案流程中必不可少的一个操作环节。

问题随之而来,正如笔者上文所述,法院受理案件数量的激增和员额制法官数量的减少,意味着在一定程度上,存在着法官办理案件的质量、数量与效率之间的矛盾。类案与关联案件检索机制的确有利于统一裁判尺度,但浩如烟海的裁判文书,如果一刀切,不区分法院层级、案件类型与难易程度,要求所有层级的法院、每一位法官,在遇到每一个案件的时候进行大范围的检索与制作报告,其实是不符合实际情况的。

1. 法院层级

以基层法院为例,虽然案件受理数量非常庞大,以 17 年上半年为例,全国法院共受理案件 1458.6 万件,结案 888.7 万件,基层法院审理案件占 87.94%[①],但在如此庞大的体量下,相当大一部分案件在法律适用上是相对清晰,不存在较大争议的。对于法官而言,这一大部分案件的难点不在于法律适用,而在于对案件事实的认定,在于对双方呈现及提交的证据的调查与核实,以及通过与当事人的有效沟通从而解决争议。那么对面临该类案件的法官而言,进行类案检索并制作检索报告,其实没有太大的必要,甚至降低了案件审理的效率,造成司法资源的浪费。因此对于基层法院,可以赋予法官一定的选择空间,即由本案法官自行决定是否需要进行类案的检索与检索报告的制作。

对于中级、高级以及最高人民法院而言,类案检索及检索报告的制作应该成为法官办理案件的"标准动作"。从民事诉讼法关于级别管辖的规定来看,中级法院及其以上法院管辖的案件在本辖区乃至全国都有重大的影响,结合法院的审级制度,级别较高的法院对案件作出的审理与裁判结果,将成为下级乃至同级法院重要的参考。从这个层面而言,在中级、高级、最高人民法院审理案件时进行"强制"的类案检索及检索报告的制作,对于统一裁判尺度具有重要的意义。

---

① 法治中国网,http://www.china.com.cn/legal/2017-08/17/content_41424719.htm,最后访问时间:2017 年 7 月 31 日。

2. 案件类型

进行类案检索的最直接的作用在于通过对之前出现过的相类似案件进行类比、分析，从而确定法律的适用。而不同的案件类型，对于法律适用也会有所不同。科技的迅速发展促生了许多新类型的交易模式，进而产生了一些新领域内的纠纷。例如专利方面的知识产权纠纷、互联网移动支付下的新型纠纷等，由于立法存在一定的滞后性，很多时候，法律对这些新类型的案件并没有相对应的规定，或者还没来得及更新。又如一些长期以来在法律适用上存在争议的类型案件，例如劳动法上关于公司解聘高管的问题，究竟是适用公司法还是劳动法的规定在实务中是存在争议的。这些实务中的情况大幅存在，笔者在此不一一赘述。

对于类型案件，由于立法不明确，实务中存在争议，此时要求审理法官进行类案检索就非常有必要了。对于法院而言，有助于互相借鉴审判经验，法官可以将先前类似的案件作为裁判参考，从而辅助证明自己的观点，这不仅使得案件审理更有依据，更能保证裁判结果在原则上的和谐与统一，尽可能减少由于法官个人认识水平有限、法律功底薄弱而造成的误判。另外，也给案件裁判结果带来更多的可预测性，反过来，也引导人们在实际商业交易、生活中合理安排交易模式与行为模式，推动法治社会进程。

(二) 检索素材积累平台完善与法官检索技能提升

除了上文提到的对法院层级及案件类型进行区分，以决定是否大范围适用类案检索以外，提升法官的检索技能也成为重中之重。在裁判文书没有上网的时候，法官获取裁判案例的主要途径是通过最高人民法院发布的公告，以及一些出版社、学者编写的案例集，所获取的资源是极其有限的。大量的纸质的裁判文书也决定了检索并不具备太多实际操作性。以英国判例法为例，由于日积月累，各种判例浩如烟海，而法官的个人回忆是有限的，因此实际上法官审判案例时援引的先例几乎只限于记载在各种判例集上的判例。这也说明，"检索"一词是具有时代背景意义的，是在互联网和大数据发展的背景下的特有做法。

首先，办案平台、档案系统的建立，中国裁判文书网、法信、智审等数据库为类案检索提供了客观的物质基础和客观条件,成为法官获取先前裁判案例的重要渠道与素材来源。这就要求法院、法官在案件审结后要及时上传相应的判文书与数据资料,才能保证检索的全面,以及最新案件的时效性。

其次,对于法官个体而言,提升检索技能也迫在眉睫。以中国裁判文书网为例,如何实现精准的定位与高效检索,是需要借助结合数据库本身的功能设置与一定的检索技巧来进行的。例如裁判文书网中的"高级检索"功能,可以实现多个信息项组合检索。其中提供全文、案由、案件名称、案号、法院名称、法院层级、案件类型、审判程序、文书类型、裁判日期、审判人员、当事人、律所、律师、法律依据等共计15个信息项的检索,法官可以根据审理案件的实际情况,精准地快速对需要进行分析的目标案件进行筛选,从而节省大量的时间。除了展现符合检索条件的裁判文书外,还可以通过文书案号,将一、二审等关联文书关联在一起显示,关联文书会显示文书的审理程序、审理法院、案号、裁判日期、结案方式五项信息,这样客观、完整地展现案件的最终结果,有助于帮助法官厘清类似案件的来龙去脉,进而对类似案件与审理案件的事实进行对比分析,从而确定是否作为参考。

因此,完善现有的"硬件设施",包括办案平台与档案系统,不断升级平台功能,建立完善的登记、录入机制,确保新裁案件文书及时录入;同时,提升法官的检索"软技能",具有非常重要的意义。

(三) 形成律师与法官的良好互动

在英国判例法中,根据判例拘束力的原理,原则上,任何判决只要在其宣布时有出庭律师证实,法院都可以援引。在英美法国家法庭庭审中,也可以看到大律师们滔滔不绝地引用既往案例说服法官。双方律师在开庭前会仔细分析案件存在的法律问题,进行大量的检索,想尽办法找到与承办案件有关联的判例,从而作为说服法官的突破口。在双方律师都没有能力说服法官推翻先前判决的情况下,其实案件本身的判决基本上就可以通过找到的关联判决来确定了。

通过对英国判例实践法的分析,笔者思考,虽然判例制度引入我国的可行性存在疑问,但庭审中律师与法官的互动,以及律师在案件审判中扮演

"协助者"角色，也的确可以作为参考和借鉴。

现实情况也的确如此，随着各种数据库，如中国裁判文书网、北大法宝、律商中国、威科先行等功能的完善与升级，数据库已经成为许多律师工作的必备工具，检索也成为承办案件必备的标准动作。一方面，律师作为法律专业职业者，接受过系统专业的法律思维训练；另一方面，律师对于代理的案件情况非常熟悉与了解，因此，由律师作出的检索，包括制作的检索报告，经过相应的证实环节，其实是可以作为法官的裁判参考的。这大大节省了法官进行检索耗费的时间，同时倒逼双方律师以更加负责任的态度、更加专业的精神以及精湛的技能来对待案件。

双方律师之间是竞争的关系，看谁做的检索更加全面，分析更加合理，依据更加翔实，而对于法官而言，相当于拥有了两个"助手"，这就意味着，在"让审理者裁判，由裁判者负责"的要求下，法官不再是孤立无援的，律师与法官之间完全可以形成良好的互动，从而推进案件的审理进程。

结　语

类案与关联案件检索机制的确立，将案例在法律实践中的地位提升到了一个新的层级。重视案例、发展案例、运用案例对于统一法院的裁判尺度，规范法律的适用有着非常重要的作用，同时，对于实现法律的灵活性与稳定性的统一，增强法律的可预见性，指引民众的生活，意义重大。具体到每一个法官个体，依托互联网时代背景，不断升级工作方法，充分利用大数据资源，借鉴判例法国家的优良工作思路，也提出更高的要求。形成法官、律师之间的良性互动，充分调配各方积极性与现有资源，也有助于打造一个更加专业的法律职业共同体，共同推进法治化进程。

类案检索机制与统一裁判尺度问题研究

◉ 南亚盟[*]

摘要：在法律大数据与人工智能技术迅速发展的大时代背景下，中国司法正在经历一场技术革命。实践对统一裁判尺度提出更迫切的需求。面临复杂繁多的案件，如何在这场技术革命中通过类案分析机制统一裁判尺度成为司法实务部门面临的重大问题。笔者尝试探讨类案检索机制对于统一裁判尺度的意义，及如何发挥类案检索机制的作用。

关键词：类案检索　司法大数据　人工智能

随着司法改革的稳步推进，在法律大数据与人工智能技术迅速发展的大时代背景下，中国司法正在经历一场技术革命。而随着中国司法审判流程的越来越公开化，裁判文书网络公开的半强制的推进，司法实践和社会对裁判尺度的统一提出了更高的要求。面临复杂繁多的案件，如何在这场技术革命中通过类案分析机制统一裁判尺度成为司法实务部门面临的重大问题。

同案同判、类案类判意味着相同、类似的案件能够得到相同或相似的裁判结果。而这也是统一裁判尺度的重要方式之一。类案检索机制正是通过主动或者被动的方式，为办案法官检索类似案例，参考推荐案例裁判尺度，启发、拓展法官的判决思路，帮助法官正确裁判，达到法律效果和社会效果相统一的目的。但是法院现有的类案检索系统存在检索推送案例不精确、推送范围过窄等诸多问题。上述问题除了技术尚无突破、大数据库不够全面、检索机制不健全的显示原因，同时就司法审判而言，类案能否或者在何种程度

---

[*] 河北省邯郸市邯山区人民法院法官助理。

上取代最高人民法院司法解释与指导性案例的地位值得商榷。这就要求我们在优化算法的同时，更要把算法与法律结合起来，建立真正的法律案例大数据库。

一、类案检索机制对统一裁判尺度的意义

事实上，之所以要推进类案检索机制，根本目的在于解决我国司法实务长期存在的同案不同判和类案不类判的问题。"事实相同的案件在不同法院甚至同一个法院的不同法官中可能出现大相径庭的判决，由此导致的裁判不统一现象严重损害了法律权威，成为当代中国司法实践亟待解决的重要问题"。① 例如，在涉危险驾驶罪中，某些情形在甲地仅作拘役处理，在乙地却会被科以有期徒刑。在审理某些民事案件中，就类似案件事实，在丙地原告的诉请可能会驳回诉请，在丁地则可能就完全支持原告诉请。裁判尺度的不统一，究其原因，除去部分可能存在地方保护主义作祟，也与地域性的审判理念等密切相关。司法的复杂性在于从不同角度出发、采用不同的思维方法，均可能得出符合逻辑但却结果迥异的结论。裁判尺度不统一造成相同事实不同裁判结果势必引起公众对法律权威的质疑。如果适用同一款法律规定同时存在截然相反的解释与适用结果，法律本身应该具有的预测功能与指引功能自然无从谈起。为解决这种问题，人民法院开始采取司法解释、指导性案例制度及地方法院指导意见等措施。但上述措施均具有一定的局限性。司法解释作为查漏补缺的法律补丁，在解决裁判尺度不统一的问题上发挥了重要作用。司法解释也具有时代的局限性，部分司法解释在适用过程中仍会产生不同的理解，在法律体系尚不完备的现状下，过多的司法解释有时存在冲突。指导性案例对于一线办案法官而言，重要性不言而喻。我国虽不是判例国家，但是案例指导无疑对类案裁判树立标准，当然就指导性案例的效力及参照问题，实务上争议从未停止，但为法官裁判提供指导，具有很大的现实意义。为了统一裁判尺度，各地法院特别是高级人民法院会根据本地实际情况，出

---

① 四川省高级人民法院、四川大学联合课题组："中国特色案例指导制度的发展与完善"，载《中国法学》2013年第3期。

台有关适用法律的规范性文件。这些措施对带有明显的地域性，对于一定地域内法律适用尺度的统一，具有积极意义，特别是在司法解释尚未出台、问题又带有很强地域性的情况下，可以说也具有一定的必要性。但由于各地情况总会有所差异，在同一法律适用问题上的规定可能存在不同。甚至部分地方性法规有僭越法律和司法解释界限的可能。对此最高人民法院正联合最高人民检察院起草制定《关于地方人民法院、人民检察院不得制定司法解释性质文件的通知》，草案中规定"地方人民法院、人民检察院一律不得制定在本辖区普遍适用的指导意见、规定等司法解释性质文件，指定的其他规范性文件也不得在法律文书中援引"。

上述几种统一裁判尺度的措施均有其利弊，在不断完善以上几种措施外，充分发挥类案检索机制的作用，就显得尤为重要。

二、司法实务部门类案检索系统的现状

从2013年开始，我国法院进入了以智能化为核心的"智慧法院"建设时期。这实际上就是在传统司法信息化建设的基础之上，进一步利用大数据与人工智能等前沿技术，在人民法院全业务、全方位和全流程实现网络化、阳光化和智能化。2016年7月，中共中央办公厅、国务院办公厅印发《国家信息化发展战略纲要》和《"十三五"国家信息化规划》，将建设"智慧法院"列入国家信息化发展战略。2017年7月出台的《新一代人工智能发展规划》中则明确将"智慧法庭"列入规划。可以预见，在未来一段时间内，大数据与人工智能驱动的"智慧法院"建设将会成为法院系统的工作重心之一。借助人工智能的类案类判尽管在话语层面热议，但在实践中的运用情况究竟如何，有何种问题？中国的类案类判前景如何？对于上述问题，目前尚缺乏充分的学术探讨与清晰的答案。有鉴于此，考察其在中国司法实践中的运用，并在此基础上展开理论阐释显得尤为必要。

在中央层面，2018年1月5日，最高人民法院正式上线运行了"类案智能推送系统"，期冀以类案的快速查询和智能推送，来辅助量刑决策、规范裁判尺度、统一法律适用，并进一步提升审判质效，促进司法为民、公正司法。据介绍，该系统从"案件性质、案情特征、争议焦点、法律适用"四个

方面，覆盖全部1330个案由，通过机器自动学习构建出超过10万个维度的特征体系；在精准度方面，做到全案由文书数据整体搜索推送准确率达到63.7%，民事、刑事Top10类型的准确率达到85.5%，其中检索全案由整体准确率61.6%，热门类型案由整体准确率81.8%。在地方层面，各省就类案检索分别开发出各自审判系统。以河北省高院为例，其与第三方科技公司合作开发的华宇办案系统及智审系统，均有类案检索、推荐机制。特别是智审系统，作为法官办案辅助系统，其不仅具有类案推荐功能，更有文书自动生成、文字识别等诸多便利功能。

当然，高院推行的办案系统在实践中情况究竟如何。仅就笔者单位及其他兄弟单位为例，类案检索系统在司法实践中并未受到法官们的普遍欢迎，大部分法官反映，所推送的类案并不符合法官的要求，而法官通过法院内部智能辅助系统主动搜索案例也无法获得理想的可参考的案例。许多法官甚至需要求诸一些商业公司开发的案例检索系统。现阶段使用法律智能科技手段的法官数量不多，且主要集中于年轻法官群体，上了年纪的法官接受法律新科技手段的意愿普遍不强。在愿意使用智能办案系统的法官群体中，许多也不是冲着类案类判系统去的，在他们看来，类案类判系统显然不及"裁判文书自动生成工具"实用。原因很简单，"裁判文书自动生成工具"能够自动、半自动地识别、提取起诉书、庭审笔录中的要素，自动生成裁判文书草稿的功能实实在在地减轻了法官的工作负担。相比之下，现有类案类判系统对于复杂案件的类案推动准确性不够，而对于简单案件的类案推送往往并非基层法官痛点所在，由此降低了法官的用户体验与使用意愿。在调研中，许多法官亦反映，类案类判系统对法官办案"帮助不大""作用很小"。一些法官甚至坦言，"真正要用的时候还是要到外网用商业公司开发的案例检索系统去搜"。

三、类案检索机制问题原因分析

就类案检索系统使用现状来看，类案推动实践效果与系统设计预期有明显差距。上述问题的出现，既有系统自身问题，也有司法实务部门中软硬件的配套及司法逻辑问题。

(一) 办案系统技术尚无突破

办案系统作为法官审判的主要工具，在类案检索功能上设置不足。以华宇系统为例，为防止法官权限过高，结果直接未设置关联案件查询，更遑论类案推荐。在现有办案系统下，法官在使用过程中往往对本院同类案件都难以掌握，无疑加大了办案成本。另一方面，类案推荐系统无法完全适应复杂的案件。就自动推荐式的类案推荐系统而言，现有的技术并不能完全识别案件争议焦点等核心。法官如需自行检索类案就需要在搜索结果中甄别有用的案件推荐，对于法官而言，与其花费长时间来检索，不如直接咨询有办案经验的老法官。

(二) 数据库不够全面

精准的类案检索系统有赖于大规模的裁判文书数据库，但这正是类案检索系统的一大软肋。我国直到2013年才建立起中国裁判文书网，各级人民法院统一通过文书上网方式在中国裁判文书网公开。而现在类案检索系统所依托数据基本来自这一平台。在建设裁判文书网之前，各级法院裁判文书公开基本依托自身门户网站公布部分裁判文书，但因为裁判文书公开没有统一标准，裁判文书公开具有很强的选择性，参考意义不大。文书公开的现状意味着当前的类案类判缺乏足够的数据支撑。尽管中国裁判文书网成立后，已经公布的文书已经很多，但因为缺少历史沉淀，难以识别、提炼不同时代背景下相对稳定的司法经验，裁判尺度参考有限。

(三) 类案推荐案例良莠不齐

类案推荐基于人工智能，但类案推荐不应被赋予过高的期望。就目前而言，类案检索系统所提供的司法产品质量优先。有些类案推送系统在推送案例时对案件数量进行了限制，而且推荐案件并非同案、也非类案，导致类案推荐形同虚设，并未完全契合法官现实需求。现在正在大力推广的类案检索功能模块推荐的类案更多的是良莠不齐、缺乏指导意义和权威的案件。对于此案件能否真正有助于法官裁判，有待考量。难以同指导性案例、典型案例、公报案例等经过层层筛选的案例有相同的参考性。

(四) 搭建类案推荐经济成本高昂, 成效较低

在法律人工智能大行其道的今天, 通过类案的自动推送可以有效减轻中国法官在法律检索上的压力与负担。然而遗憾的是, 法律人工智能在当下的中国尚属"水深坑多", 许多机制挂着法律人工智能的羊头, 却卖着与以前并无二致的"旧酒", 真可谓是"有多少人工, 才能有多少智能", 许多真正的核心环节仍需要法官的人工操作, 欲要实现真正的法律人工智能仍有一段漫长的征程需要前行。此外, 中国许多地方的法院受制于有限的财政资源, 尚无法达到如同上海、江苏、浙江法院般发达的智慧法院程度与水平, 其类案与关联案件检索机制更多地需要依赖法官的手动人工检索。

因此, 如果强制性地适用类案与关联案件检索机制, 无视基层法院法官繁重的工作负担与不同类型案件在适用法律需求上的差异, 强行要求每个案件都进行全面检索, 制作检索报告, 无疑会浪费法官、法官助理大量不必要的时间与精力, 严重的, 甚至会造成法官对类案与关联案件检索机制的反感, 最终抛弃法律检索这一本意极佳的审理案件辅助手段。

四、类案检索机制的发展方向

前面我们讨论了为统一裁判尺度而采取的各项措施, 其实在使用类案检索系统前, 我们更应先思考类案检索机制的发展方向。司法实务更注重裁判中的思维方式、考虑角度, 类案类判也要求法官能够拓展思维方式, 而非被类案的裁判结果禁锢。类案检索机制的发展应当定位于辅助办案系统, 或许在不久的将来, 类案检索机制能够成为保障裁判尺度统一, 维护法律权威的新型质量把控机制。但是就现状而言, 仅依靠类案检索机制保证裁判尺度的统一还为时尚早。对于类案检索机制的发展和完善, 笔者认为, 还需要从软硬件进一步改进。

(一) 优化算法, 革新推荐技术

类案检索在保证数据库的前提下, 更应当充分利用数据库的海量资源。将海量的裁判文书通过标签筛选, 改变传统搜索方式, 降低时间成本。如何将机器算法同司法实务结合起来, 这是技术发展的方向, 也是下一次司法技术革命的突破点。解决类案识别准确率低的问题，不仅需要自然语义识别技术，还需要完善图谱构建、设计、开发多种识别类案的方式。同时，类案检索系统的建设，还面临案件情节提取障碍、模型训练障碍、量刑预测障碍等多项技术障碍。这就需要一线开发的技术人员能够准确定位一线办案法官对类案推荐机制的实际需求。但我国尚缺乏熟悉技术开发与司法实务的跨专业人才，类案检索系统的开发任重道远。

（二）建立真正的法律案例大数据库

没有海量的法律案例数据，试图建立类案类判系统无疑是无根之木。笔者认为，首先，应当加强裁判文书上网公开工作，特别是对裁判文书上网率低的省份，应当将裁判文书上网作为考核指标之一。通过各种监督方式督促落后法院转变工作思路，推进裁判文书公开工作的稳步进行。其次，应当推进全国法院历史裁判档案的电子化、数据化工作。对于中国裁判文书网建设之前的案件信息应当一并电子化，将能够信息化的裁判文书年份向前推进，但这对法院工作强度无疑是巨大挑战，落实难度较大。再次，加强"类案"本身的细分类与标签化。其一，需要对类案的分类管理，推进案件模块化、标签化。类案推荐基于人工智能，人工智能基于人工构建的数据库。在现有情况下，如果有更多的法律工作者投入到裁判案件的基础性的标签数据工作中，运用自身深厚的法律专业知识，为案件界定明确的法律标签，例如案件情节、量刑标准、关键词等，将纷繁复杂的法律事实界定更为清晰明确的法律标签。唯有如此，类案推送系统通过更智能的算法推荐出合适的案件。其二，需要对类案系统的案例进行来源、级别与质量上的明确标示。首先，应当对每个案例库中的案例来源标示清楚，是最高人民法院的指导性案例、公报案例、典型案例，还是一般的案例。案例的地域来源、是否有上诉情形，参照案例文书是否具备法律效力等情况应当标注明了。应当参考性地标注案例的质量高低，供法官参考，当然，这部分工作需要法律工作者和技术人员的联合投入。最后，确立国家层面类案类判的管理机制与标准流程。尽管最高人民法院业已开发了未来将在全国范围内铺开的"类案智能推送系统"，但现在仅在最高人民法院与省一级法院试点，何时能够真正让全国的每位法官都能用上类案推送系统仍未明确。因此，当务之急是统一全国范围内驳杂的类案类判系统，摆脱各地法院各开发一套系统、各自为战的局面，至少让法官在检索类案时获得相同的案例，而不是基于各地法院各自法律数据库基础上检索出的案件。如果摆在法官案头的所谓"类案"都不尽相同，意欲达成统一司法裁判尺度的目标更是难上加难。

五、统一裁判尺度需要多方面协作推进

正如前文所说，类案检索机制是统一裁判尺度的重要措施之一，其实在同一裁判尺度上，不仅仅是通过人工智能的类案推荐就能解决。裁判尺度不统一的主要原因还是在于裁判理念的不同、法律适用规则不同、自由裁量权把握差异。实现裁判尺度的统一，更应着力于审判理念和裁判方法的统一。

理念是行动的先导。作为社会主义国家，社会主义法治理念是指导国家法治建设的方针和原则。人民法官在行使审判权时，应当深刻理解社会主义法治理念的丰富内涵，坚持公平与效率相统一、实体正义与程序正义相统一、社会效果与法律效果相统一。古罗马法学家塞尔苏斯曾说："认识法律不意味着抠法律字眼，而是把握法律的意义与效果。"司法裁判应当以法律为准绳，确保法律规范和法律适用的确定性和统一性，同时应当统筹政治、社会、道德伦理等因素，通过案件裁判体现法、理、情，摒弃机械司法，忽视法律的基本精神。

裁判方法的统一要做到如下几方面的统一。首先关于法律溯及力的判断规则，判断是否具有溯及力，一定要依据法律或者司法解释的明确规定。其次，由于立法主体多元化、立法者的素养与旨趣存在差异、法律位阶存在不同层次等原因，法律之间的冲突在所难免。对法律冲突处理规则的理解出现偏差，就会直接导致裁判所适用的法律不同，裁判尺度自然无法统一。这就要求法官要妥善运用为"上位法优于下位法""新法优于旧法""特别法优于一般法"这三项规则。最后，统一自由裁量权行使规则。"司法自由裁量权是指法官或者审判组织根据自己的认识、经验、态度、价值观以及对法律规

范的理解而选择司法行为和对案件作出裁判的权力。"[①] 由于成长背景、社会阅历各不相同，法官的政治品质、职业道德、司法价值取向、法律素养、审判经历和审判技能也总是存在一定差异，这些差异会对自由裁量权的行使结果产生直接影响，导致裁判尺度不统一。针对自由裁量权，其一通过司法解释、指导性案例等方式进一步明确法律规则、填补法律漏洞，压缩与限制自由裁量权适用的空间；其二，规制自由裁量权的行使，将自由裁量权的行使原则、程序以及监督机制制度化。

结　语

通过人工智能实现类案类判，进而达到统一裁判尺度的目的，是我们对法律的美好憧憬。在法律人工智能与法律大数据飞速发展的今天，我们也似乎看到了实现这一夙愿的曙光。然而路漫漫其修远兮，类案类判制度的发展还需克服重重困难，而裁判尺度统一问题的解决还需除类案推荐机制外的裁判规则、法律适用、自由裁量权等多个方面的规范。随着法治国家的建设，裁判尺度统一问题一定会得到解决，法律亦将彰显公平正义的光辉。

---

① 江必新："论司法自由裁量权"，载《法律适用》2006 年第 11 期。

专题二

运用司法大数据的法律文书改革

司法大数据背景下附带民事公益诉讼问题研究

——基于 150 份法院裁判文书的分析

◉ 姜保忠[*]

摘要：司法大数据为法学研究提供了基础和便利。作为一种新型的诉讼制度，附带民事公益诉讼因契合绿色发展理念以及适应当前检察机关工作职能转型的需要，越来越引起司法机关尤其是检察机关的重视。本文通过对 150 份附带民事公益诉讼裁判文书的分析，发现附带民事公益诉讼制度在理论基础、制度设计上存在一些尚未解决的问题；解决之道是在符合诉讼理论和遵守司法规律的基础上，构建中国特色的附带民事公益诉讼制度。

关键词：附带民事诉讼　民事公益诉讼　裁判文书　大数据

党的十九大报告提出："推进绿色发展""着力解决突出环境问题""加大生态系统保护力度"。习近平总书记指出："必须树立和践行绿水青山就是金山银山的理念，实行最严格的生态环境保护制度。"刑事附带民事公益诉讼制度，是司法机关在绿色发展理念指引下，集合刑事附带民事诉讼和民事公益诉讼两种不同性质诉讼制度的优势，而做出的积极探索和有益尝试。当前，司法机关正在推行的司法大数据改革，为开展相关理论研究提供了基础

---

[*] 河南财经政法大学刑事司法学院副院长，教授，法学博士、博士后。本文系 2018 年度最高人民检察院检察理论课题"检察机关提起附带民事公益诉讼实证分析与对策研究"（项目编号：GJ2018D39）、2019 年度河南省教育厅人文社科研究重点项目"检察机关提起附带民事公益诉讼问题研究"（项目编号：2019 – ZZJH – 004）的阶段性成果。

和样本。根据"中国裁判文书网"的统计,自 2017 年 11 月至 2018 年 8 月,全国各地法院共判决刑事附带民事公益诉讼案件 150 起,主要集中在生态资源和环境保护领域,该类案件的判决结果,对惩罚犯罪和修复因犯罪而遭受损害的生态环境,具有明显的导向作用。

一、问题的提出

为了应对日益严重的环境污染和众多消费者权益受到侵害问题,2012 年我国《民事诉讼法》修改时首次规定了"法律规定的机关和有关组织可以向人民法院提起公益诉讼",但并未明确"机关"的范围。2014 年 10 月 23 日通过的《中共中央关于全面推进依法治国若干重大问题的决定》明确要求探索建立检察机关提起公益诉讼制度。2017 年 6 月 27 日,全国人大常委会通过了《关于修改〈中华人民共和国民事诉讼法〉的决定》,明确人民检察院对破坏生态环境和资源保护、食品药品安全领域侵害众多消费者合法权益等损害社会公共利益的行为,可以向人民法院提起民事公益诉讼。2018 年 3 月 2 日,最高人民法院、最高人民检察院联合发布《关于检察公益诉讼案件适用法律若干问题的解释》,第 20 条规定:"人民检察院对破坏生态环境和资源保护、食品药品安全领域侵害众多消费者合法权益等损害社会公共利益的犯罪行为提起刑事公诉时,可以向人民法院一并提起附带民事公益诉讼,由人民法院同一审判组织审理。"至此,中国特色的刑事附带民事公益诉讼制度正式诞生。以此为契机,各地司法机先后办理了一定数量的附带民事公益诉讼案件,取得了良好的法律效果和社会效果。尽管如此,现行司法解释仅仅是原则性规定,检察机关提起附带民事公益诉讼问题并未得到解决;相反,随着各地检察机关该项工作全面铺开,解决这一问题的紧迫性进一步凸显。目前,相关研究主要集中在检察机关提起民事公益诉讼的资格、检察机关在民事公益诉讼中的地位和称谓、起诉顺序与激励机制、检察机关监督职能与起诉职能的关系等。围绕上述问题,李浩、肖建国、段厚省、吴俊、蔡守秋、于大水、徐祥民等学者发表了多篇富有见地的论文。[①]

西方国家普遍规定检察机关可以提起民事公益诉讼。美国是现代民事公益诉讼的发源地，在消费者权益保护、环境保护和反垄断等领域建立起了一套关于民事公益诉讼的完备法律制度。[②] 依据《美国法典》，检察官在涉及联邦利益等七种民事案件中有权参加诉讼。英国法律规定，对于涉及英王和政府重大利益的民事案件由英国总检察长和副总检察长代表英王和政府出席法庭，进行民事诉讼活动，检察长以原告的身份进行诉讼。法国是世界上最早通过法律授权检察机关参与民事公益诉讼的国家。1804 年《拿破仑民法典》规定，检察官可以为了国家利益或者社会公共利益提起诉讼和参与诉讼。法国新《民事诉讼法》规定："检察院得作为主当事人进行诉讼，或者作为当事人参加诉讼。于法律规定之情形，检察院代表社会。"德国《民事诉讼法》设立了"公共利益代表人"制度，检察机关对涉及国家利益、社会公共利益的重大案件可以作为社会公共利益的代表提起民事公益诉讼。以上是西方国家检察机关提起民事公益诉讼的规定，但在涉及刑事附带民事诉讼方面，西方国家的做法并不相同。以法国、德国为代表的大陆法系国家一般采用附带式，将基于同一犯罪行为而发生的刑事、民事诉讼案件纳入同一诉讼轨道，在刑事诉讼过程中附带解决民事赔偿问题，此举为检察机关提起附带民事公益诉讼提供了条件。以英国、美国为代表的英美法系国家一般采用平行式，强调民事诉讼的独立地位，将民事诉讼与刑事诉讼完全分离，民事赔偿由民事诉讼程序予以解决，两种诉讼间没有任何依附关系，因此并不存在检察机关提起附带民事公益诉讼的问题。

综上所述，尽管附带民事公益诉讼在理论和实践上均取得长足发展，但仍有进一步研究的必要。表现在：首先，从实践角度而言，相关法律和司法

[①] 参见李浩："检察机关在民事公益诉讼中的地位"，载《法学》2017 年第 11 期；肖建国："检察机关提起民事公益诉讼应注意两个问题"，载《人民检察》2015 年第 5 期；肖建国："环境公益诉讼的基本原理与制度适用"，载《中国人民大学学报》2016 年第 2 期；段厚省："环境民事公益诉讼基本理论思考"，载《中外法学》2016 年第 4 期；吴俊："中国民事公益诉讼年度观察报告（2017）"，载《当代法学》2018 年第 5 期；蔡守秋："从环境权到国家环境保护义务和环境公益诉讼"，载《现代法学》2013 年第 6 期；于大水："检察机关提起民事公益诉讼的几个法理问题"，载《齐鲁学刊》2012 年第 6 期；徐祥民："建立我国环境公益诉讼制度的便捷路径"，载《河北法学》2014 年第 6 期。

[②] 参见肖建国："民事公益诉讼的基本模式研究——以中、美、德三国为中心的比较法考察"，载《中国法学》2007 年第 5 期。

解释实施后，现有成果大多以民事公益诉讼为研究对象，以附带民事公益诉讼为研究对象的成果付诸阙如，且研究者几乎全为民事诉讼法学者，研究者知识背景和研究视域的局限，导致对司法实践的关切度不够。其次，从理论角度而言，附带民事公益诉讼是刑事附带民事诉讼和民事公益诉讼两种不同性质诉讼的结合，该制度的正当性、可行性需要刑事诉讼和民事诉讼双重理论作为基础，在考察检察机关提起刑事附带民事诉讼（依据刑事诉讼法）与民事公益诉讼（依据民事诉讼法）二者区别的基础上，构建我国附带民事公益诉讼制度。与之相比，现有研究缺乏系统性和整体性。再次，党的十九大报告确立的绿色发展理念和正在进行的监察委员会体制改革，对检察机关的职能和权限范围带来重大影响，要求检察工作的重心和方向必须做出调整，附带民事公益诉讼研究理应在此背景下进行。不难发现，现有研究成果在适应新的发展理念和回应监察体制改革方面表现为一定程度的滞后和不足。

二、附带民事公益诉讼实证分析

为准确了解刑事附带民事公益诉讼案件的现状，发现该类案件在当前司法实践中存在的问题，笔者通过"中国裁判文书网"，收集了全国各地法院2017年11月—2018年8月期间作出判决的150份裁判文书，以之为样本，对我国刑事附带民事公益诉讼案件进行了实证分析。

（一）刑事附带民事公益诉讼案件的地域分布

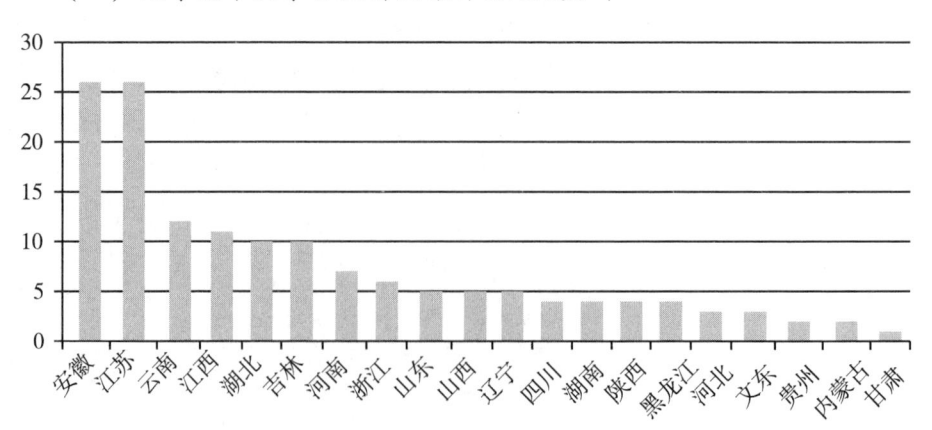

图7　全国刑事附带民事公益诉讼案件分布

从图1可以看出，2017年11月—2018年8月期间，在全国32个省级行政区（不含港澳台地区）中，有20个省的人民法院审理过刑事附带民事公益诉讼案件，包括安徽26件、江苏26件、云南12件、江西11件、湖北10件、吉林10件、河南7件、浙江6件、山东5件、山西5件、辽宁5件、四川4件、陕西4件、湖南4件、黑龙江4件、河北3件、广东3件、内蒙古2件、贵州2件、甘肃1件。从统计数据不难看出，办理刑事附带民事公益诉讼案件比较多的省份集中在我国的东部和中部地区，如安徽、江苏等省份，反映出这些地区的司法机关对刑事附带民事公益诉讼的重视程度较高，同时，东中部地区与西部地区相比经济较为发达，反映出各地经济发展水平的差异对司法案件也会产生一定的影响。

（二）刑事附带民事公益诉讼的案件类型

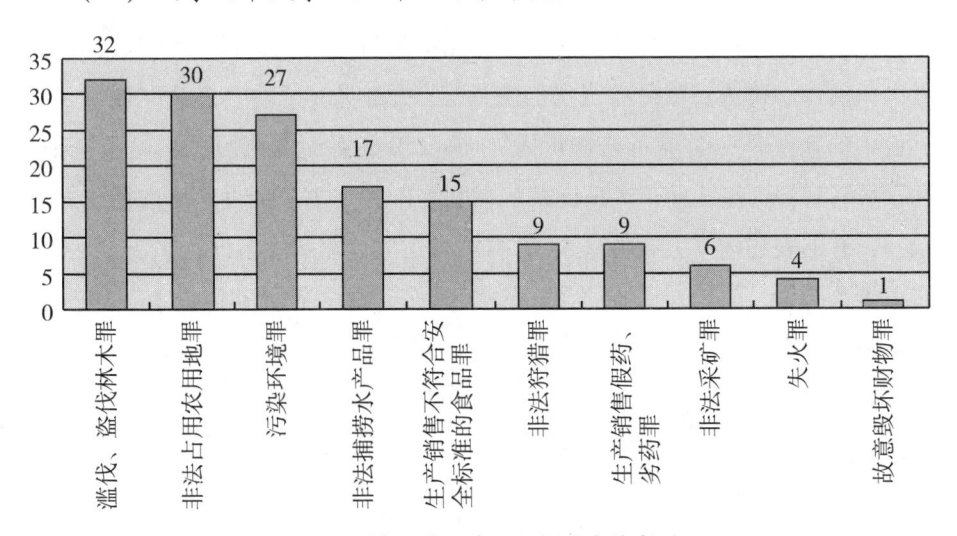

图2 刑事附带民事公益诉讼案件类型

如图2所示，在150份裁判文书中，判决结果主要涉及10个罪名，分别是滥伐、盗伐林木罪（32件），非法占用农用地罪（30件），污染环境罪（27件），非法捕捞水产品罪（17件），生产销售不符合安全标准的食品罪（15件），非法狩猎罪（9件），生产销售假药、劣药罪（9件），非法采矿罪（6件），失火罪（4件），故意毁坏财物罪（1件）。这些罪名主要集中在刑法分则第三章第一节"生产、销售伪劣商品罪"和第六章第六节"破坏环境资源保护罪",反映出当前司法机关办理刑事附带民事公益诉讼案件的主要目的,是惩罚、制裁破坏生态环境和资源保护、食品药品安全领域侵害众多消费者合法权益等损害社会公共利益的犯罪行为。早在2014年12月8日,最高人民法院审判委员会第1631次会议通过了《关于审理环境民事公益诉讼案件适用法律若干问题的解释》,自2015年1月7日起施行。这一司法解释成为最高人民法院、最高人民检察院《关于检察公益诉讼案件适用法律若干问题的解释》(2018年3月2日)通过之前,人民法院审理刑事附带民事公益诉讼案件的主要依据。

(三)检察机关在刑事附带民事公益诉讼中的地位

最高人民法院、最高人民检察院《关于检察公益诉讼案件适用法律若干问题的解释》第4条规定:"人民检察院以公益诉讼起诉人身份提起公益诉讼,依照民事诉讼法、行政诉讼法享有相应的诉讼权利,履行相应的诉讼义务,但法律、司法解释另有规定的除外。"从而明确了检察机关在检察公益诉讼中的地位是"公益诉讼起诉人"。从150份裁判文书反映的情况来看,在该司法解释通过之前,人民检察院在刑事附带民事公益诉讼中的地位并不统一,有的表述为"公益诉讼人",有的表述为"附带民事诉讼原告人""附带民事公益诉讼原告人",还有的表述为"公诉机关暨公益诉讼人"。在150份裁判文书中,检察机关的不同表述如图3所示:

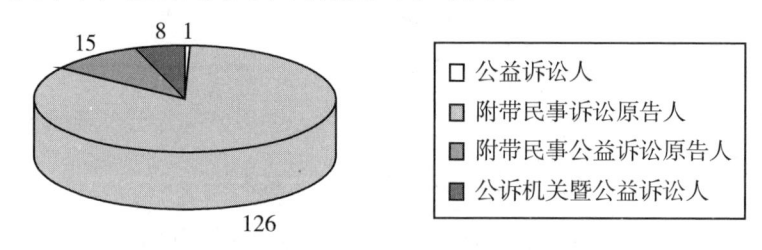

图3 检察机关在附带民事公益诉讼中的地位

(四)刑事附带民事公益诉讼案件的法律依据

在150份裁判文书中,法院作出判决的法律依据,主要有《刑法》《民事诉讼法》《侵权责任法》《环境保护法》《最高人民法院关于审理环境民事公益诉讼案件适用法律若干问题的解释》《最高人民法院、最高人民检察院关于办理环境污染刑事案件适用法律若干问题的解释》《最高人民法院、最高人民检察院关于检察公益诉讼案件适用法律若干问题的解释》等法律和司法解释。但由于刑事附带民事公益诉讼是一种新型的诉讼制度,直接法律依据只有《最高人民法院、最高人民检察院关于检察公益诉讼案件适用法律若干问题的解释》第20条一个条文,即"人民检察院对破坏生态环境和资源保护、食品药品安全领域侵害众多消费者合法权益等损害社会公共利益的犯罪行为提起刑事公诉时,可以向人民法院一并提起附带民事公益诉讼,由人民法院同一审判组织审理",由此导致人民法院在判决该类案件时法律依据缺乏,从150份裁判文书反映的情况看并不统一。主要问题在于,附带民事诉讼是我国刑事诉讼法规定的一项制度,2012年《刑事诉讼法》第99条规定:"被害人由于被告人的犯罪行为而遭受物质损失的,在刑事诉讼过程中,有权提起附带民事诉讼。被害人死亡或者丧失行为能力的,被害人的法定代理人、近亲属有权提起附带民事诉讼。如果是国家财产、集体财产遭受损失的,人民检察院在提起公诉的时候,可以提起附带民事诉讼。"该条文赋予检察机关提起附带民事诉讼的权利,但只是原则性的规定。《最高人民法院关于适用〈中华人民共和国刑事诉讼法〉若干问题的解释》对检察机关提起附带民事诉讼作了进一步的规定。其第142条规定:"国家财产、集体财产遭受损失,受损失的单位未提起附带民事诉讼,人民检察院在提起公诉时提起附带民事诉讼的,人民法院应当受理。人民检察院提起附带民事诉讼的,应当列为附带民事诉讼原告人。"第156条规定:"人民检察院提起附带民事诉讼的,人民法院经审理,认为附带民事诉讼被告人依法应当承担赔偿责任的,应当判令附带民事诉讼被告人直接向遭受损失的单位作出赔偿……"第163条规定:"人民法院审理附带民事诉讼案件,除刑法、刑事诉讼法以及刑事司法解释已有规定的以外,适用民事法律的有关规定。"

由此而来的问题是,2012年《刑事诉讼法》第99条和《最高人民法院关于适用〈中华人民共和国刑事诉讼法〉若干问题的解释》第142条能否作为法院判决刑事附带民事公益诉讼案件的法律依据。在150份裁判文书当中,法院判决刑事附带民事公益诉讼案件时,引用2012年《刑事诉讼法》第99条及相关司法解释的案件有33件,占所有案件的22%。如山东省费县人民法院(2018)鲁1325刑初82号判决书(2018年5月16日),法院依据《中华人民共和国刑法》第 338 条等条款,《中华人民共和国环境保护法》第 64 条,《中华人民共和国水污染防治法》第 76 条,《中华人民共和国固体废物污染环境防治法》第 55 条,《最高人民法院、最高人民检察院关于办理环境污染刑事案件适用法律若干问题的解释》第 1 条第(3)项、第 15 条第(1)项《最高人民法院、最高人民检察院关于检察公益诉讼案件适用法律若干问题的解释》第 20 条,《最高人民法院关于审理环境侵权责任纠纷案件适用法律若干问题的解释》第 1 条,《最高人民法院关于审理环境民事公益诉讼案件适用法律若干问题的解释》第 20 条,《中华人民共和国刑事诉讼法》第 99 条,《中华人民共和国民事诉讼法》第 55 条之规定,作出刑事附带民事判决书。再如,江苏省连云港市海州区人民法院(2018)苏 0706 刑初 5 号判决书(2018 年 5 月 16 日),法院依据《中华人民共和国刑法》第 343 条等条款,《中华人民共和国刑事诉讼法》第 99 条第 2 款,《最高人民法院关于适用〈中华人民共和国刑事诉讼法〉若干问题的解释》第 142 条第 2 款等条款,《中华人民共和国矿产资源法》第 39 条第 1 款,《中华人民共和国环境保护法》第 64 条,《中华人民共和国侵权责任法》第 15 条之规定,作出刑事附带民事判决书。

需要指出的是,上述两个案件(包括 33 个案件中另外部分案件),是 2018 年 3 月 2 日《最高人民法院、最高人民检察院关于检察公益诉讼案件适用法律若干问题的解释》通过以后作出的判决,说明各地法院在刑事附带民事公益诉讼案件裁判依据上存在不同认识。在 150 份裁判文书中,法院裁判依据引用 2012 年《刑事诉讼法》第 99 条的案件比例如图 4 所示:

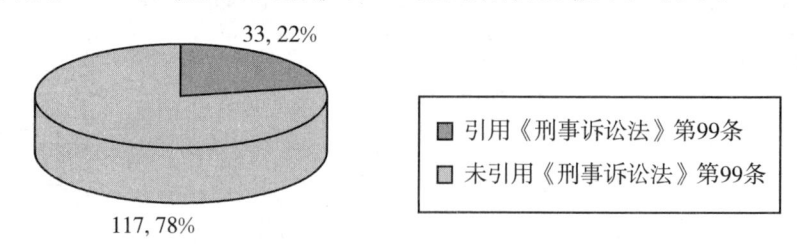

图 4 刑事附带民事公益诉讼案件裁判依据

统一法律适用标准是法院审判工作的基本要求,为实现此目标,做到"同案同判",维护司法公正,2010 年 11 月 26 日,最高人民法院发布了《关于案例指导工作的规定》；2015年6月2日，最高人民法院发布了《〈关于案例指导工作的规定〉实施细则》。截至目前，最高人民法院已发布18批共96个指导性案例。法律依据的不明确势必影响法院裁判文书的公信力。

三、附带民事公益诉讼制度的核心问题

法律文书是司法案件的有效载体，裁判文书的释法说理程度影响司法公正的实现。2018年6月1日，最高人民法院发布了《关于加强和规范裁判文书释法说理的指导意见》，目的在于加强和规范裁判文书释法说理工作，提高释法说理水平和裁判文书质量。裁判文书对司法制度、司法公正起着倒逼作用，以最高人民法院《关于加强和规范裁判文书释法说理的指导意见》为标准，对构建具有我国特色的刑事附带民事公益诉讼制度提出以下建议。

（一）公益诉讼不同于公诉

在公益诉讼制度被普遍接受之前，我国有学者提出"行政公诉""民事公诉"的概念，如有学者指出，"所谓行政公诉，是指检察机关在履行法律监督职责过程中，认为行政机关的行政行为违反了有关法律规定，侵害了公民、法人和其他社会组织的合法权益，危害了国家和社会公共利益，依照行政诉讼程序向法院提起诉讼，要求法院进行审理并作出裁判的活动。"① 有学者指出，"民事公诉制度，是指检察机关在法定情形下，为维护国家利益和社会公共利益及公共秩序，以国家名义将一定种类的民事案件提交人民法院审判的制度。"② 还有学者对行政公诉、公诉、公益诉讼概念不加区分，"行政公诉属于公益诉讼、属于公诉、属于行政诉讼。"③ 笔者认为，行政公益诉讼不宜称之为行政公诉，所谓"行政公诉""民事公诉"的概念并不科学。原因在于，首先，"公诉"作为法律概念，具有特定的含义。通说认为，"提起公诉是人民检察院代表国家将犯罪嫌疑人提交人民法院，要求人民法院通

---

① 参见孙谦："论建立行政公诉制度的必要性和可行性"，载《法学家》2006年第3期。
② 参见冯仁强："民事公诉制度的诉讼法基础"，载《人民检察》2007年第22期。
③ 参见田凯："论行政公诉制度的法理基础"，载《河南社会科学》2010年第5期。

过审判追究其刑事责任的一种诉讼活动。"① 我国《刑事诉讼法》第172条规定："人民检察院认为犯罪嫌疑人的犯罪事实已经查清，证据确实、充分，依法应当追究刑事责任的，应当作出起诉决定，按照审判管辖的规定，向人民法院提起公诉，并将案卷材料、证据移送人民法院。"可见，"公诉"属于刑事诉讼法的概念，②"公诉"概念自产生之日起即与犯罪事实和刑事责任不可分离，全世界法律规定莫不如此。在我国，出庭支持公诉、请求法院对刑事被告人依法判处的检察官称之为"国家公诉人"。其次，概念是约定俗成的东西，不宜随意扩充理解和解释，就如"致仕"（古代指退休）、"七月流火"（古代指天气逐渐转凉）、"鸿鹄（hóng hú）之志"一样，其含义、读音长期以来已经深入人心，假如非要冒公众之大不韪而"独辟蹊径"，其结果只能导致概念和理解上的混乱。最后，根据现行法律规定和司法实践，有权提起公益诉讼的不只是检察机关，法律规定的机关（如环境保护机关）和有关组织（如环保联合会、消费者协会）均可以提起公益诉讼，如果对"公诉"和"公益诉讼"概念不加区分，容易导致诉讼主体的混乱。基于以上分析，在民事、行政领域，检察机关为国家利益和社会公共利益向人民法院提起诉讼，只宜称之为民事或者行政"公益诉讼"，而不可称之为民事或者行政"公诉"。

（三）附带民事公益诉讼制度的本质

附带民事公益诉讼是两种诉讼制度的集合，但究竟是哪两种诉讼制度，存在理论上的争议，该问题涉及刑事附带民事公益诉讼的本质。有学者认为，附带民事公益诉讼是刑事诉讼和民事公益诉讼的两种制度的集合，"刑事附带民事公益诉讼的难点在于，刑事诉讼和民事公益诉讼是两种性质不同的诉讼，需要在一个庭审中实现紧密衔接、自然过渡和合理分离。"③ 持此种观点

---

① 陈光中主编：《刑事诉讼法》，北京大学出版社、高等教育出版社2009年版，第309页。
② 在刑事诉讼中，"公诉"实际上是与"自诉"相对应的概念。根据刑事诉讼法的规定，所谓自诉，是指被害人就某些刑事案件可以直接向人民法院提起诉讼，要求追究被告人的刑事责任，而无须经过公安机关和检察机关。
③ 参见王栋：“刑事附带民事公益诉讼也应注重客观公正义务”，载《检察日报》2018年5月30日。

的学者大多是民事诉讼法学者,其只看到了附带民事公益诉讼制度的外表,没有看清该制度的本质。刑事诉讼和民事(公益)诉讼是两种性质不同的诉讼制度,如何能够结合在一起?实际上,刑事附带民事公益诉讼是附带民事诉讼和民事公益诉讼两种诉讼制度的结合,其本质是附带民事诉讼向社会公共利益的延伸。所谓附带民事诉讼,根据《刑事诉讼法》第99条的规定,是指在刑事诉讼过程中,被害人由于被告人的犯罪行为而遭受物质损失的,有权提起附带民事诉讼;如果是国家财产、集体财产遭受损失的,人民检察院在提起公诉的时候,可以提起附带民事诉讼。另外,根据《最高人民法院关于适用〈中华人民共和国刑事诉讼法〉若干问题的解释》第163条的规定,"人民法院审理附带民事诉讼案件,除刑法、刑事诉讼法以及刑事司法解释已有规定的以外,适用民事法律的有关规定。"如果民事诉讼具有公益的性质,则称之为附带民事公益诉讼。由此可见,附带民事公益诉讼存在的前提是附带民事诉讼制度。世界各国对因犯罪导致的损害赔偿问题如何解决,采取不同的做法。有些国家通过刑事附带民事解决的方式,如中国、法国、德国、俄罗斯等国家;有些国家则采取独立提起民事诉讼的方式,如美国、英国、日本等国家。很明显,所谓"皮之不存毛将焉附",在独立提起民事诉讼的国家里,是不可能存在附带民事公益诉讼的,正是因为有了附带民事诉讼制度,附带民事公益诉讼才有了存在的空间。因此,《刑事诉讼法》第99条第2款以及《最高人民法院关于适用〈中华人民共和国刑事诉讼法〉若干问题的解释》第142条,应当成为法院在判决附带民事公益诉讼案件时的法律依据。有些法院的判决书直接引用了最高人民法院、最高人民检察院《关于检察公益诉讼案件适用法律若干问题的解释》第20条的规定,虽未尝不可,但究其根本,仍然在于刑事诉讼法中关于附带民事诉讼的规定。

(四)检察机关在附带民事公益诉讼中的地位

前已述及,在最高人民法院、最高人民检察院《关于检察公益诉讼案件适用法律若干问题的解释》实施之前,检察机关在附带民事公益诉讼中的地位并不统一,在该司法解释实施以后,检察机关普遍列为"公益诉讼起诉人"。尽管如此,仍有部分法院的裁判文书将检察机关列为附带民事(公益)

诉讼原告人。究竟检察机关在附带民事公益诉讼中处于何种地位，虽然司法解释已明确其"起诉人"地位，但理论上一直存有争议。有学者认为，检察机关在民事公益诉讼中的地位因诉讼程序的变化而不同，在第一审程序中，检察机关主要以原告身份进行诉讼活动；在第二审程序中，检察机关主要以上诉人或被上诉人的身份实施诉讼行为。[①] 另有学者认为，检察机关在民事公益诉讼中的地位是法律监督者，检察机关不服第一审人民法院裁判的，只能向上级人民法院提出抗诉而非提起上诉。[②]

笔者认为，检察机关在附带民事公益诉讼中不宜称之为"公益诉讼起诉人"。首先，"起诉人"并非严格的法律概念，在刑事诉讼中，参加诉讼程序的包括国家机关和诉讼参与人，前者主要包括公安机关、人民检察院、人民法院；后者分为当事人和其他诉讼参与人。当事人包括被害人、犯罪嫌疑人、被告人、自诉人、附带民事诉讼当事人等；其他诉讼参与人包括辩护人、诉讼代理人、法定代理人、证人等。民事诉讼的参加人，包括当事人（原告、被告、第三人）、诉讼代理人、其他诉讼参与人（证人、鉴定人等）。可见，无论是刑事诉讼还是民事诉讼，均没有"起诉人"的说法。起诉与应诉对应，如果将人民检察院作为"起诉人"，那么对方难不成叫"应诉人"吗？其次，将检察机关作为"起诉人"，导致诉讼职能和诉讼角色的混乱。众所周知，在刑事审判中，检察机关承担提起公诉和法律监督职责，作为国家公诉人，其地位与被告人并不完全平等。但民事诉讼解决的是平等主体之间的争议，原告、被告双方平等是民事诉讼的基本原则，如果给一方附加其他权利，将无法保证民事诉讼程序和民事裁判结果的公正。在附带民事诉讼中，根据《最高人民法院关于适用〈中华人民共和国刑事诉讼法〉若干问题的解释》第142条规定的规定，人民检察院提起附带民事诉讼的，应当列为附带民事诉讼原告人。此外，最高人民法院、最高人民检察院《关于检察公益诉讼案件适用法律若干问题的解释》第10条规定，人民检察院不服人民法院第

[①] 参见李浩："检察机关在民事公益诉讼中的地位"，载《法学》2017年第11期。
[②] 国内一些民事诉讼法学者和实务部门人员如汤维建、谢鹏程等持此观点。参见最高人民检察院民事行政检察厅主编：《检察机关提起公益诉讼实践与探索》，中国检察出版社2017年版，第92页。

一审判决、裁定的，可以向上一级人民法院提起上诉。但根据《刑事诉讼法》第217条的规定，地方各级人民检察院认为本级人民法院第一审的判决、裁定确有错误的时候，应当向上一级人民法院提出抗诉。可见，民事公益诉讼中检察机关的地位不同于刑事诉讼，提出抗诉是基于法律监督权，提起上诉则意味着双方地位平等，最高人民法院、最高人民检察院《关于检察公益诉讼案件适用法律若干问题的解释》第10条等于变相承认了检察机关在诉讼中居于原告人的地位。综上所述，在附带民事公益诉讼中，将检察机关作为"起诉人"不符合诉讼理论和司法规律，其地位理应作为附带民事公益诉讼原告人。至于将公诉机关和附带民事诉讼原告人分开列明，还是表述为"公诉机关暨附带民事公益原告人"，为体现附带民事诉讼与刑事诉讼之间的依附关系，分开列明的做法似乎更为可取。

裁判文书证据部分撰写规范研究

——以 1600 份刑事判决书为样本的实证分析

◉ 王　静[*]

摘要： 当前刑事判决书撰写现状不容乐观，特别是对证据部分的撰写距离"伟大的判决"相去甚远。能否建立以审判为中心的诉讼制度，核心在于能否全面贯彻证据规则，关键在能否提升裁判文书的撰写质量和公信力。能否从根本上实现繁简分流，最终也将归结在裁判文书的撰写上。本文选取 1999 年起至 2016 年 B 直辖市裁判文书库中的 1600 篇生效的刑事判决书为研究样本，以繁简分流与庭审实质化为视角，通过对文书实然状态、应然状态分析，提出判决书证据部分写作的价值定位，进而以价值为导向论证我国刑事裁判文书质证、认证部分撰写应当恪守的规则并提出对刑事裁判文书撰写样本的修改意见稿。

关键词： 裁判文书　大数据　证据

2014 年 10 月，党的十八届四中全会首次召开中央全会专门研究全面推进依法治国重大问题并作出重大决定后，最高人民法院积极推进建立以审判为中心的诉讼制度等全面深化法院改革的 65 项举措。建立以审判为中心的诉讼制度蕴含的核心要求在于能否全面贯彻证据规则，关键表现在提升裁判文书的质证、认证部分的撰写质量。

1999 年，最高人民法院印制《法院刑事诉讼文书样式（样本）》的说明中明确提出强化对判决事实的叙述和证据的分析、认证，推行控辩式的审理

---

[*] 北京市丰台区人民法院刑事审判第二庭助理审判员。

方式,然而在实践中却长期遭到法官群体的集体忽视。本文拟以实证方法,剖析裁判文书样本背后的现实问题,从证据部分撰写的技术规范角度探求解决方案,提出我国裁判文书证据写作遵循的细则并提出对刑事判决书样式的修改方案。

一、现象:法官群体对证据部分撰写的集体忽视

笔者从 B 直辖市裁判文书库中随机抽取了 1999 年至 2016 年间 16 个基层法院做出的 1600 份生效刑事判决书,其中包括 900 份适用简易程序审理的判决书和 700 份适用普通程序审理的判决书。按照对证据内容、认证表述方式的区别,笔者将样本判决书证据撰写部分归结为三种类型:

第一类,概括式。一句话概括质证、认证过程与结果。例如:"以上证据确实充分,本院均予以确认。"1600 份判决中,约 80% 的判决采用了概括式的表述方式。

第二类,简要回应式。不表述控辩双方对证据的意见,只表述合议庭质证结果。例如:"以上证据,经当庭举证、质证,被告单位××公司,被告人××及其辩护人均未提出异议。上述证据均系侦查机关合法取得,具有真实性且与本案有客观联系,能够形成完整的证据链条,可以作为定案依据,本院予以确认。"1600 份判决中,约 15% 的判决采用了简要回应式。

第三类,质证认证结果说理式。按照证据规则行对证据进行说理认证。例如经当庭质证,被告人李某某对上述证据没有提出实质性异议。被告人居某某对被告人李某某及自己的供述提出异议,辩称……。对其质证意见,法庭将在本院认为部分综合陈述。法庭认为,控方提交的上述证据形式及来源合法,内容稳定且相互印证,对其证明效力,本院予以确认。对于被告人居某某……的辩解,法庭认为,现有证据显示,被告人李某某在公安机关多次供述称,其明确告知居某某乘车去盗窃的事实,居某某在公安机关的前几次供述也明确承认其明知李某某盗窃,仍然拉李某某前往作案地点,且前后实施十多起盗窃行为;二人虽无明确授意,但分工负责、共同实施盗窃行为的犯罪故意显而易见,其当庭翻供并无证据支持,故对被告人居某某的相关辩解,本院不予采信。样本文书中,仅有约 5% 的判决采用了质证认证结果说

理式。

样本裁判文书的归类,反映出当前裁判文书证据部分撰写的两个现象:

其一,从撰写主体而言,大部分法官倾向于使用概括式和简要回应式的写法。样本文书中,约占 95% 的文书采用了概括式或者简要回应式的写法,5% 的文书采用了质证认证结果说理式。而采用质证认证结果说理式写法的法官,稳定在部分群体中。

其二,从撰写内容而言,证据部分写作的结构性缺失现象突出。主要体现为:

1. 证据来源和形成过程表述的缺失

一方面,控辩双方意见部分缺乏对证据来源和形成的表述。约 90% 的样本文书都是对证据内容原文照搬,对证据的采集过程缺乏表述。另一方面,经审理查明的事实和证据部分,70% 的判决书对证据来源的表述不完整,集中体现为只表述证据名称,不说明证据来源。

2. 以证据内容代替证明目的现象突出

在样本文书中,罗列证据内容,忽略对证明效力的说明现象突出,受众无法从臃肿的证据罗列中看到证据能够证明的事实。这种情况在复杂案件中较为突出,甚至在某些优秀裁判文书中也很常见。以 B 市法院某篇二等奖优秀裁判文书为例,在这篇近 4 万字的裁判文书中,证据部分占 2.7 万余字,用了近 70% 的篇幅罗列证据内容,可以说是对案件证据进行了详细的摘抄,但是,从实质上来看,单个证据的证明目的是被证据内容所取代的。

3. 运用证据规则审查、判断证据的过程缺失

目前审判实践中普遍采用"先定后证"的表述方式,这种写作方式也是 1999 年裁判文书样本中所确认的。在笔者所选取的样本文书中,只有约占 1% 的判决书明确写明了审查、判断证据的过程,说明了使用的证据规则,而绝大部分的裁判文书中对使用的证据规则、判断的过程没有明确的说明。可见,运用证据规则审查、判断证据的过程存在缺失。

综上可知:在审判实践中,法官群体倾向于使用在形式上满足裁判文书构成要素的写法,而忽视在实质上对证据的分析、说明以及认证。

二、探根：法官群体忽视证据部分撰写的根源

长期以来，法官对裁判文书证据失语的状态不是一时造成的，这种现象是主客观原因共同作用的结果。但是，从本质上而言，是庭审作用虚化、繁简不分在裁判文书撰写上的实质体现。

（一）客观上，缺乏强制、有效规则指引的必然结果

1. 现行规则缺乏强制力

现行刑事裁判文书的撰写规范有8个，规范类型包括样式说明、问题解答、批复、规定和意见（表1）。但是，规定证据写作的规范仅有2个：关于印制《法院刑事诉讼文书样式（样本）》的说明中对于证据写作的规定仅是原则性的，不具有可操作性；关于实施《法院刑事诉讼文书样式》若干问题的解答中，虽然有针对性地说明了证据质证、认证的写作规则，但是，其颁布的主体是最高人民法院办公厅，形式也是以解答的方式作出的，严格意义而言，只具有参考作用，并不具有法律效力。

表1 现行刑事裁判文书撰写规范

年份	发布机关	名称	规定内容
1999	最高人民法院	《关于印制〈法院刑事诉讼文书样式（样本）〉的说明》	修改的指导思想是：以修改后的刑事诉讼法、刑法和有关司法解释为根据，以强化对判决事实的叙述和证据的分析、认证，增强判决的说理性为重点
2000	最高人民法院办公厅	《关于实施〈法院刑事诉讼文书样式〉若干问题的解答》	（1）答复控辩双方意见和经审理查明的事实和证据部分时，繁简适当问题 （2）答复了修订样式要求在裁判文书中列明证据来源的内涵 （3）答复表述证据的人称使用 （4）答复了宣告无罪案件的证据表述

131

续表

年份	发布机关	名称	规定内容
2000	最高人民法院	《关于刑事裁判文书中刑期起止日期如何表述问题的批复》	刑期起止日期表述
2009	最高人民法院	《关于裁判文书引用法律、法规等规范性法律文件的规定》	法条引用
2010	最高人民法院、最高人民检察院、公安部、国家安全部、司法部	《关于规范量刑程序若干问题的意见》	量刑表述
2011	最高人民法院	《关于死刑缓期执行限制减刑案件审理程序若干问题的规定》	主文宣告
2011	最高人民法院、最高人民检察院、公安部、司法部	《关于对判处管制、宣告缓刑的犯罪分子适用禁止令有关问题的规定（试行)》	宣告禁止令的表述方式
2012	最高人民法院	《关于在裁判文书中如何表述修正前后刑法条文的批复》	法条引用

2. 缺乏对证据写作方法的系统性规定

裁判文书证据写作规则散见于样式说明、样式解答中，确定的写作规范只有1条，即认证、质证必须经过举证环节这一基本的程序。这种写作规范是抽象、不具有可操作性的。例如，刑事判决书文书格式后附样式说明中，对认定证据的写作规则要求："特别要注意通过对证据的具体分析、认证来证明判决所认定的犯罪事实。防止并杜绝使用'以上事实，证据充分，被告也供认不讳，足以认定'的抽象、笼统的说法或者用简单的罗列证据的方法,来代替对证据的具体分析、认证","案情复杂或者控辩双方有异议的,应当进行分析、认证;一人犯数罪或者共同犯罪案件,还可以分项或者逐人逐罪叙述证据或者对证据进行分析、认证"。① 但是,具体如何表述证据、分析证据、说明结论都缺乏详细、有效、系统性的规定。

(二) 主观上,法官进行利弊衡量后的必然选择

1. 常用写作模板具有书写简单、能够有效降低错误几率、满足裁判文书撰写强制性要求的优势

法官群体常用的概括式、简要回应式写作模板:一方面,书写简单、在裁判文书中可以直接套用。这种写法,既无需将对证据的判断、分析过程表露于外,避免了法官对证据的说明,又概括了质证认证的程序和认证结果;另一方面,满足了裁判文书在结构上的强制性要求,可有效避免出现错误的几率。根据刑事诉讼法第 314 条规定,对上诉、抗诉案件,应当着重审查以下内容,其中包括第一审判决事实是否清楚、证据是否确实、充分。此处证据"确实充分"需要考察一审法官对证据的分析和认证是否符合证据规则的要求。避免在裁判文书中书写质证和认证详细过程,可极大程度避免因表述质证和认证引发歧义而带来的发回重审或改判的风险。以 B 市法院一审和二审裁判文书对比,二审法院采用质证认证结果说理式的裁判文书数量高出一审法院约 40%,可见,一审法官对公开书写认证、质证的详细过程存在顾虑。

2. 在司法公开的大背景下,常用模板可极大减少围观风险

自 2014 年 1 月 1 日最高人民法院正式启用"中国裁判文书网"作为全国法院公布裁判文书的统一平台以来,在社会上引发了强烈的反响。公开是最好的防腐剂,但也是最大倍数的显微镜。常用模板对于证据质证、认证过程采取少说甚至不说的态度,公众无法在高倍显微镜下观察法官对证据规则的运用,自然也避免了裁判文书被围观的风险。

3. 使用常用模板亦是惯例使然

裁判文书撰写有"遵循先例"的特点。一方面,每一个法官都会从做书

---

① 人民法院出版社法规编辑中心编:《最新刑事诉讼文书格式》,人民法院出版社 2012 年版,第 164 页。

记员起就积攒判决书模板,成为初任法官后审理的第一个类案,就是其日后判决书的雏形模板。其积累的判决书来源于担任书记员时参与办理的案件或优秀裁判文书等,而90%的裁判文书使用常用模板,必然对后续裁判文书撰写产生影响;另一方面,法官之间也会相互借鉴裁判文书,例如对于承办法官在遇到难以处理的案件时,会去裁判文书库中搜索是否已有其他法官作出了判决,二审是否已经予以维持,并将已经维持的案件文书模板作为本案办理案件的模板使用。长期以来,裁判文书借鉴、传承的习惯,导致质证、认证部分撰写遭到漠视成为流弊。

可以说,裁判文书证据部分写作遭到漠视是内外因共同作用的结果。从微观而言,如前文所述,裁判文书证据写作上的弊病是写作要求与刑事审判工作实际需要上的差距造成的。但是,就宏观来看,裁判文书证据写作存在的问题是价值选择的对抗:就应然角度而言,裁判文书证据撰写应当凝聚庭审体现的全部价值,这是司法公信力的基本要求;但是就实然角度而言,法官面临着更为严苛的考核、更为全面的公开、日益增长的案件数量,如何避免错误、减少负面舆情、降低责任必然成为法官所需衡量的实际问题。因此,证据部分撰写往往流于形式,仅仅是为了满足裁判文书撰写的结构性要求而存在。在应然与实然的冲突中,必然产生对裁判文书证据撰写价值定位的偏差。

三、变革:裁判文书证据撰写之价值定位

从形式上看,裁判文书证据写作规范是一个技术性、操作性的问题,但深究本质,实则是庭审实质化及繁简分流能否实现的外化表现形式。故裁判文书证据写作规范应体现以下价值:

(一)形式价值:记录功能与司法公开的高度融合

司法公开的基本法理在于司法权是一种直接关涉社会正义和公民权益的公共权力。司法活动"过程本身的直观公正对社会整体产生正当化效果"[1]。司法公开的根本意义在于:从国家角度审视,表明司法权运行是透明和民主

---

[1] 张文显主编:《法理学》,高等教育出版社、北京大学出版社2011年版,第142页。

的；从公众角度审视，意味着对人民知情权、参与权和监督权的尊重和满足。[1] 就司法程序公开而言，形式公开是指按照法律规范的规定对司法程序运行步骤、阶段、过程、时限、结果等向当事人和社会公开。实质公开是司法程序中有关事实和法律的认识判断过程对当事人和社会公开。[2]

1. 记录庭审举证、质证全过程是司法公开的形式要求

司法程序向当事人公开是司法公正的本质要求，主要通过审理前程序的公开、庭审公开以及裁判公开满足当事人的知情权。故裁判公开是司法公开的形式要求之一，而刑事裁判文书的定义又决定了记录庭审举证、质证全过程是实现裁判公开的必要条件。刑事裁判是人民法院审判刑事案件，就指控诉讼或者一、二审认定犯罪事实及其罪名是否成立，是否对被告人予以刑罚处罚，予以何种刑罚处罚等定罪量刑问题以及审判刑事案件涉及的诉讼程序的问题，依法制作的具有法律效力的司法文书。刑事裁判文书至少具有以下两个属性：第一，它是记录刑事裁判行为系统的文字载体；第二，它是刑事裁判行为的成果，凝聚了刑事裁判的全过程。因此，裁判文书的定义决定了裁判文书必须全面记录和展示庭审的举证、质证全过程，这也是司法形式公开的应有之义。

2. 记录证据判断全过程是司法公开的实质要求

18世纪贝卡利亚提出审判应当公开，犯罪的证据应当公开，以便使或许是社会唯一制约手段的舆论能够约束强力和欲望。[3] 所谓犯罪的证据公开，就证据写作而言，意味着将证据判断的过程公开，这是证据判断的属性决定的。证据判断无疑也是司法活动，司法活动的过程依法公开具有限制司法权恣意和保障当事人诉讼权利的重要意义，"没有（司法活动过程的）公开性，其他一切制约都无能为力。和（司法活动过程）的公开性相比，其他各种制约是小巫见大巫。"[4] 将判断的事实公开依赖于记录证据判断全过程，因此，司法公开必须也必须包括对证据判断过程的准确、全面的记录。

---

[1] 孟祥："信息时代司法公开的认识与实践"，载《法律适用》2015年第9期。
[2] 江必新、程琥："司法程序公开研究"，载《法律适用》2014年第1期。
[3] [意]贝卡利亚：《犯罪与刑罚》，黄风译，中国大百科全书出版社1993年版，第2页。
[4] 王名扬：《美国行政法》，中国法制出版社1995年版，第433页。

（二）实质价值：判断功能与司法公信力的紧密结合

司法公信力是指社会公众和当事人对司法的认同程度与信服程度，包括他们对司法判断准确性的信任、对司法裁决公正性的认同，以及对司法执行包括强制执行的支持等。[1] 司法公信力于裁判文书而言，首当其冲并且处于基础地位的是对司法判断准确性的认识。哈贝马斯指出："凡是根据合法程序而获得法律效力的，就被当作法律——而且，尽管法律上存在着废止的可能性，它暂时是具有法律效力的。但是要充分说明这种法律规则的意义，只有同时诉诸这样两个方面：一方面是社会或事实的有效性，即得到接受，另一方面是法律的合法性或规范有效性，即合理的可接受性。"[2] 裁判文书的质证、认证部分应对每一个证据作出判断，也应对证据与证据之间的关系作出分析，这是司法公信力来源的基础，即对证据判断越清晰准确，司法公信力水平越高。以对非法证据的排除为例，有研究表明"法官评分的提升和其对关键性非法证据的排除情况之间存在着正相关性，即如果法官能够进一步加强对非法关键性证据的排除效果，则法官形象和司法公信力也将得到进一步提升。[3] "对法官形象评分在'90 分以上'的法官，认为法官能对证据依法排除的可能性最高，达 100%，而评分在'50—70 分'的法官中，持这一观点的人数占比最少。"可见，司法公信力与证据的判断之间是紧密结合的。

四、模块论证：裁判文书证据部分撰写的技术设计

裁判文书作为实施法律、处理各种诉讼事务的工具和凭证，是实用性很强的公文，为了保证其权威性、严谨性、完整性，必然要求一定程度的模式化。[4] 裁判文书的证据部分撰写需要形成一定的模式，这是裁判文书的应有之义。但是，每一名法官都有不同的写作习惯，何帆在《法官裁判文书写作指南》译序中称："判决书写作是一项非常个人化的体验。有一百位法官，就可

---

[1] 陈光中、龙宗智："关于深化司法改革若干问题的思考"，载《中国法学》2013 年第 4 期。
[2] ［德］哈贝马斯：《在事实与规范之间》，童世骏译，三联书店 2003 年版，第 35—36 页。
[3] 郑飞："论提升司法公信力的路径——源自实证调研和数据挖掘的启示"，载《证据科学》2015 年第 1 期。
[4] 田荔枝："个性化与模式化——对裁判文书写作的思考"，载《河北法学》2008 第 7 期。

能有一百种写作习惯。如果得不到法官群体的认同，哪怕编出砖头厚的《指南》，也会被他们弃之不用。"[1] 因此，对裁判文书证据部分的撰写规则进行技术设计时应当围绕实用和指引的初衷，并最终落脚于裁判文书价值的实现。

（一）基于繁简分流视角下的简约模板（见附件一）

一审适用普通程序裁判文书，在证据部分的撰写上应当作繁简区分，设计法官较易套用的撰写模块，既是司法公正的内在要求，也是应对严峻的刑事审判工作形势的必然选择：其一，繁简分流意味着司法效率的提升，"从某种意义上说，司法效率是司法公正的题中之意，因为任何社会纠纷的存在都意味着权利不确定状态的延续，也都意味着社会公正处在待实现的状态。所以说对纠纷的解决不仅应当是公正的，而且应当是尽可能迅速的，在这里效率就意味着公正的迅速实现。"[2] 其二，随着劳动教养制度废除，刑事案件数量激增，社会公众又要求避免诉讼拖延，严峻的形势为审判工作提出了更高的要求，在案件上繁简分流固然有利于解决现实困境，同样在写作方法上作繁简区分，也是解决当前案多人少问题的良方。因此，裁判文书证据部分应当也必须简写。

1. 简写对象应集中在证据内容、质证认证过程上

原因在于：证据是认定事实的基础，控辩双方对于事实没有争议，也就意味着对于在案证据证明内容的认可。证据的具体内容对法律适用的说理而言居于次要的地位，对证据内容、质证认证过程的简写不会影响对司法公开和司法公信力的判断。例如，2015年在网络上被誉为"最伟大的判决书"的于得水案，该案中证据撰写只寥寥几行，主要内容为裁判文书说理，却并不影响社会公众的一致认可。

2. 简写方法应当确定为选择省略法和概括表述法

对于证据内容的表述应当采用选择省略法，但是对于其他部分的表述只能采取概括表述法。原因在于这是证据关联性的基本要求。以被告人供

---

[1] 美国联邦司法中心编：《法官裁判文书写作指南》，何帆译，中国民主法制出版社2016年版，第2页。

[2] 姚莉："司法效率：理论分析与制度构建"，载《法商研究》2006年第3期。

述为例，在公安机关的讯问过程中，为了查明案件事实，公安机关讯问十分详细，对被告人案发前后甚至人生经历都进行详细讯问，而这些内容与案件并无直接关联，故对这些内容可以省略，这样的省略并不影响对案件事实的认定。对于其他内容则应当采取概括表述法。原因在于证据来源、证据名称、质证、认证过程等在刑事诉讼法中的地位与概括表述法的要求相一致。概括表述法要求要素齐全和简明扼要。这些内容在证据部分是必不可少的，因此只能采取概括表述法。

3. 简写应限定具体使用范围，保证被告人的合法权益

证据简写意味着不再对证据作具体分析，但在实践中极有可能因为被告人对证据缺乏专业判断能力而导致对被告人不利的结果。例如B市F区法院审理的何某某非法经营一案，被告人何某某对起诉书指控的事实及罪名均无异议，但是辩护人却指出搜查笔录的制作时间与讯问笔录时间冲突，且经法庭审理查明，侦查机关无法做出合理解释，无法排除合理怀疑，导致法庭对于部分证据无法采信，被告人的法定刑由3年以上降至3年以下。可见，因被告人对证据瑕疵缺乏专业判断能力极易导致对定罪、量刑的影响。解决方案唯有限制简写案件的范畴：对于有辩护律师的案件，可以采取此种方式进行简写。我国《律师法》第31条规定：律师担任辩护人的，应当根据事实和法律，提出犯罪嫌疑人、被告人无罪、罪轻或者减轻、免除其刑事责任的材料和意见，维护犯罪嫌疑人、被告人的诉讼权利和其他合法权益。辩护律师的职业特点决定了其具有较为专业的素养，在证据的把握上更具专业性，且可以与公诉机关形成较为平衡的控辩关系，可避免被告人自身因缺乏专业能力而导致不利后果出现的现象，故此类案件可以进行证据简写。

（二）基于庭审实质化视角下的完整模板（见附件二）

庭审实质化要求：一方面，法庭调查要回归以证据为中心，即围绕证据展开法庭调查，控辩审围绕每一个证据向被告人、被害人、证人发问，提高举证的有效性；另一方面，控辩双方应当围绕证据发表质证意见甚至是控辩意见。法庭应当引导控辩双方就证据的真实性、合法性、关联性以及证明力的有无、大小予以说明和质辩，对证据能否达到确实、充分的证明标准作出

说明、辩论。在庭审实质化的要求下，裁判文书应如实的记录庭审流程和判断过程。故对完整模板做如下设计：

1. 明确写明证据来源

结合证据种类，建议表述为："公安机关提供的×××、××行政机关收集的×××、××鉴定机构作出的××鉴定、被害人提交的×××、辩护人提交的×××、×××法院调取的×××"。设计基于对以下要素的综合考虑：

（1）证据来源必须明确符合证据合法性的要求。《刑事诉讼法》第54条规定了非法证据排除，而第57条则规定了人民检察院对证据收集合法性的证明程序。只有说明了证据来源，对证据的合法性进行证明才有了可能性。

（2）规范证据来源的动词表述，与刑事诉讼法的规定相匹配。在最高人民法院公布的文书格式中，对于证据来源如何表述并没有明确的规定，在司法实践中也是各不相同。笔者认为，新刑事诉讼法颁布之后，对于刑事诉讼可以使用的证据来源是有明确规定的，因此在动词表述上也应当与刑事诉讼法的规定相一致。

2. 按照控辩审的逻辑顺序排列证据顺序

现有的文书样式中没有对证据排列顺序的要求，在司法实践中，同一法官不同案件、同一法院不同法官之间对于证据的排列顺序也没有形成一定的格式。笔者认为，应当按照控辩审的逻辑顺序对证据进行排列，符合裁判文书的基本性质。裁判文书是庭审过程的实质化显现，庭审过程必须如实记录于裁判文书中。庭审的举证、质证流程是由控方先举证，辩方后举证，最后由法庭出示调取的相关证据。证据的表述按照控辩审的逻辑顺序排列能更好、更全面地展示庭审流程和控辩双方意见。

3. 摒弃证据名称冒号后加"证实"二字的写法

裁判文书应当公允、明晰、准确地陈述案件基本事实和相关法律规则，通过分析说理，展示结论的合理性。[①] 对于法官而言，应当保证裁判文书用语的精确，应当对其裁判文书中的每一个文字甚至是每一个标点符号负责任。

[①] 美国联邦司法中心编：《法官裁判文书写作指南》，何帆译，中国民主法制出版社2016年版，第3页。

因为一旦案件生效，裁判文书中的每一个字词都可能会被公众反复考量、解读。在司法实践中，刑事案件裁判文书经常在证据名称加冒号后再加证实二字，这种写法，实质上是以证据内容代替质证过程的写法。因为"证实"二字是动词，其所表明的含义是经过证明核实，其所蕴含的不仅是证明，还包括核实。笔者认为在证据名称后不能加证实二字，而应该区别对待：对于概括表述的证据可以使用"证明"二字，说明冒号后的内容的证明目的；对于直接引用类的证据，建议冒号后直接说明内容，特别是对于言辞证据，原因在于言辞证据中，不同的表述对于案件事实而言有一定的偏差，而且在讯问过程中被告人、被害人、证人往往会使用口语或者黑话，为了全面展示案件的情况，对言辞证据要避免概括，采取直接使用冒号加引用的写法。

4. 说明庭审依法质证、认证、确认证据的过程及认证意见

建议表述为："以上证据，经庭审举证、质证，本院认证如下：1. 控方所举出×××证据、辩方举出的×××证据、本院调取的×××证据来源合法、内容真实、有效，本院予以采信。2. 辩方对于控方举出的××证据提出……异议，本院认为：……（说明认证理由），故对……证据依法予以采信或对……证据依法不予采信。对辩方提出的×证据的非法排除申请，本院认为：该证据是否存在需要排除的理由，故对……证据是否予以排除（说明启动程序的后果）。3. 控方对于辩方举出的××证据提出……异议，本院认为：……（说明认证理由），故对……证据依法予以采信，对……证据依法不予采信。"设计依据：

（1）"采信"替代"确认"更明确地表明了合议庭对于证据的态度。目前裁判文书中对证据认证结果表述统一的乱象，实质上是对证据地位认识不同的表现。可以说"采信"是证据确认的专用词汇，它蕴含着采纳和相信之义，能够完整地反映出合议庭对客观存在的事物的判断过程和判断结果。另外，其反面对应的是排除，与非法证据的排除也是相互照应的。

（2）这种撰写方式是倒逼庭审有效举证、质证的必要途径。将庭审举证、质证的流程明确化，表明所有证据都经历了合法的程序，这背后蕴含着将庭审认证过程书面化、明示化的逻辑，而且是逐一对证据的意见进行

反驳，说明采信的依据，庭审的内容必须在裁判文书中得到展示和确定，而裁判文书中的必备要素必然推动庭审不能流于形式，必须进行有效的举证、质证。

（3）是对非法证据排除程序的回应，填补了非法证据排除结果缺乏书面确认的空白。刑事诉讼法规定了在特定情况下，应当对非法证据进行排除，但是却没有规定是否应当通过书面的形式确认，最高人民法院也没有对写作方式和写作规则作出补充性的规定。笔者认为，非法证据排除必须得到明确的书面回应。例如，有研究表明部分案件仅依据侦查机关出具的不存在非法取证的情况说明，决定不排除相关证据。检察院提供的证明不存在非法取证行为的证据比较单薄或者理由并不充分，法院仍认定排除了非法取证的可能性。① 这种研究结果的发现，取决于裁判文书中对非法证据是否排除的说明。故书面回应是否排除非法证据既是完整公开裁判过程的要求，也是实现监督的依据。

笔者设计模块增加了裁判文书写作的难度，为了便于推广，笔者认为：第一，这种撰写模式应当通过裁判文书样式给予确认，明确这种写法系裁判文书撰写的基本要求，给予一定的强制力保障；第二，笔者的上述设计，实际上已经模块化了，故套用格式具有一定的推广基础；第三，实践中建议改变考评的模式，只要是严格依照法律规定采信了证据，因为出现新的证据而对原有证据产生影响的发回重审和改判案件，不计入对法官绩效的考评。从以上三个角度出发，可在一定程度上保证其实用性和可推广度。

五、结语

裁判文书是法官的名片。律师希望辩词流芳百世，法官期盼判词垂范久远。除了独立意识和法学素养，写出伟大的判决，需要经过什么样的训练，遵循什么样的规则？笔者认为，当务之急是对裁判文书的证据写作过程进行规范，并设计了模板，以期对司法公信力的建设添砖加瓦。

---

① 吴纪奎：《非法证据排除的实践表达》，载《证据科学》2015 年第 23 卷。

附件一：

上述事实，有下列经庭审举证、质证的证据证实，本院予以采信：

公安机关提供的×××、××行政机关收集的×××、××鉴定机构作出的××鉴定、被害人提交的×××、辩护人提交的×××、×××法院调取的×××（证据来源＋证据名称）

附件二：

针对指控的事实，公诉机关（及被害人）提供了以下证据：

1. 公安机关提供的××××：证据内容。

2. ××行政机关收集的×××：证据内容。

3. ××鉴定机构作出的××鉴定：证据内容。

4. ×××证据来源提供的证据名称：证据内容。

被告人（及辩护人）提供了以下证据：证据来源提供＋证据名称＋证据内容。

本院调取了以下证据：证据来源提供＋证据名称＋证据内容。

以上证据，经庭审举证、质证，本院认证如下：1. 控方所举出×××证据、辩方举出的×××证据、本院调取的×××证据来源合法、内容真实、有效，本院予以采信。2. 辩方对于控方举出的××证据提出……异议，本院认为：……（说明认证理由），故对……证据依法予以采信或对……证据依法不予采信。对辩方提出的×××证据的非法排除申请，本院认为：该证据是否存在需要排除的理由，故对……证据是否予以排除（说明启动程序的后果）。3. 控方对于辩方举出的××证据提出……异议，本院认为：……（说明认证理由），故对……证据依法予以采信，对……证据依法不予采信。

大数据案例统计研究对法律文书的期待

◉ 杨 波[*]

摘要：法律文书大数据案例统计研究是通过对案例数据库中同类主题的大量案件进行分析比较进而总结案件规律的研究方法，是了解法律在司法实践中运行状况的有效手段，我国当前已经建立了以"中国裁判文书网"为依托的裁判文书网上公开机制，该机制为大数据案例统计研究奠定了基础。本文以民事诉讼中"虚列被告"借以规避管辖的问题为例，使用"北大法宝·司法案例"数据库平台，对该类案件进行检索并对检索结果进行数据分析整理，并结合案例收集的过程遇到的问题，对大数据时代法律文书的数据化作一定的考察。

关键词：大数据　法律文书　虚列被告　案例统计

一、引言

大数据是指大小超出传统软硬件采集、储存、管理和分析能力的所有数据集合，不仅指代"数字"，还统称一切保存在电脑中的信息，包括文本、声音、视频等。[①] 大数据具有数量巨大、类型繁多、价值密度低、产生变化速度快等特征。大数据研究的方法是在对数据收集、整理、存储的基础上，进行分析研究，并由此获得直觉难以发现的有用信息，以掌握事物的内在规律，为决策提供依据。随着计算机和互联网技术的发展，利用大数据进行法

---

[*] 中南财经政法大学法学院硕士研究生。
[①] 江必新："大数据时代背景下人民法院司法统计的科学发展"载《人民法院报》2013年8月16日。

律文书研究的方法应运而生。最高人民法院发布的《关于人民法院在互联网公布裁判文书的规定》（2013 年）明确要求各级人民法院的裁判文书统一在"中国裁判文书网"进行公布。该规定的施行，使得裁判法律文书这种一手材料得以及时呈现在社会公众和法律研究者面前，进而为以海量裁判文书为研究对象，了解司法实践中法律的运行状况和法律文书制作情况的大数据法学研究提供了有力的保障。截至 2018 年 9 月，中国裁判文书网公布的文书总量已经超过 5200 万篇，并且一直处于不断增长过程之中。数量如此庞大的公开案例数据资源对于大数据法学研究来说既是机遇也是挑战。海量的材料与数据远非"人工作坊时代"研究者所能亲自、逐一地审阅、统计和分析。大数据的收集和分析往往直接依托于数据技术自动处理、完成。[1] 借助数据技术对海量的法律文书进行收集、整理、存储和分析利用是进行大数据法学研究的必然选择，法律文书作为法律信息的直接载体，为回应大数据技术快速发展的趋势，更充分地发挥法律文书在大数据时代基础性的作用，需要在其传统的内容和形式上有所创新。

二、"虚列被告"问题的案例统计

案例统计研究是对一定数量案例依相关变量进行统计，根据样本总体特点解释或说明法律现象或问题的研究方法[2]。案例统计研究在一定的主题之下，通过对一定数量案件中的各种变量进行量化统计，并根据统计的结果对法学理论或者现行法规范的施行情况进行验证。本文以民事诉讼活动中当事人虚列被告规避地域管辖的问题为例，采用案例统计研究的方法，以互联网上公布的该类型案例的裁判法律文书为材料，使用 excel 数据表格软件作为统计案件信息工具，对检索结果中的各项信息要素进行记录，并结合现行管辖法律规范和管辖理论对所得结果数据分析。

1. 案例数据的采集与记录

本次案例检索选取了"北大法宝·司法案例"数据库作为数据来源数据

---

[1] 左卫民："迈向大数据法律研究"，载《法学研究》2018 年第 4 期。
[2] 张家勇："探索司法案例研究的运作方法"，载《法学研究》2012 年第 1 期。

库。检索关键词选用"虚列被告"一词,检索条件设定为"全文""精确",检索文书类型设定为"裁定书"。检索结果共得到裁定书 290 份(检索日期:2018 年 8 月 10 日),检索结果中所有案例裁判时间的跨度从 2009 年至 2018 年 4 月,案件数量按照年分布的情况参见图 1。

图 1 案例数量历年变化

2. 案例数据的抽取、清洗与标记

对检索结果进行初步分析整理之后,剔除非管辖争议案件和其他无关案件裁定书后,共得到以"虚列被告"为异议理由或者裁判依据的生效民事管辖权异议裁定书 263 份。审理这些案例的法院层级涉及从基层法院到最高人民法院的四级法院,其中以中级人民法院作出的生效裁定数量最多,约占总数的 2/3(见图 2)。案件的地域分布,检索结果中涉及的案例分布于全国 24 个省级区域,以中东部经济较发达地区为主(见表 1)。

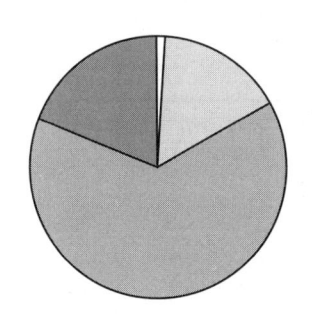

图 2 案例审理法院层级

表 1 案例数量最多的十个省级区域

排名	省份	数量	排名	省份	数量
1	湖南	43	6	江苏	17
2	湖北	33	7	上海	16
3	河南	22	8	北京	15
4	山东	22	9	河北	11
5	浙江	21	10	重庆	11

3. 案例数据的归类与整理

建立 excel 数据表格，对经过初步筛选之后的案例进行人工数据统计。对检索结果所得的 263 个案例的信息进行分类记录，具体项目分别为：案件序列号、案件名称、案号、审理法院、裁判日期、裁判人员、审级、法院所在地、文书类型、案由、裁判理由、裁判结果、案例链接等信息。在对 263 个案例进行上述项目信息统计时，根据学理上人民法院在审查管辖问题时的处理方式的分类，对各个案例的裁判依据进行初步统计，本文主要依据严仁群的《管辖规范中的实体要素》[1]一文中总结的关于管辖审查的三种类型进行分类，分别为"形式审查论""依原告主张说"和"初步证据论"。依据这种分类方式分别统计司法实践中人民法院在审查虚列被告问题时，适用以上三种学理观点的案件数量，并对案例中采取相应裁判观点的案例进行相应的标注。

表2　263 件管辖裁定书中裁判理由说明情况统计

（单位：件）

合计	未说明裁判理由	对裁判理由予以说明的案例	
		依其他事由确定管辖	对虚列问题进行说明
263	9	22	232

表3　虚列被告问题对管辖权确定时的影响及裁判依据

（单位：件）

合计	管辖异议阶段不予审查	管辖异议阶段进行审查	
		依据诉请确定	依据证据审查确定
232	21（全部驳回）	39（移送：8）	172（移送：55）

注："形式审查论"和"初步证据论"都主张在管辖异议审查阶段对证据进行一定程度的审查，以作为确定案件管辖的依据，但是前者只要求形式审查，后者要求实质审查。在裁定书的统计中只可判断是否对证据进行了审查，难以判断其为形式还是实质审查，因而将是否审查证据作为其共同判断标准予以统计

---

[1] 严仁群："管辖规范中的实体要素"，载《法律科学》2013 年第 2 期。

4. 案例数据的分析和挖掘

经过前面三个步骤，可以得到一个关于"虚列被告"为主题的案例数据表格。使用 excel 数据表格中的"排序""筛选"功能，可以在不同的参照条件之下，对该类案件的各种变量进行对比分析，进而挖掘出司法实务中处理该类案件的特点和其中存在的问题。例如，根据本文案例统计结果可知，就"虚列被告"问题来看，不同法院之间在审查该问题上没有统一的规则，部分法院认为"虚列被告"属于实体审查范围，在管辖异议阶段不予审查，另一部分认为应当审查，并且在审查过程中，进行审查的范围也有不同意见。根据不同的审查标准，导致的裁判结果也有较为明显的趋势，认为不应当审查该问题的法院，将所受理的管辖异议全部驳回，而认为应当进行一定程度实质审查的法院对当事人管辖异议审查驳回的比例最低（见表3）。又比如，以法院所处地域为考察对象，我们会发现，当事人提出"虚列被告"的异议理由时，位于北京的法院驳回了全部当事人的异议申请（15 件全部驳回），而位于湖北的法院大部分支持了当事人的异议，将案件进行了移送（8 件驳回，25 件移送），并且发生在武汉市的 18 起案件，全部以移送告终。此项数据统计结果，可以为人民法院统一虚列被告案件中的裁判标准提供一定的参考，也可以作为具体案件的当事人制定诉讼策略的参考依据。

案例统计研究通过对样本案例中的各种要素进行量化统计，依照不同的参照系对量化统计后的各种案例要素进行不同维度的对比研究，进而可以发现一些凭直觉难以发现的现象和规律，这些现象和规律在一定程度上反映了司法实务中法律规范的实施情况，也可以作为检验法学理论在司法实践中的实际运行效果的标尺。

三、案例统计研究中裁判文书存在的部分问题

裁判文书是进行案例统计研究的基本材料，在大数据时代如何在海量的案例数据库中对所需的案例裁判文书进行收集、整理、分析进而获取有价值的研究成果，需要对当前裁判文书中存在的一些不适应大数据研究方式的部分作出调整，结合本次案例统计研究过程中对检索得到的裁定书进行分析整理的经历，笔者发现现行裁判文书的制作以及数据库的融合等方面存在以下

司法大数据与法律文书改革

几个方面的问题:

一是部分裁判文书说理不充分,内容不完整,关联裁判文书基本未公布。在本次检索的裁判文书中,共有208份生效二审裁定书,其中只有2个案例同时公布了一审裁定书。有9个案例的裁判理由部分基本没有说理,未对管辖权异议当事人作为主要异议事由提出的"虚列被告"问题进行回应,直接依照《民事诉讼法》第21条第3款的牵连管辖原则确定了案件的管辖权,这些案件的一审裁判文书也未按规定予以公布,因而无法通过公开的裁判文书查证法院作出裁判时认定的事实和法律依据。裁判文书中对于当事人提出的争议点进行说理论证的部分,是裁判文书的核心内容之一。裁判文书要体现司法的权威以及裁判的正当性,就必须阐明充足的理由,也只有阐明充足的理由才能让当事人服判息讼,从而真正树立司法的理性权威。[①] 说理部分的缺失以及裁判文书公开的不全面,直接影响到裁判文书本身的正当性和说服教育作用的发挥。

二是在目前各大司法案列数据库使用的关键词检索模式之下,难以保证检索结果所得案例的全面程度。例如,本次案例检索中以虚列被告为行为模式的案例,在一些裁判文书中以"虚假被告""虚设被告"等形式出现,甚至没有使用上述关键词,仅以被告是否适格或者有无利害关系的争议点出现。检索裁判文书中的"虚列被告"以及与其语义相近的关键词,所得的案例只可看作是对该类案例所做的比例不明的抽样调查,不能全面获得数据库中该主题之下的所有案例,难以保证检索结果的准确程度。在当前裁判文书用语表达多元化的情况之下,采用关键词检索案例的方法进行案例统计研究,其结果的可靠性存疑。

三是裁判文书的信息过于碎片化,不适应用大数据技术对裁判文书内容的深入挖掘的需要。裁判法律文书中应当记载的要素,如审级、案由等信息,民事诉讼法和相关司法解释有比较明确的规定,裁判文书网等各大司法案例数据库的检索选项也据此设定了各类检索方案,为案例统计研究提供了便利

[①] 卓朝君:"裁判理由诠释的目标及其形成的过程",载《湖北广播电视大学学报》2007年第8期。

148

条件，但是由于裁判文书由不同地区不同法官制作，导致了其记载信息的碎片化，使得一些基础性的信息无法进行全面的统计。笔者在本次案例统计过程中发现，即便是最高人民法院的研究人员，也难以获得诸如各级法院管辖异议之诉一审案件数量的变化等重要数据[1]。在这种情况之下，一些新型的研究可能受制于当前司法案例数据库对裁判文书碎片化信息统计技术的阻碍无法获得必要的数据，而无法开展。每一份法律文书都包含着丰富的法律信息，如何将法律文书包含的信息进行归类整合，使之与大数据技术相融合，充分挖掘大数据法学研究的价值，是一个亟待解决的问题。

四、原因分析及改进措施

对裁判法律文书进行大数据分析是促进裁判文书制作规范化、标准化的重要途径，同时，规范化、标准化的裁判法律文书是进行大数据法学研究的重要保证。大数据时代，裁判文书公布以后数据分析可以对裁判文书的质量进行评价，这将促进法官认真地制作裁判文书，充分地说理，呈现高质量的文字水平，提高案件裁判的质量并对后来类似案件的审理提供有价值的参考。[2] 高质量的裁判文书不仅在内容上是进行大数据法律文书研究的基础，经过大数据研究形成的形式标准化的法律文书也会极大地便利后续研究者继续对法律文书包含的信息进行进一步的挖掘的需要。

一是加强裁判文书的形式上的标准化。大数据技术对法律文书进行快速处理的一个显著的优势在于，相比于传统的人工整理文书数据的工作方式，大数据技术可以利用计算机技术对案例中的信息进行高速运算处理，这种处理方式的效率是人工方式无法比拟的。但是，要充分发挥大数据技术的高效快速的优势的一个重要前提是，对作为基础数据来源的每一份法律文书所包含的各项信息进行标签化整理，将法律语言变为计算机语言，使得全部法律文书中的相同或者类似信息都具有相同的数据识别标签，以便将单个的法律文书信息录入数据库之后，可以在随后的检索过程中根据该信息的数据识别

---

[1] 参见万挺、张闻："管辖权异议之诉附带审查诉讼要件问题研究——以遏制滥诉为目标"，载《法律适用》2018年第1期。

[2] 李爱军：《中国大数据法治发展报告》，法律出版社2018年版，第117－118页。

标签快速查找到该信息。对法律文书中的要素信息进行标签化处理之后，还需要对这些标签信息，依据其所代表的意义进行归类整理，将语义相近的专业术语合并简化，建立起类似案由分类体系的大数据法律术语检索体系。当把这种法律术语检索体系运用在数据库系统进行关键词检索时，除了显示主要检索结果外，还会自动生成相应的联想检索结果，以此提高检索结果的全面性。例如在检索"虚列被告"一类案件的时候，对"虚假被告""虚设被告"等近义词进行检索结果提示，甚至在制作法律文书之初就要求制作人员对该类行为模式直接使用"虚列被告"这一关键词进行描述，以增强文书检索结果的全面性。近年来人工智能技术，如利用人工智能系统对法律文书语言文字的自动识别归类技术的运用，从技术层面极大地提高了大数据法律文书研究的效率。[①] 最高人民法院于2016年开始施行的《关于人民法院案件案号的若干规定》确立了新的案号体系，在全国范围内将所有法院审理案件的案号，按照法院层级、地域、案件类型进行统一的数字化编号，改变了以往各地法院案件案号主要依据各审理法院所在的行政区简称（甚至有县、市级的简称）编制的混乱局面。新案号编制体系的施行，便利了法律文书的数字化管理，在一定程度上可以视为是适应大数据时代法律文书研究需要的一大举措。如果能依据此新标准，对2016年以前的案号进行整理，将更加有利于发挥案号这一信息要素在大数据研究中的作用。

　　二是加强裁判文书内容上的完整性。裁判文书内容的全面性和准确性是进行大数据裁判文书研究的基础和前提。当今世界，几乎所有国家的判决都包含最低限度的内容或要素。衡量最低限度的一种标准是：一个受过法律训练但不熟悉案情的人能够无须求助书面判决以外的材料而评估判决在法律上的正确性。[②] 如果裁判文书内容中的案情介绍或者裁判理由部分缺失，那么该裁判文书本身的正当性就会受到质疑，其作为大数据法律文书研究基础数据来源的价值也将大大减损。出现文书完整性缺失的原因主要有两点，其一是裁判文书本身制作的不规范，根据前文案例统计研究发现的问题可知，有

[①] 左卫民："关于法律人工智能在中国运用前景的若干思考"，载《清华法学》2018年第2期。
[②] 卓朝君、邓晓静：《法律文书学》，北京大学出版社2007年版，第205页。

一定数量的裁判文书本身的释法说理内容欠缺,甚至没有在裁判文书中对当事人提出的争议点进行释法说理(不排除法官在庭审中口头对当事人进行释法说理但没有记载于裁判文书的可能)。其二是裁判文书公开的不全面,一方面,按照最高人民法院的相关规定,人民法院作出的裁判文书应当在互联网上公布,但是根据相关调查显示,裁判文书上网公示开的总体比例并不尽如人意,公布比例最高的省份为78.14%(陕西),最低的仅为15.17%(西藏)[①],另一方面,从本文案例统计过程可以发现,部分二审裁判文书未对同案未生效一审裁判文书中查明的事实进行补充记载,在二审裁判生效之后,仅仅公布二审裁判文书,未对一审裁判文书进行公布,社会公众无法通过查阅该案二审裁判文书全面了解案件情况,研究价值将大打折扣。因而,加强裁判文书公开的全面性,加强已作出但是未生效的法律文书的公开,实现案件过程的全面披露是进行大数据法律文书研究的重要前提。

结　语

随着法学研究范围的扩展和研究方法的创新,对法律文书的大数据研究这一新兴领域必将产生更为丰硕的成果,为了适应这一趋势的到来,法律文书本身以及法律文书学研究应当提升自身的数据化、标准化,以便更好地服务于司法实务与法学研究的发展。

[①] 马超等:"大数据分析:中国司法裁判文书上网公开报告",载《中国法律评论》2016年第4期。

刑事判决书结构范式的可行性研究

● 黄荣昌　高艺航

摘要：2013年以来，人民法院开始逐步建立健全司法公开制度和具体措施，自此，法律文书的改革就已经悄然兴起，而2016年中国裁判文书网的建成、大数据的普及、人工智能的发展更是为法律文书的发展增添助力。为减少冤假错案，顶层设计加大了对同案同判的要求，即法官在作出判决后在文书上附以类案裁判结果，这也逐渐会让法律文书发展成为一种文书范式，但是法律文书所包含的范围很广，形式内容也各不相同，统一范式的可能性不大，因此本文拟选定其中的刑事判决书进行结构范式研究，观察建立的可能性大小。所以，笔者利用中国裁判文书网对刑事判决书进行研究，通过比对说理方式、关键词差异、一审二审之间的衔接问题，判断刑事判决书是否可以演化为固定的文书范式，以及需要克服的问题是什么。

关键词：刑事判决书　结构标准化　说理方式　关键词差异

　　法律文书所包含的文书形式及范围很广，包括规范性文件和非规范性文件两种形式，包括了侦查文书、诉讼文书、仲裁文书等等。目前，我国司法改革主要着力点是减少冤假错案问题，尽量要求同案同判，在此前提下，笔者以法律文书中的刑事判决书为主要研究对象，也因刑事诉讼定罪、量刑两大结构的严谨性、犯罪构成体系脉络的完整性，为结构范式的建立提供了一定的研究可能性。

　　从形式上来看，刑事判决书是对具体犯罪行为定罪量刑的一个总体性评价，是对被告人的行为是否有罪和是否应当承担刑事责任的裁判。从实质上来讲，是经过专业训练的法律人对实然和应然、一般和具体的应用转换过程。

专题二 运用司法大数据的法律文书改革

透过刑事判决书,可以发现一个地区对一个制度、一个法条在实践活动中的理解和运用。以认罪认罚从宽制度为例,笔者针对这个制度的运行情况对试点地区的刑事判决书进行了研究发现,法院在适用认罪认罚从宽制度的时候有两种很明显的趋势,一种是在裁判文书前就以"……向本院提起公诉,同时建议适用认罪认罚从宽审理速裁程序。本院实行独任审判,公开开庭审理本案"[1] 此类表达,可以体现出公诉机关与被告人在审判程序之前就对所犯罪名及量刑等相关问题有过协商;而另一种则是以"……本院依法适用认罪认罚从宽制度,在公诉机关的量刑建议的幅度范围内从宽处罚"[2],在这类裁判文书中,法院在之前并没有说明依据认罪认罚从宽制度适用简易程序,只是在量刑环节适用认罪认罚从宽来考虑量刑建议。所以,笔者考虑,各地区对认罪认罚从宽制度的理解各不相同,有的地区认为认罪认罚是公检法三机关与被告人的协商博弈,在公诉机关证据不足以起诉犯罪嫌疑人的情况下,犯罪嫌疑人主动认罪认罚对于解决案件积压、优化司法资源配置是相当有利的,并且快速审判,通过选择简易程序、速裁程序可以节省司法资源。[3] 而有的地区则认为,认罪认罚说明的是被告人的态度以及公诉机关的量刑建议,具体适用何种程序、如何审判以法院对案件事实的判断为主。[4]

一叶知秋,由上述例子可以看出刑事判决书对制度研究的透视作用,同时也可以看出地理差异、地区文化差异导致的文书差异,在此情况下,顶层设计所要求的成体系的文书范式必然有一定的难度,因此,笔者拟从刑事判决书的说理方式、关键词差异、一审二审之间衔接问题等三方面入手,通过比较这三方面的差异,有针对性地对刑事判决书范式的建立提出建议。

---

[1] 同样的表达方式还有"关于公诉机关和辩护人所提的被告人自愿认罪认罚,可适用认罪认罚从宽制度对其从轻处罚的意见,经当庭审查,被告人在辩护人的帮助下已完全知悉认罪认罚的法律后果,认罪认罚确系被告人本人真实意愿,其已签署认罪认罚具结书在案为凭,本院对上述意见予以采纳"。参见山东省青岛市中级人民法院 2017 年 8 月 1 日审结的窦某故意杀人案一审判决。

[2] 同样的表达方式还有"根据认罪认罚从宽制度,建议对其从轻处罚的辩护意见,经查属实,本院予以采纳"。参见陕西省西安市中级人民法院于 2017 年 10 月 30 日审结的南军县走私、贩卖、运输、制造毒品罪一案。

[3] 笔者基于中国裁判文书网的几百份裁判文书中的释理部分总结整理,目前以北京市、上海市、河南省、广东省等的中级及基层法院为主。

[4] 同上,这里的地区主要指陕西省、重庆市一带地区的基层法院。

司法大数据与法律文书改革

一、目前刑事判决书存在的说理方式

在对刑事判决书说理方式进行研究的时候，笔者划分了两个部分，一是犯罪类型，二是犯罪形态。在针对犯罪类型进行研究的时候，又划分为财产型犯罪及人身权利类型，并各自选了一个较为典型的罪名，即故意杀人罪和抢劫罪。选故意杀人罪进行文书研究是因为故意杀人罪的最高刑是剥夺生命刑，是所有刑罚中最为严重的一种，所以法院的说理部分较其他罪名来讲应该更为充分，而选抢劫罪是因为它本身结构的复杂性，它可以转化成其他罪名也可以由其他罪名转化而来，同时它与其他罪名，例如盗窃罪、抢夺、故意毁坏公共财物等罪名，有危害行为或主观态度上重合的地方，易混淆，所以较其他财产型犯罪来讲，说理意味应该更强。

（一）从犯罪类型考察刑事判决书说理方式

笔者从中国裁判文书上收集整理了北京市、天津市、河北省、上海市、广西壮族自治区、辽宁省等六省市 2015 年 8 月至 2018 年 3 月的 170 份一审判决书进行了分析研究。首先，就故意杀人罪这一罪名来讲，这几个地区中，除了河北省部分中级法院和广西壮族自治区大部分中级及基层法院[①]，在裁判文书中，对危害行为为何构成犯罪从主观和客观两个方面进行了说理，其余几个地区基本采用了对危害行为再度叙述并最后定罪的模式，没有从主观方面或者客观方面进行划分，也没有从不法和有责两方面进行叙述。而对于对辩护人意见是否采纳的部分，这几大地区分别都进行了主客观方面的分析，或者对案件事实进行了分析解释，不过鲜有法律问题解释。其次，就抢劫罪而言，广西壮族自治区和北京市对抢劫罪进行了犯罪构成要件解释，即可以有关键词抓取："以非法占有为目的""采用暴力手段"，而天津市和河北省大部分法院依旧采取了危害行为叙述及定罪的模式，无犯罪构成关键词抓取。最后，结合这两个罪名可以观察的是，刑事判决书就确定罪名及量刑过程这

[①] 广西壮族自治区柳江县人民法院在 2015 年 5 月 4 日审理的殷丽云故意杀人一案，在说理阶段将主观恶性和客观行为分开叙述，即先陈述案件事实，说明主观恶性的程度，再附以相关案件事实，说明行为已经构成犯罪要件。

方面的说理来讲，主要为三大模式：主客观分析定罪量刑、犯罪构成要件关键词抓取①定罪量刑、案件事实叙述直接定罪量刑，并以第一种模式和第二种模式居多。

（二）从犯罪形态考察刑事判决书说理方式

就犯罪形态来讲，学界将犯罪形态分为两大部分，犯罪完成形态和犯罪未完成形态。犯罪完成形态即犯罪既遂，犯罪未完成形态包括犯罪预备、犯罪未遂和犯罪中止。因犯罪未完成形态是附着于犯罪完成形态（构成要件）的前提下，所以就研究价值方面考虑，对犯罪未完成形态的研究更具优势，同时体现在裁判文书中，以犯罪未遂和犯罪中止最有研究价值。所以这部分内容主要是犯罪未遂、犯罪中止在判决书中的说理方式研究。就定罪来讲，法院采取上述三大模式之一进行定罪量刑，但是在考虑犯罪形态时，基本没有特别的说理性，大部分是以案件事实来说明为何不构成犯罪完成形态或者为何构成完成形态，例如广西壮族自治区南宁市西乡塘区人民法院于2015年3月3日审结的被告人韦某犯盗窃罪一案，在说理阶段是以"……已着手实施犯罪，因其意志以外的原因而未得逞，是犯罪未遂，可比照既遂犯从轻或减轻处罚"，像此类裁判文书，会说明判决未遂的原因，但是不足之处在于没有说明未遂的依据是什么。而四川省绵阳市中级人民法院在2015年3月26日审结的杨某、邓某走私、贩卖、运输、制造毒品一案，是否判决犯罪未遂，也仅以反驳辩护人意见存在，并且没有多余的说理阐释。在笔者查阅的170份裁判文书中可以看到，就犯罪形态确定部分的说理性方面基本没有术语关键词可以抓取，案件释理各不相同，基本不存在一般性。就这个问题笔者考虑，刑事判决书之所以难以运用说理的方式阐释犯罪未完成形态，是因为几大犯罪未完成形态本身没有一个完整的构成要件体系来说明，它作为一个概念存在于刑法学当中，这就导致了说理性难以统一的情况。

二、关键词差异

这里的将关键词单独叙述是因为关键词在整个刑事判决书中的重要性，

---

① 这里的抓取，是计算机搜索、检索，大数据和人工智能的发展，也推动了法律文书的发展。

它担负的是刑事判决书是否可以构建范式的基本框架,这里对关键词研究的时候,可以分为两个部分:案件事实关键词抓取、法律条文关键词抓取。

(一)案件事实关键词抓取

这里的案件事实关键词抓取,也基本是以犯罪构成要件中法律术语的现实转换,譬如,"采用暴力手段",反映到案件事实中最常用的一词便是"打",但是某些偏中性的词难以直接搜索抓取,只能具体分析。比如推,"推"一词的暴力性和力量性仅从字面来看是低于"打"的,但是,推后面的承接词是决定它能否定性为暴力手段的重要依据,推倒在土里与推下铁轨、沼泽地,是明显不同的危害程度。另外,牵扯到财产型犯罪中,例如"财产""财物""产权"这三词的表达,其指向的标的物可能就一种,被告人的房屋,但是在反映在文书当中,这种具体的法律术语的表达可能就会千差万别,这种文字表达导致的关键词差异,是与审判法官个人阅历、生活习惯、学科派别相关。所以就案件事实方面来讲,关键词抓取尤为困难,一词多义、标的物属性复杂等情况都会影响表达方式,所以,就案件事实这一部分法律文本范式建立来讲,难度较大。

(二)法律条文关键词抓取

相对于上述案件事实关键词抓取的复杂性,法律条文关键词抓取则稍显容易,因为我国的犯罪构成要件规定结构清晰。无论是消极规定的构成要件要素还是积极的构成要件要素、客观的构成要件要素还是主观的构成要件要素、作为违法类型的构成要件要素还是作为责任类型的构成要件要素、记述的构成要件要素还是规范的构成要件要素[①],即使不成文的构成要件也有约定俗称的法律用语,比如:以非法占有为目的,这一条件在有些犯罪构成中并未提及,但已是约定俗成的犯罪成立的存在条件。法律条文大部分是以"前主观,后客观""前目的,后行为"的形式规定了犯罪的成立、责任的追究。所以抓取关键词时,选择范围较案件事实来讲更为宽泛也更为准确,前一阶段或后一阶段,均有一定的选择空间。所以,就法律条文关键词检索容

[①] 张明楷:《犯罪构成体系与构成要件要素》,北京大学出版社2010年版。

错概率较小来考虑,范式建立有一定的可能性。

三、一审二审衔接问题

笔者对裁判文书网中的一审二审的案件进行了研究,发现在二审案件的材料中,基本是对法律条文与案件事实的对应问题的梳理,重点是对案件事实的说明而不是法律条文的适用,对法律条文进行释意的情况比较少见。基本结构是一大段文字释意危害行为,从主观方面证明客观行为的严重程度,最后盖棺定论,而对行为侵害的抽象法益(一般法益)基本不论,只是说明侵害了何种具体法益(人、财、物),而对法条保护的法益、目的、解释甚少。

笔者就目前整理的二审判决与一审判决进行比较可以发现,二审判决整体上是依附于一审判决的前提之下,即裁判文书中有关案件基本情况、案件事实、证据材料等基本是一审案件裁判文书中的再度复述,但是也有局部差异,即多了对行为和结果的因果关系的说明和解释。以广东省高级人民法院于 2015 年 5 月 8 日审结的吴勇故意伤害一案为例,在裁判文书中,先是完全复述一审裁判中罗列的基本信息,其次对上诉人及辩护人的辩护意见、检察员的出庭意见综合评述,其中就提到了上诉人的危害行为与危害结果之间的因果关系,而后就直接转到了"固定模式",即行为复述、定罪量刑。而这种因果关系的解释说明,就目前查阅到的裁判文书网共计 40772 份二审判决书中,仅有 1220 份裁判文书出现了因果关系分析,分析最多的省市前三位分别是广东省 123 份,占比 10.08%,福建省 88 份,占比 7.21%,山西省 82 份,占比 6.72%,后三位分别是上海、北京和天津各所占比例均在零点几。从这些数据可以看出,一审二审裁判文书衔接的过于紧密甚至达到了一种"复制"的地步,仅对一两个争议点再度进行事实复述,解释部分依旧薄弱。

总体来讲,二审是针对一审被告人及辩护人所提异议、公诉机关意见两部分进行审理审判,但是在释意阶段采用的模式依旧是危害行为叙述、定罪合理、辩护人意见不予采纳。或者是危害行为叙述、本院认为意见合理、予以采纳。对于罪名争议,也鲜有从二阶层、三阶层、四要件进行说明为何适用 A 罪名而不是 B 罪名;而对于量刑争议,则会从主观恶性、客观危害方面考虑量刑轻重,但是从主观恶性考虑轻重的比例更大,客观危害程度只是作为一个语言定式一笔带过。

笔者认为,能上诉的案件其实多涉及罪名定性,量刑轻重是附属于罪名的副产品,二审较一审来讲多了终局性,就更应该对为何定罪、为何定此罪的问题进行一个明确的释义,而不是走稳妥路线行为叙述一番后一锤定音。法律界对某些理论的争议一直存在,这也是法学发展的原动力,不说明原因从某方面来讲是可以避免更多声音对法官判断的干扰以及达到及时惩罚犯罪的要求,但是也无意中缩短了刑事判决书的预防、指导和学习功效。

四、以司法大数据促进结构范式建立

目前我国大力发展智慧法务,即依托大数据平台的信息公开和人工智能,而在这种依靠纯逻辑和具体结构的大框架下,大数据提供者——刑事判决书形式和内容就显得格外重要。

首先,笔者对裁判文书网上的文书整理研究发现,裁判文书就整体形式来讲具有一定的框架结构,即前述基本信息公诉人观点,中间罗列与案件事实有关的可以证明被告人主客观方面的证据材料、被告人及辩护人陈述,最后是法院的审判思想、审判结果以及相关法条罗列。从这个大方向来讲,结构标准化的大框架是可以建立起来的,所有的刑事判决书都脱离不了此三大模块,从结构上来讲是可以分层的。

其次,如上所述,我们通过对裁判文书网上判决书的仔细研究发现,相当一部分判决书对定罪量刑的说理性欠佳,大部分是以危害行为的再度叙述为大前提,而后直接认定。少部分从主客观方面阐释但也仅仅是寥寥数笔,实现的是逆推法则,即由罪名说明行为是如何成为危害行为,而不是由危害行为顺推是如何构成犯罪。这在经验丰富又接受过专业训练的法律人来讲是可以实现的定罪方式——直觉经验,但是刑事判决书不仅是定罪量刑的一纸判决,它也有预防的意味,宣告这类行为会被定性为危害行为,就需要对此进行一个有效说明和合乎逻辑的推理过程,但这是目前文书中比较弱势的一项。不管是三阶层、二阶层还是四要件理论,以上述其一进行说理阐释都会起到一定的标准化作用。

最后，法律解释运用欠缺。在笔者整理的裁判文书中，基本没有刻意出现法律解释方法的内容，运用最多的语义解释、目的解释等方法均无提及，而且犯罪未完成形态主要是以概念形式规定于刑法学之中，更需要以一种方式解释此种行为为何被定性为犯罪完成形态，为何被定性为犯罪未完成形态，这都是刑事判决书中欠缺的地方。

由上面三点可以看出，就裁判文书的整体布局来讲是有建立结构范式的可能性，但是把范围由整体缩小到局部范围可以看出的是，信息的繁多且无条理性，局部内容难以建立一个稳定的范式结构，仅空有整体的大框架而无局部结构支撑，范式建立毫无意义。所以笔者思考，能否在说理阶段由犯罪构成要件阐释和法律解释方法作为局部分层的关键要点，这里对犯罪构成要件阐释无论采用二阶层理论、三阶层理论还是我国目前通说的主客观四要件理论，都有一定的结构性，可以对法院说理内容进行拆分，同时辅以法律解释方法的说明。这样，法院审判依据部分就有了清晰的结构框架，无论是检索还是查看特定内容，可以实现快捷高效，这对于概念性的法律术语解释更显重要，把具体概念拆分于具体的案件事实当中也是一种结构方式。

除了结构问题外，还有一个需要注意的问题就是上文提到过的关键字问题。最新改革要求法官在判决书上附以类案判决结果，所谓类案也就是案件事实类似，判决结果大同小异的案件，但是问题就出现在关键词检索方面。如上文所分析，关键词有两大部分，各地区说理方式的不同导致法律术语关键词检索不完全、不完善，案件事实的叙述因为汉语的博大精深更是难以下手，例如，搜索关键词"苹果"。它会将所有文本中有"苹果"两字的全部集合，但是结合全文，这个"苹果"有可能是在民事纠纷中出现的"苹果园"，也有可能是刑事案件中的赃物"苹果手机"，还有可能是行政纠纷中被没收的"苹果摊"，中华文化博大精深，一词多义不在少数，甚至换一个语境就是另一个说法，这就导致检索设置的不紧密性和不能穷尽性。所以针对这种情况，笔者的建议是，关键词抓取转移、案件事实关键词难抓取的情况下，尽量向法律术语关键词靠拢，但是这需要说理部分的后续改革和建设。

五、结语

刑事判决书的改革看似是文本形式改革,其实其所牵涉的内容方方面面,各地区适用法条时的理论依据表达的不同、制度理解与适用的差异、语言学的发展、中国文字表达的博大精深等,这些内容隐藏于文书的框架和内容之中,既然从小处着手难以统一,那么就可以考虑在文书的两大关节处套上绳索:犯罪构成要件说明和法律解释方法说明。控制了关节处就相当于掌握了整体框架,提纲挈领的同时,也解决了法官检索案件的关键词检索困难的情况,这样,刑事判决书才有建立范式的可行性。

司法责任制背景下裁判文书公开问题的研究

——以河北省110份网上民事裁判文书为调查材料

◉ 王雪焕[*]

摘要：法院在行使审判权过程中应当遵循审判公开原则，而裁判文书公开则是审判原则公开的重要体现。裁判文书公开在给予广大人民群众明晰的案情之外，对于法院的审判工作也有一定的监督作用。在司法责任制的大背景下，法官将对其所判决的案件（包括裁判文书）终身负责。裁判文书公开的过程是法官审判公开的重要体现，也是当下员额法官工作考核的一大标准。相较于过去，现在的裁判文书无论是从公开的数量还是公开的质量都大幅度提高，但仍有瑕疵出现。本文通过选取河北省110份公开的民事二审裁判文书做样本，对裁判文书的现状进行分析，以期发现裁判文书公开过程中出现的问题，并探讨解决该问题的途径。

关键词：司法责任制　民事裁判文书　裁判文书网

裁判文书是法官法治理念的重要体现，也是展现法官职业素养的重要标准之一。公开的部分裁判文书在文字说理部分、事实认定、主文判决等核心内容的表述上差异较大，而在文字表述、落款布局等方面也有较大的错漏；同时裁判文书公开的过程中也存在发布不及时或不发布等问题。究其原因，除法官对于裁判文书公开的内涵认识不深、法官知识和经验不足等内因外，还包括保障裁判文书公开质量的制度缺失的外因。提高裁判文书的质量，需要提升法官职业素养，改变法官对于裁判文书公开的观念的同时，也要加强

---

[*] 河北省邯郸市中级人民法院法官助理。

裁判文书公开的制度保障。

一、民事裁判文书公开之意义

习近平总书记强调,"要坚持以公开促公正、以透明保廉洁,增强主动公开、主动接受监督的意识,让暗箱操作没有空间,让司法腐败无法藏身"。为全面落实习近平总书记的指示,人民法院全力推进司法公开工作。从裁判文书网站的正式注册到现在,裁判文书公开已经成为我国司法公开的重要标志之一。最高人民法院依托高科技网络平台实现了司法公开,随之形成的司法大数据发挥了服务群众诉讼、服务法院管理、服务社会治理的作用。[①]

1. 裁判文书公开利于群众知法明法

裁判文书公开利于群众信服法律。从春秋时期的郑国子产铸刑书,到晋国赵鞅铸刑鼎,再到"将堂断贴于造壁",古代将司法文书公之于众让百姓明法的同时了解案件的具体情况。只有看得见、摸得着、感受得到、敢于将裁判文书置于阳光之下的裁判文书,才能够让百姓信服。[②] 同时,逻辑性强、有理有据的裁判文书能够更好地得到社会公众的认可,增强公众对司法机关的信任感,引导公众遵纪守法。

裁判文书公开便利了群众诉讼。裁判文书公开制度的逐步完善,使得大量的民事裁判文书上传至网络,从而产生大量的类似案件。司法大数据的分析,使得大量类案、个案凸显,群众在遇到类似案件时可以从裁判文书网上找到相关案件的解决方式,普及了维权途径,引导了公众使用法律的武器来维护自己的权利。

2. 裁判文书公开利于法院的管理

裁判文书公开利于司法程序公正。"正义不但要实现,而且要以看得见的方式实现"。裁判文书作为审判过程及诉讼结果的全程记录载体,它的公开是将整个案件清晰地展露于公众面前。人民群众利用中国裁判文书网的平台,可以不受时间和地域的限制进行搜索和阅读公开的裁判文书,及时发现

[①] 徐隽:"司法大数据让公平正义看得见",载《人民日报》2018年5月3日。
[②] 赵红星、李君剑:"裁判文书网上公开现状探析及公开方向论证",载《河北法学》2015年第11期。

和反映问题。而裁判文书的公开则形成一种无形的监督,法官在制作裁判文书时,会以更加严谨的态度制作裁判文书,切实落实司法公开、促进司法公正。

裁判文书公开利于提高审判效率。一方面,裁判文书上网可以督促法官以谨慎的态度在法定的审限之内严格完成案件的审判工作,提升审判的效率,提高工作的质量;另一方面,大量的民事裁判文书上网,通过司法大数据的分析,使得法官在面对疑难案件时能够参照其他法院类似案件的判例,从类案中吸取经验,从而能够科学高效审判案件。即通过裁判文书的公开,便于法院统一法律适用和裁判尺度、提升法官素质、助推精密司法、制约司法权滥用。

3. 裁判文书公开利于社会治理

裁判文书上网作为一个案例研究的平台,可以使得立法者或者司法解释制定者发现案件中存在的问题,从而能够解决问题,减少社会矛盾的激化。同时,大量民事裁判文书的公开,为法律专家及学者进行对比研究、案例教学提供裁判资源。而高科技便捷的信息化网络,为司法引领和规制社会群众提供平台,可培养群众的法律信仰,完善社会诚信体系建设。

二、民事裁判文书网上公开之个案分析

为客观反映裁判文书网上公开现状,笔者选择我国河北省11个中级法院网上公开裁判文书作为检验对象①。在选择样本时,笔者坚持四个原则:一是选取的裁判文书主要是判决书,排除裁定书;二是主要以二审判决书为主,兼顾少量的一审和再审案件,尽量做到程序均衡;三是选取的案由主要以常见案由为主,包括民间借贷合同纠纷、交通事故人身损害赔偿纠纷、婚姻纠纷、土地承包经营合同纠纷、劳动争议、房屋租赁合同纠纷等多种民事案由;四是关

---

① 笔者选择河北省11个中级法院的民事裁判文书作为参考依据主要基于以下几点:第一,河北省位于我国中东部地区,经济形势发展相对不平衡。其辖区内既有东部沿海开放城市,又有中部经济发展相对缓慢地区。具体现状和我国大体经济形势类似。第二,中级法院司法活动相较于基层和高级法院更为全面。第三,民事裁判活动相较于行政和刑事案件数量较多,案情相对简单,裁判文书样式分析较为容易。

于时间跨度上，主要是 2017 年审结的案件。按照以上标准，笔者从每个中级法院抽取 10 个（共计 110 个）裁判文书作为样本来重点分析。

根据最高人民法院 2016 年印发的《民事诉讼文书样式》，笔者对选取的 110 份民事判决书进行查看，结果显示，不存在错误的共 23 份，占总数的 20.91%；有错字、漏字、别字、标点符号错误等细节问题错误的共 84 份，占总数的 76.36%，有重大错误①的 3 份，占 2.73%。在 87 份瑕疵裁判文书中，包括首部信息不完整、法条援引不完整、说理部分不充分、对当事人诉求表述不完整或未予表述，错字、白字、标点符号的运用更是错误明显。（详见图 1、表 1）

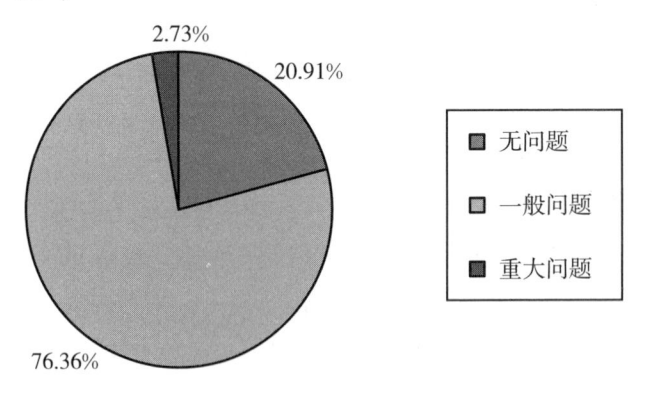

图 1 裁判文书出现问题汇总

表 1 87 份裁判文书出现的具体问题及所占瑕疵裁判文书比例

文书具体问题	文书份数	百分比
首部信息不完整	15	13.64%
法条援引错误	5	4.55%
说理部分不充分	6	5.45%
当事人诉讼请求（答辩）未予表述	2	1.82%
认定事实部分错误	1	0.91%

---

① 重大错误，是指依据《民事诉讼文书样式》及《中华人民共和国民事诉讼法》等相关法律的规定，在文书首部、原审判决、事实认定、文书说理、法条援引、判决主文、文书尾部中有问题的。

续表

文书具体问题	文书份数	百分比
尾部信息不全（诉讼费负担、金钱债权履行情况）	4	3.64%
错字、错句、标点符号错误①	33	30%
结构布局不合理②	21	19.09%

1. 首部信息不完整

判决书的首部应当由法院名称、文书种类、案件编号、当事人的基本情况、案由、案件来源和审理经过组合而成。③ 一般而言，裁判文书首部为制式内容，并不需要法官书写过多逻辑性和专业性的内容。但在笔者抽查的110分裁判文书中，首部书写有问题的裁判文书占总文书的13.64%，该瑕疵内容严重影响裁判文书的司法权威性。

首先是法院名称、案号存在错误。2016年1月1日起，全国法院案号施行收案年度、法院代字、类型代字、案件编号组成新型法院案号标准，而笔者抽查到的三份瑕疵裁判文书直接漏掉法院代字的行政区码。同时，裁判文书中对于县级市一审裁判文书应当写为省+县级市，而有两份裁判文书书写为省+地级市+县级市。

其次，对于当事人的表述不规范。在因抗诉而形成的民事再审案件中，即使是适用二审程序，也应当先列明抗诉机关，同时当事人应当为"申诉人"和"被申诉人"。在笔者所调查的裁判文书中，有两份裁判文书中对于适用二审程序的检察院抗诉案件，均未提及抗诉机关，也未曾表明该抗诉辩机关工作人员的出庭情况；对于当事人的诉讼地位均列为"再审上诉人""再审被上诉人"。对于当事人的委托诉讼代理人，有4份裁判文书将其列为"委托代理人"，对于村委会为主体的负责人称之为"法定代表人"，书写极为不严谨。

---

① 在首部表述不规范的裁判文书中也存在标点符号及错字部分，本条中未予写明。
② 布局不合理部分仅统计未按照《民事诉讼文书样式》格式分行等部分，其他断行或者空段部分因裁判文书上网技术问题可能存在差异，未予统计。
③ 李喜莲："网上公开之民事裁判文书的现状、问题及对策"，载《法律科学（西北政法大学学报）》2015年第4期。

最后，案件的由来和审判经过书写不完整。为公开透明反映案件的审理过程，展现法院司法审判工作中的实体公正和程序公正，对于案件的由来和审理经过应当如实写明，即二审案件的立案时间、合议庭的组成情况、案件是否是开庭审理、当事人是否到庭情况均应当写明。根据民事诉讼法的相关规定，在二审中可以采用书面审理的方式审理案件，而在笔者所进行的调查中，有8份裁判文书中未显示本案是开庭审理，但却有当事人的到庭情况；有4份裁判文书显示开庭审理，但只说明一方当事人到庭而对另一方当事人的到庭情况未作丝毫表述。同时，还有的案件未表达"本案现已审理终结"。

2. 裁判文书内容表述不规范

裁判文书的主体内容部分包括事实和理由两部分。根据《人民法院民事裁判文书制作规范》的规定，"裁判文书的事实部分应当包括原告起诉的诉讼请求、事实和理由，被告答辩的事实和理由，法院认定的事实和据以定案的证据；理由部分的核心内容是针对当事人的诉讼请求，根据认定的案件事实，依照法律规定，明确当事人争议的法律关系，阐述原告请求权是否成立，依法应当如何处理。裁判文书说理要做到论理透彻，逻辑严密，精炼易懂，用语准确。"裁判文书的内容能否被当事人乃至社会公众所接受，一方面取决于审判程序和审判结果是否公正，另一方面取决于判决书是否以一种恰当而可证成的方式解释冲突。① 而在笔者所做的调查中发现，有两份裁判文书对于被上诉人的答辩情况未做表述，剥夺了当事人的诉讼权利。有一份二审裁判文书部分改判，但在其二审的本院认为部分，仍然大段摘抄一审裁判文书主文，在分析、判断中未做到前后一致，将不同的法律关系、不同的证据混为一谈，转移论题，难以让受众群体信服。

3. 法条援引错误

根据《最高人民法院关于裁判文书引用法律、法规等规范性法律文件的规定》，引用法律条文时"应当准确完整写明规范性的法律文件的名称、条款序号；有多个法律条文的，应当先引用法律及法律解释、行政法规、地方性法规、自治条例或者单行条例、司法解释；同时引用两部以上法律的，应

---

① 王仲云："判决书说理问题研究"，载《山东社会科学》2005年第8期。

当先引用基本法律，后引用其他法律；同时引用实体法和程序法的，先引用实体法，后引用程序法。"。在笔者所做的样本调查中，5 份法条援引错误的裁判文书中有 3 份遗漏法律条文，即在当事人缺席的情况下，判决书法条援引部分未对此予以引用民事诉讼法关于缺席审判的规定。同时还有 7 份裁判文书对于法条援引顺序不当，即先程序后实体、先司法解释后法律等。①

4. 行文布局不合技术、格式和规范的要求

客观讲，科学严谨的民事裁判文书才能体现法律的权威，彰显法官的职业态度和司法公信力，准确性应当是裁判文书语言表达最基本的要求。而在笔者所做的调查中发现，布局不合理、错字、白字及标点符号错误率达总裁判文书的 49.09%，严重影响裁判文书的质量。

三、民事裁判文书网上公开问题出现的原因

司法公开是一面镜子，是一块试金石，更是一缕阳光②，而裁判文书网上公开更是如此。作为司法公开重点的裁判文书网上公开，其对于社会、当事人及法院都非常重要。裁判文书公开应当经得起公众的检验，但结合笔者所作的河北省 110 份民事裁判文书的调查表明，裁判文书"带病"上网的情况依然存在。究其原因，笔者认为当分为内因和外因两大部分。

1. 裁判文书制定者法官的个人原因

第一，法官专业知识和经验上还存在一定的不足。法官作为裁判文书的制作者，其在裁判文书中必定融入自己的思想和观念。事实上，裁判文书作为案件审判过程的客观反映和案件结果的理性论述部分，集中体现法官对案件的认知程度、文字的驾驭能力、法律条文的理解能力。因此，法官要想写好裁判文书必定要有深厚的法律专业素养和良好的文字驾驭能力。

现实中，随着我国司法改革的逐步推进，绝大多数法官拥有法律专业学习的背景，但由于特殊的历史原因，在法院中，作为法院骨干力量的员额法

---

① 因该类型援引法律条文顺序不当的裁判文书在其他部分也有错误，故未将其列入法律条文错误的类型中。

② 李少平："新时代裁判文书释法说理改革的功能定位及重点聚焦"，载 https://www.chinacourt.org/article/detail/2018/06/，最后访问时间：2018 年 6 月 12 日。

官有相当部分是军转干部，真正受到正规法律专业学习的法官人数较少。所以，在笔者所做的调查中，一部分裁判文书对于案件的相关法律关系缺乏充分论证，判决主文丢三落四、判决内容晦涩难懂。同时，民事法律裁判文书需要法官对于案件事实的准确认定，对于裁判文书中说理部分的论述要严谨且具有逻辑性，这需要法官具有一定的司法审判经验和社会阅历。而由于司法改革的推进，一部分入额法官为通过公务员招录的法学理论功底较强但工作经验相对匮乏的法学专业大学生，其社会阅历和司法审判经验较少，司法实践经验少，这必然影响裁判文书的质量。

第二，法官对于裁判文书重视程度不够。首先，长期以来，在我国的司法实践中，法官在思想上存在重实体、轻程序的观念，对于程序性的法律文书重视程度不够。在个案中，绝大多数法官满足于将纠纷处理好，重视案件处理，忽略程序公正。所以，在笔者所调查的110份裁判文书中有15份在首部中对于程序性的内容未做表述或者表述缺乏，影响裁判文书的质量。其次，法官对于裁判文书本身的重视不足。在笔者所做的110份裁判文书考察中，瑕疵裁判文书占据裁判文书总数的79%，其中标点符号及错别字瑕疵判决占据到总数的33%，足以证明法官在草拟裁判文书时的粗心，即对于裁判文书没有做到法官应有的严谨的职业素养。

第三，法官对于裁判文书网上公开的认识程度不够。在笔者调查裁判文书时发现，在2017年生效的裁判文书中，有一部分是在2018年才予以上网，同时河北省2017年上网的裁判文书数量远低于2016年上网的裁判文书数量，也与河北省人民法院2017年立案及结案数量不相符。时效性是裁判文书和案例的优势所在，裁判文书上网公开的目的之一就是便于当事人和社会大众及时了解法院对案件的裁判结果，以便于及时进行参与、监督，也便于其他法院对类似案件避免作出差距较大甚至矛盾的裁判，确保法院适用法律的统一，大量裁判文书的迟延上网、病态上网显示出法官对于裁判文书公开的认识程度不够。

需要说明的是，在司法改革的背景下，有相当部分的裁判文书为法官助理所拟，由于法官助理专业水平和司法经验的缺乏，对于裁判文书的理解和掌握程度不够。但法官作为案件的承办者，在审核时亦未尽到其应尽的义务，一定程度上影响了裁判文书的质量。

2. 裁判文书质量问题的外因

首先是关于裁判文书质量的激励机制不完善。相较于英美法系法官制作裁判文书的热情，我国法官制作裁判文书则有种"完成任务"的懈怠感。作为判例法的英美法系国家，法官在制作裁判文书时必须谨慎以对，因为判决会作为法律，对之后的类似案件有一定的影响。这会对法官书写裁判文书有一定的激励作用。而我国虽然有"指导性案例"的存在，各地法院对于指导性案例的遴选较为重视，也有一定的奖励机制。但由于指导性案例本身稀少，且指导性案例仅仅作为类案的参考，并不能作为法律存在，法官在制作裁判文书时缺少激励。

其次是我国对于瑕疵裁判文书的追责力度不够。"重赏之下，必有勇夫"，同理，重罚之下亦必有谨慎态度。随着司法改革的深入进行，"由审理者裁判，由裁判者负责"的法官办案责任追究制已经逐步实施。对法官在裁判案件中出现的问题，如何进行追究，情节程度如何把握，最高人民法院制定的错案追究制度无疑具有较强的现实意义。[1]

再次，法院对于裁判文书公开过程中的案件评查并无完整的保障措施。在笔者所在的河北省邯郸市中级人民法院，在统一使用华宇系统后，在审结案件时由该公司对于裁判文书进行统一的纠错。该软件系统对于裁判文书中出现的格式化的内容纠错相对较好，但由于系统的落后性，其对于某些较为生僻的法律条文、一些音形类似白字的纠错情况并不明显。在法院系统中，也尚未形成完整的案件评查保障措施，仅限于法官的"自纠"，但是由于法官办案压力较大，其对于自己承办的案件有一定的自信效应，其"自纠"行为的效果并不明显。

最后，部分法院对裁判文书公开的态度相对保守。由于各地经济水平及现实社会发展等方面的差异，各地法院在对待类似案件时处理的方式各不相同，即出现所谓的"同案不同判"现象。由于裁判文书网络公开，其不仅限于个案效应，也具有司法的整体效应，社会公众在比对类似案件时发现处理

---

[1] 赵红星；李君剑："裁判文书网上公开现状探析及公开方向论证"，载《河北法学》2015年第11期。

方式不同，可能会形成所谓的"网络舆论绑架"现象。同时裁判文书本身的瑕疵情况的出现会引起当事人申诉、信访、网络攻击等现象。裁判文书上网后，对于网民的评论，网民所提出的意见、建议甚至质疑，如何进行积极回应，对于社会关注热点案件，如何进行舆情跟踪和分析，在出现网络性突发事件时，如何进行紧急处置等现象法院尚未有统一的处理措施，导致法院及法官在对待裁判文书公开时相对懈怠。

四、提高民事裁判文书质量的具体措施

在当下司法责任制的逐步实施过程中，笔者认为，提高民事裁判文书公开的质量，可以从以下几个方面入手。

1. 加强法官职业素养，提高法官责任意识

"自从法官出现之后，两个严峻的问题一直挥之不去：一是法官可能因为腐败而徇私枉法，做出不公平的判断；二是法官始终在创造法律和忠于法律之间进行选择。"[1] 在我国，法官从来都是司法审判的灵魂，无论是忠于法律还是创造法律，裁判文书的制作决定着一个法官面对案件的态度和职业素养。

首先，加强培训，提高法官制作裁判文书的能力。法院在任命法官之前及之后应当定期举办相关方面的培训，邀请知名专家学者及制作裁判文书良好的法官讲述制作裁判文书的技巧，在裁判文书说理及论证部分进行专门讲述，提高法官制作裁判文书的逻辑性和说理性。同时法官自身也应当随时"充电"，提高自己的法学理论知识，使得裁判文书不仅能够"以理服人"，也能"以法服人"。

其次，法官应当重视裁判文书公开的责任意识，避免不必要的问题的出现。从笔者所做的样本调查中可以发现，无论是程序论述的缺失还是错字、白字的出现，瑕疵判决书绝大多数均是一些细枝末节的问题，而这些非技术性的问题法官在制作裁判文书时是可以避免的。法官自身对于裁判文书中的规范性指标应熟知于心，同时在裁判文书制作之后要自我评查、自我纠错，

---

[1] 吴庆宝：《裁判的理念与方法》，人民法院出版社2004年版，第198页。

避免裁判文书中的瑕疵。

2. 设立有效的奖惩机制

随着司法改革的逐步推进,在司法责任制的大背景下,法官对待裁判文书的态度已经严谨很多,公开的裁判文书质量已经有大幅度提升,① 但有效的奖惩激励机制仍然可以减少一些非技术性问题。

完善关于优秀法律裁判文书的汇编评述制度,利用裁判文书网、《人民司法》等纸质及电子媒介,将优秀裁判文书公之于众,并对裁判文书的制作者予以表扬并给予一定的奖励,同时,在员额制法官及其助理的考核中,将裁判文书的编写也作为考核点,对优秀裁判文书的制作者在业绩考核中予以加分,提高法官书写裁判文书的积极性。② 优者奖,劣者罚。在司法责任制的大背景下,法官需要对其所作出的每个判决负责,不仅仅是对判决结果负责,也应当对承载判决结果的裁判文书负责,瑕疵判决书足以证明该法官在制作裁判文书时的态度不够严谨,应当对该行为予以一定的处罚。笔者认为,不定期抽查已经生效的裁判文书,对于裁判文书质量不合格的法官,视为该项工作绩效考核不合格,按照《法官法》的规定,对该项考核连续两年不合格的法官予以警告、记过、记大过、降级、撤职、开除等处分,降级撤职的,同时降低工资和等级,必要时依法提请免除其职务。在有警诫提醒的情况下,法官对于裁判文书的制作态度将更加严谨,便于提高裁判文书的质量,推动司法改革的顺利进行。

3. 提高裁判文书上网的技术处理程序

即使法官在制作裁判文书时做到严谨认真,但智者千虑,必有一失,裁判文书中难免会出现瑕疵,高效便捷的裁判文书纠错软件能够减少此种情况。在笔者所在的邯郸市中级人民法院,法院统一安装有华宇纠错系统,在结案的时候需要对案件进行评查纠错后才能进行程序性的报结案件,这能够有效避免不必要的错误的出现。但不足部分亦很明显,比如纠错程序是在电子签章之后,纠错部分不能再行改动;程序容纳法律条文较少,一些不常见的法

---

① 在李喜莲教授所作的《网上公开之民事裁判文书的现状、问题及对策》的调研中,2015 年瑕疵判决占据样本总比的 91%。

② 武诗瑶:"我国民事裁判文书上网研究",安徽大学 2017 年硕士学位论文。

律法规并不能被纠错程序所知导致错误出现等等。但不可否认，将纠错程序作为结案之前的必经程序，在经意或者不经意之中将一些很明显的文书错误拒之于门外具有较强的纠错性。

美国著名哲学家、法学家德沃金曾说过："任何国家部门都不比法院更为重要，也没有一个国家部门会像法院那样受到公民那么彻底的误解"。司法的权力性需要法官在面对案件时更加公平严谨而谦逊，公开的裁判文书便是法官司法态度的体现。在当下司法责任制的大背景下，法官更应当增强自身的司法素养，提高司法责任意识，转变公开裁判文书的态度，以更加积极的态度面对法院、社会及当事人的监督，提高裁判文书的质量，促使司法公开化、阳光化的发展，加快中国民主法治社会的进程。

司法大数据下刑事二审发回重审和改判案件分析

——以 H 市 2015—2017 年度刑事二审案件为参考

◉ 王建民[*]　闫　真[**]

摘要：刑事二审发回重审案件增加当事人诉累，降低审判效率，浪费司法资源；刑事二审改判案件反映出二审出现的新情况及一审出现的问题。发回重审案件和改判案件是一个地区案件审判情况的风向标，可以集中反映当地案件审判的总体情况和问题。为提高审判质效，降低二审发回重审和改判案件的比率，笔者对 H 市近三年发改案件进行分析梳理，查找原因，研究对策，为降低刑事二审案件发改率，更好地解决刑事审判实践中的疑难问题，指导基层法院审判实践进行有益探索。

关键词：发回重审　改判　发改率

刑事二审发回重审案件增加当事人诉累，降低审判效率，浪费司法资源；刑事二审改判案件反映出二审出现的新情况及一审出现的问题。发回重审案件和改判案件（以下简称发改案件）是一个地区案件审判情况的风向标，可以集中反映当地案件审判的总体情况和问题。为提高审判质效，降低二审发回重审和改判案件的比率（以下简称发改率），笔者对 H 市近三年发改案件进行分析梳理，查找原因，研究对策，为降低刑事二审案件发改率，更好地解决刑事审判实践中的疑难问题，指导基层法院审判实践进行有益探索。

---

[*] 河北省邯郸市中级人民法院刑二庭副庭长。
[**] 河北省邯郸市中级人民法院刑二庭法官助理。

一、关于刑事二审发回重审案件和改判案件概况

1. 关于 2015—2017 年 H 市法院刑事二审发回重审和改判案件运行态势分析

H 市法院 2015 年刑事二审结案 534 件，发回重审 69 件，改判 4 件，发回重审率 12.92%，改判率 0.7%，发改率 13.67%；2016 年刑事二审结案 711 件，发回重审 115 件，改判 4 件，发回重审率 16.17%，改判率 0.56%，发改率 16.74%；2017 年刑事二审结案 813 件，发回重审 104 件，改判 13 件，发回重审率 12.79%，改判率 1.60%，发改率 14.39%。从这三年刑事二审发回重审和改判案件走势图看，2017 年发改率分别比 2015 年增长 0.72 个百分点，比 2016 年降低 1.78 个百分点。但总体来说刑事二审发改案件比例仍然较大。

从 H 市这三年的结案情况来看，案件数大幅增加，2017 年刑事二审结案数比 2015 年增加 279 件，在众多案件的压力下，有的基层法院办案法官办案粗糙；案件类型日趋复杂化和多样化，如 2016、2017 年度出现了大量的非法吸收公众存款案件等新型案件，这类案件涉案人数多、涉案金额大、案情复杂，类型新颖、专业性强，有的基层法院一时不能适应。2017 年 104 件案件被发回重审，就意味着仅此一项 H 市基层法院就增加 104 件刑事一审案件，且 50% 以上的案件还会继续上诉到中院形成二审案件。因此，降低发改率对破解当下案多人少难题具有重大现实意义。

2. 关于各主要案由发回重审和改判情况分析

从各主要案由发回重审和改判案件情况来看，非法吸收公众存款罪、故意伤害罪、职务犯罪、寻衅滋事罪、诈骗罪大幅超过其他案由，相应这几类案由发改案件数也居于全部案由前列。

二、发回重审案件存在问题及原因分析

（一）事实、证据方面存在的问题及原因分析

1. 被告人主观犯意不明确，犯罪手段和数额不清

H 市某区人民法院审理的被告人焦某某诈骗一案，被告人在帮助被害人

将商业承兑汇票兑换后，大部分款项挪作他用，未予归还，但被告人何时产生的犯罪故意，实施了什么虚构事实、隐瞒真相的行为不清。认定的诈骗数额不当。

2. 认定的案件事实或数额的证据不足或错误

某基层人民法院审理的被告人郭某某、李某某等人多起盗窃、掩饰、隐瞒犯罪所得罪一案，在查明事实部分未明确表述郭某某、李某某具体实施了指控的哪起犯罪，对排除被告人在侦查机关全部供述还是具体哪份供述，均未明确，二被告人共实施了多少起盗窃，涉案金额无法确认；某基层人民法院审理的被告人张某某滥用职权、受贿等一案，认定被告人滥用职权，致使他人遭受一千多万元重大损失的数额，未进行评估，证据不明确。

3. 被告人在犯罪中所起作用不清楚或不明确

某县人民法院审理的被告人王某某等人玩忽职守一案，王某某作为乡宣传委员，根据乡书记安排，参加了辖区一个村小学的建校选址、招投标、奠基仪式，认定王某某等人构成玩忽职守罪，但证明王某某有建议和决定建校选址的职责不清，其在建校选址中起了什么作用也不明确。

某区人民法院审理的被告人付某等犯生产、销售伪劣产品罪一案，同案犯未供述被告人付某在公司担任什么职务，付某供述自己没有任何职务，经常在北京居住，只是在回 H 市时才在厂子里帮忙，在厂子搞基建的时候联系过卖石粉的，其对公司生产、销售伪劣产品是否明知不清，在本案中究竟起到多大的作用均不明确。

4. 证据单薄（一对一），未形成完整的证据链

某基层人民法院审理的被告人胡某某敲诈勒索一案，认定被告人胡某某伙同他人强行扣押白色路虎机动车的直接证据，只有一名同案犯供述，被告人供述未参与，属孤证，无其他证据佐证。

5. 认定事实的证据不具有唯一性、排他性（排除其他可能性）

某区人民法院审理的被告人付某犯生产、销售伪劣产品罪一案中，将已经验收（合格）并使用的涉案白灰粉认定为伪劣产品不当，对涉案物品库存数量以推算、目测认定，证据不稳定，影响事实的认定。

某县人民法院审理的被告人张某某职务侵占、非国家工作人员受贿一案，

认定张某某利用村支部书记、村主任的职务便利套取涉案款项，但对张某某利用职务便利套取涉案款项的目的、去向均没有查清，其是为了处理村里的不合理开支而套取村集体款项，还是先套取村集体的款项占为己有，在需要处理不合理开支时而支出的，没有查清，影响事实的认定。

6. 将不具有关联性的事实作为定罪量刑的情节予以认定

某基层人民法院审理的被告人孟某某寻衅滋事一案，将孟某某撕毁发放福利名单及将他人打伤、往村委会泼倒污物的均不构成刑事犯罪的行为，认定为孟某某在村委会养牛，强行占用公私财务，构成寻衅滋事罪的从重情节。

（二）发还案件适用法律上存在的问题

1. 犯罪构成要件或情形不符合法律规定的，定性不当

（1）因上访或上诉后的其他事实被判寻衅滋事罪。某基层人民法院审理的被告人张某、孟某寻衅滋事二案，二被告人因反映的问题未解决上访，仍未果，在居委会生活、养牛，但二被告人在公共场所无事生非，起哄闹事，任意损毁、占用公私财物等，破坏公共、社会秩序，情节恶劣或情节、后果严重的证据不足。

某县人民法院审理的被告人李某、曹某寻衅滋事罪一案，被告人到天安门、中南海等重点、敏感地区反映问题，没有过激行为，没有起哄闹事，没有造成严重后果，与寻衅滋事罪的构成要件不符。

（2）纠集人员、聚众性犯罪定性不准确。某基层人民法院审理的被告人战某等寻衅滋事一案中，被告人战某为了实现无理要求，纠集多名被告人在某矿业公司铁矿出口随意殴打保安人员，围堵铁矿出口，致使铁矿被堵，全矿停工停产，造成的损失价值为二十多万元的行为，与寻衅滋事罪构成要件不相符，二审认为较符合聚众扰乱社会秩序罪的构成要件。

某基层人民法院审理的被告人舒某、魏某组织卖淫一案，被告人魏某在组织卖淫共同犯罪中起帮助、协助作用，认定是组织卖淫罪的从犯不当，应认定协助组织卖淫罪。

2. 量刑不规范，罪刑不相适应，缺乏法律依据或适用法律不当

某基层人民法院审理的被告人温某非法吸收公众存款一案，温某提出主

动到公安机关投案，主动交代犯罪事实，应构成自首，且提供了公安办案人员的证明，是否构成自首不清；其所在合作社其他工作人员均宣告缓刑，温某吸收的数额相对较少，判处的刑罚较重，量刑不均衡。某县人民法院审理的被告人李某寻衅滋事罪一案，被告人在一审并不认罪，宣告缓刑的依据不足。

3. 二审期间，发现原审被告人在第一审判决宣告以前还有同种漏罪没有判决

某县人民法院审理的刘某非法吸收公众存款一案，二审发现其在外县市还有非法吸收公众存款案未处理。

4. 附带民事诉讼案件中认定住院伙食补助费数额和营养费的依据不足，对在H市所在地区住院治疗的伙食补助费按每天100元计算不当

某基层人民法院审理的被告人郭某某故意伤害一案，被害人受伤后，均在H市所在地区住院治疗，根据《最高人民法院关于审理人身损害赔偿案件适用法律若干问题的解释》第23条关于住院伙食补助费可以参照当地国家机关一般工作人员的出差伙食补助标准予以确定，依据《H市市级机关差旅费管理办法》第15条中关于伙食补助费按出差自然（日历）天数计算，市内出差的，每人每天补助50元的规定，伙食补助费按每天100元计算不当。

5. 附带民事诉讼案件中未判决司机承担连带赔偿责任

交通肇事犯罪中，在保险公司赔偿不足的情况下，有的法院只让车主作为雇主赔偿，未判决被告人连带赔偿。被告人的行为已构成交通肇事罪，应视为其具有重大过失，根据《刑法》第36条和《最高人民法院关于审理人身损害赔偿案件适用法律若干问题的解释》第9条的规定，因被告人的犯罪行为和重大过失应对被害人一方的损失与雇主承担连带赔偿责任。审理此类案件时应注意。

（三）发还案件程序上存在问题

1. 附带民事案件错列、遗漏当事人

某县人民法院审理的被告人刘某交通肇事一案，王某、王某某两家房屋拆旧翻新，租用刘某等人的三轮车，一审判决王某作为定作人承担赔偿责任，

但未通知王某某参加本案附带民事诉讼。

2. 未按照相关规定对涉案物品提取、扣押

某县人民法院审理的被告人杨某贩卖毒品一案，卷中没有涉案毒品的提取、扣押笔录，扣押清单均是次日等，与《办理毒品犯罪案件毒品提取、扣押、称量、取样和送检程序若干问题的规定》不符。

3. 庭审笔录记载的庭审过程不全面，未分别讯问，未全面告知应有的权利，被害人、被告人、证人姓名、律师事务所记载错乱等

某基层人民法院审理的被告人李某骗取贷款一案，侦查卷没有记录告知证人有关作证的权利义务和法律责任；部分证据复印件未注明与原件核对无异；宣判前，未予先期公告宣判的时间和地点。

4. 两次开庭合议庭组成人员不同

某人民法院审理的杨某犯诈骗罪一案开庭两次，第二次开庭时，由另外一名审判人员代替第一次合议庭的一名成员出庭，被告人及其辩护人发现当庭未提，一审判决后上诉提出。

5. 对指控或诉讼不予采信，未经合议，且无不予采信的具体分析意见

某基层人民法院审理的被告人郭某故意伤害一案，认定附带民事诉讼原告人提供的 H 物证司法鉴定中心司法鉴定意见书因不符合法律程序，不予采信；提供的房地产开发公司证明不符合法律规定，未经合议，且无不予采信的具体分析意见。

6. 判决漏项

某基层人民法院审理的被告人舒某等组织卖淫一案，判决主文未将酒店上交的 200 余万元赃款判决依法予以没收，使罚没赃款缺少相应法律证据。

三、改判案件存在问题及原因分析

1. 被告人上诉有从轻情节，改判较轻刑罚

（1）因二审调解、和解，被告人赔偿被害人，实际损失已经挽回，取得谅解，而改判较低刑罚。

（2）因二审认罪退赔，缴纳罚金，取得谅解，而改判较低刑罚。

（3）因被告人等追回部分损失，而改判较轻刑罚。

（4）因犯罪情节较轻，危害不大，二审期间自愿认罪或有悔罪表现，改判较低刑罚。

2. 抗诉案件因认定事实，适用法律不当、定性不当、罪责不当等有法定从重情节而改判

（1）因未追缴犯罪所得和责令退赔而改判。

（2）因量刑依据不明确或适用法律不当，改判较重刑罚。某基层人民法院审理被告人王某犯开设赌场罪一案，根据最高人民法院、最高人民检察院、公安部《关于办理网络赌博犯罪案件适用法律问题若干意见》："一、关于网上开设赌场犯罪的定罪量刑标准。具有下列情形之一的，应当认定为刑法第303条第2款规定的'情节严重'：（一）抽头渔利数额累计达到3万元以上的；（二）赌资数额累计达到30万元以上的；（三）参赌人数累计达到120人以上的。"本案中被告人王某参赌人数、赌资额、获利数均超过该意见"情节严重"规定的数倍，王某的行为属情节严重，原判决未认定王某开设赌场罪情节严重，适用法律错误，改判实刑。

（3）因犯罪数额巨大，损失未全部挽回，社会危害大，而改判较重刑罚。某区人民法院审理被告人苗某等犯非法吸收公众存款罪一案，因犯罪数额巨大，损失未全部挽回，而改判较重刑罚。

（4）因犯罪后果严重，有犯罪前科或累犯，社会危害较大，改判较重刑罚。某区人民法院审理原审被告人田某犯交通肇事罪，原审附带民事诉讼原告人贾某等提起附带民事诉讼一案，被告人田某无证驾驶、造成当场一死一轻伤的后果，逃逸，负全责，抓获到案后认罪；具有犯罪前科，造成经济损失20多万元，一审判处有期徒刑3年6个月，检察院抗诉量刑偏轻。二审改判有期徒刑4年。

（5）因适用法律不当，改判较轻刑罚。某基层人民法院审理原审被告人张某犯走私、贩卖、运输、制造毒品罪一案，被告人购买、贩卖的毒品及运输的该毒品，经H市公安局物证鉴定所鉴定可疑冰毒含甲基苯丙胺成分净重7.074克。根据《中华人民共和国刑法》第347条之规定，走私、贩卖、运输、制造鸦片不满200克、海洛因或者甲基苯丙胺不满10克或者其他少量毒品的，处3年以下有期徒刑、拘役或者管制，并处罚金。一审法院判处3年

以上有期徒刑不当。

四、减少发改案件的对策建议

（一）树立现代司法理念，提高法官素质

法官必须紧跟时代步伐，不断通过学习、培训等各种途径提高自身的法律素养、说理能力、化解社会矛盾的能力。只有进一步提高综合素质和业务水平，才能准确认定事实、正确适用法律、严守程序正义，确保将每一个案件办成铁案。通过各种形式对刑事审判人员进行专业知识、专业技能及关联知识的培训，提高法官驾驭审案能力、适用法律能力、裁判文书制作能力，尤其是法官及合议庭要在证据的审核、认定上下工夫。控辩式庭审并不排除法官在庭前、庭后的调查核实权，调查核实工作是已被审判实践所肯定的、去伪存真的好办法，应值得发扬和保持，有助于强化法官的综合认证能力。

（二）加强沟通和交流，统一执法尺度

有些法院不善于总结审判经验，缺乏与兄弟法院、上下级法院之间的沟通和交流，缺乏行之有效的审判指导和管理。同一法院出现了在适用法律上前后不一的现象，各基层法院之间在适用法律上尺度不一，执法上存在不同的做法。各基层法院应当对发、改案件及时进行深入的总结分析，坚决杜绝改判、发还后仍然引不起重视的现象，不能将改判、发还的原因仅仅划归为认识不同或者证据发生变化，要举一反三，认真分析，加强内部的案件评查。刑二庭在坚持对二审案件审理的情况进行通报的基础上，要加大对基层法院刑事审判工作的调研、指导和监督力度，及时发现问题，及时解决问题。

（三）加强裁判文书的说理论述

裁判文书是人民法院代表国家行使司法权的载体，无比神圣和尊严。因裁判文书存在低级错误而导致的改判、发还重审案件，表明我们对刑事审判工作的质量重视不够，忽视细节，这是与刑事审判工作的严肃性不相容的。刑罚在法律责任中是最重的，直接关系到剥夺被告人的财产权和人身自由权，这是一个重大的问题，直接涉及人权的保护。在刑事诉讼中，社会防卫和人权保障并重，两者不可偏颇，加强裁判文书的说理性是至关重要的，这一方面可以体现法院文明司法、公正司法，另一方面有利于被告人认清自己的罪责，有利于被告人服判，有利于被告人改造。因此，要提高刑事案件质量，裁判文书应进一步加强说理，要做到以理服人，以公正司法服人，要杜绝生硬裁判，杜绝条文式的裁判。

大数据让法官的"军师"更有底气

——唐山中院关于智审1.0系统运行的调研报告

贾慧贤* 李树杰**

摘要： 当"阿尔法狗"碰上"独角兽"，法院要做的并不是被动接受，而是主动作为。为深入研究智审系统在审判中的运行，推动智审系统的规范和完善，本文以大数据为背景，以法院推行的智审1.0系统的运行情况为研究对象，从主观评价和客观操作两个维度，对传统模式和改革模式下的智审1.0的运行展开实证调研，通过问卷调查、司法统计、座谈调研方法，获得大量实证材料，进行了深入研究，提出有针对性的建议。

关键词： 智审系统 审判公开 文书制作

引言

"随着中国裁判文书网、中国审判流程信息公开网、中国执行信息公开网、中国庭审公开网等司法公开四大平台的建成运行，司法案件从立案、审判到执行，全部重要流程节点实现信息化、可视化、公开化，构建出开放、动态、透明、便民的阳光司法机制，司法公开形成的大数据充分发挥了服务群众诉讼、服务法院管理、服务社会治理的作用。"[①] 在这种司法公开的大数据下，处于审判一线的法官如果不懂得用大数据的方式来思考问题，会显得

---

* 河北省唐山市中级人民法院环资庭员额法官。
** 河北省唐山市路北区人民法院审管办主任，法官心理咨询办公室负责人。
① 徐俊："司法大数据，让公平正义看得见"，载《人民日报》2018年5月2日。

与时代落伍。现在,在河北省沟通法官和大数据的媒介之一就是智审1.0。早在2015年,河北省高级人民法院院长卫彦明在第三届世界互联网大会"智慧法院暨网络法治"论坛上作主旨发言时就提到,河北法院驱动信息化创新发展中自主研发的智审1.0有五大优势,在提高审判质效等方面发挥着不可估量的作用。[①] 清河县法院的工作人员亲切称呼"智审1.0"系统为"小智",相当于法官的"军师"。[②] 那么,该军师到底发挥了多大的作用呢,法官有没有接受这位军师?这位军师的实力还有没有提升的必要?带着这些疑问,我们的目光转向了审判实践。

一、关于对智审1.0系统的认知和态度调查

司法人员对智审1.0系统的认知和态度,对推进系统的运行有重大影响,因此,有必要首先对这些进行调查分析。我们针对唐山市中级人民法院180名员额法官设计调查问卷一套,收回有效问卷120件,并随机走访了80名法官,我们发现以下几点问题:

1. 传统的诉讼文书编写没有辅助,案件的校对完全凭借人工,难以适应现在的审判节奏

随着法官员额的产生以及立案登记制的施行,法官越来越少,案件越来越多,如果还采用原来的方式撰写裁判文书,校对裁判文书,难免会增加大量的工作量,产生长时间加班的现象。

[①] 卫彦明:"运用互联网思维破解司法难题"。他到该文提到"智审1.0系统"主要有五大功能:一是自动生成电子卷宗。通过OCR识别等技术,一键扫描,将纸质卷宗直接转换为电子卷宗。实现了电子卷宗自动生成、智能分类,减少了人工制作过程。同时自动识别的电子卷宗信息还可自动回填至案件信息表中,减少了人工录入工作量;法官还能直接检索、编辑、利用电子卷宗,激活了数据价值。二是自动关联与当事人相关的案件。通过识别当事人有效身份信息,只要法官点击案件,就能呈现案件当事人已经打过多少官司,正在打的官司是什么。最大程度避免重复诉讼、恶意诉讼或虚假诉讼的产生。三是智能推送辅助信息。系统能为办案法官推送直接相关的法律法规、权威案例等各类法律文献,法官不用再另行搜索、复制、粘贴等,大大提高了办案效率。四是自动生成与辅助制作各类文书。法官只需点一下鼠标,盖有法院红章、信息完整的应诉通知书、举证通知书等过程文书一键生成,直接打印就能使用。目前,裁判文书80%内容能够一键生成,辅助法官办案。五是智能分析裁量标准。系统能够根据法官点选的关键词,自动统计、实时展示同类案件裁判情况。

[②] "'智审1.0'变军师提升一线法官办案效率",载 http://news.ifeng.com/a/20170317/50787674_0.shtml,最后访问时间:2017年3月15日。

司法大数据与法律文书改革

调查显示，90%的员额法官比较常用的裁判文书撰写方式是在自己原有裁判文书的基础上直接改正。这样的优势是字体段落不用改，在案由相同的情况下，论理的顺序都不用改，四平八稳，自己心里有底气。10%的法官在法官助理或者书记员的帮助下优先完成文书中"本院认为"以外的所有环节。在校对方面，80%的法官都是自己校对两遍裁判文书，书记员校对一遍裁判文书，20%的法官不管裁判文书的校对，完全交给书记员完成。

在这种撰写裁判文书和校对裁判文书的模式下，裁判文书的质量并不高。根据调查，裁判文书的质量不高表现在以下几个方面：个别法官缺乏逻辑、语法、修辞方面的训练和技能，写出来的裁判文书读起来条理不清，甚至出现低级错误；个别法官出品的每一份裁判文书都存在问题。这并不是个案，很多法院的裁判文书都存在这样的问题，有研究在对中国裁判文书网所有有上传的法律文书进行关注时发现，在整理文书的过程中，发现的各类错误现象，约占文书总量的5%左右。[1] 这些错误主要分为两大类：一类为裁判文书的"公开"错误，包括各级法院在上传中出现的错误，也有文书网架构不够完善的事项。另一类为裁判文书的写作问题。原因来自于各级法院法官在书写文书时的笔误和表达差异。[2] 这种笔误和表达差异主要包括：第一，标识性信息错误。主要是指文书的标题、案号、时间、地点、法院级别、审判程序、文书类型等信息，虽然这些信息在裁判文书中格式化程度较高，仍然有相当数量的文书存在这样或那样的写作错误。该研究举了一个例子：以文书标题的编写为例，部分法官编写的文书标题存在错误，甚至个别案件的标题与文书内容毫无关系。某案件上诉人与被上诉人分别为"陈国奎"与"吴志军"，但相应文书标题却写为"姜莉莉诉北京市东城区发展和改革委员会政府信息公开案二审行政裁定书"。双方当事人姓名、案由、案件类型等信息无一项正确。文书时间书写出现中文大写与阿拉伯数字夹杂的情况仍然不少，还有一些文书时间书写存在缺字、多字、年份缺失、月份缺失。

---

[1] "大数据分析：中国司法裁判文书上网公开报告"，载《中国法律评论》2016年第4期。
[2] "大数据分析：中国司法裁判文书上网公开报告"，载《中国法律评论》2016年第4期。

还有一篇文章提到：重庆四中院外聘退休语文教师对裁判文书"出门把关"，结果显示这些裁判文书在文字、数据、标点符号、段落、格式以及大家可能没有意识到的逻辑、修辞、语法等方面均存在问题。语文老师校对了311份裁判文书，指出了可能存在的错误394处，包括文字69处、标点符号274处、逻辑5处、数字6处、段落14处、修辞1处、其他内容25处，法官最终决定修改其中的223处。[①]

2. 用大数据、智能的方式取代人工，受到大家的追捧，是顺应法官需求的必然选择

用大数据、智能的方式取代人工可以让法官侧重法律的实施过程，从而得出与司法者预期相同的有益结果。审判管理信息化能够优化配置司法资源，从而提高诉讼效率，[②] 降低诉讼成本，实现法律效益。[③]

据调查，智审1.0和纠错系统宣传初期，法官们对此有很高的期待。15%的法官对于"智审1.0"系统收纳的全国1600多万份裁判文书的数据库有兴趣，认为可以从中获取全国法院已判的相关指导性或参考性案例，还可以寻找直接相关的法律法规和各类型法律文献等相关信息，是一个好帮手。20%的法官对于系统可实现对整个电子卷宗的智能分析，一键自动生成民事、刑事、行政多种司法文书感兴趣，认为这样可以方便电子卷宗利用与裁判文书撰写形成深度结合。40%的法官对于系统自动进行文书纠错有兴趣，认为可以减少错误概率。40%法官对于该系统能迅速关联全省法院相同当事人的不同案件，详尽展示相同当事人的审核审结案件有兴趣，认为这样可以有效避免当事人为了逃避债务而进行虚假诉讼，杜绝不同法院就相同事项或标的物作出不同甚至矛盾的判决。30%的法官对于系统智能分析裁量标准也就是系统根据法官点选的关键词如"累犯""入户""未成年"等生成该类盗窃案

---

① "法官写好裁判文书的思考"，载http://www.wm114.cn/wen/178/355929.html。
② 法律效率可以界定为法律调整的主要是现实结果与投入的法律成本之间的比值，主要考察的是司法、执法等法律的实施过程。参见李晓明、辛军："诉讼效益：公正与效率的最佳平衡点"，载《中国刑事法杂志》2004年第1期。
③ 法律效益一般是指整个法律体系或某一法律部门、某一法律乃至某一法条、法律规范的社会效益（包括经济效益）。它表明在实施法律过程中所取得的符合立法目的和社会目的的有益效果。郭道晖："立法的效益与效率"，载《法学研究》1996年第2期。

件的分析结果，实时展示同类案件裁判情况比较感兴趣，认为可以通过系统校验裁判尺度，获得更佳的审判全局观。因此，智审的出现顺应了法官的新要求、新期待，受到了法官的欢迎。

3. 部分法官对于智审1.0的了解程度偏低，对其内涵把握不一

智审的各项程序现在仍然在探索更新中，因而部分法官对于其的了解程度还是偏低。调查显示，部分法官和书记员对智审系统知之甚少。作为整天与审判系统接触的法官，也尚有4.2%的法官表示对其不了解或仅仅是听说过智审系统。这种了解不多必然导致不能掌握智审辅助的内涵，这些对推进智审程序的深入开展构成了一定的认知障碍，因此，有必要进一步加强对智审和纠错的宣传力度，明确其到底要在哪方面帮助庭审。以"智审"数据库为例，根据报道，该平台共汇集了1亿多件案件数据和2900多万份裁判文书，关联着中国裁判文书网所有公开的裁判文书和河北省以前生效的案件。只要法官有类似案件，相同类型的案件就能搜索出来，判决的结果就能出来，处理的案件将会更准确，更公正。从一定程度上来说，通过智能辅助办案系统，很大程度避免了"同案不同判"和"法律适用不统一"的问题。但是对"智审"数据库的这个优势，法官的了解显然是不够的。

4. 法官对于智审1.0系统设置的重点存在认识分歧

据调查：99%的法官希望系统能够辅助审判，进一步将法官从事务性工作中解脱出来，减轻法官负担，使法官能够真正专注于案件本身，大幅提升法官智能办案水平和审判质效。在这一点上是统一的，但是在如何辅助上，法官之间还是存在着分歧。

40%的法官认为原审案件案号、新的案号、诉讼费等等需要系统设定，其他的本院经审理查明和本院认为可以通过其他途径亲力亲为。因此，对于智审1.0提供的模板较为满意，使用率也很高。35%的法官认为在本院认为的论理部分最好有大量可以参考的比较成熟的说理，认为论理和庭审中让当事人输得心服口服非常重要。因此，比较重视说理部分，对于系统需要自己添加说理方面的内容很感兴趣。20%的法官认为当事人最关心的是裁判结果，只要最后的判项正确，无须注重论证说理、语法修辞。系统的纠错好像也没

有对语法修辞的纠正，因此，纠错系统只要能纠正错字就行。其余5%的法官注重调解，比较喜欢私底下做当事人工作，追求制作简单的调解书，对写判决书热情不高，甚至有害怕写判决书的倾向，简单的裁判文书用自己的模板就行，因此较少使用智审1.0。

二、智审系统的运行情况

1. 智审1.0的推进模式：法院审管办积极探索、强力推进

在智审1.0的推进上审管办在主管院长的指导下，结合实际情况，开展积极地探索，摸索出了很多新模式。强力推进的方法主要包括：集中对法官进行智审的培训，及时配备人员检修相关的器材，定期对该系统使用情况进行通报，对不使用智审系统的人员除通报以外制订相关的惩罚措施，对于业务庭的领导施行一岗双责，等等。做法越来越细致，越来越切合实际。比如对于使用智审1.0系统进行通报时，先是分庭室进行统计，然后具体到每一个员额法官，通报的标准是在某一段时间内共使用智审系统多少次，使用的标准也是以每一次进出而非每一个案件为标准，这样在直观上更便于统计。

2. 工作成效初步显现

自从审管办开始狠抓智审工作以来，智审的使用率上升非常快。尤其是当全院180名法官全部在通报表格上的时候，那种震撼力是有目共睹的。第二次通报相比第一次通报，应用智审的人数至少上升了15%，推进效果非常好。具体来说，有以下几点：

一是智审的使用情况更加公开透明。通过审管办不断通报，全院人员都知道民二庭使用智审的情况是比较多的，民二庭处理的是保险合同和交通肇事的案件，且案件的数量较多。这些案件相对简单，用智审来一键生成文书的情况下，改动较少，法官案件多，借助这个系统完成任务的时间缩短，可以更快更好地完成任务。环资庭用智审的比重也是比较多的。因为环资庭处理的是有关环境的案件，这类案件新的类型较多，借助于智审系统的裁判文书，能够迅速找到其他法院类似案件的判决，力求同案同判。

二是使用智审的结果确实提高了工作效率。根据调查，全院入额法官使用智审主要集中在以下几个方面：首先是一键文书生成。在涉及开庭传票、

送达证和退卷函等需要系统自动生成文书的情况下,几乎100%的法官都会用到智审。其次是裁判文书的模板,在二审的裁判文书主要涉及判决和裁定以及调解三个方面,判决包含着维持原审的判决和部分改判的判决,这些都有固定的模板,对于其中比较重要的点都有涉及,法官使用比较顺手。再次是相关联的案件。这些相关联的案件有时候能在全庭实现共享,论理的过程因为有了相关的参考使用起来也相对简单一些。这些措施在一定程度上减少了法官的工作量,受到法官的一致好评。最后是将电子卷宗的主要内容随机转化为可读取文档,法官在撰写司法文书的过程中可以直接编辑,再也不用逐字逐句地敲进去了。

三是法官用智审的意识明显加强。首先促进同案同判。一个法官最怕的应该是同案不同判。智审系统从一定程度上可以让法官及双方当事人对诉讼结果有着较准确及清晰的认识。因此,法官在涉及相关案件时一定要查一查是不是有同案不同判的情况产生。其次是因为有了之前的判决结果,当事人的工作就相对好做。可有效促成法庭调解,提高纠纷解决效率,在根本上解决时下日趋严重的法庭堵塞问题。最后,需要用到法条时,法官会在智审上寻找,比如开庭传票等都可以直接打印出来,再也不用手写了。

3. 认识和操作上存在的问题尚需改进

受相关配套制度、物质保障等多方面因素的制约,智审系统在推进过程中尚存在一些认识和操作上的问题:一是智能推送辅助信息在切合度方面尚需加强。收纳全国裁判文书的数据库在检索方面速度和分类总体不够。面对那么多裁判文书,法官如何在最短时间内找到与案件类似的文书尚需不断地摸索。全国法院已判的相关指导性或参考性案例、本院及上诉路线法院案件,以及直接相关的法律法规和各类型法律文献等相关信息还需进一步分类。二是电子卷宗的直接编辑尚实施不到位,有些档案非常模糊,法官在撰写司法文书的过程中做不到直接编辑。三是系统进一步细化的能力尚需增强。系统智能生成受案通知书、应诉通知书等多份文件还需要添加很多东西,比如遇到当事人比较多的送达证,要送大的裁判文书需要在每一张表格上填上送达人和送达的是判决文书还是裁定书,比较繁琐。判决书等还要在字体字号上面有所改动。四是系统的自动进行文书纠错减少错误概率的能力还需加强。

一些明显的错误系统并不能识别，相反，一些需要添加人民币或者法条上的小括号等细枝末节的东西太多，有时候纠正的东西无论怎么改都通不过。这些都有待下一步深入推进中逐步解决。五是在数据流通上基层法院和中级法院之间的信息共享机制还较为欠缺①。在关联案件中应构建一套能够共享关联案件信息的内部系统，比如上诉案件的一审法官应当能够看到二审法官对案件的审判流程。

三、关于智审1.0系统的具体操作建议

（一）从研发者这个角度来说，打铁还需自身硬，加大研发力度，不断完善该系统是事情的根本

1. 建立平台，保障系统开发者和使用者及时沟通联系

构建一个沟通的平台，及时将系统的问题进行反馈沟通。有的法院在这方面已经开展相关的工作部署和业务培训工作，比如建立智审1.0系统业务交流微信群，本院法官、法官助理、书记员均已加入，当他们在操作中出现问题反馈到群里，群里有专职人员负责收集，提交给工程师及时解决问题。②

2. 研发系统者要摸索法官的心理，让法官愿意用而不是强迫法官用这个系统

趋利避害是人的本能，法官也不例外，在法院受理案件数量持续攀升、一线办案法官压力过大的背景下，在办案过程中电子卷宗制作繁琐、内容不易编辑利用、法条案例查阅不便等的现实条件下，要想兼顾案件效率和公平，一个能辅助法官办案，减轻法官工作量，提高工作效率的辅助系统应该是让人趋之若鹜的。当然，事情的变化发展需要过程。

---

① 2015年，最高人民法院出台了《人民法院数据集中管理技术规范》，提出对全国审判数据、司法人事数据和政务数据进行集中管理，确保全国法院数据上下联动、互联互通。但这一技术规范文本并未对外公布，具体内容外界不得而知。参见中国社会科学院法学研究所法治指数创新工程项目组：" 中国司法透明度指数报告（2015）"。

② "'智审1.0'变军师提升一线法官办案效率"，载长城网，http://news.ifeng.com/a/20170317/50787674_0.shtml。

3. 研发系统者多借鉴其他技术和经验，加大研发的力度，争取持续的不间断的升级

在《大数据时代》一书中，舍恩伯格等对大数据引发的思维变革进行了如下总结：（1）分析数据时，要尽可能地利用所有数据，而不只是分析少量的样本数据。（2）相对于精确的数据，更乐于接受纷繁复杂的数据。（3）应更为关注事物之间的相关关系，而不是探索因果关系。（4）大数据的简单算法比小数据的复杂算法更为有效。（5）大数据的分析结果将减少决策中的草率和主观因素[1]。要想促进审判质效的提速换挡，运用大数据必须遵循这些规律，智审1.0这些法院这些自主创新系统也需要遵循这些规律继续升级，不断深入应用。要想迅速进步，除了按照最高人民法院的统一部署及周强院长的讲话要求，学习借鉴先进技术，加快推动人民法院大数据建设外，还要借鉴其他地方法院的经验，为打造"智慧法院"贡献河北力量。比如北京法院运用大数据、云计算、人工智能等新兴技术，立足于法官办案的核心需求，基于智汇云平台，创新构建了服务统一裁判尺度的"睿法官"系统。在立案、庭审、合议、文书撰写等环节提供审判辅助和决策支持，以审判大数据推进法律适用和裁判尺度的统一。再比如智慧审判苏州模式，通过技术手段最大限度剥离法官、书记员的事务性工作。通过对大量裁判数据、法律法规数据等的自动学习，利用大数据分析挖掘技术，对法官在办案件的事实和争议焦点等关键信息进行智能提取和对应关联，同时针对识别到的要素，自动推送相类似的案例以及有关法律法规供法官参考，这些模式都值得我们去学习。

（二）从法官的角度来说，从思想上重视裁判文书本身，继而重视整个系统才是最根本的思路

英国著名法官丹宁勋爵曾言："正义不仅要实现，而且要以看得见的方式和步骤去实现。"[2] 要想让法官重视制作裁判文书的系统，必须先让法官重

---

[1] ［英］维克托·迈尔-舍恩伯格、肯尼思·库克耶：《大数据时代：生活、工作与思维的大变革》，盛杨燕、周涛译，浙江人民出版社2012年版。

[2] ［英］丹宁勋爵：《法律的正当程序》，李克强等译，法律出版社1999年版，第1页。

视裁判文书本身。

1. 增强法官"认真对待裁判文书,提高裁判文书质量"的意识

首先要让法官意识到,只有裁判文书才是法官最好的名片。裁判文书能展现撰写法官的法学素养和司法能力,甚至能展现其背后的价值判断、职业追求,这些都体现着法官的职业价值。其次,这些白纸黑字、盖着法院红印的文书象征着民众对法律的信赖和敬畏,不论时间如何流逝,都能完完整整地保留下来、传承下去。再次,优秀的裁判文书不仅是法官自身的荣誉,更关乎法律的生命和尊严,社会的公平正义,人民的福祉和信仰。最后,裁判文书有很强烈的普法效果。其能够更直观地展示案情及法律,更容易为群众所接受,普法效果事半功倍。

2. 加强法官对系统的认知,多重复培训,多强调,逐步引导法官养成使用系统的习惯

一言以蔽之,就是让法官离不开这些系统,处理相关案件必须在各个系统之间来分析。比如云南省高级人民法院挖掘司法数据整合多个信息系统解析得到毒品案件的关键要素,这些要素对毒品案件的发案趋势、地域分布、被告信息、毒品类型、运输方式、运输路径、交易地点、抓获地等数据信息进行深度挖掘,进而够建立科学模型和分析维度,得出毒品案件的发生趋势、涉案群体的特征和案件的审判规律等结论,这些结论具有重要的价值,只要是审理毒品案件的法官,都需要研究这些要素。

(三)审判管理者的角度

大数据的飞速发展为我们带来了新时代的曙光,人类终将受益于技术的发展和进步,在即将到来的智能时代获得更大的自由和解放。[①] 笔者觉得审判管理者需要作出下列改变:

1. 继续根据系统的调整不断完善相应的基础设施建设

一方面,要加大法院对信息化建设的经费投入,不论是各个庭室的电子化建设还是法院整体的网络化建设,都需要配套的计算机硬件设备以及与实际情况紧密结合的软件系统,并且硬件设备的与时俱进和软件系统的升级更

[①] 涂子沛:《数据之巅:大数据革命,历史、现实与未来》,中信出版社2014年版,第300页。

新均需要后期的持续投入。另一方面，要实现三级法院联网，建立信息共享平台，推进审判管理信息化的均衡发展。国家现在大力推行京津冀一体化建设，应加强京津冀三地法院在信息软件开发平台建设和大数据应用等方面的区域性合作。此外，要把智审和纠错系统需要的各种设备准备好，该授权的授权，该放开的放开。比如系统有一个功能，法官只需点一下鼠标，盖有法院红章、信息完整的应诉通知书、举证通知书等过程文书一键生成，直接打印就能使用。在这种情况下，法院要优先授予法院红章的使用权，或者说放开红章的使用权，只有这样，这个文书才有作用，而不是打印了文书再找人去盖章。

2. 多措并举，采用各种考评方式调动被参与者的积极性

就目前来说，法院的信息化建设尚处于探索阶段，虽然从长远来看信息化能够降低成本，实现以有限的人力处理更多的事物，但短期而言法官的工作量确实没有减少反而倍增。为了提高法官的积极性，可以从以下几方面作出努力：一是制定科学考核标准，应当将包括个人绩效指标、审判业务部门质效指标、案件流程通报、质量评查报告等在内的审判管理工作成果及时与监察室、政治处等部门完成资源共享，实现审判管理工作与相关工作人员（包括审判人员、陪审员、审判辅助人员、院庭长、专职审判管理人员、质评员等）的个人奖惩、相关部门（包括各审判业务庭、审管办）的目标考评相挂钩；二是积极组织人员培训，并通过网络交流研讨会或者其他形式的交流会等，从整体上提升法官的综合能力，建立高素质人才队伍，达到切实提高审判质量和效率的目的。

3. 加强法律机制等制约

短期的工作推动可以靠一时的激情，但长期的改革发展仍需要机制予以保障。以长远发展为着眼点，以健全管理机制为保障，促进审判公开、高效、有序地开展，是审判管理信息化建设过程中我们必须正视的重要问题。各个法院要解放思想，大胆尝试，及时创新，摸索出一套适合本院的管理经验，对改革过程中的一些可行性措施进行反复论证后，以法律法规或司法解释等形式确认下来，为审判管理信息化树立明确的法律支撑。

结 语

习近平总书记曾经指出：问题是工作的导向，也是改革的突破口。在大数据时代背景下，当"阿尔法狗"碰上"独角兽"，"互联网＋法治"、大数据法治时代已悄然来临，大数据给法学研究和司法实践工作者们提出了新的问题和新的研究方法，更带来了新的认知方式。我们必须了解大数据，思辨地看待大数据技术的处理方式和思维模式，加强对法院制作的裁判文书这个最终产品的辅助事项研究，才能在科技与法学交汇中更好地把握时代的脉搏，更好地推进法学研究和司法实践改革[①]。

[①] 张吉豫："大数据时代中国司法面临的主要挑战与机遇——兼论大数据时代司法对法学研究及人才培养的需求"，载《法制与社会发展（双月刊）》2016年第6期（总第132期）。

大数据背景下检察法律文书实务分析报告

——以某市人民检察院统一业务应用系统司法办案文书为视角

● 陈 兰[*] 杜淑芳[**]

摘要：2013年底，最高人民检察院统一业务应用系统在全国正式上线运行，检察机关各类检察业务的受理、办理、流转、审批、监督和用印都在系统上操作，并实现了四级检察机关互联互通。依托此系统，检察机关也在当前大数据背景下，充分运用大数据系统的人工智能操作完成办案，实现了效率的大提高，智能办案的大进步。本文依托统一业务应用系统，对某市检察院系统中2018年度部分检察业务的法律文书进行了巡查，形成具体分析报告，以期指导司法办案实践。

关键词：检务 巡查 检察 文书

一、检察文书巡查基本情况

巡查案件类型。在统一业务应用系统中，共巡查2018年某市检察院办理各类案件484件，其中侦监业务案件228件，公诉业务案件200件，民事行政检察案件22件，刑事执行检察类案件34件。

巡查法律文书类别。《受理案件登记表》《权利义务告知书》《审查逮捕意见书》《公诉案件审查报告》《起诉书》《纠正违法通知书》《民事监督案件审查终结报告》《羁押必要性审查立案报告书》等几十种文书。

---

[*] 山西省太原市人民检察院检务管理部政委。
[**] 山西省太原市人民检察院检务管理部政委检务管理部副部长。

巡查内容。重点围绕统一业务应用系统内网上文书制作使用是否规范、用印是否正确、法律文书公开是否及时等方面进行巡查，累计发现各类问题近千条。

二、检察文书巡查存在的问题

通过巡查案件，发现通知书、告知书等权利保障类文书存在未按法律规定及时制作；个别文书内容不全面，表述不详细、不准确，引用法律司法解释条款错误；自动生成文书信息未进行核实修订；法律文书公开版内容屏蔽不规范；文书未在网上用印打印；部分案件或文书未制作《送达回证》等问题。具体为：

（一）应当制作的法律文书未按规定及时拟制

审查逮捕案件，通过巡查发现普遍存在《批准逮捕决定书》《不批准逮捕决定书》《应当逮捕犯罪嫌疑人建议书》《检察建议书》《纠正违法通知书》《不批准逮捕理由说明书》《侦查活动监督通知书》等文书的《送达回证》未在网上拟制情形；部分案件犯罪嫌疑人被羁押的，讯问时未制作《讯问笔录》《犯罪嫌疑人权利义务告知书》《提讯提解证》，不捕案件未制作《不批准逮捕理由说明书》；在《审查逮捕意见书》中表述需侦查机关继续侦查的，未制作《逮捕案件继续侦查取证意见书》。

公诉案件中，普遍存在未制作《审查起诉期限告知书》《延长审查起诉期限通知书》，应当重新决定取保候审的未制作《取保候审决定书》，应当解除取保候审的未制作《解除取保候审决定书》，召开检察官联席会议的未制作《检察官联席会议讨论笔录》，补充侦查时仅将补侦内容写入《补充侦查决定书》中未制作补侦提纲等情形。普遍存在未在网上制作《不起诉决定书宣读笔录》《补充侦查决定书》《纠正违法通知书》《检察建议书》等文书的《送达回证》。部分案件《犯罪嫌疑人权利义务告知书》虽然拟制时间符合法律规定，但通过上传的《讯问笔录》记录时间推算，权利义务告知时间已经超期。起诉书中提到告知被害人而未制作《被害人权利义务告知书》，决定不起诉未制作《不起诉决定书宣读笔录》等。

民事行政检察案件中，受理阶段文书缺失，没有制作《受理案件登记表》《案件材料移送清单》等文书，有的案件未按照《人民检察院民事诉讼规则》相关规定，在确定承办人后及时制作《通知书》，向当事人告知办案人员的姓名、法律职务以及联系方式。确定提请抗诉、提出检察建议的案件，未及时制作《通知书》告知当事人该案已经提请抗诉或提出检察建议。部分案件存在未制作《送达回证》问题。

刑事执行检察案件中，多类案件未制作《受理案件登记表》；羁押必要性审查案件中普遍存在初审阶段未制作《羁押必要性审查立案报告书》，决定立案的未制作《羁押必要性审查立案决定书》，《羁押必要性审查结果通知书》。部分案件存在《对犯罪嫌疑人、被告人变更强制措施（予以释放）建议书/函》的《送达回证》未制作或制作不及时问题。

（二）法律文书形式、内容制作不规范

文书段落间距、字体、字号不规范、格式未接受痕迹保留，文书套用系统模板不修订，填写不完整，对系统自动生成的相关信息疏忽核对。文书表述不够清晰和条理，引用法律规定和认定事实之间不能很好结合，引用法律条款未使用汉字，所引用的法律未引全称，未将条、款、项引全。文书落款时间与领导签发时间不符。检察官自己决定的文书中应使用"决定"而仍出现"建议""以上意见当否，请批示"等字样。文书用印提示不删除。流转签发单中表示"决定"意见时仍用"建议"字样，拟制和签发意见空白或过于含糊。具体表现如下：

审查逮捕案件，《审查逮捕意见书》存在问题较多：一是犯罪嫌疑人情况表述有错误，如有前科的犯罪嫌疑人，错写为"无行政、刑事处罚记录"；二是"发案、立案、破案"过程未表述完整，如仅仅写了发案、立案时间；三是"经审查认定的案件事实及证据"直接引用侦查机关事实未表述检察机关认定的事实；四是"需要说明的问题"普遍缺失；五是"社会危险性分析"省略；六是"办案风险评估及预警"只写"无"，有歧义；七是对各证据证实内容仅进行罗列，而每份证据要证实的内容说明不到位，缺少对"证据、事实、案件性质的综合分析"，综合分析简单且格式化，个案特征不突出；八是"处理意见"没写法律依据，或引用法条时使用的是阿拉伯数字，个别"处理意见"仅写一句"拟建议逮捕（不逮捕）"，没有进行详细论证。

公诉案件，犯罪嫌疑人权利义务告知时间与提讯时间不符；《起诉书》中未写明权利义务告知时间；《纠正违法通知书》中未表述法律依据；《涉案财物处理意见表》漏填处理意见。《公诉案件审查报告》中存在问题较多：一是文书首部不规范，侦查机关的承办人未填写，未写明告知诉讼参与人权利义务情况，没有体现退回侦查机关补充侦查，侦查机关补查重报及延长审查起诉期限的情形；二是"审查认定的事实、证据及分析"中，证据列举过于简单，不写明种类，排序不规范，证人证言未表述作证时间、地点，未对证据进行分析；三是"需要说明的问题"中缺少侦查活动违法及纠正情况、进行刑事和解、发出检察建议等方面的表述，共同犯罪的未对同案人处理情况进行说明；四是"承办人意见"中，未对全案的证据情况进行总结评价，未围绕犯罪构成要件论述案件的定性以及量刑建议，论证说理不透彻，逻辑不清晰；五是某些案件使用了审查报告的简化版，但省略了建议适用简易程序的表述。

刑事执行检察案件，《受理案件登记表》基本情况一栏应当围绕执检工作层面的情况陈述而普遍表述为犯罪嫌疑人涉嫌犯罪情况问题、《羁押必要性审查不立案通知书》未进行说理、《对犯罪嫌疑人、被告人变更强制措施（予以释放）建议书/函》中不需要继续羁押犯罪嫌疑人（被告人）的理由说明不详细、手写体签名未修订格式导致显示不完整等。

（三）部分法律文书使用不当

巡查中发现，《纠正违法通知书》使用不当。根据《刑事诉讼规则》第566条之规定，人民检察院发现公安机关侦查活动中的违法行为，对于情节较轻的，可以由检察人员以口头方式向侦查人员或公安机关负责人提出纠正意见……对于情节较重的，应当发出纠正违法通知书。巡查发现，在某些公诉案件中，因要求侦查机关补充证据，如因案卷材料缺少前科材料、户籍证明、在逃人员信息表等而错误制作《纠正违法通知书》，不符合规定。在同一案件中，因同一办案机关的同一种违法行为，发出多份《纠正违法通知书》。部分审查逮捕案件存在以《听取犯罪嫌疑人意见书》取代《讯问笔录》、部分审查起诉案件存在补侦时将补侦内容写入《补充侦查决定书》中未另外制作补侦提纲问题、一些补侦提纲仅为调查犯罪嫌疑人的党组织关系、法院指定管辖尚未批复、完善人身安全检查笔录签字、调取相关人员的处理情况等不恰当的退补侦查理由,作出《补充侦查决定书》,退回补充侦查。

(四)依据系统模板生成的法律文书应当修正而未修正相关内容

文书套用系统模板后,叙述、填写不完整,对系统自动生成的相关信息未进行核对修订。一是文书名称未修正。民事监督案件中的《关于×××一案的审查终结报告》、上诉或抗诉案件中的《抗诉(上诉)案件出庭检察员意见书》;刑事申诉审查案件流程中的《关于×××申诉案的答复函》《关于×××刑事申诉案复查终结报告》等,文书名称未进行修订。二是对文书中系统自动生成的相关信息疏忽核对。审查逮捕案件中,《听取犯罪嫌疑人意见书》落款"犯罪嫌疑人"签字×××未修正;公诉案件中,《换押证》中"犯罪嫌疑人(被告人)""(同案人)""院(局)"等原有文书样式未修正;《公诉案件审查报告》多数未对模板的提示信息进行修订,如"侦查机关(或部门)""经部门负责人批准(或者主诉检察官决定)"等未修订,《公诉案件审查报告》(简化版)中"需要说明的问题"只照搬保留模板中"羁押必要性审查等问题"的提示而未进行修订;《延长审查起诉期限审批表》中延长审查起诉期限时间未写明,仍保留模板中"时间从(办案期限次日)至(办案期限+15日)"。抗诉案件中,《撤回抗诉决定书》中"此致×××人民法院"未修正。民事行政案件中存在有的案件《终结审查决定书》完全没有修正自动生成的内容、《检察监督案件处理结果审查登记表》内容几乎全为空的情况。刑事执行检察案件中,《受理案件登记表》未修订"刑事执行情况""案件来源"的文书模板内容;羁押必要性审查案件中,《羁押必要性审查立案报告书》中初审"依职权/依申请"未修订。

(五)法律文书应当上传至系统的没有进行上传

一是应当进行外来文书登记的文书未登记并扫描至统一业务应用系统。统一业务应用系统中,设置需要进行外来文书登记的有以下文书:公诉业务中，《同意延期审理裁定表》《强制医疗决定书》《撤案决定书》《延期审理通知书》《出庭通知书》《判决书》《裁定书》《函》及其他文书。侦监业务中，执行类回执、《公安机关不立案理由说明书》《公安机关立案决定书》《公安机关立案理由说明书》《公安机关撤销案件决定书》。民事行政案件中，《判决书》《裁定书》《函》《出庭通知书》和其他外来文书。以上文书应当经扫描，通过案件受理员的"外来文书登记"功能，上传给对应的案件。

二是诉讼参与人签收后附卷的通知书、告知书等，应当由承办检察官上传到统一业务应用系统备查，但未扫描上传。根据最高人民检察院2016年8月印发的《人民检察院案件流程监控工作规定（试行）》第16条第2款，对诉讼参与人签收后附卷的通知书、告知书等，应当上传到统一业务应用系统备查。但办案系统中，存在大量需要上传的文书未上传的问题。

（六）法律文书公开不规范

一是应当公开的文书未及时公开。《起诉书》《刑事抗诉书》《不起诉决定书》《刑事申诉复查决定书》，符合公开条件的存在未及时公开问题。二是公开文书时，使用文书公开辅助系统生成的文书，退出辅助系统后应当接受修改但未接受，导致文书留有大量批注而直接入卷。三是公开法律文书内容屏蔽不规范，未对文书公开辅助系统生成的内容进行核对修订，存在屏蔽错误问题。四是公开文书的名称不规范。公开文书名称后面括号内的表述格式为：姓名+犯罪行为+案。如，"张某某+盗窃+案"（不写"涉嫌"二字）。

（七）文书未用印或用印后未打印

在案件受理中，《接收案件通知书》普遍未用印。在审查逮捕案件中，《犯罪嫌疑人权利义务告知书》《被害人权利义务告知书》《未成年犯罪嫌疑人权利义务告知书》《侦查活动监督通知书》《批准逮捕决定书》《不批准逮捕理由说明书》《送达回证》《未成年人法定代理人到场通知书》《备案报告书》未用印或用印后未打印。在公诉案件中，《提讯提解证》《延长审查起诉期限告知书》《补充侦查决定书》《不起诉决定书》《送达回证》《换押证》《纠正违法通知书》《起诉书》等未在系统中用印或用印后未打印；立案监督案件流程中，《要求说明不立案理由通知书》《送达回证》未用印或用印后未打印。民事行政检察案件中，《调查函》《调卷函》《通知书》《中止审查决定书》《不支持监督申请决定书》未用印或用印后未打印。

（八）文书中案件流转/签发单制作问题

一是检察官直接决定的文书多余拟制流转签发单；二是表示"决定"意见时仍用"建议"字样；三是员额检察官自己创建并直接决定的文书，在流转签发单中陈述为"建议×××"，不能体现承办检察官的决定权；四是流转签发单中意见过于含糊，未写明承办检察官意见；五是分管领导签发时不填写意见。

三、检察文书存在问题的原因分析及改进建议

统一业务应用系统虽然已运行多年，但法律文书在系统中的制作仍然存在诸多问题，随着大数据时代的来临，公开透明逐渐成为司法办案的常态，就前文对某市检察院统一业务应用系统司法办案文书的巡查来看，检察法律文书的制作及使用亟待规范。笔者作出如下原因分析及改进建议。

（一）树立规范意识，提高规范水平

对检察法律文书制作的重要性认识不足，重视程度不够，是导致文书制作质量不高的重要因素之一。部分检察官把内部文书当做办案工作的附属环节和纯工作记录需要的手段，认为审查结论准确的意义远大于对结论解释和说明的意义，因而常常在该类型文书中忽视其规范性。司法责任制改革背景下，通过检察法律文书将检察官办案思考过程、审查认定脉络进行全面记载、清晰展示，不仅便于检察长（分管领导）在监督管理业务工作时全面了解办案内容、准确审视办案结论，也是检察官办案过程全程留痕、客观记录的有效载体和延伸，有助于厘清办案责任、落实司法责任制要求。为此，要逐步引导检察干警自觉树立规范意识，各办案主体应高度重视司法办案过程中的规范工作，注重提升规范能力和素养。

（二）适应新型办案需求，固强补弱提升综合业务水平

办案模式的变化，在一定程度上对文书制作质量产生影响。检察机关员额制实施以来，遵循谁办案谁负责原则，这需要检察官转变以前层报审批、

集体负责的办案思路，不断学习新的业务内容。部分问题的存在与承办检察官对某项业务不够熟悉、对新开始办理的业务流程还未形成完整规范的办案习惯有一定关系。对此，检察官要有重点地进行业务学习和能力提升，固强补弱，扬长补短，避免出现文书结构不完整、分析不具体、制作不规范的问题。

（三）加强对文书规范的监督把关

司法责任制改革后，检察官应树立良好的规范意识并逐步提升自身的释法说理能力；对拟制的文书，检察官应注重加强对论证分析等释法说理方面内容是否充分到位的自我把关；部门负责人进行文核法核以及院领导审批案件时要加强对文书释法说理方面内容的把关、核阅，确保系统文书使用规范。

刑事速裁案件裁判文书改革研究

——以刑事诉讼程序全流程简化为切入点

● 张晶晶[*]

摘要：裁判文书的写作系每名员额法官必备之技能，也是法官及助理的日常工作，对于刑事速裁案件裁判文书简化的研究，不仅有利于提升法官执业能力，而且可以提高审判质效，更合理地配置司法资源，也易于民众理解，更好地发挥法律宣传和惩戒的作用。随着"疑案精审、简案快审"的不断推进，现行的千篇一律的判决书样式已经无法适应简案快审的要求，成为轻微刑事案件中程序简化的减速带。如何对轻微刑事案件的裁判文书进行瘦身对于审判实务而言，是重要和迫切的。本文通过轻微刑事案件审判程序对比，进一步到轻微刑事案件裁判文书比对，分析现有裁判文书样式，分析其改革困境以及改革可行性，构建速裁案件中裁判文书样式，尝试提出一种新的裁判文书制作理念以及格式。

关键词：速裁案件，大数据，员额制改革，法检一表文书

改革开放四十多年来，我国在各个领域都发生了巨大变化，在科技、互联网迅猛发展的今天，犯罪类型趋向多样化、智能化、新型化、隐秘化，从而必须将有限的司法资源分配到不断增多的疑难、新型案件中，把握全局而又重点突出，使"简者更简，繁者更繁"，[①] 不断完善刑事诉讼程序，提升轻

---

[*] 河北省邯郸市峰峰矿区人民法院刑事审判庭法官助理，西南政法大学硕士研究生。

[①] 冀祥德："刑事审判改革的基本立场：简者更简、繁者更繁"，载《人民司法》2006 年第 8 期。

微刑事案件的审判质效，这是近年来我们一直努力的方向。

一、我国轻微刑事案件审判程序及裁判文书现状

依据《中华人民共和国刑事诉讼法》的规定，我国刑事案件流程大致分为立案、侦查、起诉、审判以及执行五个节点，其中审判阶段在以审判为中心的刑事诉讼制度改革中显得尤为突出和重要，按照程序由繁到简大体分为普通程序、曾经适用过的普通程序简化审、简易程序以及速裁程序。为了提高审判质效，简单案件简单审快速审，复杂疑难案件重点审已经成为趋势，如何将更多的精力和司法资源配置到案件事实以及证据有争议的案件中，如何有针对性地进行裁判文书改革，如何全面提高审判质效，成为各个法院思考的重点。

（一）轻微刑事案件适用程序概析

简易程序是我国法律明确规定的诉讼程序，[①] 相对于普通程序而言，对于一些简单案件进行程序上的简化，适用简易程序案件的裁判文书省略了"经审理查明事实、被告人辩称、辩护人辩护意见及证据具体内容"，实践中因查明事实有细微变更，也存在省略"起诉书指控事实"而保留"经审理查明事实"的情况，此情况下裁判文书样式同适用普通程序简易审裁判文书样式类似。

由于刑事案件日益增多，2003年3月14日在既有的普通程序、简易程序的基础上提出了普通程序简化审，[②] 对于适用普通程序的刑事案件，在被告人认罪、事实清楚、证据确实充分的基础上，采取简化部分诉讼环节的普通程序进行审理，该意见已于2013年废止，此类裁判文书保留了经审理查明的犯罪事实内容，删除公诉机关指控事实、被告人辩称、辩护人辩护意见及证据的具体内容。

[①] 《中华人民共和国刑法》第208条规定："基层人民法院管辖的案件，符合下列条件的，可以适用简易程序审判：（一）案件事实清楚、证据充分的；（二）被告人承认自己所犯罪行，对指控的犯罪事实没有异议的；（三）被告人对适用简易程序没有异议的。"

[②] 《最高人民法院、最高人民检察院、司法部关于适用普通程序审理"被告人认罪案件"的若干意见（试行）》。

普通程序简化审虽被废止，但对于司法资源优化配置、繁简分流的努力却并未停止，2014年8月26日最高人民法院、最高人民检察院、公安部、司法部在全国人大常委会授权下联合发布了《关于在部分地区开展刑事案件速裁程序试点工作的办法》（以下简称《试点办法》），在18个城市进行速裁程序的试点工作，该程序以提高效率为目标，进一步简化相关诉讼程序。低效率的刑事诉讼过程对于司法正义也造成了伤害。[1] 试点工作中对于适用速裁程序的罪名和条件作出明确规定，并提出格式裁判文书，[2] 2018年4月25日提请全国人大常委会审议的刑事诉讼法修正草案中也明确增加了速裁程序。

刑事诉讼法修正草案中还增加了刑事案件"认罪认罚从宽制度"，该制度系在刑事速裁程序试点结束之后，根据积累的经验进一步发展和创新所得。2016年11月16日，最高人民法院等五部委在全国人大常委会授权下印发了《关于在部分地区开展刑事案件认罪认罚从宽制度试点工作的办法》，该制度涵盖了速裁程序、简易程序及普通程序，将刑事案件繁简分流，以期提高轻微刑事案件的诉讼效率。

（二）轻微刑事案件裁判文书现状概查

笔者从裁判文书网上抽阅了2017年北京、大连、天津等速裁程序试点的18个城市的审判员适用简易或速裁程序独任审理的270份判决书，最快的一起危险驾驶案从立案到结案用时2天，之所以如此之快应该是因被告人刑事拘留在看守所，鉴于危险驾驶法定刑为拘役，除违反取保候审规定外不能逮捕，故该案应该是经过了公检法的共同协作，从而从案发、侦查机关立案到法院审判结案仅用时7天。适用简易或速裁程序的案由因各地区域差异有所区别，但大部分为危险驾驶、盗窃、已赔偿谅解的故意伤害及寻衅滋事、交通肇事等案由。270份判决书中盗窃99件，危险驾驶79件，无一附带民事案件，且刑罚大部分为一年以下，一年以上不包括一年的有13件，有3例判决书涉及两个罪名。另在使用速裁程序审理案件的判决书中还载明公诉机关

---

[1] 陈瑞华：《看得见的正义》，北京大学出版社2013年版，第63页。
[2] 《最高人民法院、最高人民检察院、公安部、司法部关于在部分地区开展刑事案件速裁程序试点工作的办法》第16条规定："人民法院适用速裁程序审理的案件，应当当庭宣判，使用格式裁判文书。"

的量刑建议，被告人对指控事实、罪名以及量刑建议的态度以及签字具结。

判决书行文结构大体一致，先是标题及编号，首部原被告基本情况，案件来源以及适用程序，事实证据及理由，判决主文，上诉权利告知，结尾审判员、书记员及制作日期。事实部分有的是写明公诉机关或检察院指控，有的是写明经审理查明，有 3 例判决书既写明公诉机关指控的事实也写明了审理查明的事实；证据部分大部分仅列明证据的名称，有 1 例判决书详细写明了证据的内容，有部分地区判决书将证据部分予以省略，深圳部分地区法院采用表格式判决书，且部分表格判决书列明控辩双方意见，省略了证据部分。

另重点查阅了非试点的邯郸市某区 2017 年适用简易程序审理结案的全部案件共 63 份判决书，均系审判员独任审理，其中盗窃 25 件，故意伤害 13 件，危险驾驶 10 件，诈骗 3 件，寻衅滋事及妨害公务各 2 件，交通肇事、生产销售不符合安全标准的食品、拒不执行判决、信用卡诈骗、非法拘禁、容留他人吸毒、窝藏、非法占用农用地各 1 件（见图 1），均无附带民事，涉案人数 76 人，其中宣告缓刑的 41 人，故意伤害涉案人数 17 人，15 人已赔偿得到谅解均适用缓刑，对于盗窃案件多数未退赔判处实刑（见图 2），但因此类盗窃案件均系事实清楚，且涉案数额较小，故判处一年以下刑期较多。涉案 76 人中一年以下刑期的有 68 人（见图 3）。其中有 3 例判决书同时写明检察院指控事实及法院经审理查明的事实。

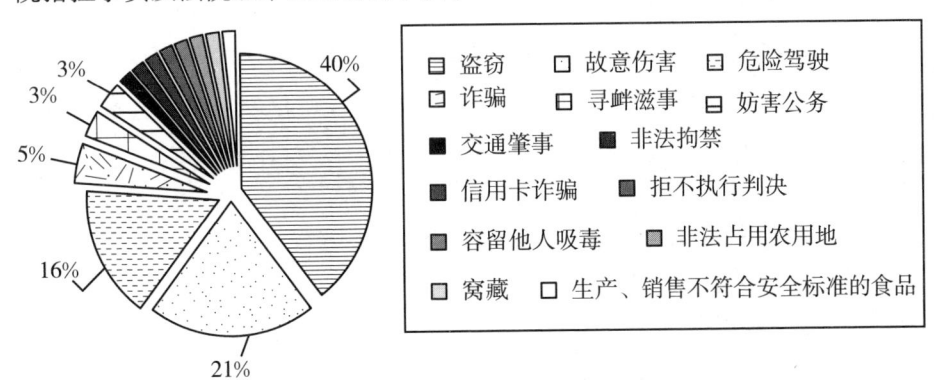

图 1　该区法院 2017 年适用简易程序审理案件种类及比例

司法大数据与法律文书改革

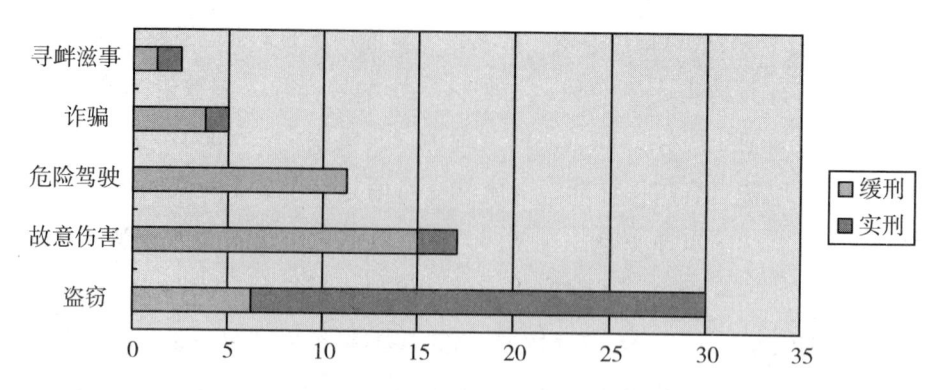

图2 该区法院部分适用简易程序审理案件宣告缓刑情况

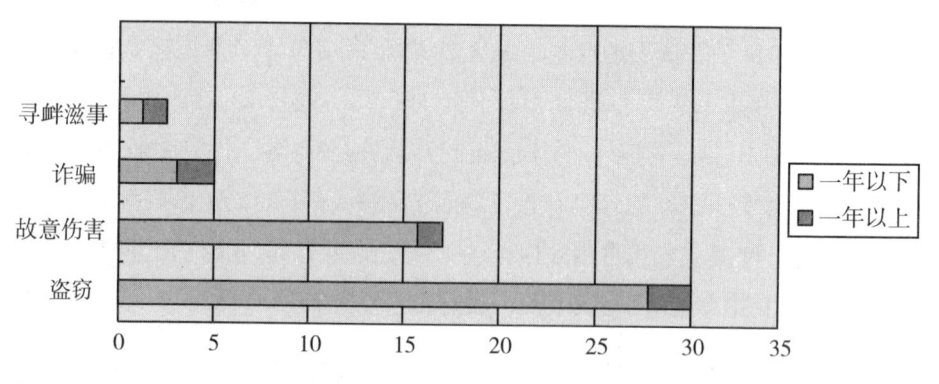

图3 该区法院部分适用简易程序判处一年以下有期徒刑案件情况

综上，法院适用简易或速裁程序审理案件的罪名大致相同，且排除附带民事案件。对于速裁案件而言，《试点办法》中规定的适用条件之一即可能判处一年有期徒刑以下刑罚的案件，但在刑事诉讼法修正草案中对于适用速裁程序案件的范围扩大为基层法院管辖的可能判处三年有期徒刑以下刑罚的案件，与我国刑法中对于刑罚规定的档次相匹配，实践中更为合理。

二、轻微刑事案件裁判文书改革困境及可行性

（一）改革之困

我国司法实践中早已提及裁判文书的改革，部分法院也进行了创新，但未能大范围推广，随着司法体制改革的推进，此时正是裁判文书改革的重要时机，应寻找出裁判文书未能突破的原因从而厚积薄发，破茧成蝶。

1. 传统裁判文书规定的禁锢

1992年6月为了改进和提高诉讼文书的质量，最高人民法院下发《法院诉讼文书样式（试行）》，各地积极探索制作裁判文书的规律，之后最高人民法院于1999年4月6日通过了《法院刑事诉讼文书样式（试行）》，统一了全国的刑事案件文书样式。通过统一法律文书样式确实提高了法律文书的质量，也利于维护法律文书的权威性。1999年10月，最高人民法院关于印发《人民法院五年改革纲要》的通知中谈到加快裁判文书的改革步伐，提高裁判文书的质量，重点在于加强对质证中有争议证据的分析、认证，增强判决的说理性。但对于基层法院而言，每个案件都重视说理性显然过于奢侈，所以裁判文书应当体现出审判程序的特点，对于疑难复杂案件应重点突破，对于大量的如危险驾驶、盗窃等适用简易及速裁程序审理的轻微刑事案件，应进一步简化裁判文书写作，与其简便快速的程序特征相对应，此时使用十几年的诉讼文书样式显然禁锢了此类法律文书的发展与创新。

2. 裁判文书未引起重视

案件双方当事人更多的关注裁判结果，而不关注文书本身的内容，对于判决书也是重点了解主文部分，了解自己权益的分配，对于判决书查明事实、论理说法并没有太多的关注，"拿到判决书之后，跳过说理部分，直接去看最后一项判决结果，几乎成了当事人的习惯。只有对判决不满的人，才会仔细看文书"；[1] 法官由于繁重的审判任务，也未能充分重视裁判文书的写作，大多都是模版化的复制粘贴，致使裁判文书制作缺乏技术含量，也常出现文书套制错误。"要努力让人民群众在每一个司法案件中都感受到公平正义"以及裁判文书公开，都要求提升裁判文书的制作质量。

3. 文书制作缺乏配合

公检法三部门在文书制作上存在重复书写，甚至程序上也存在重复操作。刑事诉讼全流程的简化对于刑事案件而言，离不开公检法三部门的参与配合，部分案件还需要司法局的配合，对于适用速裁以及简易程序的案件，拟宣告缓刑占了很大比例，这些案件一般都要进行社会调查，但社会调查往往要花

---

[1] "长沙县法院试水裁判文书'提速瘦身'"，载《湘声报》2014年1月11日。

费很长时间，致使实践中存在法院在等待社会调查评估意见的过程中超出了简易程序的审限从而变更为普通程序。当然根据法律规定，社会调查并不是宣告缓刑的必经程序，法院认为可以适用缓刑即可直接判决，但实践中对于拟宣告缓刑的被告人，尤其是外地被告人及宣告过缓刑的被告人，其在社区的表现确实影响到缓刑的适用，这涉及的已不仅仅是裁判文书的改革，而是速裁程序相关法律文书及配套程序的整体改革，将调查评估程序前置，提前了解犯罪嫌疑人、被告人宣告缓刑或取保候审对于社区是否有重大不良影响，由公诉机关连同其他证据一并提交法院，有利于法院对案件的综合评判，也避免了调查评估意见书性质的尴尬，同时缩短审限。

4. 大数据时代的冲击

智慧法院建设的推进，对裁判文书发展既是挑战又是机遇，裁判文书公开促使裁判文书的制作愈来愈精致，因为哪怕细小的疏忽也会被无限放大，都会引发法院的信任危机，而且所有裁判文书在网络公开公布，如何保障信息安全甚至是国家安全也值得思虑。在大数据时代，一个不经意的小信息都能经过分析被准确进行地域甚至人员的定位，通过对一个地区裁判文书进行大数据的分析有助于为政府决策提供参考，大数据的核心就是预测，通过对大数据分析甚至可以对某类案件提前进行预警，同时也能了解该区域经济、社会等情况，那么全国大批量裁判文书公开，若被不正当的利用则会产生意想不到的后果，危险不再仅仅是泄漏隐私，而是被预知的可能性。[①] 我们对轻微刑事案件的裁判文书进行改革，对于大量适用速裁程序的案件可以考虑省略犯罪事实，以减少司法公开大数据带来的隐患。

（二）改革之机

1. 员额制提供转机

员额制改革作为司法责任制改革的基点，目标是实现"审理者裁判、裁判者负责"，通过严格的法官遴选精简法官人数，提高法官队伍的整体素质，但案多人少的压力仍然存在。这就要求法官将更多的精力放在疑难、复杂、

[①] ［英］迈尔－舍恩伯格、库克耶：《大数据时代》，盛扬燕、周涛译，浙江人民出版社2013年版，第72页。

重大案件中，从经济学角度出发，希望追求愈精致的结果，通常要耗用愈多的资源，但如波斯纳法官所言"对公平正义的追求，不能无视代价。"[1] 因应之策就是优化司法资源配置，将有限的资源合理分配，对于轻微刑事案件简单审快速审是必然也是必须，这就为裁判文书改革提供了契机。

2. 大数据提供动机

大数据时代信息传播的广度和速度都可能使一份判决书迅速引起轩然大波，哪怕错误或瑕疵的判决书之后得以纠正，但造成的危害却无法弥补，更甚者如逆火效应，反而加深人们对司法不公谣言的确信，伤害司法公信力，大数据带来的挑战要求必须提高裁判文书的质量；其次出于对国家安全以及公共安全的考虑，全国海量的裁判文书在大数据平台汇聚，分别被不同用户使用，如何防范数据泄露，尤其是对于刑事案件大数据的分析结果关系着社会治理，甚至威胁到国家安全与社会稳定。据人民网报道，截至2018年5月2日，中国裁判文书网共公布全国各级法院生效裁判文书4490余万篇，访问量突破149亿人次，访客来自全球210多个国家和地区。[2] 随着裁判文书的公开，确实带来诸多益处，且为保护诉讼当事人的隐私，对不予公开的案件及公开案件的隐名处理都作出规定，但通过大数据的分析仍能产生很多信息，故对简单案件裁判文书的信息进行简化也能起到数据保护的作用。

3. 速裁程序提供契机

速裁程序已由试点纳入刑事诉讼法修正草案之中，通过整个程序的简化缩短审限，提高审判质效。法院迅速高效地处理案件，最终目的是快捷、便利又不失公正，这些都与轻微刑事案件裁判文书改革的目的相契合。"迟来的正义非正义"，裁判文书的繁简、长短和格式等应以不违背当事人获得及时、准确、公正裁判的诉讼需求为前提，并与个案的司法投入相对应，体现出程序的差异，以程序"两极分化"方式进行繁简分流。速裁程序经过试点，将以法律的形式规范化具体化，也为裁判文书改革提供了契机，以刑事诉讼程序全流程简化为切入点推进刑事速裁案件裁判文书的改革，以刑事速

---

[1] 熊秉元：《正义的成本：当法律遇上经济学》，东方出版社2014年，第31页。
[2] "司法大数据让公平正义看得见（大数据观察）"，载《人民日报》2018年5月2日。

裁案件裁判文书改革为把手，打开轻微刑事案件裁判文书多样化改革之门。

三、刑事速裁案件裁判文书改革的突破路径

（一）独辟蹊径，简化文书制作

1. 表格式裁判文书，多部门配合

《试点办法》中已提到使用格式裁判文书，如此规定也是为节省制作时间。其实各地法院早有裁判文书制作的各种尝试，其中表格式裁判文书得到了很多好评，制成表格式可以使内容更加清晰，便于理解。制表应将重复性的表述、当事人无争议的事项略去，将案件的主要事实、核心内容用表格的形式体现，使裁判文书重点突出、一目了然。关于表格式裁判文书，可有两种途径，一是法院独立制表例如本文附件1，将现有判决书的内容进行表格化。二是公检法三机关或者法检两机关联合制表，公安检察院的文书均可进行表格制作，表格框架可类似，之后内容有变更可直接更改，无变更则避免重复，或从公安开始一张表格，之后不断填充，最后一张表锁定一个案件，从公安、检察院到法院，缩短流程，对于被告人基本信息、查明的案件事实就不再重复书写。而且公诉机关审判机关文书联合制表，例如本文附件2法检一表文书，上半部分为检察院的起诉书，下半部分为法院判决，制成一个表格一方面节约程序，另一方面也可以督促检察院的文书制作，目前通过文书公开，法院裁判文书的错误呈逐渐减少的趋势，但检察院起诉书却依然存在各种问题，应纳入可改范畴，将其同法院裁判文书同表制作，提高检察院文书制作水平，两部门在一张表格中形成竞争趋势促使共同进步，也能避免现实中实行犯送执行时因起诉书同判决书不一致时的更改，且通过对比显示出法院变更部分，更能突出裁判文书的重点。当然一表文书的制作想发挥其理想的作用需要同跨部门联网相配合，但在不联网的情况下，也可以采用填充式发挥其作用，只是未能发挥最大功效。

2. 要素式（构成要件式）裁判文书，重点突出

对同类案件进行要素提炼，类似于填表式，先针对某类犯罪案件的构成要件进行提炼，审判及制作裁判文书时进行有针对性的调查和写作，改变传

统的检察院指控、被告人及辩护人辩称、经审理查明、本院认为的长篇大论，梳理出构成要件，发起诉书时即可询问，对于双方均无异议的直接确认，从而整体简化裁判文书。如危险驾驶案件（参见本文附件3），主要定罪以及量刑的要素，可以归纳为驾驶员资格、酒精含量、有无事故及责任等，对证据部分可考虑省略。

3. 令状式裁判文书，犯罪事实简化

只写明当事人的基本情况以及裁判主文，对事实及证据进行简化，此类判决书目前应严格控制，避免极端化，主要针对未成年人的速裁案件，未成年人犯罪属于保密封存，而此类的速裁案件可以考虑将犯罪事实以及证据进行省略，仅仅在判决书中保留基本信息及主文部分。

（二）厘清思路，推进全流程简化

速裁程序较之简易程序以及普通程序简化审，在审限、适用及排除范围等方面有区别，但最大的区别在于理念及制度设计上的区别，理念上速裁程序加强了庭审前甚至侦查阶段对犯罪嫌疑人、被告人的意思表示采纳，制度设计上速裁程序关注的是刑事诉讼程序全流程的简化，而非之前仅针对法院审理程序的简化，要求公检法三家形成系统性合力，所以在裁判文书的改革中也要综合考虑三家各自文书的制作，甚至考虑三家共同制作文书，合三家之力助推裁判文书改革。对于有争议的案件，重点放在证据的质证认证，查明事实和定罪量刑，而对于简单案件的重点则在于量刑，通过表格形式突出重点。在审查起诉甚至侦查阶段就委托社区矫正机构进行社会调查，作为对被告人量刑的一项重要证据，证明其社会表现情况。

（三）借力科技，提高制作效率

党的十八大以来全国法院全力推进信息化建设，尤其是网上立案、审判流程监控、庭审公开、执行指挥、裁判文书方面成就显著，现在可通过系统对文书进行纠错，搜索相关案例，了解其他法院的判决情况。我们要充分发挥裁判文书智能辅助生成软件的作用，提高制作裁判文书的质效，将表格式、要素式文书的制作要件、模板进行归纳总结输入系统，通过扫描上传相关材料自动生成表格或者要素式文书以进一步提高质效；充分发挥互联网的作用，建立完善检察院、法院甚至公安办案专网系统，实现数据全程全网互通，实践中相关证据在公安时要求上传，到法院又要求同步上传，若能联网进行自动切换，可避免重复节约资源，且裁判文书的制作也可以避免重复如表格式，侦查阶段起诉意见书可以生成表格，审查起诉阶段填充完善为起诉书，法院审理填充过程及裁判结果，最后"一案一表"而且生效裁判文书可以直接送达公安系统，以公共数据集成应用为提升社会治安防控体系的整体效能提供信息化支撑。

（四）助推司改，注重齿轮效应

我国经过近几年的司法体制改革，现基本框架已形成，但司法体制改革涉及司法工作的方方面面，相关配套制度仍需完善，其涉及许多环节、举措，如同大小不一的齿轮，环环相扣，一个方面的改革必然会带动其他各个制度的改革，而且在转动的过程中互相配合，各个举措的力度大小如同齿轮大小，通过控制各个齿轮的转速和配合，达到控制整个司改的速度，甚至把握司改的方向，但同时当任何一个齿轮不转动时，所有的转动链条都会停止。我们要考虑大小齿轮的啮合程度，从而达到整体运转平稳、寿命长、承载能力高等目的，司法改革需要各个制度互相配合，共同运转，发挥共效，提升整体转速，激发制度活力，更快更好地运转。我们在推进员额制改革的同时也要关注法官助理、书记员等司法辅助人员制度的改革，在让"裁判者负责"时要注重合议庭制度以及人民陪审员制度的改革，在整体推进刑事诉讼质效的同时注重裁判文书的改革。裁判文书中法官助理的地位现在不明确，部分法院在使用普通程序审理案件的判决书中，加入了法官助理的署名，位置处于书记员之上、日期之下，法庭的位置也做了相应安排，一般也是在书记员的左侧或右侧。[①] 文书中法官助理署名一方面可提升法官助理的积极性，同时也利于考评法官助理的业绩。

---

① 安顺市中级人民法院课题组："法官助理制度的研究——基于职能定位与组织设置的交叉影响"，载《法制博览》2017年第3期。

结　语

党的十九大报告中明确提出"深化司法体制综合配套改革",裁判文书的制作应该也必须作为一个重要的配套制度进行改革,无论司法体制如何改革,法官员额制如何构建,我们都要明确改革的目的,明确法院的主要任务,法院是法官进行审判活动的场所,法官最主要的工作就是对案件进行审判,裁判文书显示了法官对案件的审理,是审判工作的重要载体。从刑事诉讼程序全流程简化的角度出发进行裁判文书的改革,同时通过裁判文书的改革开拓思路,进一步完善法检员额制,可以更好地发挥司改的作用。

附件1　表格式裁判文书（速裁案件）

		××××人民法院刑事判决书			（×××）××××刑初××号		
基本情况	公诉机关	××省×××市×××区人民检察院		出庭公诉人		指控罪名	
	被告人×××（姓名）	×（性别）	×年×月×日出生	（身份证号）	（民族）	（文化程度）	照片
		（政治面貌）	户籍所在地	（工作单位）	（家庭住址）		
		前科情况					
		强制措施情况					
	辩护人×××（姓名）	律所	是否出庭	被害人×××（姓名）	代理人×××（姓名）	量刑建议	
犯罪事实				定罪证据（可省略）			
量刑事实				量刑证据（可省略）			
本院认为	定罪：						
	量刑情节；						

续表

××××人民法院刑事判决书		(×××)××××刑初××号	
依据条文			
判处情况			
审判员	书记员	时间 (院印)	备注 (法官助理)

如不服本判决,可在接到判决书第二日起十日内,通过本院或者直接向×××人民法院提起上诉。书面上诉的,应当提交上诉状正本一份,副本三份。

附件2　表格式裁判文书(速裁案件法检一表文书)

×××××一案(例:张三盗窃一案) ××检刑诉××号 (院印)							
公诉机关			指控罪名				
被告人姓　名		性别	出　生年月日			民族	
户籍地		住址	工作单位			政治面貌	
文化程度		身份证号码			前科情况		
强制措施种类		刑事拘留时间	逮捕时间			取保候审时间	
指控事实						
证据						
起诉时间		公诉人	被告人是否认罪			量刑建议	

续表

××××人民法院 (×××)××××刑初××号 (院印)					
被害人姓名（出庭）		代理人身份情况		被告人情况（有无变动）	
辩护人情况		被告人强制措施变更			
查明事实	（若无变动，则同指控事实，若有变动详写）				
证据（可省略）	公诉人提交	（均确认）	判决情况	罪名	责令退赔
	被告方提交			刑期	其他
审判员		书记员		时间	备注（法官助理）

附件3　要素式裁判文书

××××人民法院

刑事判决书（危险驾驶案）

（××）…刑初…号

公诉机关××。

被告人××，……。

辩护人××，……。

公诉机关指控被告人××一案，本院依法适用速裁程序，公开/因涉及……（写明不公开开庭的理由）不公开开庭进行了审理。公诉机关指派检察员××、被告××、……到庭参加诉讼。本案现已审理终结。

经公诉机关及被告人确认。

215

本院审理认定事实如下：

一、驾驶员资格：具有（与准驾车型不符、不具有），证据：机动车驾驶证，准驾车型××。

二、机动车类型：牌照号为××的小型轿车（无牌照二轮摩托车），证据：行驶证、鉴定意见……。

三、酒精含量：××mg/100ml，证据：酒精检测报告。

四、案发时间及地点：××年×月×日，在××××，证据：现场勘验检查笔录、被告人供述……。

五、是否发生事故及处理结果：发生，被告人××负主要责任，证据：事故认定决定书。

六、民事部分处理情况：已处理（已赔偿并谅解、无民事部分），证据：协议书、谅解书……。

七、到案及身份情况：投案（抓获）、无前科，证据：到案证明、户籍证明及社会调查。

（以上证据均可省略）

八、需要说明的其他事项……。

综上所述，被告人××在道路上醉酒驾驶机动车，血液酒精含量××mg/100ml，已构成危险驾驶罪，具有自首、赔偿、取得谅解××（量刑情节），依照《中华人民共和国刑法》第一百三十三条之一、……（法律条文）规定，判决如下：

被告人××犯危险驾驶罪，判处×××××。

（缓刑考验期从判决确定之日起计算…………）

如不服本判决，可以在判决书的第二日起十日内，通过本院或者直接向××××人民法院提出上诉，书面上诉的，应当提交上诉状正本一份，副本三份。

审判员　××

××××年×月×日

（院印）

（法官助理　××）

书记员　××

律师行政处罚决定书的大数据分析

◉ 孙　璇[*]

摘要： 本文以2017—2018年期间针对律师作出的行政处罚决定书为样本进行实证研究后发现，司法行政机关在法律文书制作方面能够保证基本的要素齐全，但是在告知、听证情况及救济途径等程序性事项的说明方面存在漏写错写等问题，同时，在内容的说理方面不够充分。据此本文对行政处罚决定书的规范化制作提出建议。

关键词： 律师　行政处罚决定书　司法行政机关　规范化制作

一、全国律师行政处罚决定书总体情况

根据司法部网站公布的数据，2017年5月—2018年4月共有192名律师和36家律师事务所受到司法行政机关行政处罚，共计作出223份行政处罚决定书。根据《行政处罚法》第39条[①]对行政处罚决定书基本载明事项及其他相关法条的规定，主要从告知、听证情况、救济途径及集体讨论的说明方面对此223份行政处罚决定书进行了统计分析，结果如下：

（一）告知义务与陈述、申辩权利说明情况

《行政处罚法》第31条和第32条分别规定了行政机关作出行政处罚决定

---

[*] 中国政法大学法学院法学硕士研究生。
[①]《行政处罚法》第39条规定："行政机关依照本法第三十八条的规定给予行政处罚，应当制作行政处罚决定书。行政处罚决定书应当载明下列事项：（1）当事人的姓名或者名称、地址；（2）违反法律、法规或者规章的事实和证据；（3）行政处罚的种类和依据；（4）行政处罚的履行方式和期限；（5）不服行政处罚决定，申请行政复议或者提起行政诉讼的途径和期限；（6）作出行政处罚决定的行政机关名称和作出决定的日期。行政处罚决定书必须盖有作出行政处罚决定的行政机关的印章。"

之前应当履行的告知义务与听取当事人陈述、申辩的义务，并在第41条规定，如果行政机关及其执法人员在作出行政处罚决定前没有履行上述义务，行政处罚决定不能成立。

表1 处罚决定书中告知说明情况

项目			数量（份）
写明告知义务履行情况		明确写明送达《事先告知书》，告知相关权利	85
	部分提及	仅写明告知权利，未说明告知方式	15
		仅写明送达《听证权利告知书》	5
		仅写明当事人行使或放弃相关权利	7
		仅在证据部分提到《听证权利告知书》	9
未提及告知义务履行情况			102
合计			223

如表1所示，在本次数据统计中，有85份行政处罚决定书明确写明在作出处罚决定之前向当事人送达了《行政处罚案件事先告知书》（以下简称《事先告知书》）或《司法行政机关行政处罚权利告知书》（以下简称《听证权利告知书》）；有15份处罚决定书写明向当事人告知了作出行政处罚的事实、理由、依据及当事人依法享有的权利，但没有说明告知的方式是口头告知还是书面告知；有5份处罚决定书只是提到向当事人送达了《听证权利告知书》，并没有说明是否送达《事先告知书》或者口头告知当事人该项内容；有7份处罚决定书只是提到"当事人放弃了对本案的陈述、申辩和听证的权利"或"当事人申请了听证会，行政机关举行听证会，听取了陈述和申辩"，没有说明行政机关是否履行告知的义务；还有9份处罚决定书只是在证据部分提及《听证权利告知书》，其他一概未提到。这些是或多或少都提到或涉及相对人上述三项权利的处罚决定书，共计121份。有102份处罚决定书完全没有对该事项进行说明，既没有说明司法行政机关明是否履行告知义务，也没有说明是否听取当事人的陈述、申辩。

（二）听证权利说明情况

听证制度是现代行政程序法中最核心的制度。[①] 我国《行政处罚法》对涉及当事人重大权益及较大数额财产的行政处罚规定了听证程序。《行政处罚法》第42条规定，行政机关作出责令停产停业、吊销许可证或者执照、较大数额罚款等行政决定之前，应当告知当事人有要求举行听证的权利；当事人要求听证的，行政机关应当组织听证。《司法行政机关行政处罚程序》第15条对司法行政领域"较大数额罚款"的数额进行了明确，规定对个人处以3000元以上罚款、对机构处以2万元以上罚款等行政处罚的，业务工作部门应告知当事人听证权。

表2 处罚决定书中听证程序说明情况

项目		数量（份）
告知听证权利	明确写明送达《听证权利告知书》	13
	在《事先告知书》中告知	37
	仅在证据中提到有《听证权利告知书》	9
	未说明告知方式	8
未写明告知听证权利		31
处罚决定书不完整		3
合计		101

如表2所示，本次搜集数据中，符合听证制度适用条件的处罚决定书共有101份，也就是说，这101份处罚决定书作出之前，司法行政机关应当告知当事人有要求举行听证的权利。经过统计，这101份处罚决定书中，写明告知当事人听证权利的有67份。其中，明确写明送达《听证权利告知书》的有13份，在《事先告知书》中告知当事人享有听证权利的有37份，其他情况17份。没有写明告知听证权利的有31份，还有3份处罚决定书因为不完整所以无法知道是否告知听证权利。

[①] 参见湛中乐："行政程序法的功能及其制度——兼评《行政处罚法》中程序性规定"，载《中外法学》1996年第6期。

（三）救济途径告知情况

《行政处罚法》第 39 条明确规定行政机关作出行政处罚决定要告知当事人权利救济的方式，不仅要告诉当事人可以通过行政复议或行政诉讼的方式进行救济，还要告诉其提起行政复议或诉讼的期限，向哪个部门申请行政复议或向哪个法院提起行政诉讼。

在本次统计过程中，大部分的处罚决定书都在最后写明了当事人不服行政处罚决定的救济方式，并且能够正确写明申请行政复议和提起行政诉讼的期限，告知具体的复议机关和诉讼法院。但是也有一部分行政处罚决定书在该事项上存在多种问题，主要情况见表3：

表3　处罚决定书中救济途径告知方面存在问题

问题种类	数量（份）
未载明救济事项	1
未载明向法院提起诉讼的期限	8
提起行政诉讼的期限错误	7
漏写复议机关	10
未说明提起诉讼的具体法院	40

1. 未载明救济事项

在《贵州省黔南州司法局关于贵州宇兴律师事务所及其负责人的行政处罚决定书》中，行政机关并没有在处罚决定书中载明"不服行政处罚决定，可以申请行政复议或提起行政诉讼"事项，该处罚决定书内容简单，开头两段分别载明了贵州宇兴律师事务所及负责人的基本信息，接着简单描述律师及律所的违法事实，第四段是"本机关认为"和根据相关法律给予何种处罚，最后一段写明行政处罚的履行方式和期限，处罚决定书到此结束。不论内容说理部分如何，法律规定的行政处罚决定书必须载明的六个事项，该决定书漏了两项，既没有载明"违反法律、法规或者规章的证据"也没有载明"不服行政处罚决定，申请行政复议或者提起行政诉讼的途径和期限"，因而该处罚决定书存在明显的合法性问题。

2. 未载明向法院提起诉讼的期限

《行政处罚法》明确规定，行政处罚决定书应当载明提起行政诉讼的期限，但是在本次的统计中，共有8份处罚决定书未写明向人民法院提起诉讼的期限，例如《福建省司法厅对林祖阳律师的行政处罚决定书》，对救济途径的表述为"如不服本处罚决定，可以在收到本决定书之日起60日内向司法部或者福建省人民政府申请行政复议，也可以直接向人民法院提起行政诉讼。"只告知了申请行政复议的时间，而没有告知何时向人民法院提起诉讼。除此之外，其中有5份处罚决定书是连云港市司法局基于同一个案件分别对律师事务所和4个涉案律师作出的处罚，处罚决定书的内容除了当事人不同外基本一致，最后对当事人救济方式的表述为"如不服本处罚决定，可以在收到本处罚决定书之日起60日内向上一级机关申请复议或者向海州区人民法院提起行政诉讼。"可以看出，连云港市司法局的行政处罚决定书，至少决定书的最后一段是预定格式，然后根据不同案件将信息填入。以该司法局作出的决定书为例，在复议机关处简单填入"上一级"，一来存在合法性问题，根据《行政复议法》的规定①，律师不服司法行政机关作出的行政处罚，复议机关应当有两个，一个是上一级司法行政机关，另一个是同级人民政府。该处罚决定书只写一个上一级机关明显不合法。二来存在合理性问题，虽然法律没有明确规定要告知具体的复议和诉讼机构，但是出于方便当事人的考虑，我们通常认为应当告知当事人具体的复议机关，即"向连云港市人民政府或江苏省司法厅申请行政复议"，而不是简单地写为"上一级机关或同级人民政府"。另外，该处罚决定书不但没有写明向人民法院提起诉讼的期限，用"或者"连接，从语义上也易造成误会，会让当事人误以为向法院提起诉讼的期限也是60日，当事人的诉讼权利明显没有得到充分有效的保障。

3. 提起行政诉讼的期限错误

根据《行政诉讼法》规定，公民、法人或者其他组织直接向人民法院提

---

① 《行政复议法》第12条规定："对县级以上各级人民政府工作部门的具体行政行为不服的，由申请人选择，可以向该部门的本级人民政府申请行政复议，也可以向上一级主管部门申请行政复议。对海关、金融、国税、外汇管理等实行垂直领导的行政机关和国家安全机关的具体行政行为不服的，向上一级主管部门申请行政复议。"

起诉讼的，应当自知道或者应当知道作出行政行为之日起 6 个月内提出，法律另有规定的除外（第 46 条）。公民、法人或其他组织不服复议决定的，可以在收到复议决定书之日起 15 日内向人民法院提起诉讼（第 45 条）。我们研究的行政处罚决定书未到复议环节，因此，所有的处罚决定书载明向法院提起诉讼的期限都应当是"收到决定书之日起 6 个月内"，否则即为错误。一共有 7 份处罚决定书在诉讼期限方面出现了错误，这 7 份处罚决定书载明的起诉期限均为"3 个月内"，例如《泉州市司法局关于王周城律师的行政处罚决定书》，最后关于权利救济的表述为"如不服本决定，可在收到本决定书之日起 60 日内，依法向泉州市人民政府或福建省司法厅申请行政复议，或者在收到本决定书之日起 3 个月内直接向丰泽区人民法院提起诉讼"。我国 1989 年《行政诉讼法》规定，公民、法人或其他组织直接向人民法院提起诉讼的，应当在知道作出具体行政行为之日起 3 个月内提起行政诉讼。

4. 漏写复议机关

正如前面第二点已经提到的，不服司法行政机关行政处罚的复议机关应当有两个，一个是上一级司法行政机关，一个是同级人民政府。两个都应告知，漏掉其中任何一个都是不合法的。本次统计中，共有 10 份处罚决定书漏写了行政复议机关，要么只写了上一级司法行政机关，如《重庆市南岸区司法局对黄翔律师的行政处罚决定书》写道，"如不服本处罚决定，可以在收到本决定之日起 60 日内向重庆市司法局申请行政复议或者……提起行政诉讼"。包括上述第 2 点提到的连云港市司法局作出的仅载明"向上一级机关申请行政复议"的 5 份处罚决定书。要么只写了同级人民政府，如《菏泽市司法局对王平生律师的行政处罚决定书》写道，"如对本决定不服，可以在收到本决定书之日起 60 日内，向菏泽市人民政府申请行政复议，也可以……提起行政诉讼。"

5. 未说明提起诉讼的具体法院

共有 40 份处罚决定书没有告知当事人具体向哪一个法院提起行政诉讼，相比前面几项问题，数量明显偏多。虽然我国《行政处罚法》没有明确规定要向当事人说明提起行政诉讼的具体法院，也没有其他法律法规、司法解释对此作出规定。但是从实践中的情况来看，绝大部分行政机关在作出行政处罚时都会告知当事人具体向哪一个法院提起诉讼。本文研究的是司法行政机关对律师的行政处罚，律师作为法律专业人士，可能知道应该向哪一级的哪个法院提起行政诉讼。但是对于普通公众来说，他们大部分并没有基本的法律知识，通常不清楚具体应该向哪个法院提起诉讼。为了更好地保护当事人的诉讼权利，方便当事人提起诉讼，我们通常认为应当在处罚决定书中告知当事人提起诉讼的具体法院，而不只是笼统地告知可以向法院提起诉讼。在此次统计的 200 多份处罚决定书中，只有 40 份没有载明提起诉讼的具体法院，这也表明实践中大多数的行政机关认为应当向当事人说明诉讼的具体法院。

（四）集体讨论说明情况

对于处罚较重的行政处罚案件的决定程序，为了保证处罚决定的公正性，行政机关除了需要遵循一般的行政程序外，法律还规定了机关负责人集体讨论制度。《行政处罚法》第 38 条规定，对情节复杂或者重大违法行为给予较重的行政处罚，行政机关负责人应当集体讨论决定。《律师和律师事务所违法行为处罚办法》第 43 条除规定相同的内容外，还增加了"集体讨论决定时，可以邀请律师协会派员列席"。《司法行政机关行政处罚程序规定》第 21 条则规定，吊销执业证书的行政处罚决定，应当由机关负责人集体讨论决定。除《司法行政机关行政处罚程序》明确规定吊销执业证书的行政处罚决定应当由机关负责人集体讨论外，其他法律法规没有对集体讨论制度的适用对象进行明确规定，而是留给行政机关一定的自由裁量权。根据《行政处罚法》的法律精神，结合其全文规定，笔者认为"较重的行政处罚"至少应当包括责令停产停业、吊销许可证或者执照和较大数额的罚款。实践中有些地方的实施细则也是这么规定的，如《北京市司法行政机关律师类行政处罚规定》第 31 条规定①："责令停产停业，对个人处以一千元以上、对机构处以二万元以上罚款的行政处罚，由区（县）司法局局长办公会集体讨论决定。吊销律师执业证书和律师事务所执业许可证书的行政处罚，由市司法局局长办公会集体讨论决定。"

---

① 参见北京市司法局："关于印发《北京市司法行政机关律师类行政处罚程序规定》的通知"，载 http：//www.bjsf.gov.cn/publish/portal0/tab333/info7672.htm。

表4　司法行政机关集体讨论作出决定情况分布

	载明集体讨论	未载明	未知	合计
吊销律师执业证书	15	29	2	46
停止执业	36	50	1	87
较大数额罚款	4	9	0	13
合计	55	88	3	146

从表4我们可以看出，吊销律师执业证书的处罚决定书共46份，其中在决定书中明确载明由司法行政机关负责人集体讨论作出决定的有15份，未载明的有29份，有2份因决定书不完整而未知。停止执业或停业整顿的处罚决定书共87份，载明集体讨论作出决定的有36份，未载明的50份，有1份决定书不完整。作出较大数额罚款（对个人处以3000元以上罚款、对机构处以2万元以上罚款）的处罚决定书共13份，其中有4份载明集体讨论作出决定，9份未载明。在所有应当由行政机关负责人集体讨论作出决定的行政处罚案件中，处罚决定书载明集体讨论的只占到三分之一左右。

二、行政处罚决定书的规范化建议

行政处罚决定书是行政机关作出行政处罚的行政行为所具备的法律效力的表现形式。[1] 行政机关作出行政处罚必须制作并送达行政处罚决定书，以此来确定行政处罚的法律效力。行政机关要求当事人履行处罚决定以及申请法院强制执行，当事人不服处罚决定申请行政复议或提起行政诉讼，均是以行政处罚决定书为依据。一份好的处罚决定书，应当反映出行政机关行政处罚的全过程，应当对行政相对人的违法事实进行说明，对办案过程中搜集到的证据以及每项证据证明的内容一一说明；对告知相对人程序权利义务的履行情况进行说明；对处罚决定的理由以及法律的适用和选择问题充分说明；对作出行政处罚过程中的履行的全部程序性事项一一说明等。总之，要尽可能地还原行政机关办案的全过程，提高行政处罚决定书的说服力，使人能够

---

[1] 参见乔晓阳、张春生主编：《〈中华人民共和国行政处罚法〉释义》，法律出版社1996年版。

通过这份处罚决定书来感受到实体和程序的全面正义。针对以上情况，主要有以下两方面完善建议：

(一) 写明程序履行情况

行政处罚为了保障行政相对人的实体权利不受行政机关侵害，赋予相对人很多程序性权利来对行政权力形成制衡。如《行政处罚法》第31条规定的告知义务、第38条第2款规定的集体讨论制度、第41条有关行政处罚决定书无效的规定、第42条规定的听证制度等。因此，行政机关在制作行政处罚决定书时，叙述完相对人的违法事实并进行证据说明后，应专门列出一段对陈述、申辩和听证事项进行说明，该段应写明"×年×月×日本机关依法向当事人[①]送达了《司法行政机关行政处罚事先告知书》（或其他法律文书名称），告知拟作出行政处罚的事实、理由和依据，并告知依法享有陈述和申辩的权利。当事人向本机关进行了陈述、申辩或明确表示放弃陈述、申辩的权利或在法定期限内没有提出陈述、申辩意见"。对当事人陈述、申辩的内容应当在处罚决定书中予以叙述。如果符合听证程序的条件，还要载明"送达《行政处罚听证权利告知书》（或者在《司法行政机关行政处罚事先告知书》中一并告知），告知当事人有要求举行听证的权利。当事人要求听证，本机关于×年×月×日举行听证会，听取了案件承办人员提出的当事人违法的事实、证据和行政处罚建议及当事人的申辩、质证意见，并制作了听证笔录。或当事人放弃听证的权利或当事人在法定期限内未申请举行听证。"当事人在听证中对行政机关的处罚程序、证据说明或适用法律等提出的质疑及相应证据也应当简要叙述。对当事人的陈述、申辩和质疑意见应当进行回应，明确支持与否并说明理由。

在"本局（本机关）认为"阶段，除了对处罚决定的理由充分说明，对法律的适用与选择及自由裁量理由依据一一说明外，如果是给予较重的行政处罚的，还应当写明是否经过司法行政机关负责人集体讨论决定。

(二) 加强内容说理性

在行政处罚决定书的内容方面，大部分的司法行政机关在"本局（本机

---

① 该段的"当事人"只是代称，在处罚决定书的实际制作过程中均替换为行政相对人的姓名。

关）认为"阶段，只用一两句话总结当事人的行为违反了什么样的法律规定，然后列举一连串法律条文，根据这些条文的规定，给予当事人什么样的行政处罚。如《北京市东城区司法局对郭福良律师的行政处罚决定书》写道，"郭福良的上述行为违法了《中华人民共和国律师法》第二十五条第一款、第十四条第一项的规定，属于私自接受委托、收取费用、接受委托人财物或者其他利益。根据《中华人民共和国律师法》第四十八条第一项'律师有下列行为之一的……'（具体条文规定）之规定，现对郭福良作出警告的行政处罚，并责令改正。"东城区司法局存在严重的说理不充分，没有从理论上解释私自接受委托、收取费用的性质，该行为有什么危害，以及为什么要给予郭福良警告处分，运用自由裁量权在法律规定的对该行为的处罚幅度内给予最轻处罚的正当性的理由是什么，该处罚决定书均没有说明。说理的不充分会导致相对人难以对处罚结果产生认同感，进而引起后续的复议或诉讼行为，增加对社会资源的消耗。因此，笔者认为在"本局（本机关）认为"阶段，要详细解释相对人违法行为的性质及危害后果；运用自由裁量权对相对人作出处罚的正当性理由是什么，相对人在处罚过程中是否存在从轻、减轻或从重处罚的情节并对该情节进行解释说明；对法律、法规及规章的条款进行正确选择适用，结合具体的案件，必要时要对条文进行解释。实践中，已经有部分地方对行政执法文书的说理性作出明确要求，如湖南省 2008 年颁布实施的《湖南省行政程序规定》[①] 第 78 条规定："行政执法决定文书应当充分说明决定的理由，说明理由包括证据采信理由、依据选择理由和决定裁量理由。行政执法决定书不说明理由，仅简要记载当事人的行为时事实和引用执法依据的，当事人有权要求行政机关予以说明。"绍兴市越城区人民政府法制办公室也在 2012 年出台关于推行说理式行政执法文书的指导意见[②]，

[①] 参见"湖南省行政程序规定"，载 http：//chenxi.gov.cn：8383/Item/29566.aspx。
[②] 参见"绍兴市越城区人民政府法制办公室关于推行说理式行政执法文书的指导意见"，载 http：//www.sxyc.gov.cn/art/2012/6/14/art_ 71_ 11724.html。

对行政执法文书的主要内容提出说清"三理"①的要求。可见，增强行政处罚决定书的说理性，促进其规范化逐渐成为一种共识，也应当成为法治政府建设的一项重要任务。

结　语

律师行政处罚的决定书作为一种具有国家公权力性质的法律文书，一经作出即带有一定的约束以及强制作用，因而其形式与内容应在符合一般法律文书规范性的基础上，更加体现对相对人私人权利的保障。当下由于我国律师惩戒制度的先天不足，行政处罚决定书的质量参差不齐，无法很好地体现程序公开与行政参与的原则与价值取向，更难以很好地保证作出法律文书后公众参与作用的发挥。在实践中，应当进一步明确法律文书在执法层面的重要性，建立与完善文书格式制定权限与主体的必要制度，从而让公平正义的价值取向在司法文书这一载体上愈加彰显，让司法改革的成果得到不断的巩固。

---

① "三理"：一是从法律角度讲透法理，对案件的定性、情节、处罚等问题做透彻的分析说明；二是从事实角度讲通事理，完整准确地讲清当事人的基本情况、案件来源、调查过程、违法事实、相关证据等要件；三是从人情的角度讲通情理，在对当事人的主观意图、客观因素、社会危害后果进行评价的基础上，用人情说理，说明从轻、减轻或从重处罚缘由，以理服人。

专题三

法律文书改革的理论与实践

裁判文书说理制度体系的构建与完善

——法发〔2018〕10 号引发的思考

◉ 赵朝琴[*]　邵　新[**]

摘要： 裁判文书说理制度属于诉讼法律制度的范畴，《最高人民法院关于加强和规范裁判文书释法说理的指导意见》（法发〔2018〕10 号）具有系统性、整体性、专业性和实践性特征，在构建裁判文书说理制度体系进程中有着承上启下的重要基础性和引领性地位。裁判文书说理制度体系的构建与完善，应当以说理双重属性为遵循，以说理价值实现为目标，既要系统梳理说理制度的内部机制，又要科学建构说理制度的外部机制。

关键词： 说理制度　法律属性　内部机制　外部机制

一、问题的提出

裁判文书是诉讼程序的一个重要节点，说理是裁判文书的实质和灵魂部分。改革开放四十年来，最高人民法院和各级人民法院一直没有停止探索和完善裁判文书说理制度的脚步。尤其是近年来，裁判文书说理制度作为全面深化司法改革的一个关键节点，引起了从中央到地方前所未有的重视，走向快速完善的轨道。党的十八届三中全会提出，要增强法律文书说理性，推动公开法院生效裁判文书。党的十八届四中全会提出，要加强法律文书释法说

---

[*] 河南财经政法大学教授、中国法学会法律文书学研究会副会长、法学博士。
[**] 中南财经政法大学教授，法学博士。本文为国家社科基金一般项目"司法改革背景下的裁判文书公开说理研究"（项目批准号：14BFX058）的阶段性成果。

理，建立生效法律文书统一上网和公开查询制度。党的十九大报告指出，要深化依法治国实践，深化司法体制综合配套改革，全面落实司法责任制，努力让人民群众在每一个案件中感受到公平正义。

考察现行诉讼法律制度，可以发现，三大诉讼法、相关司法解释、证据规则等，都有对裁判文书说理的规定，虽然角度不尽一致，内容比较分散，但已成为裁判文书说理研究与说理实践的重要指导。尤其是近几年，最高人民法院发布实施的关于全面深化改革的意见、关于进一步推进案件繁简分流优化司法资源配置的若干意见、关于完善人民法院司法责任制的若干意见中，都有关于裁判文书说理的具体规定和要求。最高人民法院制定的各类诉讼文书样式，对裁判文书说理的规定则比较集中和具体，虽然拘束力有限，但作为法官制作裁判文书的重要依据，一直发挥着积极的作用。[①]《最高人民法院关于人民法院在互联网公布裁判文书的规定》、《最高人民法院通过互联网公开审判流程信息的规定》等制度，都有推动裁判文书说理公开的具体内容。[②]

尤其需要关注的是，在司法改革深入推进、裁判文书普遍上网的背景之下，2018年6月13日，一个系统化的说理制度开始实施，即《最高人民法院关于加强和规范裁判文书释法说理的指导意见》（以下简称《意见》），《意见》的标志性意义体现在，"以制度回应社会关切，循规律规范释法说理"。[③]《意见》将裁判文书说理带入一个新时期，推动《意见》落实的过程，既是解决裁判文书说理问题的过程，也是细化充实裁判文书说理制度的过程。有观点认为，现行民事诉讼法的司法解释并没有规定落实判决书说理的细节，判决书说理仍然可能回归到过去那种司法政策督促，学者、法官以及当事人呼吁的状况。[④] 概括而言，在《意见》出台以前，裁判文书说理的

[①] 现行诉讼文书样式主要包括2015年6月29日发布的《行政诉讼文书样式》，2016年8月1日发布的《人民法院民事裁判文书制作规范》和《民事诉讼文书样式》，刑事诉讼文书样式正在进行修订。作为裁判文书说理制度体系的重要组成部分，应该被说理制度体系接纳，与之做好衔接，使之在新的制度体系中发挥更大的作用。

[②] 《最高人民法院通过互联网公开审判流程信息的规定》（2018年9月1日起施行）。

[③] 赵朝琴："以制度回应社会关切 循规律规范释法说理"，载《人民法院报》2018年6月30日。

[④] 熊德中、韩丹："判决书充分说理的条件及其应用"，载《甘肃政法学院学报》2017年第1期。

制度性规定虽然越来越多，但其碎片化特征依然比较明显；说理制度内容的可操作性还不够强，制度条款虚置的脸谱化特征比较明显；说理制度的效力高低不一，制度效力整体偏弱的特征比较明显。《意见》对裁判文书说理实践的重要价值毋庸置疑，但是《意见》毕竟只是从总体上对裁判文书说理进行规制，《意见》的贯彻实施需要配套制度的衔接与完善。因此，有必要以《意见》出台为契机，依据《意见》规定对裁判文书说理制度的内容进行具体梳理，以尊重裁判文书说理基本理论和关照当前裁判文书说理实践为参照系，完善说理制度的内外部机制，为说理实践提供制度支撑和技术指引，使《意见》等说理制度倒逼司法改革这一重要功能得以更好实现。

二、程序理性是裁判文书说理制度的本质特征

法律精神与写作理念是裁判文书说理的双重属性，程序理性是裁判文书说理制度的本质特征。通过制度规范裁判文书说理，根本原因在于，裁判文书是程序的有机组成部分，具有重要的程序价值。重塑裁判文书说理制度体系，应当尊重裁判文书说理的根本属性，应当反映裁判文书说理制度的本质特征。说理根本属性与说理制度本质特征息息相关，重塑说理制度体系的过程，就是尊重说理基本规律、体现说理制度程序理性的过程。认识说理制度体系的本质特征，首先需要理解裁判文书说理的属性。裁判文书说理具有法律与写作双重属性。其中，法律属性是说理属性的决定性方面，是说理的根本属性；写作属性对法律属性具有反作用。[1]

将裁判文书说理放在程序背景中进行观察，不难发现，裁判文书说理从来就不是孤立的存在，而是诉讼进程的有机组成部分，且是其中一个重要的、必不可少的、无可替代的环节。"民众正是借助判决理由来了解法官判决的"，"法官必须就他们所做的判决说明理由，而不能仅仅将结果列出"。[2] 脱离开法律属性去研究裁判文书说理，就容易迷失方向，就容易落入为说理而说理的窠臼，也会严重偏离裁判文书说理的内在要求。

---

[1] 赵朝琴："法律精神与写作理念——浅议司法文书学的根本属性"，载《河南大学学报》1998第6期。

[2] 王申："法官的理性与说理的判决"，载《政治与法律》2011年第12期。

将裁判文书说理放在审判过程纵向的时间轴上进行考察，不难发现，裁判文书说理一定是在案件审理终结、裁判结论得出之后才能进行；如果案件未经审理而得出结论，或者虽经审理但尚未得出结论就制作完成裁判文书（自然包含说理部分），就不仅是写作方面出了问题，更是法律层面发生了错误，有关人员将要承担相应的法律责任。换句话说，裁判文书说理一定是在案件经过审理并得出裁判结论之后才能展开。这也意味着，案件审理质量对后续裁判文书说理质量有着决定性影响。实践中不可能出现案件审理有瑕疵、有错误，而裁判文书说理很完美、质量很高的情形——上述认识是由裁判文书说理法律属性决定的。另一方面，完全有可能出现下面的情况，即案件审理质量没有问题，而裁判文书说理出现问题——上述认识是由裁判文书说理写作属性决定的。这意味着，说理写作属性对法律属性的反作用虽然存在，但不起决定性作用。裁判文书说理是一个过程，是展示裁判结果（包含证据、事实、法律适用的阶段性结果）何以得出的过程。这一过程的展示，需要运用恰当的写作方法，需要法官具备一定的写作能力。

裁判文书具有法律和写作的双重属性，"法律属性"内在地要求规范性，而"写作属性"少不了灵活性。[①] 重塑裁判文书说理制度体系就应该以反映裁判文书属性为依据和指导，就应该将说理内容、要素、方法、规则、评价等问题放在反映裁判文书属性的高度和地位去进行规范，去提出明确的要求。以此为前提，可以对《意见》的实施效果进行观察，对裁判文书说理的效果进行检视。裁判文书说理既包括实体层面的说理，也包括程序层面的说理。实体层面的说理体现在案件事实、证据及其法律适用等方面，程序层面的说理体现在程序性的内容表述中，是裁判文书中常见的说理事项。实体与程序层面的说理都体现着说理的本质属性，如果裁判文书说理出现当事人姓名、性别、地址、申诉事项等错误，表面上是文字表达问题和写作问题，实质上是涉及司法公平正义的基础性问题。出现这些问题，就不能将其简单理解为属于写作方面的瑕疵轻易放过，而是应该与裁判文书属性和说理

[①] 李少平："新时代裁判文书释法说理改革的功能定位及重点聚焦"，载《人民法院报》2018年6月13日。

基本要求相结合进行检视，从根本上解决问题，不能将其与说理法律属性割裂开来。

裁判文书说理需要围绕双重核心进行：一方面要围绕"裁判结论"进行说理，目的是论证裁判结论为何成立，体现司法的公正与权威；另一方面要围绕"争点"进行说理，目的是论证争议问题如何解决，体现司法的公开与透明。此处所指"裁判结论"，即判决或者裁定的结果，既有实体方面的，也有程序方面的。之所以要围绕"裁判结论"进行说理，是因为裁判结论尤其是实体性的判决结论，是对案件如何处理、纠纷如何解决所做的实体性判断，其要害是展示实体正义价值，体现裁判说理的结果正当性。此处所指"争点"，是指当事人争议的焦点，争点不一定都是对"裁判结论"具有决定意义的争议焦点，有的"争点"对"裁判结论"具有决定性影响，有的则没有。[①] 之所以要围绕"争点"进行说理，固然是因为"争点"与"裁判结论"的直接相关性，更是因为针对"争点"的说理，其要害是展示程序正义价值，体现裁判说理的程序法律属性。

"裁判结论"和"争点"作为裁判文书说理的双重核心，两者同样重要，不可偏废。说理双重核心之间具有内在的联系，"裁判结论"这一核心具有决定性作用，"争点"的确定须以"裁判结论"为判断依据。重塑裁判文书说理制度，应该反映说理双重核心、明示说理双核定位，不仅是一个必然的选择，也是裁判文书说理制度的鲜明特色。

以双重核心为特色的说理制度，还要体现刑事裁判文书与民事、行政裁判文书在说理核心标准上的区别。刑事裁判文书说理的核心标准是"罪"与"非罪"，民事、行政裁判文书说理的核心标准是"是"与"非"。刑事裁判文书中，以有罪的刑事裁判文书为例，说理围绕的核心，首要是指刑事案件裁判结论认定的罪名以及适用的刑罚；民事、行政案件说理围绕的核心，首要是指民事、行政案件裁判结论对诉辩各方是非责任的划分与决定。在这一核心指导下，说理材料（包含证据、事实、法律材料）的选择，要以具体案

[①] 美国联邦司法中心编：《法官裁判文书写作指南》（第二版），何帆译，中国民主法制出版社2016年版，第35、36页。

件所涉罪名构成要件或者法律关系构成要件为指导，进行针对性的选择与取舍，裁判文书说理内容要素与结构搭建，要以论证裁判结论何以成立的事实（证据）依据与法律依据为主线。同时，无论是刑事案件，还是民事、行政案件，裁判文书说理需要围绕的另一个核心是"争点"。"争点"既然属于说理的核心，理应成为说理的重点，围绕"争点"进行说理，就应当充分分析和评判诉辩各方存在争议的证据、事实和适用法律的意见。另一方面，对于诉辩各方没有争议的部分，因为不属于说理的核心问题，也就不是说理的重点。

《意见》对释法说理的规定具有鲜明的系统性特征。既有总体目标，又有具体标准；既有内容要求，又有方法指引；既建立内部机制，又建立外部机制；既有对释法说理本身的规定，又有与释法说理相关事项的衔接。[1] 以此为基础，重塑裁判文书说理制度体系，应当将裁判文书说理双重核心的基本理论外化在制度的具体内容中。在设计说理制度结构时，需要围绕说理双重核心，将刑事、民事、行政裁判文书说理中具有共性的部分进行归纳，予以总体性和规范化的表述；将其个性化的部分进行分类，予以针对性和个别化的表述。说理制度体系中，既要有适合所有诉讼案件说理的共性规则，又要有针对不同类型案件说理的个性要求。无论是围绕裁判结论的制度设计，还是围绕争点的制度设计，裁判文书说理双重核心的基本定位是同质的，都源于裁判文书说理的根本属性，因而也是可以相互支撑和呼应的。

三、说理内部机制的重塑

裁判文书说理内部机制的重塑，具体包括以下方面：

（一）具体阐释裁判文书说理的内涵和特征

裁判文书说理，是指法官在制作裁判文书时，就裁判论点为何成立、争议焦点是否支持进行的阐释和说明。裁判文书说理的主体是法官。案件性质不同，审判程序不同，裁判文书说理针对的对象也会不同。裁判文书说理的

---

[1] 赵朝琴："以制度回应社会关切 循规律规范释法说理"，载《人民法院报》2018年6月30日。

对象，广义上讲，包括当事人、代理人、法院、社会公众、上级机关、新闻媒体等不同受众；狭义上讲，主要是指当事人、代理人和法院。就说理针对的当事人、法院而言，一审程序针对诉（控）方和辩方；二审程序针对原审法院、上诉人、被上诉人；再审程序针对原一审、二审法院和申请（申诉）人、被申请（申诉）人等。

裁判文书说理具有鲜明的法律性。法律性是裁判文书法律属性的外化。裁判文书说理反映法律精神，包括实体法精神和程序法精神。裁判文书说理反映法律精神的方式，可以是直接反映，也可以是间接反映，还可以是两者兼有。无论是直接反映，还是间接反映，裁判文书说理都离不开裁判结论这一核心，也离不开诉辩各方争议焦点。围绕裁判结论进行说理，旨在论证裁判结论的准确性，体现说理的实体性价值；围绕争议焦点进行说理，旨在展示裁判文书说理的博弈性，体现说理的程序性价值。

共性个性相统一是裁判文书说理的另一显著特征。说理个性特征，是指裁判文书说理要针对具体案情、适用具体法律进行说理，不能千人一面、千案一理。说理共性特征，是指裁判文书说理要反映说理的规范性要求即共性，将具体案件的说理放在规范的诉讼程序当中进行。没有不受审判程序约束的裁判文书个性化说理。共性特征是说理的底线和规范性要求，个性特征是说理的目标和个性化要求，两者互为补充、相辅相成，是彼此依存、辩证统一的关系。

（二）明确细化裁判文书说理正义价值及说理标准的规定

《意见》明确要求，各级人民法院可以根据本指导意见，结合实际制定刑事、民事、行政、国家赔偿、执行等裁判文书释法说理的实施细则。[①] 实施《意见》，有必要对裁判文书说理的正义价值及其标准作出具体而细致的要求。

正义是裁判文书说理的根本目标追求。裁判文书说理的正义目标，既包括实体正义目标，又包括程序正义目标。裁判文书说理正义的目标标准，既包括实体正义标准，又包括程序正义标准。刑事、民事和行政案件裁判文书，以及裁判文书中的法院意见和各方意见的说理要素，甚至类型化案件的说理，具有更加具体的正义目标和标准。对说理正义价值与目标标准，应当分层设

[①] 《最高人民法院关于加强和规范裁判文书释法说理的指导意见》第20条。

计，可以先在说理制度体系中予以概括性表述，然后在实施细则中予以明确要求，并与说理效果评价和绩效考评体系有机对接。

裁判文书说理的实体正义目标与说理标准。裁判文书说理的实体正义目标，是指诉讼程序运行中说理的实体正义，又称为"结果正义"或"结果公正"。[①] 具体体现在"证据评断""事实认定""法律适用"等部分，最终体现在"裁判结论"部分。说理实体正义目标，与具体的证据评断标准、事实认定标准和法律适用标准有直接联系，要求做到证据评断有力、事实认定清楚、法律适用准确。裁判文书说理的实体正义标准，与庭审的实体性内容息息相关。从实体正义角度审视裁判文书说理，可以将"如实"作为具体的说理标准，即要求法官只要能够"如实"再现审判阶段对案件证据、事实和适用法律的具体意见，就认为是履行了实体意义上的说理义务，符合裁判文书说理的实体正义标准。

裁判文书说理的程序正义目标与说理标准。裁判文书说理程序正义目标、标准不同于实体正义目标、标准，是确保说理程序正义得以实现的必要条件，而非充分条件，是最低限度程序正义标准。正因为这些标准是最低的，才可以被人们普遍地接受和采纳。"一项刑事审判程序即使坚持了这些最低标准，也不能完全抑制不公正的现象发生。但如果法官的刑事审判不符合这些标准中的任何一个，那么审判程序都是不公正的、不合理的"。[②] 裁判文书说理实体正义目标必须借助裁判文书说理程序正义目标的实现才能达成，这是由程序正义的内在价值所决定的。实现裁判文书说理程序正义的目标，就是要再现庭审举证、质证、认证等程序进程，充分表达对诉辩各方（二审、再审案件还包括原审法院）关于证据、事实、适用法律不同意见的分析意见等各项说理要素。

说理本身是一种义务。认为说明理由是纠纷裁判者的一种义务，是基于

[①] 樊崇义：《诉讼原理》，法律出版社2003年版，第177页。
[②] "我们尽管不能提出一个普遍适用于一切社会的最高的程序正义要求，却仍可以根据人类的共同心理要求，提出可适用于所有现代文明社会的最低限度程序正义标准。这种标准之所以是最低的，是因为它仅是确保程序正义得以实现的必要条件，而非充分条件。"参见陈瑞华："刑事审判程序价值论"，载《政法论坛》1995年第5期。

近代民事诉讼法律关系理论。判决书、裁决书是否公平，能否具有说服力，不能靠泛泛引用法律，必须具体回答当事人的主张。① 裁判文书说理的程序正义标准，与庭审程序进程的再现和说理要素的充分表达息息相关，是尊重说理程序法律属性的应有之义，是说理的底线要求。这一标准势必会对裁判文书说理制度体系提出如下基本的要求，即要求法官必须如实再现裁判结论何以得出的程序进程与充分表达说理要素。如果法官没有如实再现裁判结论何以得出的程序进程和充分表达说理要素，即应当认定没有尽到程序意义上的说理义务，没有达到裁判文书说理的程序正义标准。

（三）全面具体地规定裁判文书说理的内容

裁判文书说理的内容可以分为三个方面——事实分析、证据分析、法律分析（包含实体法分析与程序法分析）。裁判文书说理具有规律性，一个很重要的标志就在于说理的基本领域相对固定，离不开"事实分析""证据分析""法律分析"三大方面，形成了说理内容的三大支撑，说理制度应当围绕此领域进行具体的建构。

在裁判文书说理结构的内部，存在三个基本要素。这三个要素按照应然层面的表述，其先后次序为"证据评断""事实认定""法律适用"。相应的，裁判文书的说理规则，应当包括"证据评断环节的说理规则""事实认定环节的说理规则"和"法律适用环节的说理规则"。需要说明的是，上述说理规则只是最基本的说理规则，没有排除也不应该排除其他说理规则，如情理分析等。同时，还要注意区分一审、二审、再审裁判文书说理规则的差异性。一审裁判文书的说理规则是最基本的，二审、再审文书的说理规则以一审说理规则为基础，各自具有特色。

具体案件的裁判文书说理，应当在依照上述说理规则的前提下，坚持从实际情况出发，说明法理、事理、情理、文理等理由，展示说理应有的个性色彩。要注意刑事、民事、行政案件说理规则的不同。对于刑事案件，需要围绕犯罪嫌疑人（被告人等）的行为是否构成犯罪、构成何种性质的犯罪、

---

① 该理论由德国学者标罗于 1868 年首次提出。在大陆法系国家和我国的民事诉讼法学理论体系中占有重要地位。张建华："关于说明理由义务"，载《北京仲裁》2011 年第 2 期。

有无影响量刑的情节及控辩双方各自的意见是否正确等方面，进行有针对性的分析论证；对于民事、行政案件，需要围绕当事人争执的焦点和诉讼请求、诉辩意见是否有理等方面，逐一进行分析和评述。还要注意区分一审、二审、再审裁判文书说理要素的不同。一审裁判文书的说理要素是最基本的，依次包括证据评断、事实认定和法律适用三个基本要素；二审、再审裁判文书的说理要素以一审裁判文书为基础，结合二审、再审程序特点，在写明上述三个基本要素的基础之上，还要写明对原审法院评断证据、认定事实、适用法律等作出分析评判的内容。

（四）解释裁判文书说理的基本模式

重塑裁判文书说理制度体系，一个绕不过去的问题，就是对说理基本模式的解释。应当以司法三段论为基本公式解释裁判文书说理基本模式，既要肯定三段论方法的不可或缺，也要说明其他说理（法律）方法的重要作用。

如果说裁判文书说理的属性、核心、价值、原则、内容等构成说理制度大厦中枢神经和框架结构的话，那么裁判文书说理的方法则构成说理制度大厦的建筑方式。从裁判文书说理的根本属性——法律属性——出发进行观察，裁判文书说理的过程也是法官进行法律推理的过程，蕴含形式逻辑的三段论公式。如果将裁判文书作为一篇论说文的话，可以发现说理的基本模式就是三段论推理。裁判适用的法律是大前提，认定的事实（证据）是小前提，裁判结论是推论。梁慧星教授把三段论称之为"法官裁判案件的逻辑公式"。这个公式表述了将法律规则适用于具体案件事实得出判决的逻辑推论过程，也是检验、鉴别、衡量判决在形式上是否合格的标准，大前提、小前提、结论，少了任何一部分，都不叫判决。[1] 并非所有的推理都是法律推理，法律推理并不是指任何推理在法律领域中的运用，它仅意味着只要是法律推理，其大前提就应当是法律。[2]

裁判文书说理虽然离不开三段论的推理模式，但是其属于不完整的司法三段论。言其"不完整"，是因为司法三段论大前提（法律规定）、小前提

---

[1] 梁慧星：《裁判的方法》，法律出版社2003年版，第5页。
[2] 陈金钊："司法过程中的法律方法论"，载《法制与社会发展》2006年第4期。

（事实证据）的推出不一定为"真"。但无论如何，三段论推理模式作为建构裁判文书说理的基本公式，其基础地位和重要性是不言而喻的。需要注意的是，要肯定三段论式的法律推理的正确性，也要承认三段论式的法律推理具有机械性。克服机械性，可以运用各种方法去建构大小前提，即使事实一般化、使规范具体化。[①] 但是一定要明确，克服法律推理形式的机械性，不能改变法律推理的基本公式。

（五）明晰裁判文书说理的基本架构

依照裁判文书说理属性认知说理双重核心，进而要求法官围绕裁判结论、争议焦点进行说理，就必然会导致裁判文书说理形成主次分明的复线形态结构。裁判文书说理既有主线，也有辅线，主线辅线之间存在内在的关联性并相互作用，共同塑造了裁判文书说理的结构形态。说理主线围绕裁判结论进行，其论据是法院确认的事实（证据）和适用的法律。说理辅线主要是指针对诉辩双方争议焦点进行的说理线索，二审、再审案件裁判文书还包括针对原审法院意见进行说理的线索。主线说理对应的是裁判结论何以得出这一核心，辅线说理对应的是争议焦点能否成立这一核心。主线说理旨在阐明裁判结论的准确性，辅线说理旨在阐明诉辩意见谁对谁错、谁是谁非。主线说理是标尺、是根本，辅线说理以主线说理为根据展开。

在裁判文书说理复线形态结构之内，需要厘定裁判文书说理的"证据评断""事实认定""法律适用"三个要素，理性认知三者之间内在的逻辑关系，即案件事实的认定离不开证据的评断，事实的认定离不开法律的适用，法律的适用又需要以事实为基础。这也就意味着，应将每条说理线索的内容分解为三个最基本的说理要素——"证据评断""事实认定""法律适用"，这也是说理论证的基础逻辑单元。具体来看，无论是围绕裁判结论的说理，还是针对争议焦点的说理，都离不开"证据评断""事实认定""法律适用"。无论是简单案件的说理，还是复杂案件的说理，都可以将案件按照一定方法分解为某一诉讼角色或者具体问题的说理过程，这些说理线索都蕴含"证据评断""事实认定""法律适用"三个要素，通过评断证据、认定事

[①] 郑永流："法律判断大小前提的建构及其方法"，载《法学研究》2006第4期。

实、适用法律，说理各要素及其关系得以阐释，说理主线、辅线及其关系得以展现，说理方法、规则得以运用，说理目标得以实现。

在说理结构的内部流程中，"证据评断""事实认定""法律适用"就这样反复纠缠、往返关照、彼此流连地缠结在一起，并以主辅线并进、诉辩审线索相互交织运行的方式，共同展现了裁判的具体过程，并作为一个不可分离的整体体现在裁判文书之中，进而生成为司法实践中千变万化的说理样态。可以发现，裁判文书说理属性决定了说理的双重核心，说理的双重核心决定了说理的复线形态，说理的复线形态决定了说理制度的结构要素及其关系，说理的基本要素及其关系决定了说理的基本模式——三段论推理——尽管其属于不完整的司法三段论，而说理的司法三段论又成为重塑说理制度内部机制的基本逻辑公式。说理的上述根本属性、双重核心、三大要素、三段论推理具有内在的逻辑关系，同时又作为说理基础知识有机融合在一起，共同构筑起裁判文书说理的核心知识理念体系与立体多元表述架构，是重塑裁判文书说理制度的结构钢梁。

四、说理外部机制的重塑

重塑说理制度的外部规范，具体包括以下方面：

（一）完善裁判文书说理的公开机制

司法改革作为政治体制改革的重要组成部分，对推进国家治理体系和治理能力现代化具有重要意义。司法改革要求"推进审判公开"，裁判文书公开是审判公开的重要内容，说理公开是裁判文书公开的实质和灵魂。公开性作为裁判文书说理的一项基本原则，业已经过党的纲领性文件、诉讼法及其司法解释、裁判文书上网的司法解释、"四五改革纲要"等予以明示。重塑裁判文书说理制度体系结构的外部规范，首先应当进一步完善责、权、利相统一的裁判文书公开说理机制。需要深入研究裁判文书说理公开性、裁判文书署名与说理主体统一性、审判委员会的地位与表述等问题。

最高人民法院一直非常重视裁判文书公开问题，2016年又修订了《最高人民法院关于人民法院在互联网公布裁判文书的规定》（法释〔2016〕

19号)①。在互联网上依法公开的裁判文书,承载着说理的实质内容,可有效规范和限制法官的自由裁量权,阻断权力干预,是司法公开效果能否真正达成的前提和关键。最高人民法院发布的《关于全面深化改革的意见》即《人民法院第四个五年改革纲要(2014—2018)》(法发〔2015〕3号)明确提出,依托"裁判文书公开"平台,发挥案件质量评估体系对人民法院公正司法的服务、研判和导向作用。

裁判文书在互联网的公开作为一种制度性的要求,无疑会对裁判文书说理内容的公开产生倒逼作用,有助于裁判文书说理效果的全面实现。还需要注意的是,与裁判文书在互联网公开在内涵上不完全一致,裁判文书说理内容的公开,不应仅限于公布于互联网的裁判文书。应当在裁判文书说理制度中对裁判文书公开说理作出全面要求,明确裁判文书应当公开裁判结论何以成立的具体理由,应当阐释对诉辩各方异议的分析处理意见。

这样的制度设计不仅非常必要,而且为裁判文书说理效果实现搭建起一个开放式的公开平台,是重塑裁判文书说理结构的必要方式和外在保障。这一平台具有以下重要功能:一是对《最高人民法院关于人民法院在互联网公布裁判文书的规定》(法释〔2016〕19号)具有内在支撑作用,实现裁判文书从形式到内容的双向公开。而且,裁判文书说理内容的公开是普遍的要求。二是实现裁判文书说理保障制度与本体制度的有机对接,有益于说理公开制度碎片的整合和完善,进一步促进尊重裁判文书说理规律与实现裁判文书说理效果的协调和一致。② 三是促进司法公开在裁判文书说理层面的全面落实,

---

① 《最高人民法院关于人民法院在互联网公布裁判文书的规定》(法释〔2016〕19号,2016年10月1日起施行)。

② 说理公开的内涵随着制度的不断完善而更加丰富。之前,裁判文书中只能见到"本案经审判委员会讨论"的表述,而见不到审判委员会成员的署名。现在,《最高人民法院关于完善人民法院司法责任制的若干意见》(法发〔2015〕13号)第11条作了明确规定,"所有参加讨论和表决的委员应当在审判委员会会议记录上签名"。这里规定的审判委员会的签名,就是一种重要的公开形式。关于少数意见是否应当在裁判文书中公开的问题,理论上虽然还在讨论,实践中已经有了积极的尝试。有观点认为,在司法公开的背景之下,更应当认识到少数意见制度对于完善裁判文书说理的价值。因为对于一次完整的审判而言,多数意见与少数意见是共生的,二者共同构成了完整的裁判说理。参见贺荣主编:《司法体制改革与民商事法律适用问题研究》,人民法院出版社2015年版,第427页。

有助于构建以说理公开的技术措施倒逼司法改革的良性互动机制。

(二) 完善裁判文书说理的权利保障制度

法官(包含审判委员会委员)依法在裁判文书、审判委员会会议记录中进行说理的行为应当受到法律保护,已经有相关制度规定予以支撑。法官(审判委员会委员)依法有权在裁判文书、审判委员会会议记录中进行说理,这是法官、审判委员会委员履行审判职责的一个重要体现,是应当受到法律保护的行为。[①] 在《最高人民法院关于完善人民法院司法责任制的若干意见》第五部分"加强法官的履职保障"中还有更加具体的规定。[②] 相关规定既明确了不同情形下法官(包含审判委员会委员)依法作出裁判的职责,也赋予了其签署裁判文书或者在裁判文书、审判委员会会议记录上签名的权利。

根据《最高人民法院关于完善人民法院司法责任制的若干意见》,独任审理案件的法官应当依法作出裁判、制作裁判文书并直接签发裁判文书;合议庭审理案件的法官应当共同参与阅卷、庭审、评议等审判活动,独立发表意见,复核并在裁判文书上签名。[③] 案件提交审判委员会讨论决定的,合议庭对其汇报的事实负责,审判委员会委员对其本人发表的意见及最终表决负责。审判委员会的决定,合议庭应当执行。所有参加讨论和表决的委员应当在审判委员会会议记录上签名。[④]

法官(包含审判委员会委员)依法说理的情形分两大类,一是未提请审判委员会讨论的案件,独任审理案件、合议庭审理案件的法官,有权在裁判文书中就证据评断、事实认定和法律适用独立发表意见。二是提请审判委员会讨论的案件,需要区分独任审理案件、合议庭审理案件法官与审

[①] 《最高人民法院关于完善人民法院司法责任制的若干意见》(法发〔2015〕13号)第3条规定。
[②] 《最高人民法院关于完善人民法院司法责任制的若干意见》(法发〔2015〕13号)第38、40、42、43、44条规定。
[③] 《最高人民法院关于完善人民法院司法责任制的若干意见》(法发〔2015〕13号)第15条规定。
[④] 《最高人民法院关于完善人民法院司法责任制的若干意见》(法发〔2015〕13号)第9、10、11、31条规定。

判委员会委员的不同情况。具体来说，独任审理案件、合议庭审理案件的法官有权就证据评断和事实认定发表意见，审判委员会委员有权就法律适用发表意见。

(三) 完善裁判文书说理的考核激励制度

人民法院四五改革纲要明确提出，"完善案件质量评估体系。建立科学合理的案件质量评估体系。废止违反司法规律的考评指标和措施，取消任何形式的排名排序做法。"① 裁判文书说理质量是审判质量的重要构成要素。应当将裁判文书说理作为法官业绩考核的必要指标项目，明确说理的具体标准和要求。就说理的实体义务而言，考核标准在于，裁判文书说理有没有如实反映庭审过程中关于证据评断、事实认定、法律适用的具体意见；就说理的程序义务而言，考核标准在于，裁判文书说理有没有全面再现证据评断、事实认定、法律适用的说理要素及其产生过程。至于具体指标和权重，需要专门设计、广泛调研，试点试验，逐步推广。

说理质量是审判质量的重要构成要素，绩效考评制度是司法机关内部重要的管理制度，说理标准与要求是进行法官业绩考核的重要依据。应当将裁判文书说理质量纳入法官业绩考评项目。② 如果只是要求重视说理，而不注重对说理绩效考评的话，可能会直接影响说理程序理性的展示与说理改革目标的实现。从组织理性的角度研究说理质量评价与绩效考评问题，需要理论界与实务部门倾注更多的精力。在设计裁判文书说理业绩考核制度时，须以裁判文书说理基本理论基础知识为指导，设置合理考核权重，并计入法官业绩考核档案。

优秀裁判文书评选已是各级人民法院一项常规和重要的工作，裁判文书说理制度应当予以合理吸纳，并计入法院审判工作考核指标体系，发挥优秀裁判文书的辐射带动作用，引领和普及理性、规范、充分说理的理念。

---

① 《最高人民法院关于全面深化改革的意见》即《人民法院第四个五年改革纲要（2014－2018）》（法发〔2015〕3 号）第 21 条规定。

② 绩效考评制度与刑事程序法治化并非格格不入，完全可以有机统一。参见郭松："组织理性、程序理性与刑事司法绩效考评制度"，载《政法论坛》2013 年第 4 期。

（五）建立裁判文书说理的评价制度

构建裁判文书说理评价制度，是一项更加具体的任务。应当兼顾内部评价制度与外部评价制度的同步建设，实现裁判文书说理在当事人（尤其是败诉方当事人及其代理人）、法院、法律共同体内部、社会不同层面的广泛的可接受性。一方面，要注意衔接相关制度规定。《最高人民法院关于完善人民法院司法责任制的若干意见》（法发〔2015〕13号）第三部分"审判管理和监督"中指出，"建立符合司法规律的案件质量评估体系和评价机制。审判管理和审判监督机构应当定期分析审判质量运行态势，通过常规抽查、重点评查、专项评查等方式对案件质量进行专业评价。"另一方面，要注意总结和吸收各级法院的成功经验，将上级法院评价、法院自我评价、第三方评价等评价方式有机结合、有效使用，综合发挥各级各类评价方式的优势和效果。

裁判文书说理评价的基本制度，建议最高人民法院以《意见》为基础制定，以实现裁判文书说理良好的法律效果与社会效果为目标，科学设计裁判文书质量评估体系，明确裁判文书的具体评价指标及其标准，建立行之有效的评价机制，发挥对裁判文书说理行为普遍的指导作用。地方法院可以根据实际情况细化评价指标体系，采用多元评价方式评价裁判文书说理，应当及时总结经验，做好跟踪评估，建立说理长效评价机制。

在内部评价机制建设方面，判决书与裁定书应有不同的说理标准，普通程序与简易程序应有不同的说理原则，初审、终审、再审法院应有差别化的评价方法。最高人民法院应当适时制定裁判文书说理的评价体系，并注意区分民事、刑事、行政裁判文书的不同特点，区分不同性质、不同审级、不同类型裁判文书的说理评价指标。地方法院应当以最高人民法院说理评价体系为指引，进一步明确不同性质、不同类型裁判文书说理的程序义务与实体义务，并上报上一级法院备案。上级人民法院应当建立对下级人民法院裁判文书说理的监督评价体系。应当细化裁判文书说理的评价指标体系，合理设计具体项目和权重，与法官绩效考核、奖惩制度有机衔接，注意与相关法律、制度配套衔接。

在说理外部评价制度方面,应当适时引进法院外的第三方评价,制定科学合理的裁判文书外部评价指标体系。① 各级人民法院应当按照制度要求,定期委托第三方进行评价,并公布评价结果。②

建立裁判文书说理刚柔并济的评价体系是裁判文书说理改革的重点,也是难点。③ 总体上看,规制裁判文书说理本体制度是本次司法改革的一个显著特点,需要尊重裁判文书说理规律,需要从跨学科的角度进行梳理;而规制裁判文书说理保障制度,则需要结合司法改革大背景乃至经济社会发展大环境,针对法官队伍的现状与未来发展,考虑不同案件、不同审级、不同地域法院裁判文书说理的现状,进行科学评估、综合考量,使之实现文书说理的普法功能与良好效果。④ 要使其真正成为法官业绩评价和晋级、选升的重要因素,让说理主体和说理受众都能够认同这一评价体系,肯定是一项比较复杂和艰巨的任务。

需要注意的是,裁判文书说理质量是裁判文书质量的核心要素,最高人民法院建立裁判文书质量评估体系和评价机制时,应把尊重说理规律作为一项基本原则,将包括说理的双重核心、双重义务、三大要素、说理方法、说理规则等具有指导性和共性的内容合理纳入评估体系。同时,应把说理共性个性协调一致作为一项基本原则,为展示说理个性、彰显说理特色留足空间。构建说理评价体系时,应当兼顾内部评价与外部评价两个方面,尤其是在法院案多人少、工作压力繁重的情况下,外部评价的优势将会进一会凸显,应当鼓励地方各级法院探索各具特色的外部评价方法与机制。

---

① 《最高人民法院关于完善人民法院司法责任制的若干意见》(法发〔2015〕13 号)第 14 条规定。

② 参见肖宏、潘巧慧:"成都高新区法院委托第三方评鉴'三项精品'——孰优孰劣不再自说自话",载《人民法院报》2018 年 1 月 1 日。

③ "完善裁判文书说理的刚性约束机制和激励机制,建立裁判文书说理的评价体系,将裁判文书的说理水平作为法官业绩评价和晋级、选升的重要因素。"《最高人民法院关于全面深化改革的意见》即《人民法院第四个五年改革纲要(2014—2018)》(法发〔2015〕3 号)第 34 条。

④ 《最高人民法院关于全面深化改革的意见》即《人民法院第四个五年改革纲要(2014—2018)》(法发〔2015〕3 号)第 47 条规定:"推动实行普法责任制。强化法院普法意识,充分发挥庭审公开、文书说理、案例发布的普法功能,推动人民法院行使审判职能与履行普法责任的高度统一。"

裁判文书说理制度体系的结构，既要有尊重裁判文书说理基本规律、方法、技巧、规则的内在机制的元素，还要有规定说理义务、责任承担、评价标准、奖惩措施的外部机制的元素。现有制度中，法律、司法解释中有裁判文书说理的规定，制度性、规范性文件中有裁判文书说理的规定，裁判文书格式、样本中有裁判文书说理的要求，这些都是关于裁判文书说理制度的重要规范，有着鲜明的层级和一定的拘束力，裁判文书说理应当遵照执行。相比较国外的诉讼法律制度，我国的诉讼法及其司法解释对说理内容的完整性与实施效果等方面都有需要完善和改进的地方。例如不说理的裁判文书是否有效，三大诉讼法及相关司法解释中有关说理内容是否需要统一协调修改等，都需要在尊重说理规律的基础上，结合多方面因素进行综合分析评估与整体设计。

理论上讲，裁判文书进行释法说理，离不开事理、法理、情理、文理等方面的分析论证，以系统性的制度来固定说理内容、规则、方法、考评等内容，既是对说理规律的尊重，也是对法官说理能力的要求。《意见》从事理、法理、情理、文理四个维度分别就释法说理作出具体规定，为法官说理提供了系统性的释法说理指南，为提升法官说理素质提供依据、明确规则、细化方法、制定指引、倡导开展质量评查和质量评价，构建了裁判文书释法说理的内外部机制和基本结构体系。紧接着需要讨论的一个问题是，怎么看待裁判文书说理制度的层级，笔者曾经建议由最高人民法院制定出台裁判文书说理的规范性文件，并且建议将该文件的层级确定为"司法解释"。[1]

之所以建议以司法解释的方式系统规定裁判文书说理相关内容，一个重要的依据，是来自刑事、民事、行政诉讼法及其相关司法解释和制度性文件中关于说理问题的规定。尽管这些规定在内容上并不十分系统和深入——其实在诉讼法和司法解释的体系内也无法系统和深入，但是这些规定明白无误地显示，裁判文书说理的制度性内容已经通过诉讼法和司法解释规范的方式予以规定。只不过基于裁判文书说理涉及法学、写作学、逻辑学等交叉学科

---

[1] 参见赵朝琴、刘树德："关于裁判文书说理责任制度构建的思考"，载《法律适用》2017年第23期。

的知识这一客观因素，无法在诉讼法和司法解释中予以完整和系统的规范。但是，这又恰恰说明，对裁判文书说理进行专门、完整、系统的规范，用司法解释的方式是有根据的、是可行的。说理制度的司法解释出台后，与现行法律制度非但没有冲突，而且是其必要的补充。相关诉讼法和司法解释不需要因此而进行修改，裁判文书格式样本不需要推倒重来，内容表述也不存在障碍，施行起来十分方便，具有较强的可操作性。

重构裁判文书说理制度，单就立法完善而言，问题似乎不难解决，要害是抓住裁判文书说理的法律属性，关键是厘清说理标准和评价体系，还要注意与现行法律制度做好衔接配套。但这只是走了第一步，更艰巨的工作还在后面。特别需要强调的是，重构裁判文书说理制度，发布系统和具有可操作性的裁判文书说理司法解释，是为了助推裁判文书说理走向更加符合规律、更加规范和良性的轨道，是为了更好地发挥裁判文书说理普遍而良好的法律效果与社会效果，是为了让社会公众通过裁判文书说理感受到司法的公平、公开和公正。

从命令性判决到说理性判决

——1992 年以来刑事判决说理模式演进

田荔枝[*] 陈卫杰[**]

摘要：说理是裁判文书的灵魂。本文通过梳理 1992 年以来我国刑事判决书说理状况，发现其由量变到质变的转化过程，说理模式渐趋完善与规范。随着 20 世纪 80 年代后期司法改革的开展，裁判文书说理在应然层面开始注重对控辩意见的阐释与回应，强调事实和证据的分析说理，体现出由以审判机关为中心的说理模式向以控辩说理模式的转变、从命令性判决向说理性判决的转型。裁判文书改革重点的强调，细致的技术性规定，案例指导制度的确立、量刑说理的重视，以及包括附录法律条文和判后答疑制度在内的创新说理模式，极大地丰富了说理规范的内涵。在新一轮司法改革之下，司法责任制、诉讼制度改革以及繁简分流的落实、裁判文书网上公开等，弱化了限制说理发展的体制和主体性因素，促使法官不断撰写出说理充分的判决书。

关键词：刑事判决书 命令性判决 说理性判决 说理模式

我国于 20 世纪 80 年代后期开始审判方式改革。审判方式改革的具体要求，直接影响着裁判文书的改革，而每一次裁判文书的改革又都触及说理问题。

裁判文书改革历时久远，其中产生较大影响的有两次。第一次发生在 1987—1992 年。1987 年最高人民法院成立了专门的诉讼文书研究小组，开始

---

[*] 山东大学法学院副教授、中国法学会法律文书研究会常务理事。
[**] 山东省临沂市市场监管局。

关注诉讼文书的规范和统一问题，其中包括文书语言规范化问题。并于1992年出台了《法院诉讼文书样式（试行）》。针对诉讼文书在试行过程中的若干问题，最高人民法院于1993年以《通知》的形式予以了详细解答。① 至此，这两份文件对我国刑事裁判文书的制作从法律框架、法条引用、刑期表述、文书署名等各个方面总体上进行了规范。

第二次裁判文书改革发生在20世纪90年代后期。随着1996年刑事诉讼法修改，审判方式从审问式转为控辩式，增强了诉讼的对抗性，把控辩双方的举证和辩论作为查明案件事实的主要方式，被视为是对英美当事人主义审判方式的合理借鉴。"在新的审判方式下，庭审活动更多地由控辩双方主导，法官从积极查证变为被动听证，中立性明显加强。"② 1997年3月，《中华人民共和国刑法》修订，为了与修订后的刑法、刑事诉讼法的精神和内容相吻合，最高人民法院坚持与时俱进，主动修改试行样式中的刑事诉讼文书样式部分，1999年4月6日，最高

人民法院审判委员会第1051次会议通过了《法院刑事诉讼文书样式（样本）》，并决定于1999年7月1日起施行。1992年6月由最高人民法院办公厅下发的《法院诉讼文书样式（试行）》中的刑事部分，自1999年7月1日起停止使用，从而使法院刑事诉讼文书特别是刑事裁判文书样式得到进一步完善。此后，陆续增加或者修正了适用一审普通程序的四种刑事判决书样式，呈现出判决书从样式集中到样式分化的发展态势。该阶段，刑事裁判文书说理在应然层面开始注重对控辩意见的阐释与回应，强调事实和证据的分析说理，增加审判方式的透明度。这些具体要求使得文书的内容逐渐充实扩展，说理模式由以法院为中心转向控辩说理。

自2009年开始，为了使法院诉讼文书进一步规范化和标准化，最高人民院结合法律法规以及司法解释在保留原有法院文书格式的基础上进行了补充修订，2015年最高人民法院组织实务与学术界各方对裁判文书进行细化修订，逐步推出更加切合实际的文书样本。其中分别于2015年、2016年开始

---

① 最高人民法院《关于〈法院诉讼文书样式（试行）〉若干问题的解答》，发布日期：1993年4月21日，生效日期：1993年4月21日。
② 熊秋红："刑事庭审实质化与审判方式变革"，载《比较法研究》2016年第5期。

实施新的行政诉讼文书样式以及民事诉讼文书样式，对于刑事诉讼文书的修改和完善也在全面酝酿当中。2017年5月实施的《常见犯罪的量刑指导意见（二）（试行）》内容涉及八种常见犯罪的量刑及附则，则进一步规范了量刑说理的范围，推动量刑规范化改革日趋深入。2018年6月13日发布实施的《最高人民法院关于加强和规范裁判文书释法说理的指导意见》，更加具体明确了说理过程中如何处理存在的矛盾。

自2014年裁判文书上网公开以来，相关专家学者对刑事判决书说理的研究进入了一个新的层面。新的研究思路集中在利用中国裁判文书网这个大数据平台进行刑事判决书的案例取样，分析判决书的量刑说理和法律适用说理，并就当下的说理问题建言献策，在司法改革的道路上，刑事判决书说理制度不断完善，说理已经由量变逐渐过渡到质变。

一、刑事判决书说理模式的重建阶段（1992—1998）

（一）《法院诉讼文书样式（试行）》的颁布

1992年6月，《法院诉讼文书样式（试行）》正式出台，突破了以往的裁判文书说理模式。在刑事判决说理方面的突出特征是向民事裁判文书学习，展现刑事诉讼过程和庭审模式，要求在判决书的事实部分，具体写明控辩审三方事实，注重事实、证据、理由和案件处理结果之间的内在逻辑关系。"在裁判理由方面改变了传统的'法院一方理由'模式，强调三方理由的阐释，包括控辩双方对认定案件事实、适用法律意见的理由以及法院根据庭审查明的事实、证据，认定被告人是否犯罪、犯什么罪、从轻或者从重处罚的理由。"[①]

《法院诉讼文书样式（试行）》的出台具有划时代的重要意义，解决了法院诉讼文书规范化、统一化的问题，极大增强了刑事审判的透明度。裁判文书开始真实记录刑事诉讼过程和控辩双方的庭审活动过程，也使得诉讼结果真正开始在裁判文书上予以呈现，由此开始，"刑事判决说理制度由以往的

---

① 彭海青："论刑事判决的说理"，载《湘潭大学学报》（哲学社会科学版）2007年9月第31卷第5期。

以法院为中心开始向以控辩庭审为中心的转变。"①

(二) 判决书说理的时代局限

虽然这阶段的裁判文书说理开始强调控辩模式，但基于特定的历史发展阶段，本时期的刑事判决说理不容置疑地存在着时代局限性。

1. 判决理由的局限

该时期的判决书制作，对证据分析和判决理由的写法表现出公式化、概念化的时代特征。在判决说理方面的最大不足是阐述判决理由不够充分。具体而言，其一，缺乏对证据的分析认证。其二，缺乏对控辩方在事实问题上不同看法的分析辩驳。其三，在总结性说理裁决部分，重视认定，忽视认证说理，因而造成分析不透，说理不足，削弱了判决的说服力和公信力。② 这在该时期的一些典型的刑事判决书中得到体现。

1996 年"呼格吉勒图"案一审刑事判决书中，法官在主观认定呼格吉勒图的作案过程后，就是简单的证据罗列，沿用本时期习惯性的写法"认定上述犯罪事实的证据，有证人证言……现场勘查笔录和呼格吉勒图的供述等"③，没有就证据分析论证说理，事实、证据与最终的判决结果之间也没有呈现出清晰的逻辑层次。对呼格吉勒图的辩护人所提出的态度较好等辩护意见，未加阐释分析便直接作出了不予采纳的结论。"聂树斌案"一、二审刑事判决书事实认定说理以及法律适用说理方面简单粗暴，缺乏证据展示以及法律推理。例如，一审刑事判决书中证据部分，"……聂树斌所供被害妇女的体态、所穿衣物与被害人之夫侯某某、证人余某某所证一致。"④ 据以定罪量刑的证据都是言词证据和间接证据，事实说理缺乏证据支撑，缺乏对证据基本的分析认证，没有形成基本的证据链支持。对于一审判决中辩护人指出的聂树斌犯强奸罪证据不足的辩护意见，一审法官也仅仅是陈述了依据"因有被告人聂树斌多次供述，且与现场勘查吻合，供证一致，不予采信"，而

---

① 李滇："建国60周年刑事判决说理制度的回溯与展望"，载《行政与法》（庆祝建国成立60周年）。
② 龙宗智："刑事判决应加强理由"，载《现代法学》1999年第2期。
③ 内蒙古自治区高级人民法院刑事判决书，(2014) 内刑再终字第00005号。
④ 中华人民共和国最高人民法院刑事判决书，(2016) 最高法刑再3号。

直接忽略辩护人的意见，没有体现出法官心证形成的过程和理由。两起典型案例的判决书在证据的采信说明，对控辩意见的回应等方面呈现出很大的缺陷，种种说理的不充分使得当事人和社会公众难以理解和接受，没有达到服判息诉的目的，也因此引起了当事人家属多年的申诉上访，破坏了司法公正。

关于该阶段裁判文书说理不足的状况并非仅仅在特别案例中表现出来，在该时期具有"民间形式，官方背景"的《中国审判案例要览》系列丛书中也大量存在着相似的共性说理。例如，1994 年徐保弟以非法架设电网的危险方法致人死亡案[①]，在法院审理查明的事实之后，也是直接罗列相关证据，"上述事实有下列证据证明：1. 证人张葵明、金品官等人的证词；2. 朱菊华的陈述；3. 供电站对鱼塘电压的证明；4. 现场勘查材料及拍摄的照片……"这是该时期具有代表性的关于证据的写法，程式化现象严重，直接罗列相关证据，缺乏具体的证据分析，庭审过程中举证、质证和认证的过程在判决书中无法体现。在定罪量刑部分，以套用法条罪状描述的方式代替具体案件的分析、论证，因而使裁判文书高度模式化，缺乏个性，未能展现具体个案的特点。

2. 制约性要素分析

基于时代的局限性，本时期刑事判决书说理不足的原因比较复杂，既有传统的影响，又有现实因素的制约。主要的制约性因素表现如下：

（1）法官整体素质不高。相较于国外法官的产生、遴选具有严格的制度，

本时期我国法官职业制度尚不健全。1995 年《法官法》实施之前，法官的任职资格比较低，自身法学素养偏低，很多人稍加法律培训便直接在法官的岗位上进行审案；法官法实施后，转业军人分配及其他企事业单位调入法院任法官仍是普遍现象，相对而言，法学专业学生任职法官的比例则很小。法官的整体素养决定了本时期刑事判决书的质量，判决书说理千案一面的现象也就不足为奇。

[①] 中国高级法官培训中心、中国人民大学法学院编：《中国审判案例要览》（1994 年综合本），中国人民公安大学出版社 1995 年版，第 154 页。

(2) 法官尚未真正独立行使审判权。本时期司法工作行政化的现象很明显。

法院系统内部长期存在院长、庭长审批制，审委会定案制的情况，一定程度上存在审、判分离的情况。"不仅司法独立的传统不够，而且司法机构内部的行政色彩相当浓重。"① 在这种环境中，法官并无真正意义上的独立审判权。法官的独立审判权往往受到来自领导指示、地方政府施压，舆论干扰等，使直接审理案件的法官在案件最终的裁判结果上没有决定权。对赵作海、佘祥林等错案进行追溯分析，政法部门的干预协调很大程度上是造成冤案的直接原因。这种司法体制使法官个人只负责查明案件事实，无需对具体的裁判结果负责，因而难以提高法官的责任心，刑事判决书的制作自然敷衍了事，往往呈现出事实和证据的罗列堆砌，而少有对具体判决进行说理的阐述。如呼格吉勒图案平反之后启动的追责程序中，参与案件的相关责任人全部受到党纪和政纪处分，却并未有人被以刑讯逼供罪或玩忽职守罪追究责任，就是本时期司法行政化的突出体现。

3. 判决书充分说理的典范——褚时健案一审刑事判决书

自文书试行样式出台以来，为法官进行判决书的具体写作提供了指引参考，刑事裁判文书的质量得到了提高，涌现出一些具有代表性的刑事裁判文书，其中以褚时健案判决书②最为代表。"它不仅彻底改变了几十年来人民法院裁判文书'千案一面'的传统制作方法，而且在许多地方也突破了最高人民法院《法院诉讼文书样式（试行）》中的规定。"③ 该案判决书把控辩双方意见和"本院认为"有机结合，将法院"本院评判"的内容，贯穿进控辩双方进行举证、质证的全过程，反映了诉讼中控辩双方诉讼权利的平等，体现了"以审判为中心"的刑事诉讼特征。还如实反映了法院判决结论形成的完整过程，把控辩双方的争议，庭审过程中呈现的不同意见以及法庭的评判，浑然一体地结合在每一段之上，形成判决书结构部分与整体紧密结合的特征。

---

① 苏力："判决书的背后"，载《法学研究》2001年第3期。
② 云南省高级人民法院刑事判决书，(1998) 云高刑初字第1号。
③ 罗书平："改革裁判文书的成功尝试——评云南高院对褚时健案的刑事判决书"，载《法学家》1999年第5期。

量刑说理也十分充分，对控辩双方提出的能够影响被告人量刑的情节，法院都不惜笔墨予以耐心评判。另外，该案判决书还大胆地否定了公诉机关所指控的证据不足的事实，并予以明确展开论述，体现了法院在审判过程的独立性。该份判决书突破了判决书的常规格式，并得到最高人民法院的高度肯定和推广，为各级法院进行判决书的制作提供了借鉴参考的范例。

二、刑事判决书说理模式快速发展阶段（1999—2013）

1999—2013年是我国刑事判决书说理的快速发展阶段，在这一阶段，我国刑事裁判文书的格式、内容和体系发展最快，说理模式也得到很大程度的完善。1999年《法院刑事诉讼文书样式》的颁布体现了对说理事实和证据的重视；最高人民法院的多个规范性文件对说理的要求也在应然层面呈现出由加强说理到充分说理再到透彻说理的特征。

（一）颁布《法院刑事诉讼文书样式》

第二次裁判文书改革的成果是修改并颁布了修订后的《法院刑事诉讼文书样式》。修改和补充后的一审普通程序的诉讼文书样式的事实和理由部分如下：

"×××人民检察院指控……

被告人×××辩称……。辩护人×××提出的辩护意见是……

经审理查明，……。

本院认为，……。依照……的规定，判决如下：……"[1]

这次修改的重点是针对刑事裁判文书的事实（包括证据）和理由部分。在事实部分突出了控辩双方的意见和经审理查明的事实、证据的表述，将控辩双方意见改为分两个段落论述，"经审理查明"部分要求加强对证据的分析和认证。理由部分则强调了说理性。这些裁判文书样式不仅为法官制作具体文书提供了重要的参考，而且为说理受众评价判决书说理质量提供了参照标准，便于说理受众据此格式来评价判决书说理到位与否。同时，判决书的规范表达能够促进法院与受众之间就某些判决意见达成共识，也有利于促进

---

[1] 周道鸾：《中国法院刑事诉讼文书的改革与完善》，法律出版社2002年版，第31页。

在继承优秀说理经验的基础上进行突破、创新。

但是，并非每份裁判文书都严格对应文书样式，法官基于个人的写作风格特点和具体案情等要素会作出相应的调整，而且某些地方法院在内容和形式方面也作出了积极的改革和探索。另外，诉讼文书样式作为诉讼程序的载体，1999年文书样式并未随着多个刑法修正案的出台，以及2012年刑事诉讼法的修改而补充完善，现行诉讼文书样式呈现出"说理要素不完善；缺少反向说理的设置；司法公开理念落实不够"[1]等问题。加强对现行诉讼文书的修改与完善，坚持与时俱进，已成为新一轮改革中推进庭审实质化和罪刑说理科学化迫切需要解决的课题。

(二) 刑事判决书说理模式的发展

1. 明晰裁判文书说理重点

最高人民法院先后围绕着事实和证据之间的对应关系，逐渐在宏观层面构建起刑事裁判文书制作的规范性法律文件体系。其中，《人民法院五年改革纲要（1999—2003）》（简称《一五改革纲要》）[2]提出以"展示司法公正"为目标的"加强分析，增强说理性"，明确要加强对质证证据的分析。2005年施行的《法官行为规范（试行）》[3]倡导以"胜败皆服"为目标的"充分说理"，要求在普通程序审理过程中对采纳的辩护意见、代理意见进行说理。2009年最高人民法院下发相关通知要求对诉辩意见、事实论证过程中的证据采信和事实认定以及法律适用过程中的说理进行公开。2010年修订后的《法官行为规范》[4]要求普通程序审理的案件，在文书制作上内容要全面，说理透彻、论证严谨。

最高人民法院的多个规范性文件对刑事判决书说理的要求在应然层面呈现出由加强说理到充分说理再到透彻说理的特征要求，体现了对判决书说理的重视。

---

[1] 苏国华、陈义熙："裁判文书说理完善的样式驱动——以刑事判决书样式重构为对象"，载《全国法院第二十六届学术讨论会论文集》2015年4月。

[2] 最高人民法院《人民法院五年改革纲要（1999—2003）》，法发〔1999〕28号。

[3] 已失效。

[4] 最高人民法院《法官行为规范》，法发〔2010〕54号。

2. 技术性规定更加细致

在司法文件中出现更为细致和可操作性的规定。最高人民法院充分注意到司法实践中判决书制作不规范的现象，为了避免判决书中可能出现的错别字，缺词漏句等语法性错误，及法律适用过程中错漏引用甚至不当引用法律条文的问题，下发了提高文书质量的通知[1]，重申了提高裁判文书说理的重要意义，并提出要对事实认定、法律适用进行重点说理。

2010年《法官行为规范》，进一步强调对用语和文字的重要性，要求用语要规范，文字简练，并就出现文字差错或病句情形下，要及时收回、补正或重制判决书。这些规定具体针对司法实践中出现的问题，强化了法官的思想认识，端正了法官的裁判态度，明确了法官说理过程中的注意和避免事项，一定程度上都促进本时期刑事判决书写作质量的提高。

地方各级人民法院也纷纷就刑事裁判文书的整体行文结构和具体的技术性要素展开积极探索，如：湖南省高级人民法院的《关于制作刑事裁判文书技术规范要求的规定》，其就全省的刑事裁判文书文字字体，标点符号，数字和计量单位的用法等做出了细致规定。安徽省高级人民法院的《裁判文书制作规范》（试行）对判决书的整体结构规范做出规定等等，就这些举措保证了省级行政区域范围内刑事裁判文书的规范性与统一性，但也在某种程度上造成全国各地的文书说理标准不统一，地域化倾向明显。

在最高人民法院和地方法院的共同努力下，刑事裁判文书的具体行文结构得到统一与规范；案号的规范性和统一性以及案件由来的表述更为专业；对于采取普通审判程序审理的刑事案件，一般都会对证明案件事实的证据进行具体描述，并且证据的描述部分往往占据了判决书全文的大部分。

3. 确立案例指导制度

我国尽管没有实施判例制度，但充分重视案例指导的作用。最高人民法院《人民法院第二个五年改革纲要（2004—2008）》提出要建立和完善案例指导制度[2]，并于2011年开始发布指导性案例。截至2017年5月，最高人民

---

[1] 最高人民法院《关于裁判文书引用法律、法规等规范性法律文件的规定》，法释〔2009〕14号。

[2] 最高人民法院《人民法院第二个五年改革纲要（2004—2008）》，法发〔2005〕18号。

法院共发布了 87 例指导性案例,其中有 15 例刑事指导性案例。

刑事指导性案例裁判文书遴选自地方法院的审判案例,内容包含了事实认定说理,对法律规则的解释,同时保留了案件来源、裁判结论、推理过程等基层司法机构的成果,具有弥补法律漏洞的作用。

法官借鉴和参考指导性案例中的判决规则,通过对指导性案例的明示援引或者暗示援引,保证了法律的统一适用,避免了"同案不同判"的现象。在一定程度上倒逼基层法院的法官不断提高刑事判决书的质量,加强说理性。例如,在吴志宽故意杀人二审刑事判决书[1]中,针对公诉机关援引指导性案例所阐明的精神,作出对该案原审被告人吴志宽应判处死刑,缓期二年执行同时限制减刑的公诉意见,法官在综合评判控辩双方争议焦点部分,对原审被告人吴志宽的作案动机对本案量刑的影响部分进行说理,详细论述了吴志宽作案动机无法查明,不足以对原审被告人从轻处罚的理由,最终在本院认为部分作出对公诉机关量刑建议不予采纳的结论,对控辩双方的争议观点予以有效回应,具有较强的说理性。但问题依旧存在。

(1) 刑事指导性案例数量不足。迄今为止,最高人民法院只公布了 15 例刑事指导性案例,虽然其在统一标准、指导法官进行司法实践等方面具有重要的意义,但是在数量和质量方面都有所欠缺。"考虑到司法机关的办案数量以及基层司法机构期待解决的海量问题,这样一个数字微小到完全可以忽略不计。"[2] 司法实践中法院办理的案件数量多且案件类型庞杂,新型案件层出不穷,仅仅 15 例刑事指导案例显然无法涵盖案件全部类型,也无法适应新型案件的需要,因而不能在"整体"上为刑事审判提供指引和参考,导致这一制度的影响力有限。

(2) 案例"指导"性作用不够。指导性案例的作用,关键在于能为法官在今后审理类似案件时提供借鉴和参考的规则。但就从已发布的刑事指导性案例来看,部分案例的借鉴价值不大,周光权教授将这部分案例称为"重申司法解释型"[3]。这些刑事指导性案例仅仅是重申既有的司法解释中的裁判要

---

[1] 广东省高级人民法院刑事判决书,(2016) 粤刑终 340 号。
[2] 林维:"刑事案例指导制度:价值、困境与完善",载《中外法学》2013 年第 3 期。
[3] 周光权:"刑事案例指导制度:难题与前景",载《中外法学》2013 年第 3 期。

点，既没有超越原有的内容进行深入阐释，也没有推陈出新，提出新的解释理由和裁判观点。

刑事指导性案例制度应当重点展现法官面对具体个案时进行事实认定，适用法律规范进行说理的过程。仅仅简单陈述《刑法》、司法解释和宣传国家政策对于从根本上提高法官的判决书说理能力有待商榷。因此指导性案例应当尽量选编具有超越个案意义的典型性案例，具体展现事实认定和法律适用的过程，为基层法官撰写高质量的刑事判决书提供更有价值的参考。

4. 重视量刑说理

我国判决书制作历来重视格式和用语的规范、统一，且存在"重定罪、轻量刑"的习惯性思维，以及法院系统存在的"司法行政化"等原因，导致过于重视和强调案件的定性，而忽视定罪之后的量刑。反映到判决书中，表现为法官对定罪说理书写认真、详细，而对于量刑说理则往往一笔带过。针对量刑说理不足的情况，具体司法实践案例以及多个法律文件强调要加强对量刑说理的改进工作。

许霆案终审裁定书[①]量刑说理具有一定代表性。对许霆在法定刑以下进行量刑，既考虑到了其行为对社会的危害程度，又充分考虑到了许霆具有犯罪的偶然性和特殊性。一般的刑事判决书量刑说理总会使用程式化的语言，如"犯罪行为极其恶劣""情节特别严重"等高度概括和模糊的词汇，很少会结合具体的个案说明具体的细节。但许霆案判决书中却对于"数额特别巨大"的量刑情节进行了充分的说明。法官在进行说理时结合具体的司法解释，对许霆实际只非法占有银行资金173826元作出说明，分析了首次取款的1000元及银行划账扣款174元不计算非法占有银行资金的原因，具体分析十分清楚，一目了然。另外，对许霆具有可以减轻处罚的酌定情节，法官从犯罪对象、手段、条件等具有特殊性的角度进行了分析论证说理。通过对许霆案这种社会关注度高的案件进行详尽的量刑说理不仅有效回应了社会舆论，而且能够发挥个案的示范作用，促进了量刑说理模式的推广。

多个司法文件具体规定了量刑说理的进程。最高人民法院《"三五"改

---

① 广东省高级人民法院刑事判决书，(2008) 粤高法刑一终字第170号。

革纲要》①要求把量刑纳入法庭审理程序中。2010年，最高人民法院、最高人民检察院、公安部等联合印发指导意见②，要求在刑事裁判文书中说明量刑理由，并就量刑理由的具体内容作出了详细规定，体现了对量刑说理的重视。另外，最高人民法院分别于2013年和2017年发布了两个关于常见犯罪的量刑指导意见，明确了具体的刑种以及量刑指导原则、基本方法等。这一系列的举措表明量刑说理逐渐得到重视，历经从无到有的规范化转变，加强裁判文书量刑说理已经成为了共识。

5. 创新说理形式：判后答疑制度、法官后语与附录法律条文

判后答疑制度、法官后语及附录法律条文是刑事判决书说理的重大创新形式，对于增强刑事判决书的说理性具有重要意义。

（1）判后答疑制度。判后答疑"是指判决生效后，如果当事人对裁判存有

异议和疑问，原审法院须就裁判的程序适用、证据认定、裁判理由等问题向来访的当事人进行解释和说明。"③ 该制度是针对当事人可能因无法理解判决书的专业术语含义，不信服判决因而涉诉信访产生的，是一种"护民、便民、利民"的软性司法措施，是对裁判文书说理的强化和补充，以促使当事人服判息诉。在答疑过程中，法官与当事人直接面对面，把案件裁判过程的程序和实体问题向当事人解释清楚，并解读案件的事实认定，法律适用等。如在李昌奎案二审改判之后，法官从少杀、慎杀的刑事政策角度，对二审改判死缓的缘由予以说明，虽然事后说理效果不是十分明显，但解答了社会公众的疑惑，也在一定程度上增加了裁判的可接受性和司法公信力，维护了司法权威。另外，刑事案件判后答疑对程序性事项具有补充说明作用。如薄熙来因贪污受贿、滥用职权被一审法院依法判处刑罚后，济南市中级人民法院就通过其官方微博进行判后答疑，对判决书形成日期早于宣判日期进行说明解释，回应了社会民众的质疑。但是，判后答疑制度也给人一种"事前不

---

① 最高人民法院《人民法院第三个五年改革纲要（2009—2013）》，法发〔2009〕14号。
② 最高人民法院、最高人民检察院、公安部、国家安全部、司法部印发《关于规范量刑程序若干问题的意见（试行）》的通知，法发〔2010〕35号。
③ 郭小冬："判后答疑制度评析"，载《法商研究》2007年第1期。

说，事后说理"的嫌疑，且全国范围内缺乏统一适用的判后答疑规范，使答疑的最终效果有所减损。

（2）法官后语。法官后语是指在判决书尾部附有的法官对具体案件的主观个人看法。主要目的是对当事人进行道德说服教育。法官后语率先出现在上海市第二中级人民法院的裁判文书中。其作为裁判文书改革进程中的一项创新性举措，适用范围主要集中在民事裁判文书当中，少数刑事裁判文书中会出现法官后语。在司法实践中，法官主要根据具体个案的特点加以确定和撰写法官后语。它的出现，是法官人性情感的流露，既使得裁判文书富有个性化特征，也使得裁判文书情理法交融。"裁判文书，尤其是民事裁判文书中论情，让情由理及法，法由理及情，情与法结合于理的论述弘扬了中华民族的传统美德，以情感人、以理服人，使威信不仅来源于强力的支持，而且还源于人们内心的折服。"① 如在杜某交通肇事罪判决书中②，法官从道德评判的角度，肯定了杜某事后积极抢救被害人的行为，进而说明判处杜某缓刑的具体理由，并告诫杜某，以后要平静接受生活中的坎坷，慎重看待生命的价值。字里行间体现出浓浓的人性关怀，拉近了法院与当事人之间的距离，是对判决书事实认定说理和法律适用说理部分的补充，增强了判决书的说理性。但是对其在裁判文书中具体位置以及语言的规范性表述上尚存在争议。

（3）附录法律条文。附录法律条文是指在裁判文书的尾部，将判决所依据的法律和法规完整列出。上海市法院系统最早通过下发专门的实施意见，就判决书应当附录相关法律条文的文书内容范围作出了系统规定。现如今，裁判文书网上公开的判决书已经有很大一部分附录了法律条文。

通过在判决书的尾部附录相关的法律条文，不仅方便法官核对法条的引用是否正确，而且也便于判决书的受众及时查阅相关法条，了解案件的具体裁判依据。我国现行刑事裁判文书样式并未有附录法律条文的要素，通过列举相关法条能够进一步完善判决书的结构，使得法律条文与判决书的说理部分相互补充映衬，也能够促使法官不断提高判决书说理的能力，提高服判息

---

① 田荔枝："个性化与模式化——对裁判文书写作的思考"，载《河北法学》2008年7月第26卷第7期。
② 湖北省郧县人民法院刑事判决书，（2014）鄂郧县刑初字第00069号。

诉的社会效果。如刘涌案刑事判决书[①]向社会公开时,将法律适用时的法律规定及立法解释、司法解释共5个法律文件,18个法律条文以附录的形式一并予以公开,使当事人及关注案件的社会公众了解案件"怎样判""为什么这样判"。惠州"许霆案"[②]判决书也附录相关法律条文,为其说理性论证增色不少。

笔者在某基层法院调研时,其内网系统就安装了相应的核对、添加附录法条的软件,该法院制作的各类型的裁判文书均在文书末尾附录了具体的法律条文。而某中级法院,由于受于软件系统的限制,其制作的裁判文书极少会出现有附录法律条文的判决书。可见,法院系统内部的数字化程度也是影响判决书说理程度的一个重要因素。

6. 提升法官职业化水平

我国在近十几年的司法改革过程中,始终将提高法官的职业化水平作为一项重点任务,推动了多项旨在促进法官职业化水平提升的措施。一是硬性提高法官的职业"门槛"。如设立法律类职业资格考试,要求只有通过司法考试才具有做法官的资格;《法官法》硬性设置法官职业准入门槛,对法官的工作经历、职业背景等作出了详细规定。尤其是2018年,国家司法考试将改为国家法律职业资格考试,考试内容和难度有所增加,对法律从业人员的职业道德和法律素养提出了更高的要求。二是倒逼法官提高自身素养。裁判文书网上公开的深入推进倒逼法官不断提高自身综合素养和法律职业能力,进而做到公正裁断并制作说理充分、论证有据的裁判文书。这些举措引导和促进说理主体不断提高自身能力,为撰写说理充分的裁判文书提供了前提保障。

三、刑事判决书说理模式新发展时期(2014年至今)

(一)裁判文书网上公开

裁判文书公开是贯彻审判公开原则的要求,随着司法改革的逐步深入,

---

① 中华人民共和国最高人民法院刑事判决书,(2003)刑提字第5号。
② 广东省惠州市惠阳区人民法院刑事判决书,(2014)惠阳法刑二初字第83号。

文书公开也逐渐向纵深拓展。党的三中、四中全会从全局高度开启了新一轮司法改革，推进"以审判为中心"的诉讼制度改革要求，"最重要的特征就是遵循、体现司法规律；建立'审理者裁判，裁判者负责'的司法权运行机制和司法责任制，体现司法的判断性、亲历性，以及权责一致的司法权行使规则。"① 在该轮司法改革中，裁判文书的说理改革被提到了一个新的高度。其中，党的三中、四中全会要求增强裁判文书的说理性，建立文书网上公开制度。最高人民法院于 2014 年 1 月 1 日开通中国裁判文书网，要求所有生效裁判文书都在此平台上予以公开。

现在裁判文书网上公开工作已经实现制度化、规范化，每个公民均可以直接在中国裁判文书网上查阅、下载相关裁判文书。"截止到 2018 年 1 月 2 日，中国裁判文书网的访问总量近 125 亿次，累计公开裁判文书超过 4131 万篇，继 2017 年 8 月 23 日访问总量突破 100 亿次之后，这个全球最大的裁判文书公开平台又上了一个新台阶。"②

裁判文书网上公开，督促法官不断提升判决书说理水平，在说理字数、语言文字、标点符号等方面有重大改进。法官可以通过检索相关案例搜集先前裁判文书，参考其他法官对类似问题的理解和处理，为法官裁判案件提供指引。并且为判决书说理学术研究和教育提供了充足的案例资源，能够有效促进学术研究的繁荣，提高理论和实践双向互动的活跃度。另外，实现了案例来源的及时性和全面性，因此能够有效避免出现成文法和指导性案例"指导性"不足的问题。

（二）最高人民法院《关于加强和规范裁判文书释法说理的指导意见》的出台

2018 年 6 月 13 日发布实施的《最高人民法院关于加强和规范裁判文书释法说理的指导意见》（法发〔2018〕10 号）提出"要根据案件社会影响、审判程序、诉讼阶段等不同情况进行繁简适度的说理，简案略说，繁案精说，力求恰到好处"，并对"应当加强释法说理"的具体情形、"可以简化释法说

---

① 龙宗智："司法改革：回顾、检视与前瞻"，载《法学》2017 年第 7 期。
② 罗书臻："中国裁判文书网访问总量近 125 亿次"，载《人民法院报》2018 年 1 月 3 日。

理"的具体情形作了明确规定。

指导意见的第 2 条明确指出，裁判文书释法说理，要讲究文理，语言规范，表达准确，逻辑清晰，合理运用说理技巧，增强说理效果。第 15 条再次强调，裁判文书行文应当规范、准确、清楚、朴实、庄重、凝练，一般不得使用方言、俚语、土语、生僻词语、古旧词语、外语；特殊情形必须使用的，应当注明实际含义。裁判文书释法说理应当避免使用主观臆断的表达方式、不恰当的修辞方法和学术化的写作风格，不得使用贬损人格尊严、具有强烈感情色彩、明显有违常识常理常情的用语，不能未经分析论证而直接使用"没有事实及法律依据，本院不予支持"之类的表述作为结论性论断。

(三) 刑事判决书说理的现状

判决理由是判决书的精髓。随着新一轮司法改革的深入，裁判文书上网的推进完善，倒逼法官不断提升刑事判决说理水平，客观上促进了刑事判决说理水平的提高。但是笔者在对中国裁判文书网上的判决书进行梳理的过程中发现，刑事判决书说理仍然存在着说理不充分的现象。

1. 事实认定说理缺乏证据分析论证

根据《"四五"改革纲要》简化裁判文书说理的精神，一审轻微刑事案件可以通过简化判决书的具体格式内容，来提高法院裁判的效率。司法实践中，基层法院所审理的刑事案件大都属于轻微刑事案件，在具体的说理过程中，都是先写明法院经审理查明的案件事实，然后逐一列举认定上述事实的证据，最后以"以上证据，经庭审举证、质证，查证属实，某某的犯罪事实清楚，足以认定"等说法结束。在事实认定部分简化证据分析，虽然体现不出法官用证据去证明案件事实的过程，但基于这些案件一般都是事实、证据清楚充分，争议不大，社会影响较小的案件，通过简化说理，能够使案件的判决达到案结事了、定分止争的目的。

而复杂刑事案件判决书说理却简单套用文书固定样式进行填充说理，导致事实认定的说理较为薄弱，从证据的分析认证到事实认定的过程呈跨越式样态，体现不出完整的证明过程。对于案件事实部分的阐释，法官在判决书中往往以"上述事实，有公诉机关当庭出示的下列证据予以证实：1. 证人××证言证明……；2.××现场勘验笔录及照片证明等"的方式予以呈现，只是将证据一一罗列，却不深入展开分析。例如，"……上述事实，有……下列证据证实：1.证人闫某某的证言证明：其是长清区孝里镇孝里三村村民……2016年8月2日10时许，其骑摩托车经过南水北调归德镇东辛砖厂桥时，看见有三四个人在公路护栏外面往河里看，其停下来到河边看到河里漂着一个人尸，尸体外裹着编织袋，其就报警了。2.证人侯某甲的证言证明：……22.公安机关出具的受案登记表、立案决定书、发破案经过证明：……"① 判决书在列举完证据的种类和展示证据内容之后，便直接得出"以上证据相互印证，能够形成证据链"的结论。至于对具体证据内容的评价过程，证据之间如何相互印证形成证据链，证据如何证实案件事实等问题缺乏说明和分析。上述案例中对证人闫某某的证人证言并未展开分析论证，其作为证据的证明与证据能力在判决书中没有得到充分的体现。司法实践中，仅有极个别判决书会单独就每一个证据的证明力与证据能力进行分析，以及就全案证据的整体联系进行综合分析。

鉴于复杂刑事案件社会影响较大，控辩双方争议较大，不能简化判决书事实认定说理的部分，应当尽量展示从证据取舍、分析到事实认定的论证演绎过程，公开法官基于对全案证据的分析所形成的心证过程。

2. 量刑说理存在偏差

量刑说理则是对判决正当性理由的一种阐明，系用于说明法院正当行使量刑自由裁量权的依据。② 其内容涉及对量刑事实及量刑适用法律依据的说理。我国当前刑事判决书说理仍存在"重定罪说理、轻量刑说理"的倾向性，量刑说理具体呈现出轻缓刑说理，轻附加刑说理等说理不足的现象。

（1）重主刑说理，轻附加刑说理。主刑和附加刑都是我国刑法典中所规定的刑罚措施，都是对被告人权益的限制和剥夺，地位应当得到同等重视，都应该进行必要的说理。但是现行的判决书中一般只重视对主刑的选择进行说理，而对于常见的罚金、剥夺政治权利等附加刑的选择则不进行说理论证。

---

① 山东省高级人民法院刑事判决书，（2017）鲁01刑初字第16号。
② 康黎："量刑说理初探"，载《中国刑事法杂志》2008年11月号。

对于判处罚金的具体数额，剥夺政治权利期限长短的具体原因未加阐述，也没有解释为什么判处罚金而不是没收财产。例如，关于适用罚金适用的常见表述为："依照……之规定，判决如下：被告人谷某某犯危险驾驶罪，判处拘役一个月，并处罚金一万元，撤销缓刑，与前罪有期徒刑……并处罚金一万元。"① 罚金是附加刑中普遍适用的一种，其适用的重点是确定具体的数额，刑法典规定应当根据犯罪情节确定罚金的数额。但实践中，法官对于罚金刑种类和具体数额的确定往往不够重视，没有结合犯罪情节进行论证说理，至少在判决书中未得到体现。

有学者以某法院2010年10月至2011年9月间97份刑事判决书为研究对象，进行量刑说理实证研究分析，最终得出结论："完全没有一份判决书对附加刑的选择进行说理，附加刑完全不说理的判决书占样本比例达64.95%。"② 另有学者通过2015年303份一审刑事判决书量刑说理实证调研，"主刑量刑的说理比例为53%、在依法适用附加刑的案件中，针对附加刑的适用进行说理的比例为31%。"③ 由以上附加刑适用说理数据可知，附加刑不说理的现象是非常严重的，如果单纯从数据上进行分析，刑事判决书中对附加刑说理的关注程度在多年间并未取得实质性进展。

（2）轻缓刑说理。缓刑作为一种附条件不执行原判刑罚的制度，适用非常广泛。但司法实践中，刑事判决书中所反映出来的缓刑适用理由过于简单，并没有严格按照缓刑的适用条件予以适用，缺乏对被告人人身危险性的考察和反映。例如，"本院认为，被告人王某某……其行为构成危险驾驶罪。被告人王某某归案后能够如实供述上述犯罪事实，可依法从轻处罚。据此，依照××之规定，判决如下：被告人王某某犯危险驾驶罪，判处拘役一个月，缓刑二个月，并处罚金二千元。"④ 该判决书对于王某某适用缓刑没有予以分析和说明，甚至连刑法规定适用缓刑的四个条件都不充分，让人感觉极为勉

---

① 山东省高级人民法院刑事判决书，（2017）鲁0102刑初字第298号。
② 李琴："刑事判决书量刑说理问题实证研究——以D法院97份刑事判决书为样本"，载《中国刑事法杂志》2012年第6期。
③ 王越："刑事裁判文书说理实证研究"，西北政法大学2016年硕士学位论文。
④ 山东省高级人民法院刑事判决书，（2017）鲁0112刑初字第32号。

强，而这种缓刑类似的说理手法在基层法院的案件中大量存在，存在权力寻租的嫌疑。

另外，需要注意的一点是，针对一审轻微刑事案件的简化裁判文书说理，应着眼的是判决书中占篇幅较大的事实和证据，而非裁判说理。换言之，对于轻微刑事案件中的附加刑和缓刑应进行充分的说理。

随着近年来量刑规范化改革以及相关量刑规范化制度的完善，如今的裁判文书量刑说理正在不断取得进步，裁判文书中附加刑完全不说理的状况大有改观。姑且不论说理正确与否，顶层设计和法官的重视程度是值得肯定的。

3. 格式化说理现象普遍

格式化说理主要体现在两个方面。一是套用格式化用语上。无论具体案件事实和证据有多不同，大多数刑事裁判文书说理时，总是使用相似的用语。如"主观恶性大"、"情节特别严重"、"数额特别巨大"等简单概述。很少会出现像在许霆案终审裁定书中对数额特别巨大量刑情节的具体分析过程。再如对自首进行说理通常使用"投案后如实供述罪行，系自首"，对于自首的内涵和被告人归案后如实供述罪行之间的联系却并未详细展开论述，仅仅一句话的描述体现不出量刑情节的个性化特征。如曾经备受社会各界关注的"李昌奎案"，一二审的审理过程中正是因为没有对自首情节给出具有说服力的理由，才引起社会公众的强烈质疑。二是套用格式化的定罪说理模式。在我国，刑法理论对于犯罪构成采用四要件理论，对于认定被告人构成犯罪需要从犯罪客体、客观方面，犯罪主体、主观方面予以阐释。而在司法实践中对被告人犯罪的构成常常是简单套用法条的刻板描述，如"被告人某某以非法占有为目的，采用暴力手段，劫取他人钱财，其行为已构成抢劫罪"。对于同一类犯罪的定罪描述大同小异，同一法院对同一种犯罪的定罪说理模式更是几乎没有差别。

事实上，刑法条文的罪状描述仅仅是对犯罪类型特征的抽象笼统概括。具体个案中犯罪事实是否与条文中所描述的相契合，需要法官在判决书中予以解释和说明。如果简单套用条文罪状描述，缺乏基于个案事实的逻辑分析和理论论证，显然是对被告人权利的漠视，也无法体现法官依法裁判的精神。

4. 程序性说理欠缺

司法实践中，刑事判决书的说理往往集中于实体性内容的说理，忽视了程序性内容的说理。对于案件为什么用简易程序或者普通程序审理，管辖权异议，案件为什么公开或者不公开，对非法证据排除的回应等在判决书中往往未得到说明。例如，适用简易程序常用表述，"本院依法适用简易程序，实行独任审判，公开开进行了审理"。对于案件适用简易程序的理由无过多说明，对于为何适用简易程序也没有给出过多的解释。这样会给社会公众造成一种法律高深莫测的错觉，不利于法律的宣传和法治社会的构建。

5. 对辩护意见的评析不足

对于被告人的辩解及辩护律师的辩护意见，判决书中反映很少甚至几乎没有反映，控辩双方的意见在判决书中呈现严重失衡的现象。主要表现为法官对辩护意见不予积极回应，辩护意见的采纳率不高。有学者以某中院三年的刑事一审刑事案件为对象，对律师辩护意见作出实证调研，"律师提出的672个辩护意见中，法院最终采纳302个，采纳率为44.94%。"[1] 从以上数据可窥视司法实务中对律师辩护意见的回应程度。

另外还存在法官对于采纳或不予采纳辩护意见的说理力度不到位的现象。相较于判决书中法官对于控方意见予以详细阐述，对于辩护意见的采纳情况说明偏少，存在说理不透的现象。这不仅导致控辩双方意见失衡，辩护律师不完全信服判决，也难以彰显司法的公正。

6. 呼吁个性化说理

我国一直把裁判文书定义为公文，过度强调其格式化和程序化，忽略了裁判文书所具有的自身价值，因而使得法官高度依赖文书的具体格式和语言，依样画葫芦，致使裁判文书千篇一律，毫无特色可言。"模式化的语言和结构的确提高了效率，可是脸谱化的枯燥乏味也使判词味同嚼蜡，缺乏文采。"[2] 而反观古代的司法官员，他们会根据案件的个案特征从法律、道德伦理、人情等角度充分说理，在语言以及案情内容上呈现出个性化色彩。如明

---

[1] 欧明艳、黄晨："从形式到实质：刑事辩护对裁判结果影响力研究"，载《法律适用》2016年第1期。

[2] 田荔枝：《我国判词语体流变研究》，中国政法大学出版社2010年版，第300页。

代李清的《折狱新语》，兼顾叙述与议论，在切中法意的同时融情于文，使得法律规范与道德规范相统一。[1]

实际上，诉讼文书样式所起的作用仅是参照，而非强制套用。因此，裁判文书的写作应当具备一定的灵活性，如针对复杂的裁判文书说理，法官可以根据对具体案情的把握程度，合理安排说理的方式、说理的结构，并可以决定是否附上法官后语，附录具体法律条文等。当然，发挥主观能动性的前提在于遵循裁判文书的内在逻辑规律，是建立在熟悉和遵守说理规范的基础上，灵活适当地发挥个性。如广为传颂的"褚时健案"判决书以及惠州"许霆案"判决书都是在遵守说理规范的前提下，适当发挥主观性，突破刑事判决书的既有结构，做到有所创新，最终起到了良好的社会效果。

2018年6月13日发布实施的《最高人民法院关于加强和规范裁判文书释法说理的指导意见》（法发〔2018〕10号）对防止裁判文书说理千篇一律的现象，提出法官必要时可以采用适当的修辞方法增强说理效果，同时提出要避免使用主观臆断的表达方式、不恰当的修辞方法和学术化的写作风格，不得使用贬损人格尊严、具有强感情色彩、明显有违常识常理常情的用语。为裁判文书释法说理的个性化提供了指引。

（三）当下刑事判决书说理不足的原因

自新一轮司法改革进行以来，司法责任制改革推动了司法权运行机制改革，缓和了司法行政化的趋势；司法员额制得以顺利推行，法官逐步走向职业化、精英化；裁判文书依法进行网上公开，防止了自由裁量权滥用和司法腐败现象的发生。另外，新《法官法》提高了任职法官的学历和工作年限，中级法院法官需要逐级遴选，并对法官工资福利待遇予以了规定。这些措施已经开始形成规范化、制度化的保障，法官素质已经有了大幅度提高，倒逼法官完成高质量的刑事裁判文书说理。现实情况中仅存在极少数如湖南省某县法院的"七错"裁判文书[2]这样的说理严重欠缺的现象。

随着当下司法环境的改善，说理的障碍已大大减少，但下面这些因素的

---

[1] 田荔枝：《我国判词语体流变研究》，中国政法大学出版社2010年版，第106页。
[2] 徐隽：" '七错裁判文书'带来的思考"，载《人民日报》2017年11月22日。

影响依然存在：

1. 立法规范的缺失

现行法律中缺乏对判决书说理的强制性具体规定。最高人民法院虽然出台了诸多司法文件对刑事判决书说理予以规范，整体脉络沿着从无到有的方向演进，在宏观层面构建起刑事判决书说理制度的框架。但刑事判决书说理制度在我国刑事诉讼法中并没有进行立法规定，没有立法化为法官的法定义务，处于立法空白状态。现行刑事诉讼法司法解释第246条虽规定了说理的内容，但没有规定关于法官的说理义务以及不充分说理的法律后果，没有形成制度化、规范化说理义务。

2. 法官主体因素的影响

笔者认为制约裁判文书说理质量提高的主体因素主要有以下几个方面：

（1）"案多人少"导致不愿说理。我国正处于社会转型期，社会发展模式的转型使得大量社会矛盾涌现。立案登记制使得大量案件涌入法院，法官的工作量激增，而员额制的推行也使得法官数量相对减少，"案多人少"局面亟待解决。

"案多人少"在全国法院各级法院都有不同程度的存在，在中基层法院尤其突出。以北京市为例，2015年，"在案件数量大幅上升近30%的情况下，法定审限内结案率达99.7%，一线法官人均结案159.4件，同比上升19.8%，有的法院一线法官人均结案达300余件。"[①]

"案多人少"矛盾对法官造成了很大的压力，法官常常因高强度的加班而消耗大量体力，长期处于亚健康状态。制作说理充分的裁判文书需要花费更多的时间，这让一些法官望而却步，只拟写一些"照本宣科"的简单判决书。另外，法官因工作繁忙经常把判决文书交由书记员和实习生书写，这也导致出现了部分说理简单粗糙的判决书。

另外，除了身累，法官心也很累。大多数法官更为困扰、更感无奈的压力是当事人的反复缠讼、"信访不信法"的压力，让很多法官很难保持洒脱的工作状态。笔者在法院实习期间，经常会遇到当事人因不服案件的判决，

---

① 王巍、黄颖："收案创新高部分法官年均结案300件"，载《新京报》2016年1月27日。

在法院门口拉条幅、聚众闹事、纠缠案件主审法官等现象，这些都让法官在判决书说理时有所忌惮。因此，真正阻碍、困扰法官说理的关键问题有二：一是累；二是怕。①

（2）公众舆论的压力。在司法实践中，法官普遍带着"趋利避害"的心理参与审判活动。这种心理状态的形成离不开舆论媒体的推波助澜。在屡见网络的司法舆情中，民意对于法官独立审判的影响越来越明显。

一个案子经过舆论媒体平台的传播解读，非常容易煽动广大网民非理性的负面情感，"此类受众情感不易把握，在趋道德性、同质性的基础上存在一定流变性与非理性"②。法院在非专业、非规范的舆论监督下，一般不能坚守底线，在强势的公众舆论监督面前往往会自觉退让。如"刘涌"案经舆论发酵后再审改判死刑立即执行。

另外，在法院启动的应急机制中，法官遭受处分或处理的事理屡见不鲜。如"彭宇案"后主审法官王浩被调离法院职位。种种因素导致裁判者在裁判说理的过程中会潜意识地规避风险，该说理的地方不说理，该详细说理的地方简单说理，普遍使用安全系数较高的字眼，如证据分析时使用"证据不足"以及套用法条进行格式化的定罪说理等，以避免被抓住漏洞或把柄。

（3）较高层次专业素养不高。刑事裁判文书说理的过程需要有法律方法、法律解释等专业的方法论进行指导，强化裁判论证效果的过程中还需要充分运用法律价值，适用案例指导制度等。另外，量刑情节具有复杂多样的特征，犯罪分子的人身危险性因素不一，以及政治、经济与社会治安形势的相互交叉，刑事政策考量等因素，这些都增加了法官进行说理时的难度。"在法律推理中，要想别人接受一个判决结论，其前提条件是，别人不仅承认法官认定的案件事实，更重要的是别人认同法官所援用的法律规范和价值判断。"③而现实中，有部分法官的理论水平与实践经验存在短板，往往经验

---

① 庄绪龙："裁判文书说理难的现实语境与制度理性"，载《法律适用》2015年第11期。
② 钟瑞栋、江鹏程："'量体裁衣：判决文书要素析散与整合'——以说理受众与语言分析为视角"，载贺荣主编：《全国法院第二十六届学术讨论会论文集》，人民法院出版社2015年版，第458页。
③ 张继成："从案件事实之'是'到当事人之'应当'"，载《法学研究》2003年第1期。

丰富的法官把说理讲到了庭上庭下,却不表现在裁判文书中。年轻的法官由于欠缺法律实践和理论融合指导,在裁判文书说理方面存在着说不透、讲不明的现象。

另外,少数一线法官在司法实践中仅注重提升审判技术,忽略对法律理论知识的学习,理论功底较浅,因而导致遇到疑难复杂案件时制作裁判文书较为吃力,在谋篇布局、结构安排、说理论证方面都只能勉强应付,造成了说理不足的局面。

综上,伴随司法改革的逐步深入,刑事判决书的说理模式亦在逐渐进入有选择、有个性的说理的多样化与深化阶段。

刑事裁判文书应通过涵摄演绎模式明示论证过程

——涵摄演绎模式逻辑结构的"柳叶刀"式阐述

● 郭付林　任震琨

摘要：刑事裁判文书包含法律惩罚，代表官方预设价值立场，因此必须以规范性、明确性使得裁判文书获得生命，获得一般预防机能。裁判文书的说理需要通过运用现代逻辑，以精细化的三段论涵摄演绎模式，勾连案件事实与法律规范。运用涵摄演绎模式引入其他社会规范时，要注重符合社会风尚、惯习；引入其他学科规范时，要注重法律论证。涵摄演绎模式弥补了传统三段论在论证中存在跨越案件事实描述与法规范之间裂缝的缺陷，充分展示法律的"论证"性，摒弃了"决断"性。《最高人民法院关于加强和规范裁判文书释法说理的指导意见》为裁判文书的规范性说理提供了方向。

关键词：裁判文书　明确性　涵摄演绎模式　规范化

一、引语

裁判文书，尤其是刑事裁判文书，裁判结果包含法律惩罚，代表官方预设价值立场，论证方式引领社会风尚[①]，具有一般预防机能。最高人民法院

[①] 从政治哲学角度而言，规定政治共同体比率的法律就是政治法，规定成员之间关系以及成员对整个共同体的关系就是民法，规定个人与法律之间的不服从与惩罚之间关系的就是刑法。"在这三种法律之外，还要加上一个第四种，而且是一切之中最重要的，这种法律既不铭刻在大理石上，也不是铭刻在铜表上，而是铭刻在公民内心里……我说的就是风尚、习俗。"[法] 卢梭：《社会契约论》，何兆武译，商务印书馆 2010 年版，第 70 页；从历史哲学角度而言，恰恰是社会风尚造就了历史的生成，因为"历史的秩序来自秩序的历史，历史被视为一个对存在的秩序获得分化程度不断提升的洞见的过程""从世界历史的观察，我们知道世界历史的进展是一种合理的过程"。参见 [德] 黑格尔：《历史哲学》，王造时译，上海书店出版社 2006 年版，第 9 页；[美] 埃里克·沃格林：《天下时代》，叶颖译，华东师范大学出版社 2018 年版，第 47 页。

副院长李少平指出,"我国当下的裁判文书依然存在'不愿说理''不善说理''不敢说理''说不好理'等方面的问题","从实际效果来看,裁判文书说理性不强、说理不充分、论证不到位等问题仍未得到较好的解决"①。在此背景之下,最高人民法院出台了《最高人民法院关于加强和规范裁判文书释法说理的指导意见》②(下文简称《意见》),该《意见》被比作是"柳叶刀"式的改革举措③,以规范性、说理化使得裁判文书获得生命④。

"柳叶刀"的形象比喻是指需要将作为三段论的大前提的法规范通过现代逻辑,诉诸社会经验或者其他学科规范,予以精细化,从而将案件事实与法规范勾连。在精细化的过程中,丰富裁判文书的说理性和论证性,从而使得裁判文书具有可接受性。

案例1:某甲砍断人手指。在传统的裁判文书所使用的法学三段论中,一般的论证方式具有"决断"性,通常表述为"某甲砍断人手指的行为构成故意伤害致人重伤"。而"柳叶刀"式的涵摄演绎模式,具有"论证"性,是通过将法规范《刑法》第234条第2款第1项的"犯前款罪,致人重伤的"与案件事实"砍断人中指"相互勾连,将"重伤"这一构成要件要素进一步通过演绎模式予以精细化,充分地予以展开论述。⑤

对于同一个重伤或者死亡结果而言,适用不同的法规范会有不同的法律效果。案例2:甲将乙捆绑在柱子上,第二天查看,发现乙死亡,死因是捆绑过紧。案例3:甲将乙捆绑,乙辱骂甲,甲用棍棒教训乙,不慎导致乙死亡。对于上述两则案例,在《刑法》第238条有规定,其中第2款的前半段"犯前款罪,致人重伤的,处三年以上十年以下有期徒刑;致人死亡的,处十年以上有期徒刑",和后半段"使用暴力致人伤残、死亡的,

---

① 李少平:"新时代裁判文书释法说理改革的功能定位及重点聚焦",载《人民法院报》2018年6月13日。
② 法发〔2018〕10号。
③ 参见赵朝琴:"以制度回应社会关切 循规律规范释法说理",载《人民法院报》2018年6月20日。
④ 参见王新清:"裁判文书释法说理的'加强'与'规范'",载《人民法院报》2018年6月24日。
⑤ 文章第三部分就是对演绎模式的梳理。

依照本法第二百三十四条、第二百三十二条的规定定罪处罚。"对于案例 2 应适用前半段，案例 3 应适用后半段（具体的论述过程详见文章第三部分），裁判文书必须示明需要适用的法律规范条款①，这也是罪刑法定原则的要求。

同样，在运用涵摄演绎模式的时候，在加入其他社会规范时，要注重符合社会风尚、惯习，"讲明情理，体现法理情相协调，符合社会主流价值观"②；在引入其他学科规范时，要注重法律论证。在"南京彭宇案"中，法官采用的法律论证的涵摄模式便是引入了"如果被告没有撞到原告，那么原告就不会扶被告"（$M_2x \rightarrow M_1x$）③的论证方式，但是，该论证方式与社会风尚不相符合，甚至离风尚之远不可以道里计。

二、裁判文书必须具有明确性：维持效力的一般预防

（一）人民通过裁判文书指引日常行为

刑法虽然具有行为规范的一面，但事实上，一般人并不直接阅读刑法条文，而通过起诉书、判决书（包括刑事裁定书）来了解刑法的内容。判决书是对刑法活生生的解读，解读得越明确，刑法的内容就越容易被一般人理解，刑法就越能发挥行为规制机能，从而实现特殊预防与一般预防。④

社会共同生活的规则是透过刑法传达给人民，人民学习规则较常是在日常生活的沟通中相互操作，其对于法与不法的想象不是透过法律语言的范畴来进行，而是由日常交往语言来确定。⑤

在一些法律案件中，由于法律论证与释法存在问题，造成人民未能正确理解法律。在"南京彭宇案"中，法官采用的论证方式便是，"如果被告没有撞到原告，那么原告就不会扶被告"。如此判决造成了人们日常行为与社

---

① 参见［日］西田典之：《日本刑法总论》，刘明祥、王昭武译，中国人民大学出版社 2009 年版，第 41 页。
② 法发〔2018〕10 号第 2 条。
③ 参见文章第三部分。
④ 参见张明楷："法条竞合与想象竞合的区分"，载《法学研究》2016 年第 1 期。
⑤ ［德］亚图·考夫曼：《法律哲学》，刘幸义等译，五南图书出版公司 2000 年版，第 130 页。

会风尚的悖逆,该判决便起到了错误引领风尚的作用。

反观2018年唐山"追逃逸者致死案",便统一了风尚与法律,达到了法律效果、社会效果与政治效果的统一。该案的一审判决认为,追逃逸者行为本身不具有违法性,且无侵害逃逸者生命权的故意和过失;逃逸者的死亡结果与追赶行为之间不具有法律上的因果关系。论证方式和说理非常明晰,可称作"柳叶刀"式的判决。

法律与风尚之间存有张力。法律是人理性创造的作品,司法裁判包括裁判结果与论证方式。裁判结果包含法律惩罚,代表官方预设的价值立场;论证方式具有引领风尚的作用。[1] 法官应将二者之间的张力消弭于内在的一致性与同质性。

人民既然是通过判决书来指引自己日常的行为,那么在刑事裁判文书中,所判处的刑罚便是至关重要的,刑事司法不是报复,而是刑罚[2],因此,下文对刑罚在整个规范体系中的定位展开论述。

(二)刑罚是对规范效力的恢复:维持效力的一般预防

规范与举止的勾连是通过意义[3]来实现的,否则事实与规范的沟通无从谈起。

法规范是意义表达[4],具有规范效力;举止是话语的意义表达,是对规范的否认;刑罚是对举止的回答,是对举止的否认,对规范的否认之否认,维持了法规范的效力,即效力维持的一般预防[5]。

---

[1] 任震珉:"司法裁判当同风尚保持一致与同质",载《河北法制报》2018年3月23日。
[2] [法]米歇尔·福柯:《规训与惩罚》(修订译本),刘北成、杨远婴译,三联书店2015年版,第82页。
[3] 自休谟(Hume)以降,就存在"实然(Sein)"与"应然(Sollen)"的"二歧鸿沟",规范具有应然属性,行为具有实然属性,二者之间的勾连,本文便是通过"意义"来实现。
[4] 法作为法学认知的唯一对象,就是规范,区分于心理过程或者物理事实,这种规范就是"意义",不属于自然事实与理念事实。参见[德]罗伯特·阿列克西:"汉斯·凯尔森的'应然'概念",董静姝译,载张龑:《法治国作为中道:汉斯·凯尔森法哲学与公法学论》,中国法制出版社2017年版,第158页。
[5] Günther Jakobs, System der strafrechtlichen Zurechnung, Frankfurtam Main2012, S. 15.

法规范是规范，其意义是效力[1][2]；打破规范举止[3]的行为是事实，是意义表达[4]，其意义是"话语"，是对规范效力的否认；刑罚是对行为人犯罪性举止的"回答"，该举止相应地应被理解为"话语"。[5] 刑罚则是"回答"[6]，是对打破规范举止的"回答"，"刑罚就是对于这种规范违反的再次谴责。"[7]其意义则是对法规范效力的恢复，是对打破规范举止的行为的否定之否定，从而使规范恢复效力，法便返回了自身[8]。惩罚表明了被破坏的规范的价值，刑罚的强度则与规范效力失去的多少相应。[9]

　　人乃透过规范而建构出来，在规范世界中建构出来的人是借由角色固定性（Rollenkonstanz）与不受拘束性（Ungebundenheit），亦即应然与任由的架构（Schema von Sollenund Freiraum）所界定。[10]

　　例如，在普通的 a 杀 b 的案件中，在事实上是指 a 通过手段将 b 杀死，而在规范上，a 与 b 的意义便是规范上的人格体，如果没有规范属性，那么 a 与 b 便没有规范上的意义，便无从适用法规范；如此，便将事实上的

---

[1] 效力与实效的关系如下：一个规范之所以是有效力的法律规范，第一，如果这个规范已由它所属的法秩序规定的方式下被创造；第二，如果这个规范并不曾在这一法秩序所规定的方式下被废除，也不曾由于废弃或由于整个法秩序已丧失其实效而被废除。

[2] "效力就是规范（norm）的特殊存在。"[奥]凯尔森：《法与国家一般理论》，沈宗灵译，商务印书馆 2013 年版，第 65 页。

[3] "行为不同于举止，行为在语义上便是有意图的。规范只能通过行为而得到遵守，却不一定需要由行为来违反。对可罚的错误举止的负责性，称为罪责。规范分为举止规范和制裁规范，前者的目的是保护法益，后者的目的在于维护举止规范的效力。"[德]乌尔斯·金德霍伊泽尔："论犯罪构造的逻辑"，徐凌波、蔡桂生译，载《中外法学》2014 年第 26 期。

[4] GüntherJakobs, System der strafrechtlichen Zurechnung, Frankfurtam Main 2012, S. 5.

[5] GüntherJakobs, System der strafrechtlichen Zurechnung, Frankfurtam Main 2012, S. 13.

[6] 在此意义上，"刑罚明显是对'意志'的撤销，而非对动作的撤销。"[法]科耶夫：《法权现象学纲要》，邱立波译，华东师范大学出版社 2011 年版，第 465 页。

[7] [德]乌尔斯·金德霍伊泽尔：《刑法总论教科书》，蔡桂生译，北京大学出版社 2015 年版，第 42 页。

[8] "因为行为否认了规范，那么此时未适用法律后果的此规范失去了规范的实效性，若要保持规范的效力，必招致规范的再次否认。不法变成了假象，对于不法的否定，即是对法效力的维护，而不法的否定形式体现为刑罚，法便通过这些形式的责任，对不法予以否认，从而法便返回了自身。"[德]黑格尔：《法哲学原理》，范扬、张企泰译，商务印书馆 2007 年版，第 91 页。

[9] [德]乌尔斯·金德霍伊泽尔："论犯罪构造的逻辑"，徐凌波、蔡桂生译，载《中外法学》2014 年第 1 期。

[10] GüntherJakobs, Norm, Person, Gesellschaft. Vorüber legungen zueiner Rechts philosophie, 3. Aufl., Berlin 2008, S. 9f.

不法举止解释为，一个规范上的人格体 a，通过不法行为，将一个规范上的人格体 b 杀死，该不法行为的意义便是否认刑法规范对 a 的效力，表达为该不法行为对 a 无效，那么刑罚的意义便是对该表达的进一步回答，以此来恢复刑法规范的效力，表明该规范继续有效，保持一般预防的机能。

（三）小结

裁判文书的刑罚具有恢复、维持规范一般效力的机能，通过恢复规范效力，继续规范人们的日常行为；而人们通过裁判文书理解国家预设的价值判断。因此，裁判文书对于不法行为的否认必须清晰，人们才能理解。

三、法律论证过程：涵摄演绎模式的逻辑结构

在一般的裁判文书中，论证方式具有"决断"性，而不具有"论证"性，比如在文初提到的两个案例中，大多数的裁判文书指出，"某甲砍断人手指的行为构成故意伤害致人重伤"，而并没有将"砍断人手指"与"重伤"充分地予以论证。这便是传统法学三段论方式的缺陷。

而在涵摄（Subsumtion）演绎模式之下，可以摒弃原有的"决断"性，改为充分的"论证"性，将案件事实中"砍断手指"与法规范"重伤"相互勾连起来。

（一）传统的法学三段论

"法学三段论"（juristischer Syllogismus），是指将特定案例归属于法规范的构成要件之下，得出特定法律效果的推论过程。由某个构成要件 T（= Tatbestand）与法律效果 R（= Rechtsfolge）的法规范（完全性法条）作为大前提，特定的案件事实 S（= Sachverhalt）该当于构成要件作为小前提，而以法律效果适用于该案件事实作为结论。

拉伦茨将其表述为：大前提：如果 T 在某一个案件事实被实现了，则法律效果 R 应适用于该案件事实。小前提：特定的案件事实 S 实现 T，亦即其系 T 的一个事例。结论：法律效果 R 应适用至 S。[1]

---

[1] [德] 卡尔·拉伦茨：《法学方法论》，陈爱娥译，五南图书出版有限公司 2010 年版，第 166 页。

拉伦茨将上述三段论称之为"确定法律效果的三段论"（Der Syllogismus der rechtsfolgebestimmung），并用符号将其形式化如下：T＞R（对于每个T的事例，R均有其适用）；S＝T（S等于T，S是T的一个事例）；S→R（R适用于S）[1]。

然而拉伦茨并未对其所用的符号的语意加以精确定义而仅以直观的方式加以说明。

拉伦茨认为法学三段论的主要问题与其在于推论过程，毋宁在于如何正确地形成前提，尤其是小前提的形成。由于大前提必须是具有构成要件和法律效果的完全性法条，因此个别的法律条文往往不能被直接作为大前提，而必须对法条进行组合，有时必须透过法律解释或法律续造才能获得必要的大前提[2]。依拉伦茨之见，一般通称的涵摄过程，涉及的乃是小前提"S是T的一个事例"如何获得的问题，获得小前提之推论过程，拉伦茨则以另一个三段论来加以表达：T之特征由M_1，M_2，M_3而被完全列举。S具有M_1，M_2，M_3的特征。因此S是T的一个事例。[3]

拉伦茨认为，涵摄过程的重点在于判断法规范的构成要件要素是否完全出现在案件事实当中。进行涵摄的前提在于，构成要件T必须是一个能透过列举特征M_1到M而被完全定义的概念。所谓完全定义，指的是M_1到M_x构成了T的充分必要条件。一个案件事实S，当且仅当其全部具备了这些特征，才可将之涵摄于T之下。

一般而言，法律适用的大前提必须是一个可适用于不特定多数人的全称规范语句（universelle normsatz），例如："所有使人受重伤者，皆应处以刑罚"，而具体案件事实之描述，则是一个个别语句。例如："某甲砍断他人左手拇指、食指与中指"，所欲获得的结论则是一个表示具体法律效果的个别规范语句（individueller normsatz），例如："某甲应被处以刑罚"。但是如果将

---

[1] ［德］卡尔·拉伦茨：《法学方法论》，陈爱娥译，五南图书出版有限公司2010年版，第169页。
[2] 黄茂荣：《法学方法与现代民法》（第5版），法律出版社2009年版，第222页。
[3] ［德］卡尔·拉伦茨：《法学方法论》，陈爱娥译，五南图书出版有限公司2010年版，第170页。

拉伦茨三段论形式中的 T、R、S 分别替代"使人受重伤""应处以刑罚""某甲砍断他人左手拇指、食指与中指"则可得到下面的三段论：

（1）使人受重伤→应处以刑罚；

（2）某甲砍断他人左手拇指、食指与中指＝使人受重伤；

（3）某甲砍断他人左手拇指、食指与中指→应处以刑罚。

这个三段论的小前提（2）必须透过上述的涵摄推论，亦即必须确定案件事实"某甲砍断他人左手拇指、食指与中指"具备了"重伤"这个概念的特征，才能获得。

（二）三段论的逻辑结构

以 x 代表不特定的个体，a 代表具体特定个体，T 代表构成要件"故意杀人行为"，R 代表法律效果"应受刑罚"。则对于"所有使人受重伤者，皆应处以刑罚"的规范语句，可以以公式表述为：

（1）对于所有 x，如果满足构成要件 T，则法律效果 R 应适用于 x；

（2）a 满足构成要件 T；

（3）法律效果 R 应适用于 a。

以分析法学三段论的逻辑结构，将"（x）"代表为"对于所有的 x"，"→"代表"如果……那么……"，"O"代表规范操作者（deontic operator）"应该"。则上述描述可以形式化为：

I：

（1）(x)(Tx→ORx)；

（2）Ta；

（3）ORa。

（三）涵摄演绎模式的逻辑结构

"所有使人受重伤者，皆应处以刑罚"的规范语句描述中，我们用 T 表示"使人受重伤"，用 R 表示"应受刑罚"，S 代表"砍断他人左手拇指、食指与中指"，a 代表"某甲"，则上述大前提、小前提可表示为：

大前提（P1）：(x)(Tx→ORx)；

小前提（P2）：Sa。

由此，我们可以清楚地看到，单单从大前提与小前提无法推出 Ta，即甲使他人受重伤。由此，在裁判文书中就需要通过决断，来弥补上述的裂缝：

（P1*）砍断他人左手拇指、食指与中指是使人受重伤。

这样就会得出（P3）Ta，甲应受刑罚处罚。

但是现在的问题便是：P1*存在的合理性与合法性，即法官采用何种说理方式将"砍断他人左手拇指、食指与中指"与"重伤"联系起来。特定的案件事实必须具备什么样的特征，才能被归属到"重伤"这个概念之下。案件事实的描述与法规范的构成要件之间存在裂缝的情形，才会出现涵摄的问题，由此，法官在撰写裁判文书中，必须提出一些论证理由，来论证案件事实中"砍断他人左手拇指、食指与中指"与法规范的构成要件"使人受重伤"，才能够弥补案件事实与构成要件之间的裂缝，这个法律论证的过程称之为"涵摄"。

（P1*）是涵摄的结果，要得出（P1*）的涵摄结果，必须在论证中加入除法规范与案件事实描述之外的论证理由。

在该案例中，可以适用《人体重伤鉴定标准》第 2 条规定："重伤是指使人肢体残废、毁人容貌、丧失听觉、丧失视觉、丧失其他器官功能或者其他对于人身健康有重大伤害的损伤。"① 如此，便得出下一条语义规则：

（P4）凡毁坏肢体机能的，属于重伤。

再根据日常语言规则，对于"肢体机能"的理解，还是得出另一个语义规则：

（P5）丧失手的作用，是属于毁坏了肢体机能。

加入（P4）（P5）之后，仍然得不出甲应受刑罚处罚，因为没有将案件事实的描述 S 与语义规则（P4）（P5）相互勾连。对此，需要将（P5）更加精细化为：

（P6）如果手指失去机能，则丧失手的作用。

（P7）砍断他人左手拇指、食指与中指，则手指失去机能。

由此，通过（P4）到（P7）对"重伤"概念的论证，便可得出（P1*）

---

① 司发〔1990〕070 号。

砍断他人左手拇指、食指与中指是使人受重伤。易言之，通过加入（P4）到（P7）的论证，便弥补了案件事实描述与法规范构成要件之间的裂缝。将之重新排列如下：

（P1）所有使人受重伤者，皆应处以刑罚。

（P4）凡毁坏肢体机能的，属于重伤。

（P5）丧失手的作用，是属于毁坏了肢体机能。

（P6）如果手指失去机能，则丧失手的作用。

（P7）砍断他人左手拇指、食指与中指，则手指失去机能。

（P2）某甲砍断他人左手拇指、食指与中指。

（P3）某甲应受刑罚处罚。

（P1）是法规范，（P2）是具体案件事实的描述；（P4）[①]（P5）是对构成要件要素"重伤"这个概念的意义或者语义规则；（P6）（P7）是经验上的陈述，对于弥补具体案件事实与法规范之间的裂缝是不可或缺的。

为了更为清晰地表述其中的逻辑结构，将 M_1 代表"毁坏肢体机能"，M_2 代表"丧失手的作用"，M_3 代表"手指失去机能"。如此，可将上述重新排列的论证形式化表述为：

（P1）(x)($Tx \to ORx$) 所有使人受重伤者，皆应处以刑罚。

（P4）(x)($M_1x \to Tx$) 凡毁坏肢体机能的，属于重伤。

（P5）(x)($M_2x \to M_1x$) 丧失手的作用，是属于毁坏了肢体机能。

（P6）(x)($M_3x \to M_2x$) 如果手指失去机能，则丧失手的作用。

（P7）(x)($Sx \to M_3x$) 砍断他人左手拇指、食指与中指，则手指失去机能。

（P2）Sa 某甲砍断他人左手拇指、食指与中指。

（P3）ORa 某甲应受刑罚处罚。

涵摄的过程往往不是三段论，而是包含有多个前提的推论，因此，要精确地表达涵摄的逻辑结果，可以将传统的法学三段论扩展为下述形式化的论证：

[①] （P3）虽然是从《人体重伤鉴定标准》这个规范文件中提取，但是从严格意义上而言，仍属于对构成要件要素"重伤"这一概念的语义规则的用法。

Ⅱ：

(1) (x)(Tx→ORx)。

(2) (x)(M₁x→Tx)。

(3) (x)(M₂x→M₁x)。

…

(n-1) (x)(Mₙx→M_{n-1}x)。

(n) (x)(Sx→Mₙx)。

(n+1) Sa。

(n+2) ORa。

Ⅱ称之为"涵摄的演绎模式"（Das deduktive Modell der Subsumtion）[①]

(1) 代表法规范；(n+1) 代表对具体案件的事实描述；(2) 到 (n) 则是通过 M_i（1≤i≤n）对构成要件 T 进行的语义学的解释。

（四）涵摄演绎模式的具体应用

在文初所提出的案例 2 和案例 3 中，在上一部分已经将构成要件要素 "重伤" 通过演绎模式予以法律论证。下面就第二个案例予以涵摄演绎论证。

法规范为《刑法》第 238 条第 2 款的前半段 "犯前款罪，致人死亡的，处十年以上有期徒刑"，即 (1)(x)(T₁x→OR₁x) 和后半段 "使用暴力致人伤残、死亡的，依照本法第二百三十四条、第二百三十二条的规定定罪处罚"，即 (1)'(x)(T₂x→OR₂x)。

"凡是使用非法拘禁罪行为本身的暴力之外的暴力，属于《刑法》第 238 条第 2 款的后半段中的 '暴力'"[②]，即 (2)(x)(M₁x→T₂x)；

"故意杀人的行为，超出了非法拘禁行为所使用的暴力"[③]，(3)(x)(Sx→M₁x)；

案件事实 "某甲故意杀人"，即 Sa；

某甲应受《刑法》第 238 条第 2 款后半段的刑罚处罚，即 OR₂a。

[①] Robert Alexy, Theorie der juristischen Argumentation, 3. Aufl., Frankfurta. M. 1996. S279.

[②] 法规范之间的对比解释。

[③] 语义解释。

四、结语

裁判文书应通过涵摄演绎模式来勾连案件事实与法律规范，从而使得裁判文书具有"论证性"，摒弃原有三段论具有的"决断"性。在充分论证的过程中，在引入社会规范作为论证前提时（M），一定要符合社会风尚与惯习，否则就会导致出现错误引领风尚的效果；在引入其他学科规范作为论证前提时，一定要通过日常语言规则将其中的术语充分予以展开。

民事快审案件裁判文书改革研究

——以民事判决书为视角改革初探

◉ 教占兴[*]　王朝星[**]　赵晶晶[***]

摘要： 裁判文书是司法公正的最终载体，对于确保司法公正具有重要意义，是整个审判活动的综合再现，也是法官行使司法权的无形制约。随着司法改革的推进，裁判文书上网以及公开化，公民法治意识的提高，使得裁判文书越来越成为人们关注的焦点。民事快审案件裁判文书改革，可以使简易案件简易审，简易判，有效避免简单案件裁判文书长篇大论、晦涩难懂的弊端，满足社会大众对裁判文书简单明了、快捷易懂的司法需求，同时有效缩短简易案件的审理周期，有利于实现简易案件快审快判的目的。

关键词： 裁判文书　大数据　快审　载体

一、民事快审案件裁判文书改革的背景

（一）新中国成立后裁判文书的沿革

在新中国成立之前，早在新民主主义时期，我国各根据地就普遍设立了三级法院，审理本辖区的刑事和民事案件，这一时期的裁判文书沿用民国时期的主要格式，按照"主文—事实—理由"三段论模式论述案件事实和理由，这一模式对新中国成立之后的法律文书制作产生了积极的作用。

---

[*] 河北省广平县人民法院党组书记、院长。
[**] 河北省广平县人民法院审委会专职委员。
[***] 河北省广平县人民法院工作人员。

新中国成立初期，我国的民事裁判文书依然沿用民国时期和解放区时期的格式，直到1952年至1953年的司法改革运动，我国全面学习和借鉴苏联司法制度，从此我国的裁判文书形成了"事实—理由—主文"这一结构至今。在20世纪60年代初最高人民法院下达《关于改进审判文书的文风问题》，本应推进的裁判文书改革却在文化大革命期间走入低潮。直到1978年党的十一届三中全会召开，法治建设又被重新提上了日程。

1980年6月国家颁发了《诉讼文书样式》，重新统一了司法文书格式，我国裁判文书改革也随之进行。1982年3月，《民事诉讼法（试行）》颁布后，为了贯彻执行此法，最高人民法院制定了《民事诉讼文书样式》，共70种，民事裁判文书样式有了初步的系统的规范。1992年在《民事诉讼法》和《行政诉讼法》颁布后，最高人民法院在原有的司法文书格式的基础上制定了《法院诉讼文书样式（试行）》，共计14类，314种。① 我国裁判文书改革逐步推进，各地法院积极采取措施完善裁判文书格式，对裁判文书质量的提高产生了积极的促进作用。

近年来由于司法需求的急剧扩张，司法资源供不应求，各地基层法院为实现诉讼程序简洁化、司法高效率，纷纷开展了一系列司法改革措施。其中最有成效的是民事速裁机制的推行，在简易程序的的基础上最大限度地简化程序，快速解决纠纷，随着民事快审案件的推进，裁判文书改革也势在必行。

（二）民事快审案件裁判文书改革的国内外研究现状

民事快审案件的裁判文书改革作为司法改革的一个有机组成部分，不仅能够提高审判效率，而且还能成为法院内部司法改革的突破口，进而从整体上带动我国的司法改革。国内许多专家学者对这一领域进行了探索研究，论著颇丰，但这些研究成果或者停留在理论层面，实践意义不大；或者视角单一，缺少全景式的把握。英美法系由于奉行判例法原则，都希望自己制作的判决能够成为司法判例。法官在适用法律上，一推理再推理，虽然阐述理由

---

① 盖楠南："民事判决书规范化研究"，吉林大学2016年硕士学位论文。

比较充分，但判决书显得冗长。笔者长期在基层法院工作，审判实践中接触、撰写了大量的裁判文书，深感裁判文书确有改革的必要。

（三）民事快审案件裁判文书改革的必要性

首先，民事快审案件裁判文书改革是深化审判方式改革的必然结果。裁判文书是将动态的庭审活动以静态实录的方式体现出来，它是必须与审判方式互相适应的，同时反过来，审判方式改革的成果最终也必然在裁判文书上反映和落实出来。所以，司法改革是一个大前提、大背景，民事快审裁判文书的改革作为司法改革的一个分支是势在必行的。

其次，民事快审案件裁判文书改革在一定程度上可以缓解法院的审判压力。在我国的四级法院中，基层人民法院承担主要的案件审理工作，加上司法体制改革，审判人员数量有所削减，基层法院的诉讼压力急剧增加。基层法院受理的案件中绝大部分案件属于事实清楚、权利义务关系明确、争议不大的简单民事案件，民事速裁机制便应运而生并且得到广泛的推广、实行，裁判文书的改革有利于减轻法院的工作量，提升审判的效率，实现当事人和法院双赢的局面。司法大数据也从侧面佐证了这一点，2012—2017年五年间，河北省三级法院共审结一审民事案件114.57万件，这其中强势推进立审执各环节繁简分流，全省法院民商事一审简易程序适用率达72.64%，一审案件平均审理周期由71天降至55天。

再次，民事快审案件裁判文书改革可以提高诉讼效率。公平与效率在我国司法改革中占有重要的地位。公正与效率是相互影响、相互作用的。司法实践中，各地法院提高审判效率尤为重要。而以简化、便民、快捷著称的民事速裁机制不仅能及时有效地解决诉讼当事人之间的纠纷，而且对化解彼此之间的矛盾起到很大的作用。但当前的司法实践中，由于法院审理案件的审限较长，法官的诉讼压力较重，法官只要在审理期限内结案就能完成任务，部分法官工作作风拖拉、懒散，这样容易形成诉讼拖延、低质量和低效率的审判现象。因此，司法改革需要逐渐地精简诉讼程序、改革裁判文书等审判措施以此提高法官的审判效率，减轻法官超负荷超常规的工作状态。

最后，民事快审案件裁判文书改革在一定程度上给诉讼当事人带来便利。当今社会是一个快节奏的经济时代，科学技术的快速更新带动人们生活和工作节奏的加快，由于工作压力或学习压力的增加，当事人往往需要花费较长的时间和精力参与诉讼，最后可能得不偿失，导致赢了官司输了钱的局面。民事快审案件的审理时间短，通过简化诉讼程序，极大程度上降低当事人的诉讼成本。同时可以优化司法资源配置，以较少的投入获得较大的输出，实现司法资源的有效利用。

二、民事快审案件裁判文书改革的现状和存在的问题

（一）民事快审案件裁判文书改革的现状

1. 运用语言文字不规范、逻辑不严谨

表现在行文结构上的错字、漏字、别字现象较严重，不注意使用法言法语，特别是在引用当事人的诉称、辩称时，原文照搬，滥用俚语俗言，缺乏文字修炼。逻辑错误明显，叙事、说理与判决内容互相矛盾，不能自圆其说，有的表达模棱两可，似是而非，有的用词、概念前后表达不一，严重违反逻辑。

2. 内容繁琐，语言晦涩

裁判文书的弊端主要表现为论述繁复，"裁判文书越写越长，现在已经成了主流风格"[①]；在判决书中大谈法学理论，使用一些过于深奥的法律术语，显得晦涩难懂，比如理论上要求证据具备"三性"，就对证据的三性铺开论述。

3. 证据缺乏针对性、表述冗长

证据是证明案件真实情况的事实，很多裁判文书在论述事实之后，一种情况是仅使用形式上的套语，比如"上述事实清楚，证据确实充分"，这样的证据缺乏针对性，根本没有体现证据在判决书所应体现的作用。还有一种情况是，判决书中不仅罗列证据的名称，还重点展示证据的内容，当事人并无争议的证据也在文书中一一予以介绍，造成文书臃肿冗长，加大了书写和

---

① 王新忠："法院裁判文书改革应当贯彻现代司法理念"，载《杭州审判》2004年第4期。

校对的工作量，容易混淆判决书想要说明的关键部分。①

(二) 民事快审案件裁判文书改革存在的问题

1. 《法院诉讼文书样式（试行）》的制约

我国的《法院诉讼文书样式（试行）》自 1993 年 1 月 1 日施行以来，对提高诉讼文书的质量起到了一定的作用，也因此制作出了适应当时情况的一批优秀裁判文书。但随着民事法律关系的日益复杂和社会公众对司法要求的提高，试行样式已经不能适应新的审判工作发展的需要，所以为了进一步提高诉讼文书尤其是裁判文书的质量，最高人民法院对试行样式进行了全面修订和补充。随着司法改革的推进，裁判文书上网以及公开化，公民法治意识的提高，使得裁判文书越来越成为人们关注的焦点。民事快审案件裁判文书改革，可以使简易案件简易审，简易判，有效避免简单案件裁判文书长篇大论、晦涩难懂的弊端，满足社会大众对裁判文书简单明了、快捷易懂的司法需求，同时有效缩短简易案件的审理周期，有利于实现简易案件快审快判的目的。

2. 传统思维和观念的影响

近年来随着程序正义观念的普及，人们重实体、轻程序的观念有了很大的改变，人们开始注意到程序正义在司法实践中的重大意义，但是程序中法律文书制作这一环节仍然是比较薄弱的。认为只要实体公正即可，裁判文书制作的好坏与否并不能影响办案的整体质量。在大多数法官看来，书写判决书这项任务远没有收集证据、查清认定事实重要，在这种传统的思维模式和观念的影响下，法律工作者常常把制作判决书作为整个案件结束后的一个附属工作，忽视判决书是对整个诉讼活动的总结，这将给判决书的制作带来很多负面影响。

3. 法官队伍整体素质不高

法治社会构建的方方面面都离不开一支视公正为生命、精通法律知识、熟练掌握法律技能的高素质的法官队伍。如果仅从文字表达上看，能够写出一份简洁易懂、层次分明的判决书亦是法官语言文字功底的体现。近年来，

---

① 周道鸾编：《民事裁判文书改革与实例评析》，人民法院出版社 2003 年版，第 85 – 100 页。

法官在一定程度上有了一定的独立地位，但是对法官的管理模式仍然更加接近行政化。在实行统一的司法考试制度之前，法官来源多样复杂，使得在司法实践中还远远没有达到法官队伍职业化。另外还有些法官责任心不强，这些都是法官法律素养不高的体现。我国改革开放以来的法学教育，过度强化法学理论的学习，而忽视了法律应用技能的训练，造成法律教育中法律文书技能训练和培养的缺位，这也是造成我国法官队伍整体素质不高的原因之一。

三、民事快审案件裁判文书改革的基本要求

（一）语言要求

任何文章或者文书的书写都是有着自身的语言风格，民事快审案件的裁判文书作为裁判文书的一种，在司法实践中形成了自己独特的语言风格。法律语言是不可忽视的一个环节，它运用关乎当事人的人身和财产等权利，必须严格把握。

一是语言的准确性。文字运用要规范，避免出现错字生词，在内容上必须客观、真实，能够揭示出事物的本来面目，在语言文字的层面上真正做到"以事实为依据、以法律为准绳"，语言必须明确清晰，不能使用模棱两可、含糊不清的词句，避免使用"也许""大概"等模糊语言，确保语义理解上的单一性。语言的精准并不代表在语言的选择上具有固定性和绝对性，只要语句的使用能够达到良好的法律表达效果，就都是可取的。而且在书写时要注意表述的逻辑性，语言结构的混乱也会造成理解上的偏差。

二是语言的专业性。裁判文书的书写是对事实和证据的论述以及对法律的适用进行理性表述的过程，要体现出法律的公正和威严，就要注意语言的专业性运用。实现语言的专业性首先要做到语句的精炼，在语句准确表达的基础上尽量言简意赅。裁判文书的制作者需要运用最为精简的文字清楚地表述最为完整的意思，反对事无巨细，不分主次。在语言的选择上要优先选择中性词汇，要尽可能地避免夸大煽情的表述，杜绝出现任何体现思想倾向的词句，力求法律分析在一种被动的、中立的司法环境中进行，法律结果的产

生是与道德和政治考量相分离的。

（二）文字写作要求

裁判文书中的文字叙述部分，总体要求就是"麻雀虽小五脏俱全"。裁判文书的制作者必须依照相关法律的规定，将案件事实的基本情况简明扼要书写清楚，有明确的因果关系，证据叙述要有针对性，裁判文书的书写必须合乎法律的规定，这里的法律既包括实体法，也包括程序法，且也要符合社会的公序良俗，将情理和法理融入整个裁判文书的书写之中。

四、对民事快审裁判文书的改革和重新设计

（一）裁判文书的样式

×××人民法院

民事判决书

（××××）××民初字第××号

原告……（写明姓名或名称等基本情况）。

法定代表人（或代表人）……（写明姓名和职务）。

法定代理人（或指定代理人）……（写明姓名等基本情况）。

委托代理人……（写明姓名等基本情况）。

被告……（写明姓名或名称等基本情况）。

法定代表人（或代表人）……（写明姓名和职务）。

法定代理人（或指定代理人）……（写明姓名等基本情况）。

委托代理人……（写明姓名等基本情况）。

……（写明当事人的姓名或名称和案由）一案，本院于×年×月×日立案受理后，依法由审判员×××独任审判，于×年×月×日公开（或不公开）开庭进行了审理。……（写明本案当事人及其诉讼等）到庭参加诉讼。本案现已审理终结。

原告×××诉称，……（写明原告提出的具体诉讼请求和所根据的事实与理由及提交的证据）。

被告×××辩称，……（写明被告对原告各种请求的抗辩，自认或否认

对方的主张及提交的证据）。

经审理查明：……（写明事实发生的经过和证明事实的证据，归纳本案争议焦点）。

本院认为，……（结合当事人争议的焦点进行证据分析、法理分析，认定诉辩主张是否成立，诉辩意见是否采纳），作出判决结果判决如下：

……（写明判决主文）。

……（写明诉讼费用的负担）。

如不服本判决，可在判决书送达之日起十五日内，向本院递交上诉状，并按对方当事人的人数提出副本，上诉于××××人民法院。

审　判　长

审　判　员

审　判　员

年　月　日

本件与原本核对无异。

法　官　助　理

书　记　员

（二）关于首部的写法

关于当事人情况，除按原来的格式要求外，自然人应写明当事人的身份证号码，法人应写明工商登记执照及有关证照确定的名称及法定代表人的情况。住所应按有效证件如身份证、暂住证、营业执照等登记的确定地址来写。其中对案由、案件受理时间、开庭时间、审限情况、独任法官或合议庭成员予以交待，对于程序中已另行作出书面通知、传票、管辖权异议裁定、诉讼保全裁定的，不需在判决书重新叙述。

（三）关于案件基本事实的写法

原告诉称、被告辩称这两部分能简则简，但在表述时原则上应保留原意，不宜照搬当事人书状的内容，而应加以概括。采用法言法语并且注意避免当事人陈述中的过激语言和不文明语言。

当事人所提出的诉讼理由、主张均系当事人原始、真实的意思表示，从司法的被动性以及语言文字使用中经常出现的词不达意来说，除非是基本语法问题，否则均不应对当事人的书状进行缩减。这也是当事人主义原则的基本要求。但结合我国当前的实际，当事人普遍诉讼能力低，甚至有大量口头起诉的当事人在，照搬当事人诉状的原话，不切实际。

（四）关于法院审理查明事实的写法

一个案件讼争的事实是有客观联系的，认证是为了确认事实，而不是为了认证而认证，所以不宜把认证与事实确认割裂开来。

在此部分，采取夹叙夹议的方法比较可取，以全案的事实经过为主线，对双方当事人对证据无争议的事实可以直接陈述，对有争议的事实，说明双方当事人各持什么主张，提供有哪些证据，对方当事人提出什么辩驳意见，提供哪些主张，在此法院不发表认证意见。最后法院再针对原告起诉、被告答辩，并结合法庭调查，归纳本案争议焦点，为下文的说理做好铺垫。

（五）关于本院认为的写法

围绕争议的事实，在此部分对证据分析采信、事实的确认、法律的适用结合起来写。围绕当事人争议焦点，针对诉辩双方主张是否成立，进行证据列举，哪些事实予以认定，哪些事实不予认定。将争议事实结合在法律规范的事实构成之中，在事实认定和法律适用的基础上作出判决。对于案件简单的可以采用证据、事实、法律三段论式的认定，对于案件复杂的案件可以分不同的争议的焦点予以论述。"繁简分流"自然会在此体现。

（六）关于判决主文的写法

本部分为对当事人的请求所作出的裁判结论。在此应注意现代法律关系的复杂性，在一个判决书中可能有多个当事人，也可能原、被告互负义务。通常情况下每个当事人可以判决一个判项，避免本可以在一个判项中解决的请求却分开多个判项。如判决某当事人归还本金、利息和罚息，本可以在一个判项中解决，有的判决书却在三个判项中解决，造成判项的繁琐。

（七）裁判文书的行文风格

首先，运用语言文字要规范、逻辑要严谨。裁判文书是人民法院裁判工作最终成果的总载体。裁判文书使用的法律语言，首先要做到准确无误，这就要求法官加强自身的文学修养,提高裁判文书的语言表达能力。其次,应该有严谨的逻辑结构,凝练简明,避免模棱两可的语言。有学者认为追求裁判文书"通俗易懂、简洁明了"的效果,是在当时法制不健全,人们法制观念相对较弱的情况下,不得已而为之的做法。但是笔者认为,这种语言表达不仅是我国法院制作裁判文书语言表达上的优良传统,也适应我国现代民情。

其次,注意繁简适当。裁判文书的繁简应以保障当事人获得及时、准确、公正的裁判为前提,与本案的司法投入相对应。从当事人的角度看,不考虑案件的具体情况和当事人需要,一厢情愿地将简易、小额诉讼的裁判文书予以长篇大论,未必能体现当事人的意志和利益,反而有违费用相当性原则。从法院案件数量来看,法院受理的案件每年都在增加,法官人数有减无增,每位法官尤其是基层法院的法官已承受着超负荷的负担,复杂、繁琐的文书书写,无疑给法官带来越来越大的压力。

五、结论

对于民事快审案件裁判文书改革,笔者从一个法官的视角,评析了现行裁判文书样式在设计上存在的缺陷及我国裁判文书的改革现状,并对裁判文书的改革进路作了探讨。

笔者通过上述研究论证了裁判文书改革与审判制度是一种形式与内容的关系,裁判文书的改革是一项系统工程,需要多视角、全方位的立体推进。"衡量最低限度的一种标准是,一个受过法律训练但不熟悉案情的人能够无须求助书面判决以外的材料而评估判决在法律上的正确性。"[①] 笔者吸收和借鉴他人的研究成果,结合自己在实践中的感受,指出了裁判文书进一步改革的配套制度的完善,立足于中国国情,提出了我国民事裁判文书进一步改革的基本构思。

[①] 张志铭:"裁判文书研究",载江伟主编:《中国民事审判改革研究》,中国政法大学出版社2003年版,第512页。

民事二审裁判文书
法条援引的失范与规制

● 王星光[*]

摘要：民事二审过程中，裁判者通常习惯性地根据实体规范和二审查明的事实，先对一审裁判情况作出正确与否的判断，再预判对本案应当作出维持、改判、撤销、变更、发回等裁判结果，最后根据预判结果"对号入座"地反向寻找所援引的法律条款，颠倒法律规定的前提与结论。此种"以判索律"式的裁判方式违反了法律规定的自身逻辑，容易导致法条与裁判理由、裁判主文的脱节，令三者之间呈现出种种不对应，损害司法公信及当事人权益。现有民事二审裁判规定应当围绕原裁判结果和上诉请求，合理解释并填补相关漏洞，司法应严格按照程序性规范所要求的陈述方式进行法条援引，即先有二审评价者对一审裁判正确与否的评价结果，再援引相对应的程序性规定，最后作出该规定所预设的裁判结果，此种"以律定判"的裁判逻辑过程恰好可以避免"以判索律"的惯性思维所造成的各种困境。

关键词：以律定判 以判索律 民事二审裁判文书 法条援引

"裁判理论是由裁判的过程以及从个别裁判构造中分解出来的'事实认定'与'法律适用'三部分构成。"[②] 其中，法律适用绝不仅仅是一个单纯列举条文的叙述方式问题，更主要的是一个贯穿了整个诉讼过程的程序结构问

---

[*] 江苏省无锡市中级人民法院法官助理，法律硕士。

② ［日］中村宗雄、中村英朗：《诉讼法学方法论》，陈刚、段文波译，中国法制出版社2009年版，第18页。

题。① 但司法实践中,"以律定判"与"以判索律"② 这两种法律适用裁判思维在民事二审裁判文书作出的最后一公里——《民事诉讼法》第 170 条的法条援引次序上有所不同,导致相关法条援引之间、法条与裁判理由之间、法条与裁判主文之间的种种混乱,相当程度上影响了裁判文书的司法公信力。

基于此,本文尝试在类型化分析民事二审裁判文书法条援引的各种冲突的基础上,通过合议案件裁判结果形成的过程展示,透析司法实践中以预设结果反推援引法条的"以判索律"式法律适用的弊端。进而根据程序性规范的自身特点,在合理解释现有规定并填补相关漏洞的基础上,严格设计"以律定判"逻辑规制适用的流程,并辅以必要的保障措施,以令民事二审裁判文书的法条援引合理地对接裁判理由与裁判主文。

一、乱象梳理:民事二审裁判文书法条援引的失范考察

(一) 民事二审裁判文书法条援引的失范流程检视

根据常识和基本的逻辑规则,民事二审裁判文书的评判部分类似于法律发现、要件事实发现和裁判结果作出的司法三段论样式,应当由裁判理由、裁判依据和裁判主文三部分组成,且三者之间应当是一种递进的承继关系,即先有基于已审查确定的事实而作出的裁判理由,再有根据裁判理由所确定援引的法律条款,最后才有根据法律条款所作出的裁判结果(见图 1)。但与实体性规范适用的司法三段论不同的是,在程序性规范的法条援引过程中,其要件事实的发现应当超脱程序性规范本身,从实体性规范中去寻找判断的依据,然后再根据实体性规范指导下的价值判断结果去直接援引相应的程序性规定,得出维持、改判、变更等二审裁判结果,而不应当像实体性规范本身那样允许过多的价值判断与流连忘返,否则无法实现程序性规范的保障价值。

---

① 王亚新:《对抗与判定:日本民事诉讼的基本结构》,清华大学出版社 2004 年版,第 285 页。
② 本文中的"以律定判"是指民事二审裁判过程中,裁判者根据实体性法律规范和二审查明的事实,对上诉请求与原判情况进行评价,作出原裁判正确与否的判断,然后去寻找正确或者错误的法律条文,最后得出维持或者改判的逻辑过程。"以判索律"则是指裁判者根据实体性法律规范和二审查明的事实,先行跳过相关法条,根据上诉请求与原判情况,心中判定维持、改判、变更等二审裁判结果,再回头寻找维持(正确)或者改判、变更(错误)的法律条文的惯性思维过程。

但遗憾的是，司法实践中的民事二审裁判文书并非均严格按照此逻辑规则作出，反而经常先预设二审"应当"维持、改判、变更等裁判结果，然后再回头去寻找与该预设结果相匹配的法律条款，导致法条援引的条款之间、法条援引与裁判理由之间、法条援引与裁判主文之间出现种种失范现象。

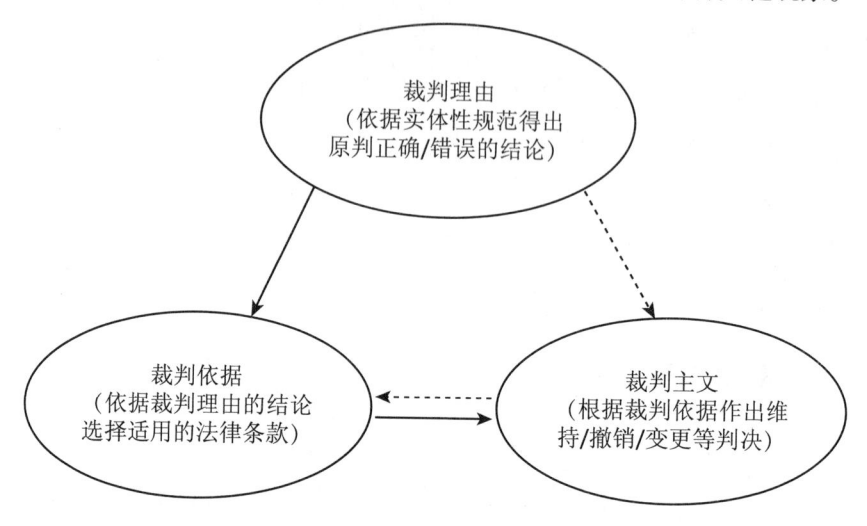

```
        ┌─────────────────────┐
        │      裁判理由        │
        │ (依据实体性规范得出   │
        │  原判正确/错误的结论) │
        └──────────┬──────────┘
                   │
        ┌──────────┴──────────┐
        ↓                      ↓ (虚线)
┌─────────────────┐    ┌─────────────────┐
│    裁判依据      │    │     裁判主文     │
│(依据裁判理由的结论│───▶│(根据裁判依据作出维│
│ 选择适用的法律条款)│◀---│ 持/撤销/变更等判决)│
└─────────────────┘    └─────────────────┘
```

图1　民事二审裁判文书形成的顺序演示

注：实线箭头代表"以律定判"的逻辑演示顺序；
　　虚线箭头代表"以判索律"的惯例演示顺序

（二）民事二审裁判文书法条援引失范的类型化分析

为了全面统计和深入分析民事二审裁判文书法条援引的现状，我们选取中国裁判文书网2013年1月1日（新《民事诉讼法》实施之日）至2017年7月31日间所有民事二审裁判文书为研究样本，发现失范情形主要包括以下三类：[①]

1. 失范之一：法条援引冲突

成文法国家中，部门法之间以及部门法内部的条款之间应当尽量保持协调，至少不应明显冲突，裁判者在援引相关法律条款时亦应保持逻辑自洽。但事实却并非如此。法条援引的冲突主要表现在两个方面：

[①] 本文仅考察民事二审裁判文书的法条援引，各裁判的实体正误不在本文的考察范围之列，故本文假设各裁判的实体结果均正确。

（1）部门法内部的法条援引冲突。《民事诉讼法》第170条第1款第1项与第2项分别规定的是原判决、裁定认定事实与适用法律正确与错误时的两种处理方式，两项规定应当是一种互斥关系。同一个案件断不可能出现认定事实与适用法律既正确又错误的情形，那么二审裁判援引法条时也不应当同时援引本条款第1项与第2项。但现实却并非如此。例如，上诉人李东与被上诉人中国人民解放军第四五八医院劳动争议诉讼一案中，二审法院认为李东的上诉理由部分成立，原审判决部分不当，遂决定对不当部分予以改判，故根据《民事诉讼法》第170条第1项、第2项的规定，对原判决予以了维持和变更判决。[①] 统计期内，类似此种同时援引相互排斥法律条文的民事判决共有30例，涉及广东、广西、山东等多个省份。

（2）部门法之间的法条援引冲突。民事诉讼法与刑事诉讼法对于二审裁判结果的规定均以原判决正确或错误为界，划分为泾渭分明的多种处理方式。在刑事附带民事案件中，原判决理应包括原审判决中的刑事部分与民事部分，故《民事诉讼法》第170条第1款第2项"原判决、裁定认定事实错误或者适用法律错误"与《刑事诉讼法》第225条第1款第1项"原判决认定事实和适用法律正确、量刑恰当"这两个条款也不应当同时适用于同一个案件。但事实上也并非如此。例如，被告人孙妹金、雷必俊犯交通事故罪刑事附带民事诉讼一案中，二审法院认为一审判决认定的事实清楚、定罪准确、量刑适当，但赔偿责任的分担不当，故依据《刑事诉讼法》第225条第1款第1项和《民事诉讼法》第170条第1款第2项的规定，维持了原判决中的刑事部分，改判了原判决中的民事部分。[②] 统计期内，类似的判决还有陈鑫、殷瑞和犯交通肇事罪案等。

2. 失范之二：法条援引与裁判理由脱节

规范性法律条文一般由假定条件、行为模式与法律后果三个部分组成。就民事二审裁判所援引的法律条文而言，其假定条件对应的便是二审的裁判理由部分，即根据二审裁判理由选择二审适用的法律条文，两者应当是前后

---

① 详见广东省广州市中级人民法院（2014）穗中法民一终字第7004号民事判决书。
② 详见广东省揭阳市中级人民法院（2014）揭中法刑一终字第19号刑事附带民事判决书。

相继的关系。但实践中，二审法条援引与裁判理由脱节的情况比比皆是，主要表现在两个方面：

（1）法条援引与裁判理由直接相背。民事二审裁判过程中，裁判理由应当是法条援引的前提和基础，两者应一脉相承。但实践中，有的裁判文书一方面在裁判理由部分明确原审裁判有误，另一方面又在该部分直接对原审错误部分直接予以更正，最后仍引用《民事诉讼法》中的相关条款驳回上诉人的上诉请求，维持了原判决。此时，维持原裁判的法律条款与裁判理由部分的评价明显存在冲突。例如，上诉人朱加桢与被上诉人康奈可科技（无锡）有限公司劳动合同纠纷一案中，上诉人对原判判决中认定的赔偿金计算标准提出异议，二审法院亦认为原审裁判在赔偿金的计算标准方面存在错误，但却自行予以更正，并最终判决"驳回上诉，维持原判决"。①

（2）法条援引未列明与裁判理由相对应的具体法律条目。当法律法规对某事项有条、款、项、目的具体规定时，裁判者应援引到具体的条目，这是法律正确适用的基本要求。但在实践中，仅仅引用到大的条款而未具体到项、目的判决绝非个例。例如，上诉人泉州美旗物流管理有限公司与被上诉人中建海峡建设发展有限公司建设工程施工合同纠纷管辖权异议一案中，二审法院便只援引了《民事诉讼法》第170条，裁定驳回上诉，维持原裁定，并未列明具体的款项。②

3. 失范之三：法条与判决主文之间不对应

通过二审裁判理由寻找到对应的法律条款后，根据法律条款规定的法律后果进行相应裁判便是水到渠成的事情。但在实践中，该水到渠成的法条援引过程却可能导致裁判主文无法完整表达。这是因为，裁判主文的内容根据相关法律规定往往进行捆绑式规定，如维持原判必须驳回上诉。但在实践中，有时上诉理由与原裁判结果均是正确的，此类情形主要出现在二审期间出现新事实、新证据的案件中。如上诉人杜某甲与被上诉人杜某乙民间借贷纠纷一案中，一审裁判结果并无不当，但因二审期间出现了新的事实，导致上诉

---

① 详见江苏省无锡市中级人民法院（2014）锡民终字第0201号民事判决书。
② 详见中华人民共和国最高人民法院（2015）民一终字第120号民事裁定书。

人的上诉理由和意见成立，无论援引《民事诉讼法》第 170 条的哪一项规定均不合适。①

此时，有的裁判者便在法条援引与判决主文之间进行了一定的创新和协调，如只判决"维持原判"，不表述是否"驳回上诉"。尽管此种创新和协调更加符合案件的客观事实，但不论是从现行法律规定角度而言，还是从现行裁判文书样式角度而言，此做法均是裁判者的一种非正式创新，不仅有违现有规定，也恐难以得到当事人的认同。②

由上可见，民事二审裁判过程中，若不能正确处理好裁判依据之间、裁判依据与裁判理由和裁判主文间的关系，轻则会引致法官找法的迷茫，可能导致法律适用的错误；重则会直接损害当事人的合法权益，危及法院裁判的公信力和可接受性。正如有学者所言，"正确的裁判方式可以发挥上诉审的应有功能，而不当的裁判方式却有可能走向反面，甚至引出更多的纠纷和诉讼。"③

二、现象反思："以判索律"的惯性思维导致法条援引的乱象

（一）"以判索律"的惯性思维揭示

实践中，裁判者"以判索律"的判案模式并未严格遵循司法三段论式思维，而是囫囵吞枣地以生活思维代替了法律思维，想当然地陷入了法律事实→裁判结果→法律规定的惯性思维中。

以合议庭的评议过程为例，④ 合议与监督的异化导致裁判者并不严格按照司法裁判逻辑进行议事，其中便包括裁判者根据二审查明的事实，跳过二

---

① 详见江苏省无锡市中级人民法院（2015）锡民终字第 0402 号民事判决书。
② 根据最新的民事诉讼文书样式要求，对于一审判决认定事实清楚，适用法律正确，应予维持的，应当判决：驳回上诉，维持原判。
③ 赵旭东："论民事案件的上诉审裁判方式——兼论新《民事诉讼法》关于上诉审裁判方式的规定"，载《法学杂志》2013 年第 6 期。
④ 合议庭作为二审案件的最主要裁判者（一方面，二审案件均应当组成合议庭审理；另一方面，合议庭也是二审案件的主要定案组织，据统计，笔者所在的 J 省 W 市中级人民法院 2016 年度共受理二审民事案件 4866 件，合议庭定案的 4165 件，占比高达 85.59%），尽管其评议过程存在诸多被随意扭曲或破坏的现象，但该合议过程仍是当前最能反映二审案件裁判思维形成过程的方式。

审的法律指引，想当然地直接推导出二审裁判结果，而后在文书制作过程中再回头去寻找所需援引的法律条款，从而导致上述乱象的出现。

以前述杜某甲与杜某乙民间借贷一案的合议庭评议过程为例，其过程主要包括以下几个部分：首先是主审法官概括案件审理的主要情况及本人意见。包括：（1）本案一审的事实、证据、法律适用和裁判结果情况；（2）二审期间查明的事实（包括新事实）、证据（包括新证据）；（3）主审法官提出自己的裁判理由和意见，即本案出现了新的事实，足以动摇原审判决的结果，故拟改判。其次是合议庭成员发表评议意见。包括：（1）合议庭成员甲：同意主审法官的改判意见。理由为本案出现了新的事实，已经与原审判决的事实不符，应当予以改判。（2）合议庭成员乙：同意主审法官和甲的改判意见。理由为二审审理期间出现了新的情况，原判决结果已经与客观事实不符，应当予以改判。最后是合议庭一致意见：（1）撤销原判；（2）改判……

上述合议庭的评议过程可以抽象为以下图谱（见图2）。该过程看似非常合理，但仔细推敲不难发现，该评议过程中恰恰忽视了对法律前提的寻找和适用，导致该评议过程明显有违程序性规定所应秉持的程序至上理念。而对此法律前提的忽视恰恰是由此种反向的"以判索律"式惯性思维所致。

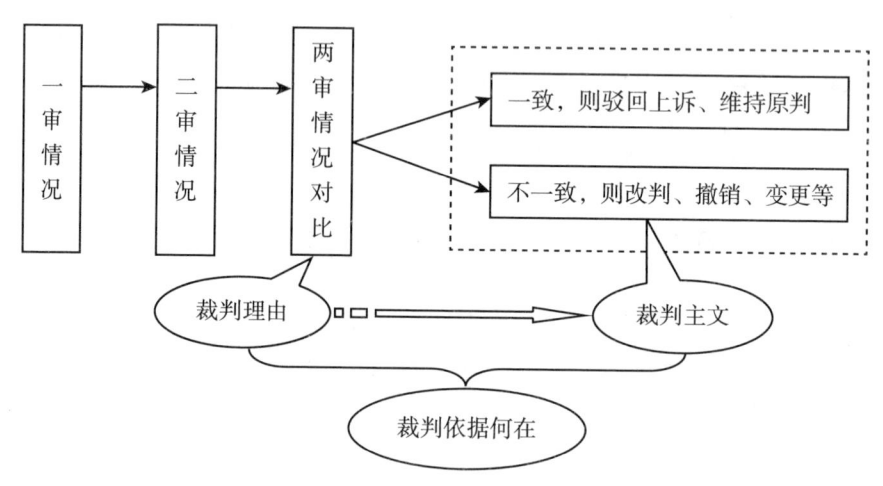

图2 "以判索律"的惯性推理过程展示

（二）"以判索律"的惯性思维引致法条援引的混乱

1. "以判索律"不适应法律条款的内在逻辑要求

如前所述，规范性法律条款一般包括假定条件、行为模式与法律后果三个部分，且由于三个部分之间完全可能呈现复式对应关系，如一个假定条件对应多个法律结果、多个假定条件对应一个法律结果，等等，故相似情况的规范性法律条款可能呈现十余种情形。此时，裁判者如果反向地以预设裁判结果去寻找法律预设的前提条件，则会因不适应法律条款的此种内在逻辑而导致法条援引上的冲突。如前述上诉人李东劳动争议案件中，生效法院一方面为了维持原判决的部分内容，援引了《民事诉讼法》第 170 条第 1 款第 1 项的规定，认定原判决认定事实和适用法律正确；另一方面，为了支持上诉人的部分上诉理由，改变原判决的部分内容，又同时援引了《民事诉讼法》第 170 条第 1 款第 2 项的规定，认定原判决认定事实或者适用法律有错误。此结果的作出恰好印证了以裁判结果反推法律条款的思维过程。

2. "以判索律"容易导致法律认识的片面化

法律体系是一个由各部门法组成的系统，每个部门法均有自己的调整领域，相互之间应尽量避免矛盾，立法者在法律制定过程中也尽量避免冲突的发生。但"以判索律"的惯性思维往往首先关注拟下判的结果，然后再去寻找与该结果相匹配的法律法规，此时较容易忽视部门法之间的冲突与协调，导致法条援引的不当。以民事与刑事法律为例，两者间的交叉多见于刑民交叉案件中。根据现有法律规定，刑民交叉案件可以通过刑事附带民事的方式进行审理。在此过程中，应首先适用刑法、刑事诉讼法以及刑事司法解释的已有规定。① 因此，当刑事相关法律已经能够涵摄所欲评判的行为时，裁判者不应再去寻找刑事法律之外的法律进行裁判。但在前述被告人孙妹金、雷必俊犯交通肇事罪刑事附带民事一案中，裁判者同时援引了《刑事诉讼法》

---

① 《最高人民法院关于适用〈中华人民共和国刑事诉讼法〉的解释》第 163 条规定："人民法院审理附带民事诉讼案件，除刑法、刑事诉讼法以及刑事司法解释已有规定的以外，适用民事法律的有关规定。"

与《民事诉讼法》中截然相反的两项规定，对同一个案件的同一事项（原判决是否正确）进行评价，所得结果的可接受性明显存疑。

3. "以判索律"容易机械割裂裁判理由与法条援引间的因果关系

为了提升司法公信力，裁判文书的说理近几年已经成为文书改革的重要内容。但是，不管裁判文书的说理本身如何完善，如果其不能与法条援引和裁判结果相统一，则其提升司法公信力的努力必将付之东流。这是因为，裁判文书的裁判理由、法条援引和裁判结果的作出之间应当是一种递进式的逻辑推进关系，即裁判者先表述对于二审审理情况的意见和理由，再根据该意见和理由去寻找相应的法律条文，最后根据相关法律条文规定的结果进行裁判，如此才能有说服力。

但如前所述，"以判索律"的反向思维并未按照该逻辑顺序进行推演，而是由裁判理由直接跳跃至裁判结果，再反转去寻找相应法律条款，恰恰是此种逻辑上的反向和反转，导致裁判理由与法条援引之间的背离。如前述杜某甲民间借贷纠纷一案中，裁判者认为应当改判，但原判决、裁定又没有错误，为了不作出裁判理由与法条援引明显相悖的判决，裁判者只能无奈地不具体列明援引法律的具体项目。

4. "以判索律"不符合法律条文的援引要求

法律条文的字词选取、表述顺序的不同，均可能彰显着立法者对该条文的特殊关照，裁判者不应在实践中随意改变法律条文的内在逻辑。例如，刑法分则的条文通常由罪状与法定刑构成，且罪状在前、法定刑在后，行为只有符合某罪刑规范的罪状，才能引用该规范的法律条款。同理，《民事诉讼法》第170条的法律条文也具有前后逻辑顺序，即根据原判的情况，决定二审的情况，而不能为了适应二审结果，削足适履地去认定原判情况。

三、规制路径："以律定判"的逻辑运用及规则设计

（一）程序性规范适用的基本逻辑："以律定判"

"以律定判"与"以判索律"两种裁判思维最主要的区别在于，法条援引与裁判结果的逻辑顺序是否可以有条件的突破。即，"以律定判"的思维

严格坚持先搜寻法律条文，再得出裁判结果的逻辑顺序；"以判索律"则认为在某些情况下，可以先尝试对裁判结果进行一定的预判，再根据此预判结果去搜寻相应的法律条文。

上述两种裁判思维在程序性规范与实体性规范的适用过程中应有所区别。这是因为：（1）程序性规范的刚性要求明显大于实体性规范。程序性规范不仅规制诉辩双方的诉讼行为，而且约束司法者的裁判行为，[①] 其适用过程应当严格按照相关逻辑要求进行，否则便很可能形成"毒树之果"，从根本上动摇整个诉讼过程。正因如此，各诉讼法均对程序性规范的违反直接予以了最严厉的制裁——发回重审。（2）程序性规范的价值判断弱于实体性规范。实体性规范的适用过程中，裁判者的目光需要不断在规范与事实之间辩证往返，运用各种手段进行价值判断，平衡法律规范与要件事实；而程序性规范则仅需坚持事实陈述思维，严格按照既有规范表述即可，如此便可保证裁判结果的可预测性。（3）程序性规范的适用往往依附于实体性规范。实体性规范的适用过程中，案件裁判大前提的寻找需要裁判者根据具体的案件事实去判断、搜寻；而程序性规范更多的是裁判者根据实体性规范的评价结果自然而然地适用，不需刻意地去搜寻相关法律规范。

具体到民事二审裁判文书的法条援引而言，《民事诉讼法》第170条适用的前提均是原判决、裁定正确或者错误，而该前提的判断均系根据实体性规范作出，故该条款仅需根据实体判断后的结果进行维持、改判、变更、撤销等事实陈述即可，不需夹带任何的价值判断。否则，便会导致文初所梳理的种种乱象。因此，相对于"以判索律"的惯性思维而言，"以律定判"的逻辑才应是程序性规范适用的基本逻辑。

（二）"以律定判"的规则设计

民事二审法条援引失范现状的规制路径可以分为三个层面：一是完善现有民事二审法条援引的规则，为顺利裁判夯实根基；二是制定严格的找法流程，为裁判者找法提供指引；三是明确恣意找法的法律后果，将法条援引关进制度的牢笼。

---

① 参见张卫平："民事诉讼法学方法论"，载《法商研究》2016年第2期。

1. "以律定判"的前提：民事二审裁判文书法条援引的完善

正如博登海默所言，"从普遍的经验可知，一条法规的语词往往不能完整地或准确地反映该法规制定者的意图与目的，当立法者试图用简洁但却普通的术语表达其思想时，就不得不采取省略的形式"。① 民事二审裁判文书所援引的法律规定在力求简洁的同时，也存在着需要进一步解释、明确和完善的空间。

（1）民事二审评价的对象包括原裁判结果和上诉请求两个方面。现有的民事二审裁判法条无一例外地仅将原判决、裁定作为二审评价的对象。此种法律规制的隐含前提在于：原判决、裁定的评价必然已经包含了上诉请求的全部内容，否则便有违民事二审程序应当对上诉请求的有关事实和适用法律进行审查的法律规定。但情况显然并非如此，这是因为，原判决、裁定作出后、二审裁判结果作出前出现的新的事实已经超出了原裁判的涵摄范围，无法被原判决、裁定所评价。因此，既然民事二审裁判文书的主文部分无一例外地均应当包含诉讼请求的回应，② 民事二审裁判文书的判决主文作为法院最终判断和判决的意思表示，有必要对原裁判结果和上诉请求均予以明确评价。

（2）民事二审评价的方式应当根据实际情况进行适当调整。当前，我国民事二审评价的困境主要在于，尽管根据《民事诉讼文书样式》的相关规定，民事二审案件的评价方式已经包括驳回、维持、撤销、变更、发回、核准、准许撤回上诉（起诉）、指令受理（审理）等，但二审相关规定往往将不同的评价方式进行不恰当的捆绑，如将驳回上诉、维持原裁判相捆绑。而在司法实践中，原审裁判结果与上诉请求之间尽管有时是相斥关系，即前者正确必然说明后者错误，或者相反；但有时却是相交关系，即两者可能均有一部分正确、一部分错误，比较常见的是二审过程中出现了新的事实，导致原判决认定的事实和当时适用的法律均无错误，但裁判结果却与新的法律事

---

① 参见［美］E. 博登海默：《法理学——法哲学及其方法》，邓正来、姬敬武译，华夏出版社1987年版，第514页。

② 民事类裁判文书的裁判主文需要对基本案情部分的诉讼请求作出支持或驳回的裁判。参见陈兴良主编：《中国案例指导制度研究》，北京大学出版社2014年版，第243页。

实不符，二审裁判虽不认同上诉人对一审裁判理由的质疑，但却因新的事实而认同上诉人的上诉请求，对原裁判结果进行了改判。

因此，为了保证民事二审裁判结果的合逻辑性和可接受性，应当在借鉴吸收前述援引困境的基础上，对二审裁判的评价对象和评价方式重新排列组合，消除制度的内部矛盾。

2. "以律定判"的流程：民事二审裁判文书法条援引的路径设计

根据前述所论民事二审裁判文书的评价对象、评价方式和裁判文书的表述，笔者认为可以将民事二审裁判结果细分为以下几类，并分别予以不同的评价：

(1) 原判决、裁定认定事实清楚，适用法律正确，上诉不成立的，以判决、裁定方式驳回上诉，维持原判。

(2) 原判决、裁定认定事实清楚，适用法律正确，上诉成立的，以判决、裁定方式依法变更。①

(3) 原判决、裁定认定事实错误或者适用法律错误，上诉不成立的，以判决、裁定方式驳回上诉，并依法改判。

(4) 原判决、裁定认定事实错误或者适用法律错误，上诉成立的，以判决、裁定方式依法改判。

(5) 原判决认定基本事实不清的，裁定撤销原判决，发回原审人民法院重审，或者查清事实后改判。②

(6) 原判决遗漏当事人或者违法缺席判决等严重违反法定程序的，裁判撤销原判决，发回原审人民法院重审。③

综上，裁判者根据"以律定判"的思维逻辑，在根据二审查明的事实基础上，通过对原审判决、裁定和上诉请求进行综合评判，根据上述规定的情形分别予以不同的处置，便不会再出现文初所提及的适用乱象。仍以合议庭

---

① 此种情形主要是指二审期间出现新的事实，此时不宜再对原审裁判给予维持或者撤销的评价，因为两种评价方式均与二审查明的事实不相符。

② 对于基本事实不清的判决，不论上诉或者抗诉是否成立，本着纠正违法裁判的目的，均应当予以发回重审或者直接改判。

③ 程序性违法直接影响到实体裁判结果的正确性，故不论上诉或者抗诉内容如何，均应当发回重审。

的评议过程为例，正确的流程应当如图3，若严格按照此流程评议，便不会出现前述援引法律条款冲突的情况。

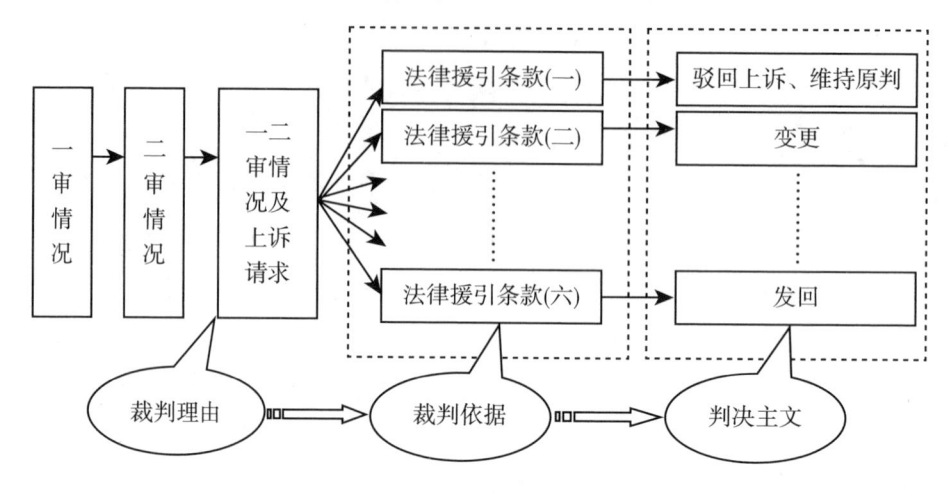

图3 "以律定判"的逻辑推理过程展示

3. "以律定判"的保障：程序性违法的无效宣告

"以律定判"与"以判索律"作为法律适用的两种思维方式，本身并无优劣之分，甚至在某些场合，后者还会发挥明显的积极意义。例如，在行为人存在多个罪名竞合的场合，通过先从量刑均衡的角度去模拟行为人的量刑，再通过量刑反推确定其罪名，如此，既不违反罪刑法定的基本原则，又能实现罪责刑相适应的基本要求，可谓"以判索律"的经典适用。但是，此种情形仅仅只能存在于实体性规范的适用过程中，而不适用于程序性规范的发现与适用过程。这是因为，实体性规范遵循的大前提＋小前提→结论的司法三段论式推理过程中，大前提与小前提的外部证成过程需要在规范与事实之间循环往复地进行价值判断，故前述以量刑反推定性的做法存在适用的前提和基础。程序性规范却不同，其适用的前提已经确定（原判正确或者错误已经由实体性规范予以明确），后续只是一种事实陈述而非价值判断，只需根据前提决定按部就班地适用相关法律条文即可。①

---

① 当然，程序性规范必须力求明确，否则仍有解释的必要和空间，而该空间便是程序性违法的隐忧所在。

因此，对于"以判索律"等与司法裁判规律明显相违的程序性违法行为也需像实体性规范一样，规定相应的制裁措施，否则便会阻碍"以律定判"正统思维的展开和运用。借鉴大陆法系国家和英美法系国家对于程序性制裁的做法，笔者认为可以通过宣告无效的方式来追究程序性违法者的法律责任。①

结　语

社会公众对司法公正乃至社会公正的希冀，在很大程度上不是寄托在对某项制度价值与理念的判断上，而是孕育于制度设计者与操作者对程序环节的仔细推敲之中，而任何一个细节脱落都可能造成整个程序体现和保障公正价值的断档。② 民事二审裁判文书的法条援引尽管只是法律适用和裁判文书形成中微不足道的冰山一角，但也许正是这最后一公里的公正，转变了民众对我国司法公信力的传统认识。

---

① 参见陈瑞华："程序性制裁制度的法理学分析"，载《中国法学》2005 年第 6 期。
② 参见高新华："论司法程序性裁判"，载《国家检察官学院学报》2008 年第 1 期。

刑事司法文书说理的文化之维

◉ 奚　玮[*]　赵宇峰[**]

摘要：刑事司法文书说理改革已然进行多年，但是司法实践中司法者"不愿说理""不会说理""不敢说理""说不好理"等问题依然客观存在。我们在关注文本意义上的刑事司法文书说理的同时，必须看到作为司法活动表象的刑事司法文书其背后也有着深刻的文化背景。我们有必要发掘本土法治资源中的人性基础，重新审视我国传统司法文化中的以和为贵的衡平观念，从文化之维对刑事司法文书说理进行正确定位，再从以人为本的司法理念等角度为刑事司法文书说理树立正确的价值导向。

关键词：刑事司法文书　说理　以人为本

自党的十八届三中全会和党的十八届四中全会提出"加强法律文书释法说理"的改革部署后，最高人民法院在"四五改革纲要"中也确立了"推动裁判文书说理改革"的具体任务，最高人民法院印发的《关于加强和规范裁判文书释法说理的指导意见》也于 2018 年 6 月 13 日正式生效施行。无疑，这些举措是对我国当下的司法文书释法说理不足问题的正面回应。与此同时，我们不得不面对的一个问题是刑事司法文书的说理不仅仅应当依托于文本意义上的法条，我们还要立足于自己的本土法治资源，法律的运行过程中当然存在着根植于我们文化传统的价值体系作为一种内在支撑。刑事司法文书的说理当然应该汲取文化的力量和优势，在以法理阐释为主体内容的刑事司法

---

[*] 安徽师范大学法学院教授、中国法学会法律文书学研究会理事。
[**] 中国政法大学博士研究生，上海金茂凯德（芜湖）律师事务所刑事法律事务部主任。

文书中，引入文化以达到"通情达理合法"的目的和"以文化人"的高度，从号称一份伟大的判决的广东于德水案判决书，到近期大热的《我不是药神》原型——陆勇的不起诉决定的释法说理书，都彰显出刑事司法文书应有的人文关怀。

一、刑事司法文书文化说理的本土法治资源

自清末以降，中国法律制度的变迁大多数都是"变法"，一种强制性的制度变迁。这样的法律制定颁布后，由于与中国人的习惯背离或没有系统的习惯惯例的辅助，不易甚至根本不为人们所接受，不能成为人们的行为规范①。刑事司法文书说理改革已经在官方层面倡导了多年，但是目前刑事司法文书说理的改革与学界甚至普通百姓的期待差之甚远，实务中诸如"山东于欢案"以及"天津大妈非法持枪案"等背离了刑事司法基本价值观案例的发生并不仅仅是适用法律的问题，也有着说理不够充分的因素。诚如最高人民法院原常务副院长沈德咏所言：要将个案的审判置于天理、国法、人情之中综合考量，统筹兼顾法律正义和社会正义，坚守法律底线和道德底线，努力探讨和实现法理情的有机结合。刑事司法文书释法说理改革已成为司法公正的重要环节，我们应当回溯我们本土法治文化中值得珍视的资源，树立正确的刑事司法理念。

（一）法治的人性基础

法治是人类文明发展到一定阶段后的产物，是人类文明进步的结晶，人类的一切文明成果都可以以这样或那样的方式回溯到人性的研究。②《论语·子路》篇中就出现了"父为子隐，子为父隐，直在其中矣"的描述，也即儒家文化谱系中"亲亲相隐"的来源，且这种精神也为司法实践所认可。秦律云："子告父母、臣妾告主，非公室，勿听。而行告，告者罪"。《汉律》亦云"亲亲得相首匿"。在我国古代的判词中，法律正义的实现内化于对人性的呼唤之中，清代的《刑案汇览》多次提到"仁""法外施仁""尽""情

---

① 苏力：《法治及其本土资源》，北京大学出版社 2015 年版，第 14 页。
② 刘斌："法治的人性基础"，载《中国政法大学学报》2008 年第 2 期。

悯""恩"等描述，表现了司法官员和皇帝的同情心理。中国古代司法文书中将人性的刻画揉进了法官意见中，基于法官普遍受到了良好的儒家文化的浸润，法官判词中道德化的夹叙夹议成为一种常态，在说理方式上也会力求动之以情，晓之以理，最后才会绳之以法，古代判词中无不体现出以人为本的天理、国法与人性的有机结合。作为普罗大众感情的集中体现和文化传统的内在机理，人性无疑反映了法律文化一脉相承的传统社会观念。因而在具体判词的撰写上，不仅要考虑具体法律规范的适用，还要以符合人性的天理人情作为内在支撑。事实上，古代判词中最为显著的以情动人以理服人的特点正是我国现代刑事司法文书中最为欠缺的部分，我们有必要发掘本土法治资源中的人性基础，增强司法文化自信。正是诸如"亲亲相隐"这样符合人的自然属性和社会属性的人性外化于刑事司法说理之中，刑事司法文书说理才能从当下的单一说理转向多元说理。相较于高度抽象文本意义上的判决书，普通民众更易于从其自身朴素情感出发接受非成文规范。刑事司法文书的说理不应跳脱出人的本性，更不能与人的主观情感相背离。如同我国台湾地区学者杨奕华所言：追根究底，法律的存在，法律的演变蜕变，实乃人的生存所呈现的一种文化现象，法律之源于人、游于人、依于人，法律之以人为本，以人的社会生活为经纬，诚毋庸置疑①。

（二）以和为贵的衡平观念

在萨维尼看来，如同语言、习俗等，法乃民族精神的体现，也与一个民族的命运紧密相连。② 回溯我国封建时代的法律传统，"厌讼"思想根深蒂固地存在于官方以及民间的话语体系中，从《易经》中"讼则凶"到孔子所言：听讼，吾犹人也，必使无讼乎。无须讳言，"无讼"是中国传统司法中一以贯之的价值取向。从民间到官方对于"争讼"都持排斥的态度，在浓厚的宗法伦理色彩下的中国古代，诉讼的兴起在一定程度上等同于教化的失败，古代官吏"听讼"的目的并不在于定争止纷，更多的是通过裁判案件努力追

---

① 杨奕华：《法律人本主义——法理学研究诠释》，台北汉兴书局有限公司1997年版，第24页。
② 参见［德］萨维尼：《论立法与法学的当代使命》，许章润译，中国法制出版社2001年版，第7-12页。

求从"争讼"到"无讼"的转变，在这样的司法文化传统影响下，以和为贵的衡平观念从众多司法理念中脱颖而出并成为本土法治资源中重要的养分来源。传统司法"以和为贵"的价值追求使得司法裁判官员在裁判策略与个案之间追求两造平衡以解决纠纷，诚如梁治平所谓：视古人书判清明者，既具引法条，照例行事，又不拘泥于条文字句，而能够体察法意，调和人情，其所为之判决，因事而异，极尽曲折委婉，这绝不是一味抱持常经所能做到的。① 在深受儒家文化影响的中华法系下的司法目标，司法者作出的"判决"除了旨在解决纠纷，更重要的是通过道德教化达到"政通人和"的社会状态，"听讼惟明、持法惟平"成为官员正直与否的重要评价标准，这样的价值导向使得乡土社会的民间秩序与国家法制制度之间实现了微妙的平衡，也使得国家层面的制度与乡土秩序实现了有机契合。以和为贵的衡平观念成为维系我国古代社会官民话语沟通的基本要素，同时也成为我国传统司法文化中显著的标志。

中国传统社会是典型的熟人社会，也就是费孝通先生在《乡土中国》一书中提出的差序格局，熟人社会中的阡陌交通，鸡犬相闻，人与人之间的关系相对固定。在这样的社会中，法律的作用还在其次，如果发生纠纷，通过发挥宗族等社会组织的作用解决纠纷是首要选择。在这种熟人社会中，崇礼重德的儒家文化往往甚于成文法的规定，恢复或维持熟人之间和谐的关系成为首要目标，以和为贵贯彻于熟人社会交往的始终，在这样的主导思想下，司法官员也会将以和为贵作为心目中最高的衡平理想，在衡平理想关照之下，"以和为贵"成为了手段和目的的二元一体。

二、刑事司法文书文化说理的功能定位

（一）树立正确的价值取向

刑事司法文书说理中注入文化之维使得司法在个案中努力寻求法律效果与社会效果的平衡，司法也在形式正义与实质正义中开拓出一条符合我们法律文化传统的路径，儒家文化以和为贵的衡平观念深深烙印在我们的法治传

---

① 梁治平：《法意与人情》，中国法制出版社 2004 年版，第 249 页。

统上，这种衡平当然不是刻板地将法律条文适用于个案的过程，而是着眼于裁判结果的"实质正义"，从"许霆案"到"广东于德水案"无不体现出实质正义在普通民众心目中至高无上的地位。我们无意探讨"形式正义"与"实质正义"的关系而只是在表述我们法律文化传统中的客观事实，我们所谈论的"实质正义"在刑事司法实践中不仅仅是文本意义上的法条，还掺杂了特定的人文特质。这样的特点让刑事司法文书的说理必须弘扬和体现文明的、先进的、符合人心向背的价值取向。被称为惠阳"许霆案"的"广东于德水案"的判决书一度被称为"伟大判决"，该案法官在一审判决书中进行了极具人文色彩的说理："综观本案前行为合法后行为违法的全过程，我们认为，被告人犯意的基础动因在于一念之间的贪欲。欲望人人都有，眼耳鼻舌身意，人有感知就会有欲望，所以欲望是人的本性，它来自于基因和遗传，改变不了，因而是正常的。同时，被告人取了钱带回老家，除了给弟弟一些钱，剩下的也一直不敢乱花，这说明他对社会管理秩序还是心存畏惧，被抓获之后，被告人随即全部退清所有款项，我们觉得，这孩子心存良知。我们也不能确认和保证本判决是唯一正确的，我们唯一能保证的是，合议庭三名法官作出这一细致和认真的判断是基于我们的良知和独立判断，是基于我们对全案事实的整体把握和分析，是基于我们对法律以及法律精神的理解，是基于我们对实现看得见的司法正义的追求"。弘扬体现先进、文明的价值取向是对裁判文书社会效果的基本要求之一。在裁判文书价值体系中当然应当体现出弘扬符合中国法治传统的内容，通过刑事法司法文书凝练出契合社会主义核心价值观的表达方式，用一种理性和温情相结合的方式倡导正确的价值取向是刑事司法文书应有的功能之一。

(二) 弥补法律规定的缺陷

法谚有云，法律一经制定，便已经落后于时代。法律是立法者总结过去的经验对法律文本进行的修正和完善，但是飞速发展的时代往往留给立法者很多棘手的问题，面对司法的难题，法律不可能退缩至墙角拒绝裁判，只能主动地解决问题，解决问题的直接表象即是司法文书，而刑事案件往往为社会关注的热点，刑事司法文书更是司法者回应关切并解决问题的关键，刑事司法文书贯注文化之维说理透彻方能彰显司法公正和文化自信,反之则会疑窦四起进而伤及法治进程。天津大妈赵春华在天津市河北区李公祠大街海河亲水平台附近摆设射击摊位进行营利活动,被公安机关巡查人员查获,当场收缴枪形物 9 支及配件等物。经天津市公安局物证鉴定中心鉴定,涉案 9 支枪形物中的 6 支为能正常发射、以压缩气体为动力的枪支。被告人赵春华于 2016 年 12 月 27 日被天津市河北区人民法院以非法持有枪支罪判处有期徒刑 3 年 6 个月。赵春华上诉后,天津市第一中级人民法院依法立案受理,2017 年 1 月 26 日上午,天津市第一中级人民法院公开开庭审理了赵春华非法持有枪支上诉一案,并依法当庭宣判,改判其缓刑。本案成为热点案件就是法院机械司法的结果,一审法院根据鉴定意见认为赵春华摆摊的枪支被鉴定为能正常发射以压缩气体为动力的枪支并无不当,但是这样的结果又与我们的常识常理常情相背离,这样的情况其实本质上不是司法问题而是立法问题,但是却又可以通过司法的方式引流入海定纷止争,司法作为社会公平正义的最后一道防线,在出现了"恶法亦法"还是"恶法非法"的争议时,司法者应当着眼于蕴含于法律规则背后的立法精神,兼顾个案中公平正义的具体实现,跳出法律规定的形式羁绊,将司法的温度通过刑事司法文书说理的方式注入疑难复杂个案,以人文关怀弥补法律漏洞,以司法文化和其他文化相结合来实现看得见的正义。

同样,司法不仅仅应当着眼于个案正义,更应当通过对法律漏洞的修补放眼社会整体意义上的公平正义,个案形成的"法治公开课"意义绝不应当止于实现个案得到符合法律精神以及天理人情的结果,当然应当通过个案推动法律规定的完善。在涉气枪案件引发全民关注之后,最高人民法院、最高人民检察院联合发布了《关于以压缩气体为动力的枪支、气枪铅弹刑事案件定罪量刑问题的批复》并于 2018 年 3 月 20 日起正式施行,批复规定,对于非法制造、买卖、运输、邮寄、储存、持有、私藏、走私以压缩气体为动力且枪口比动能较低的枪支的行为,在决定是否追究刑事责任以及如何裁量刑罚时,不仅应当考虑涉案枪支的数量,而且应当充分考虑涉案枪支的外观、材质、发射物、购买场所和渠道、价格、用途、致伤力大小、是否易于通过改制提升致伤力,以及行为人的主观认知、动机目的、一贯表现、违法所得、是否规避调查等情节，综合评估社会危害性，坚持主客观相统一，确保罪责刑相适应。这既是个案推动法治进步的范本，也是司法对于如何实现社会整体意义上的公平正义的有力回应。

（三）增加司法裁判的可接受性

司法者准确适用法律规定，合理援引法理会在法律职业共同体内部形成较为一致的共识，但问题是刑事司法文书说理所指向的对象还包括社会公众，社会公众根据自己朴素的正义观会对案件是否合情合理合法作出自己的判断。遗憾的是，司法实践偶有法律上没有瑕疵的裁判结果却损害了社会公众对法治的认知和信心，刑事司法文书从法治文化的角度进行说理有利于弥合不同群体对于法治认知可能存在的沟壑，进而增加刑事司法文书的接受度，也只有刑事司法文书获得广泛的认同，法治的权威才会树立起来，形成一种全体社会成员主动遵法守法的氛围而非被动的怕法惧法。

近期大热的电影《我不是药神》将陆勇代购印度仿制药被不起诉案又拉回了公众视野，沅江市人民检察院《关于对陆某某妨害信用卡管理和销售假药案决定不起诉的释法说理书》在法律人的微信朋友圈"刷屏"，该院根据现有事实和证据首先认定陆勇的行为不构成销售假药罪。其次认定陆勇通过淘宝网从郭某某处购买3张以他人身份信息开设的借记卡、并使用其中户名为夏某某的借记卡的行为，违反了金融管理法规，但因情节显著轻微危害不大，不认为是犯罪。最后该院认为：如果认定陆某某的行为构成犯罪，将背离刑事司法应有的价值观。与司法为民的价值观相悖，与司法的人文关怀相悖，与转变刑事司法理念的要求相悖。本案的释法说理书述及的司法人文关怀并没有直接体现在法律规范中却获得了更为广泛的认同，在具体案件的判决上，法律人与普通民众的视角当然并不一致，刑事司法文书中往往采用三段论的方式去论证适用实体规范的正确性，普通民众却用朴素的正义观和道德观去评判案件公正与否，这样的法律正义与情感正义并不总是高度重合，在二者出现分离的时候法律正义如果居高临下地要求情感正义让位恐怕只会撕裂法治共识之生成，"山东于欢案"一审判决从法律适用上来说并没有过多可供指摘的地方，但是由于一审法院忽视了我们的法律文化传统直接引发了巨大的情感反弹,人民日报评论称"法律不仅关乎规则,还关乎规则背后的价值诉求,关乎回应人心所向、伦理人情的标准"。有鉴于此,我们当然应该在刑事司法实践中正确适用规则的同时,在说理中注入文化的力量,努力追求"合法合理合情"的裁判结果,使得法治所面向的对象从内心接受判决结果,真正做到案结事了。

三、刑事司法文书文化说理的价值追求

(一) 以人为本的刑事司法理念

刑事司法文书中简单堆砌法律规定的做法引发的极大反弹让我们认识到,文书说理的简单粗暴会直接影响法治的进程,"本案事实清楚,证据确实充分,足以认定……"或者"上诉人之上诉理由无法律依据,不予支持"这样的"盖棺定论"缺乏鞭辟入里的说理显然难以让人信服。除了冰冷的法律规定,我们当然还要关注法律规定背后的人文精神和人性光辉。因为法的起源脱离不开人性,法因人而生,人在先,法在后,人是法的逻辑起点,法是人类活动的结果。[①] 就刑事司法文书说理的应然状态而言,在说理中除了犯罪构成要件的阐释之外确立以人为本的刑事司法理念成为一种必要。在刑事司法文书的说理中确立以人为本的法治观念,以人的自然属性为出发点,以人的社会属性为归宿,以承认人性在刑事司法中的作用为前提,构筑我国刑事司法文书说理的价值基座。有鉴于人文精神深深镌刻在我国刑事司法之运行机理中,刑事司法文书当然应当体现出中国特色刑事法治的人文精神。以人为本的刑事司法理念自然也要以宏观的价值属性为底色。

刑罚作为高悬于公民头顶的威慑性手段,在现代刑事司法理念中应当是手段而非目的,在禁绝刑讯逼供和保证程序正当已成共识的今天,单纯的威慑作用已非刑事司法的全部意义所在,随着人性研究视角的回归,在刑事司法文书中简单罗列事实和证据的做法显然会引发非议,若刑事司法文书本质上不具有正义、自由、人权等具有人文关怀的属性,那么刑事司法判决也会缺乏相应的价值观导引,很难真正发挥刑法的"善良公民的大宪章"的作

[①] 刘斌:"亲亲相隐与大义灭亲",载《社会科学论坛》2008年第9期。

用。以人为本的刑事司法理念是刑事司法社会治理功能的一种应然性探索,为刑事司法实践提供了新的视角、原则与方向,也让刑事司法过程的由抽象走向具象,让个案中法律规定的模糊地带得以明晰,以真正实现刑事司法社会效果与法律效果的统一。

(二) 真善美的直接显现

刑事司法文书的说理是为了增加说服力,在刑事司法文书公开上网的今天,刑事司法文书的说理对象当然不应当局限于当事人,还包括社会公众以及法律职业共同体成员,一份广为接受的刑事司法文书应当追求真善美的价值取向,无论当事人还是其他群体通过写满真善美的刑事司法文书都能实现和司法者对话。

所谓真是在刑事司法文书中体现诚信公正,诚信公正是法治社会中基本的价值体现,也是刑事司法中建立法治权威应有的目的体现。在刑事司法领域中,司法者兼顾实体正义与程序正义早成共识,实体正义和程序正义共同构筑成刑事司法中的实质正义。所谓善是刑事司法文书的内容要秉持人性与正义的原则。若使普通民众对于刑事司法文书从内心接受至少要求文书所承载的表象符合我们对于良善的认知,刑事司法文书是司法者从内心确信的角度对被适用者的人文关怀,刑事司法也是通过惩恶的方式来达到扬善之目的,在刑事司法的视阈内,刑事司法文书的说理追求的良善的价值导向不仅仅在于文书本身贯穿了人性之维,更在于通过文化说理反哺于刑事司法的动态过程,刑事司法文书的说理通过个案的正向影响发散向更为广阔的空间进而无限接近于法律实施的正义性。将良善注入刑事司法文书说理之内核,不仅能实现司法适用的公平正义,更能获得司法适用的对象,也即人民群众的内心认同,体现刑事司法的情理法的高度统一。良善也确实一直是刑事司法追求的价值目标之一,刑事司法文书说理中的充满了温情的论述是群众接受与否的关键所在。所谓美不仅仅要求表面的说理文字文辞并举,更要求深层次的有序和谐,也就是刑事司法文书在说理过程中注重对社会公序良俗的维持,说理透彻的刑事司法文书会对社会秩序的形成有积极的正向引导。和谐也是中国传统法治的评判尺度和精神内核,在以和为贵的衡平理念的观照之下,刑事司法文书应当将和谐作为法理和情理追求的应有目标，这也能使人民群众从内心深处更加接受和理解刑事司法文书的说理，和谐既是现代法治文明的标志，也是法治文化的价值追求①。

（三）把握文化说理的尺度

刑事司法文书的文化说理自然能够增加法律的温度，让正义以一种看得见的方式实现，以一种全新的视角将刑事司法文书的说理推向一个新的高度。但是与此同时一个不容忽视的问题就是文化说理的限度如何把握。在刑事司法中进行文化说理不可避免地会遇到诸如主观性过强和不确定性等问题，如果绕过现行法律规定或者曲解立法本意进行文化说理，不仅在个案中会招致法律适用的失范，更会伤及司法的权威。因而我们在肯定文化说理在刑事司法实践中的作用的前提下，必须对其适用的限度有所思考。笔者认为以下几个原则是刑事司法文书文化说理中必须秉持的尺度：第一，文化说理所援引的必须是通用的常识。既为常识，则应当基于一个理性的社会人对事情的基本认知，这就杜绝了司法者可能存在的为了个性而个性的运用并不为大家所认可的说理方式，"广东于德水案"和"陆勇不起诉案"无不是因为司法者在坚持依法裁判、严格司法的前提下，为了实现社会效果和法律效果的统一，司法者依托于党的十八届四中全会决定强调的"要坚持人民司法为人民""通过公正司法维护人民权益"等内容，将保障人权提到了与打击犯罪同等重要的地位上，最终也确实因为司法文书合乎人民群众对于公平正义的基本认知而被真正认可。第二，刑事司法文书说理的重要性在司法适用的结果与绝大多数人的正当情感相违背的情况下更为彰显。刑事司法文书的文化说理当然应当仅限于疑难复杂案件。在案多人少的大背景之下，我们不可能奢望司法者在每一个案件中都对当事人的行为予以充满人文关怀的肯定或者谴责，虽然出于实现教育感化与惩罚犯罪的考量，每一个案件中司法者都应当投入相当的注意，但是正如培根所言：一次错误的判决，有甚于十次犯罪，因为犯罪污染的是水流，而错误的判决污染的却是水源。在案多人少的现实压力之下，案件的繁简分流已成共识，司法者当然应该在疑难复杂案件中分配更

---

① 刘斌："当代法治文化的理论构想"，载《中国政法大学学报》2007年第1期。

多的精力，因为这些案件如果突破了正义的底线，会直接撕裂人民群众对于法治的认知，此前的"天津大妈非法持枪案"以及"山东于欢案"二审的改判无不是一审法院未将疑难复杂个案的审判置于国法、天理、人情之中综合考量的结果，而"陆勇被不起诉案"却也从另一个维度证明了刑事司法文书在疑难复杂个案中秉承人文精神之必要。第三，刑事司法文书进行文化说理不能突破现有法律规定，在法律框架之内对现行立法进行诠释是文化说理的底线。司法文书的裁判进路应当首先是合法，其次才考虑是否合情以及合理。情理动辄逾越于法律之上可能会破坏法律适用的稳定性，也会使人民群众对于法律的信仰产生怀疑。当现有法律规定与人民群众对于公平正义的认知出现冲突时，司法者应该援引法理以弥合二者之间的冲突，法理的援引有益于弥补法律规定的缺陷，增加司法裁判的可接受性。法理当然不仅仅包括立法精神，还应该在广义上涵摄社会主义法治理念，在现有法律体系之内，刑事司法文书的文化说理将法律的严苛与温情有机融合，维系着依法裁判的底线，彰显着司法为民的价值。

浅议裁判文书表达的基本模式

◉ 潘巧慧* 崔 哲**

摘要：裁判文书表达，是法官在案件审理终结后，以审判过程中的材料为依据，以裁判结果为核心，静态地反映裁判证据、事实、法律和理由的过程。裁判文书表达模式，是指作为裁判文书制作标准的结构或样式。裁判文书的质量影响着司法公正的程度，才有选用恰当的裁判文书表达模式，才能更好地展现司法公正。

关键词：裁判文书 表达模式 司法公正

司法作为维护社会公平正义的最后一道防线，需要裁判文书再现裁判的过程与结果。在西方有一句法律谚语："法官的判决是活的法律，是现实的公正。"裁判文书的质量影响着司法公正的程度，裁判文书应该以什么样的表达模式展现司法公正，是本文写作的主要目的。

一、对裁判文书表达模式的一般理解

裁判文书表达，是法官在案件审理终结后，以审判过程中的材料为依据，以裁判结果为核心，静态地反映裁判证据、事实、法律和理由的过程。[1] 裁判文书表达模式，是指作为裁判文书制作标准的结构或样式。"公文为要式之文书，故其程序、形式，最关紧要。"[2] 一切公文包括裁判文书都有与其特

---

* 河南财经政法大学诉讼法专业研究生。
** 河南财经政法大学诉讼法专业研究生。
[1] 赵朝琴：《司法裁判的现实表达》，法律出版社2010年版，第29页。
[2] 徐望之：《公牍通论》，上海书店1931年版（影印）。

性相匹配的格式要求。裁判文书表达需要遵循固定的格式即裁判文书格式，裁判文书格式是在司法实践中形成和变迁的，是理解特定时期裁判文书表达模式的外在形式。不同的法律传统或者诉讼模式，对裁判文书结构样式的要求程度也不同。通常情况下，大陆法系国家因其职权主义诉讼模式的特点，对裁判文书的结构样式要求程度比较高，英美法系国家对裁判文书结构样式的要求程度比较低。无论存在何种差异，裁判文书表达都离不开一定的模式，司法裁判的个性化内容，借助裁判文书表达模式才能现身，才有了发挥作用的舞台，这个舞台是由诉讼程序搭建起来的，对制作裁判文书具有不可替代的指引作用。对裁判文书格式的现状、规律与特征的探索，是研究裁判文书表达模式的重要视角。研究裁判文书表达模式，对提高裁判文书规范化程度和裁判文书效益价值实现，具有基础性的支撑作用。

模式化，是指按照固定的模式去制作或做同类事情。[1] 依照统一的文书格式写作裁判文书，有利于提高写作效率。近年来，"案多人少"这个司法问题一直困扰着法院，尤其是基层法院。司法实践中，需要一个固定的结构来安排审判过程中所确认的证据、事实、法律和结论等材料，这也是我们通常所说的谋篇布局。在明确的裁判文书格式的指引下，法官不必再费心地谋篇布局，不必担心遗漏表达的必要内容，不必思考某些材料的取舍问题。一般情况下，裁判文书格式已经将可以模式化的表达要素放置到文书格式中的特定位置，写作裁判文书时直接对接具体案情，填写清楚相关要素即可，这可以大大节约写作时间，提高裁判文书写作效率，从而提高司法效率。

裁判文书是司法活动的书面记载，直观地体现了司法公正的价值。裁判文书格式是形式公正的体现，形式公正是独立于实体公正和程序公正之外的第三种公正。[2] 形式公正重在关注裁判的结构和样式等外在的表达形式是否公正。裁判文书的格式一经确立，司法实践中就要遵照写作，对任何人都一视同仁、不偏不倚，不会因为案件当事人的身份地位、职务级别不同而区别对待，这首先从外在形式上做到了法律面前人人平等。要求按照格式书写案

---

[1] 李行健：《现代汉语规范字典》，外语教学与研究出版社、语文出版社2004年版，第920页。
[2] 叶建平："书写正义——有效写作裁判文书的思考与实践"，载《中国法学会法律文书学研究会2009年国际研讨会学术年会论文集暨有效的法律写作——中法澳法律文书写作比较分析》，第59页。

件的审理经过,可以时刻提醒司法人员严格依法办案,保障当事人的程序权利。《最高人民法院关于全面深化人民法院改革的意见——人民法院第四个五年改革纲要(2014—2018)》(以下简称《人民法院第四个五年改革纲要》)规定,要重视律师的辩护意见,对于律师依法提出的辩护意见如果不予采纳,应当在裁判文书中说明理由。①

"理性乃是人用智识理解和应对现实的能力。"制度设计包括裁判文书格式的统一要求,可以助力法官理性写作裁判文书、助力公众理性解读裁判文书。格式就是用理性浇铸的模子,裁判文书格式旨在培养理性的法律人,使其形成理性的思维方式。②法官要按照既定的样式制作裁判文书,有助于法官感性情感的控制,理性思维也在不断地得到强化。以刑事判决书格式为例,人民检察院的指控和被告人及其辩护人的辩称即诉辩意见,在结构要求上是各自独立成段,并要求法院对双方有异议的事实和证据作出分析评判。这样的格式设计,有利于法官全面、平等地介绍控辩双方意见,而不是偏重于一方,有助于理性地思考和表达裁判文书内容。在审理查明部分,要求写明经举证、质证定案的证据及其来源,旨在促使法官重视证据的三性(合法性、真实性、关联性),作出正确的事实认定。在本院认为部分,要求阐明判决的法律依据,并要求对控辩双方关于适用法律的不同意见进行分析评判,以这样理性的格式要求来保证判决结果的合法性。③需要说明的是,理性思考并不是禁止法官进行情理的分析,而是要尽可能避免感性的不当干扰。在有些情况下,需要法官适度的感性的参与,以使裁判达到更好的社会效果。例如,未成年刑事案件判决书后面,附上充满感情的"法官寄语";离婚案件判决书说理部分,融入法官对婚姻的感性认识和评价,都是值得肯定的写作方式,其与理性表达非但不矛盾,还相得益彰,也符合判决书应当阐明事理、

---

① 《最高人民法院关于全面深化人民法院改革的意见——人民法院第四个五年改革纲要(2014—2018)》,法发〔2015〕3号。
② 杨鸿雁:"对法律文书格式的法理学思考",载《天津大学学报》2012年第5期。
③ 最高人民法院审判委员会:《法院刑事诉讼文书样式》,1999年7月1日起施行。样式1"一审公诉案件适用普通程序用刑事判决书"。

释明法理、讲明情理、讲究文理的一般规律。①

从正义价值的角度来看,并非格式化程度越高,裁判文书表达的效果就越好。有时,格式化程度与裁判表达效果还会呈负相关的关系。例如对于刑事裁判文书中的证据写作,如果格式只要求将证据写成:"上述犯罪事实清楚,证据确实充分,被告人也供认不讳",就属于一种不当的模式化处理,将会导致司法实践中证据表达的"千案一面",难以体现裁判的公正性。裁判文书表达模式固然需要格式作为支撑,但我们不能因为关注格式而把裁判文书表达当成一个没有个性的"闭合的系统"。② 符合格式要求是裁判文书写作的最低标准,一份优秀的裁判文书应当兼顾共性(格式)和个性(内容),不仅具有规范完整的共性的格式元素,还要具有充实的、能够展现案件特点的个性化内容。裁判文书的共性和个性表达是一种辩证的关系,规范合理的格式有利于更好地展现个性化的内容。

共性和个性又犹如"骨骼"和"血肉",裁判表达既有"骨骼"也有"血肉",骨骼即裁判表达的基本模式、基本要素及其格式规范,血肉即如何表达事实、证据、理由、结论等具体内容。这两者互为表里、互相依存、互相作用,呈现为一种内在的张力。判决书的说理部分是最适合个性展示的部分,目前我国裁判文书格式虽非毫无瑕疵,但也初具规模,因此应在不断完善格式的同时,通过增强裁判文书的说理性,丰富文书内容,平衡协调发展共性和个性,以制度的完善促进裁判文书质量的整体提升。

二、裁判文书表达模式的基本结构

裁判文书表达模式可以分为刑事裁判文书表达模式、民事裁判文书表达模式和行政裁判文书表达模式。以一审判决书为例,裁判文书表达模式的基本结构如图 1 所示:

---

① 裁判文书释法说理,要阐明事理,说明裁判所认定的案件事实及其根据和理由,展示案件事实认定的客观性、公正性和准确性;要释明法理,说明裁判所依据的法律规范以及适用法律规范的理由;要讲明情理,体现法理情相协调,符合社会主流价值观;要讲究文理,语言规范,表达准确,逻辑清晰,合理运用说理技巧,增强说理效果。《最高人民法院关于加强和规范裁判文书释法说理的指导意见》第 2 条,法发〔2018〕10 号。

② [比]马克·范·胡克:《法律的沟通之维》,孙国东译,法律出版社 2008 年版,第 72 页。

一审判决书
- 01 标题：法院名称、文书名称、案号
- 02 正文：首部、事实、理由、裁判依据、裁判主文、尾部
- 03 落款：署名、日期

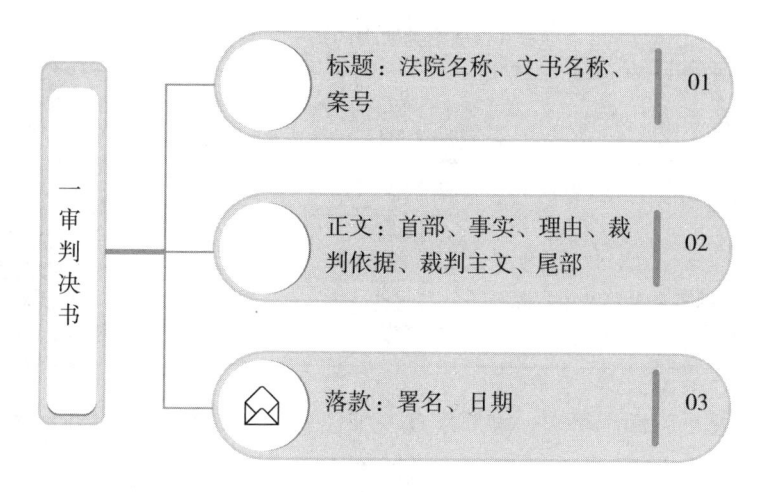

图1　一审判决书基本要素

裁判文书由标题、正文、落款三部分组成。就判决书格式而言，其正文部分是核心，也是裁判文书改革的重点，标题和落款相对比较固定。正文包括首部、事实、理由、裁判依据、裁判主文、尾部。其中正文中的重点是事实、理由和裁判依据。因此研究裁判文书表达模式时，主要研究正文中的事实（证据）、理由和裁判依据。但是首部中的案件由来和审理经过也进行过改革，且具有鲜明的时代特色，在下面的介绍中也将有所涉及。

（一）刑事裁判文书表达模式

改革开放以后，我国《刑事诉讼法》于1979年制定，1980年1月1日起施行，此后分别于1996年和2012年进行两次修正。一审刑事判决书格式最早于1982年由司法部制定，其后在1992年最高人民法院下发了《法院诉讼文书样式（试行）》，在1999年最高人民法院又下发了《法院刑事诉讼文书样式》。本文以1992年和1999年为时间节点，将改革开放至今的刑事裁判文书表达模式划分为三个时期，进行纵向的比较研究。

通过对刑事裁判文书格式三个历史时期的纵向分析，可以看出：三个时期的刑事判决书格式在是否规定诉辩意见、诉辩意见与法院意见的关系上呈现出不同的特色，具体见表1：

表1 刑事判决书的历史比较

	第一时期 （1979—1992）	第二时期 （1992—1999）	第三时期 （1999至今）
是否规定写明诉辩意见	没有规定	有规定	有规定
是否规定分层写明诉辩意见	没有规定	没有规定	有规定
是否规定诉辩意见与法院意见的对应关系及次序	没有规定	有规定 具体次序不明	有规定 具体次序明确

上表显示，四十年来一审刑事判决书模式的历史变迁具有如下特征：首先，对于是否写明诉辩意见，具体变迁为：没有规定→具体规定；其次，对于诉辩意见的写作方式，具体变迁为：没有规定要分层写明→规定诉辩意见要分层写明；最后，诉辩意见与法院意见的关系及次序，具体变迁为：没有规定判决书中要反映诉辩意见和法院意见的对应关系→规定在判决书中要反映诉辩意见和法院意见的对应关系→明确而具体地规定诉辩意见和法院意见对应关系及次序。这种变迁体现了控辩审三方职权和权利的变化，即由突出强调法院审判职权的模式改革为审判权、控诉权和辩护权呈"等腰三角形"的模式，淡化了法院的职权主义，诉辩双方的诉讼地位也日渐趋于平等。也表明对裁判文书的改革已不仅局限于格式要素的改革，更逐渐加强了对要素与内容的同步改革，改革在不断深化。一审刑事判决书结构样式的发展趋势，符合司法改革的理念，体现出对诉辩双方特别是被告人合法权利的保障，确保使被告人受到公正合理的刑罚，实现司法公正的法治目标，这也正是刑事裁判文书表达模式的发展方向。

（二）民事裁判文书表达模式

改革开放以后的《民事诉讼法》于1991年4月9日公布并施行，后于2007年、2012年和2017三次进行修正［因1982年的《民事诉讼法（试行）》（已失效）是试行，且关于判决书的规定与1991年《民事诉讼法》（已失效）没有实质性区别，因此本节不再涉及］。一审民事判决书格式最早于20世纪80年代初由司法部制定，其后在1992年最高人民法院下发了《法院诉讼文书样式（试行）》。2016年最高人民法院为进一步规范和统一民事裁判文书写作标准，提高民事诉讼文书质量，制定了《人民法院民事裁判文书制作规范》《民事诉讼文书样式》。[①] 本文以 1992 年和 2016 年为重要时间节点，将改革开放至今的民事裁判文书表达模式划分为三个时期，进行纵向的比较研究（见表 2）。

表 2　民事判决书的历史比较

	第一时期 （1979—1992）	第二时期 （1992—2016）	第三时期 （2016 至今）
是否规定要写明诉辩意见	有规定	有规定	有规定
是否规定诉辩意见与法院意见的对应关系及次序	没有规定	没有规定	有规定 明确具体次序
是否规定要写明争议焦点	没有规定	没有规定	有规定

通过纵向的对比发现，上述民事判决书三个时期的表达模式反映出如下变化：其一，民事判决书一直都有写明诉辩意见的要求，这是与刑事判决书表达模式的区别；其二，关于诉辩意见与法院意见的对应关系及次序，其变化为：没有规定判决书中要反映诉辩意见和法院意见的对应关系及次序→规定在判决书中要反映诉辩意见和法院意见的对应关系，并明确其次序；其三，关于争议焦点，其变化为：没有规定要归纳争议焦点→明确规定要归纳争议焦点。将民事判决书的历史变化与刑事判决书的历史变化横向比较来看，发现刑事判决书虽然一直没有要求明确争议焦点的写作，但是第二和第三时期的判决书中已经隐含了这样的内容，即要求对控辩双方有异议的事实、证据和适用法律的意见作出专门的分析评判。

（三）行政裁判文书表达模式

我国《行政诉讼法》于 1989 年制定，1990 年 1 月 1 日起施行，后于 2014 年和 2017 年进行了修正。一审行政判决书格式最早适用的是司法部制定的民事判决书格式，其后最高人民法院于 1992 年下发了《法院诉讼文书样式（试行）》，于 2004 年印发了《一审行政判决书样式（试行）》，于 2015 年又下发了《行政诉讼文书样式（试行）》。本文以 1992 年、2004 年和 2015 年

[①] 最高人民法院：《人民法院民事裁判文书制作规范》《民事诉讼文书样式》（法发〔2016〕221 号）。

为时间节点,将改革开放至今的行政裁判文书表达模式划分为四个时期,进行纵向的比较研究(见表3)。

表3 行政判决书的历史比较

	第一时期 (1982—1992)	第二时期 (1992—2004)	第三时期 (2004—2015)	第四时期 (2015至今)
是否规定写明诉辩意见	有规定	有规定	有规定	有规定
是否要求围绕 行政案件特征写作	没有规定	有规定	有规定	有规定
是否规定写明争议焦点	没有规定	没有规定	有规定	有规定

比较来看,改革开放以来的行政判决书结构变迁具有以下特点:其一,比较重视诉辩意见的写作,从第一时期开始就对写明诉辩意见进行了规定。其二,除了依照民事诉讼法审理行政案件那一时期外,比较重视反映行政案件的特征,明确要求要围绕行政案件的特征进行写作。其三,逐渐开始规定写明争议焦点,注重裁判文书的繁简得当。归纳争议焦点,针对争议焦点重点说理,是刑事裁判文书、民事裁判文书和行政裁判文书格式共同的发展趋势。其四,比较重视程序性内容以及证据的写作,具体体现在第三和第四时期的判决书结构中。这反映出最高人民法院对判决书程序性内容的重视也即对程序正义价值的重视,已经转化为一种制度性的行为。

三、对当代裁判文书表达模式类型的考察

我国法院传统上实行法官"事必躬亲"的办案模式。① 这也就意味着一直以来我国的裁判文书主要是由法官制作完成的。随着司法责任制和法官员额制改革的进行,传统的"事必躬亲"办案模式无法应对"案多人少"的司法现状,一定程度上成为提高裁判文书质量愿景的瓶颈。因此,探索新型的办案模式成为司法改革的任务之一。《最高人民法院司法责任制实施意见(试行)》中提出,最高人民法院为各合议庭配备适当数量的法官助理和书

---

① 陈瑞华:"法官员额制改革的理论反思",载《法学家》2018年第3期。

记员,在巡回法庭则以法官、法官助理、书记员"1+1+1"的模式配置审判团队。其中,法官助理的职责之一是在法官指导下草拟审理报告、裁判文书,书记员的职责之一是校对、送达法律文书。[1] 这种审判团队的办案模式将每个案件的工作任务进行合理分配,真正实现了各司其职,有助于工作的专业化、精准化,确保了案件的质量和效率,同时也能培养团队的合作意识。

其实,无论判决书的实际撰写者是谁,反映在判决书上的意见都必然包含以下三个方面:(1)法院意见;(2)诉方意见;(3)辩方意见。以全国首起大气污染公益诉讼案——中华环保联合会与德州晶华集团振华有限公司环境污染责任纠纷一审民事判决书为例[2],该判决书中必然要包含德州市中级人民法院的意见、原告中华环保联合会的起诉意见以及被告德州晶华集团振华有限公司的答辩意见。这就使得判决书的结构呈现出多条线索共存的状态,我们将其称为"复线形态"。在复线形态中,既有主要线索,又有辅助线索。其中,法院的意见是主要线索,这是由法院在诉讼中居中裁判的地位决定的,法院需将其意见与诉辩双方意见进行对比,由此才能对诉辩双方的各项意见是否采纳表明立场;诉辩意见是并行的两条辅助线索,这也是由诉辩双方在诉讼中的地位所决定的,诉辩双方意见是支撑裁判文书的关键内容之一。下列三个类型可以大致体现出改革开放至今的40年间,一审判决书改革发展的轨迹。

(一)弱势的复线类型

弱势的复线类型出现在改革开放初期,主要表现于刑事裁判文书表达模式的第一时期(1979—1992)。该时期的裁判文书格式侧重于法院意见的表达,忽视了诉辩双方意见尤其是辩方意见的表达。这是由强烈的职权主义诉讼模式所导致的。在这种诉讼模式下,法官积极进行裁判,其职权被强化,没有做到居中裁判,诉辩双方的关系也呈现出明显的不平衡状态。

---

[1]《最高人民法院司法责任制实施意见(试行)》,自2017年8月1日起施行。
[2] 参见山东省德州市中级人民法院(2015)德中环公民初字第1号民事判决书。

（二）过渡的复线类型

过渡的复线类型需要区分案件来说明。首先是刑事裁判文书。刑事裁判文书表达模式的第二时期（1992—1999），不仅明确了诉辩意见的写作要素，而且要求在判决书上呈现出法院对诉辩意见的态度。不过总体来看，形式上的味道更浓一些，因而归于过渡类型。

其次是民事裁判文书。民事裁判文书表达模式的第一时期（1979—1992），与同一时期刑事裁判文书表达模式并不相同。民事判决书既有对法院意见的写作，也有对诉辩意见的写作。但是只是在形式上进行了规定，其具体内容则很笼统和概括，也没有明确要求在法院意见与诉辩意见之间建立必要的连接，以突出争议焦点。因而属于过渡的结构类型。民事裁判文书表达模式的第二时期（1992—2016），其主要特征与民事判决书第一时期基本相同，但是增加了对争议焦点的归纳，因而也属于过渡的复线类型。

最后是行政裁判文书。行政裁判文书表达模式的第一时期（1982—1992），与第一时期民事判决书的结构类型具有相同的特征。在其第二时期（1992—2004）时，一个最明显的特征是强调判决书中要对行政案件特征有所反映。例如要在诉辩意见中写明被告具体行政行为的内容，要在判决理由中阐述对被告具体行政行为合法性审查的意见等。但是总体上看，形式上的标签意义更明显，因此也将之归于过渡类型。

这种类型，也映衬出法官角色的变化，法官的积极裁判有所淡化，而逐渐向居中裁判的角色方向发展，裁判表达的复线形态越来越清晰。

（三）强势的复线类型

强势的复线类型也分三类案件来说明。首先是刑事裁判文书。在刑事裁判文书表达模式的第三时期（1999年至今），不仅明确了诉辩意见的写作要素，而且在判决书中规定了具体位置来阐述法院对诉辩双方意见的态度，属于强势的复线类型。

其次是民事裁判文书。民事裁判文书表达模式的第三时期（2016年至今）属于强势的复线类型。其主要特征：（1）明确诉辩意见和法院意见的多元线索。（2）要求法官归纳争议焦点并对其进行详细阐述。（3）明确要求回应当事人的意见并明确规定写作的位置和次序。（4）注重内容的繁简得当。（5）对说理的要求逐渐加强。

最后是行政裁判文书。行政裁判文书表达模式的第三时期（2004—2015），体现出与上述刑事判决书共有的内容与形式并重的特色，也保持了第二时期结构中反映行政案件特殊性的传统。行政裁判文书表达模式的第四时期（2015年至今），对行政裁判文书格式进一步进行了完善，与上述民事判决书结构类型相似。因此这两个时期都属于强势复线类型。

这一时期，法官角色的过渡基本完成，居中、被动的裁判者角色得到巩固和加强，程序的公正性也逐渐形成，并影响着法官的裁判文书表达行为。

四、完善裁判文书表达模式的建议

通过以上对刑事裁判文书、民事裁判文书以及行政裁判文书模式的分析，建议从以下几个方面进一步完善裁判文书表达模式。

（一）三类裁判文书格式应同步完善

对以上三类裁判文书表达模式的各个时期进行横向比较不难发现，这三类裁判文书格式的改革并不同步。三类裁判文书的格式都于1992年进行统一的制定，但是后期就各自发展。其中，刑事裁判文书格式于1999年进行修改，至今已施行18年之久；民事裁判文书格式于2016年进行修改，在此之前长达24年未进行修改；行政裁判文书分别与2004年和2015年进行修改。三类裁判文书各有节奏，不同步或者相继进行修改，使裁判文书在司法实践中难免会呈现出杂乱的状况。内容上，虽然裁判文书应体现该类型案件的特色而不能千篇一律，格式不能完全相同，但是对于一些技术性规定（如当事人基本情况）和共性问题（如要求归纳争议焦点、提高证据的分析写作），还是需要三类裁判文书统一规范。

（二）三大诉讼法对裁判文书的基本表述应保持一致

刑事诉讼法关于裁判文书的规定一直非常概括，只是规定了刑事判决书名称、判决书尾部写作等内容，没有对判决书正文部分的内容作出规定，也就没有勾勒出刑事判决书的结构要素和复线形态；行政诉讼法虽分别于2014

年和 2017 年进行了修正，但也只是对证据写作作了简单的规定，提出对未采纳的证据应当在裁判文书中说明理由。相比而言，民事诉讼法就民事判决书的要素、结构框架、复线形态、尾部写作等做了专条规范，在三类判决书中是相对比较具体和完善的。当然，如果从实际制作判决书的角度分析，即便是民事诉讼法的规定也是有待加强的。对此，三大诉讼法中对裁判文书的规定应当基本一致。

（三）裁判文书格式的效力层级应进一步提高

我国制定判决书格式的主体有司法部、最高人民法院等，现行主体是最高人民法院。刑事、民事和行政三大类裁判文书格式均是由最高人民法院制定颁布的。如果把现在正在进行的全国范围内的裁判文书改革也纳入考察视野的话，各地法院也在制定和试行各自的裁判文书格式，这些法院也是格式的制定主体。这一现象也正好在另一种意义上说明了下面的问题，即格式的效力问题。最高人民法院虽然制定和颁布全国通行的裁判文书格式，但其效力与司法解释还有差距，只是一种规范性文件，其拘束力有限。各地法院制定试行的格式样本，只是在各自的管辖范围内发生作用，其拘束力更加有限。因而法官在撰写裁判文书中忽视诉辩意见写作、不充分说理甚至不讲理的现象仍然存在。可以假设、也有理由相信，最高人民法院和地方法院的格式样本能够很好地弥补诉讼法规范的不足，但是由于拘束力的原因，仍然很难调动法官裁判文书表达的积极性。2018 年 6 月 13 起施行的《最高人民法院关于加强和规范裁判文书释法说理的指导意见》，集中对裁判文书制作过程中的释法说理提出了相对具体的要求。但是，作为指导意见，其效力仍不算太高。对此，可以考虑将该指导意见中的部分内容写入诉讼法及其司法解释，以此提高裁判文书的格式效力。

（四）裁判文书的制作要求应进一步集中和规范

现行法律法规对判决书制作要求的规定很少且很分散。从宪法到最高人民法院的规定都在对裁判文书写作作出规定、提出要求。最高人民法院制定的文书样式，虽然非常具体和全面，但是拘束力有限。三大诉讼法及其司法解释的拘束力很强，但是对裁判文书的规定少之又少。我国目前尚无一部单行法律法规对法律文书或裁判文书进行系统规范，因此，有必要专门就此作出规定。《最高人民法院关于加强和规范裁判文书释法说理的指导意见》旨在提高释法说理水平和裁判文书质量。该意见为各级法院裁判文书的释法说理提供了较为明确的指引。在司法改革的浪潮下，我们应乘胜追击，总结以往的工作经验，制定更为详尽、完整的法律规范指导裁判文书的制作。比如，可以将有关裁判文书的规定全部归纳整合为《人民法院裁判文书制作规范》，此后都在此基础上进行修改完善。

2017 年中国法律文书学研究新进展

◉ 袁 钢[*] 刘 薇[**]

摘要：2017 年法律文书学的研究除了延续往年传统，还出现了一些新的态势，法律文书学研究多集中于刑事裁判文书、法律文书公开机制问题，法律文书制作的具体问题仍是法律文书学的研究重点，越来越多的法律文书研究采用实证研究方法。

关键词：司法责任 司法公开 法律文书

2014 年，党的十八届四中全会审议通过的《中共中央关于全面推进依法治国若干重大问题的决定》提出："构建开放、动态、透明、便民的阳光司法机制，推进审判公开、检务公开、警务公开、狱务公开，依法及时公开执法司法依据、程序、流程、结果和生效法律文书，杜绝暗箱操作。加强法律文书释法说理，建立生效法律文书统一上网和公开查询制度。"2017 年，习近平总书记在第十九届人民代表大会上的讲话中指出："民主法治建设迈出重大步伐""国家监察体制改革试点取得实效，行政体制改革、司法体制改革、权力运行制约和监督体系建设有效实施"。由此可见，在过去四年的改革步伐中，司法体制改革取得了不菲的成绩，法律文书学的研究同样硕果累累。2017 年法律文书学的研究除了延续往年传统，还出现了一些新的态势，呈现出以下四方面的突出特点：

---

[*] 中国政法大学法学院副教授、中国法学会法律文书学研究会常务副秘书长、法学博士、硕士研究生导师。
[**] 中国政法大学法学院硕士研究生。

一、法律文书学研究多集中于刑事裁判文书

（一）核心期刊的研究成果

笔者在"中国知网（CNKI）"数据库中分别以"法律文书、裁判文书、公证文书、检察文书"为关键词、主题进行精确匹配检索，2017年与法律文书学相关的期刊中来自北京大学《中文核心期刊要目总览》和南京大学"CSSCI"来源期刊的文章共31篇。如附录1所示，从中文核心期刊检索结果来看，涉及法院"裁判文书"的文章共有27篇，涉及"公证文书"的文章共有1篇，涉及"检察文书"的文章共有1篇，剩余2篇文章为"法律文书"名词语言学方面的研究。综上，裁判文书研究深受学者们的青睐，尤其是刑事裁判文书。在27篇涉及法院"裁判文书"的文章中，涉及刑事裁判文书的文章共有11篇，占比为40.74%。

从前述检索结果看，在公证文书研究方面，学者对法院不予执行的公证债权文书申请的审查问题进行了探讨，指出公证在解决社会纠纷中发挥着重要的功能，作为一种事前预防机制，其地位是其他纠纷解决机制不能替代的。公证债权强制执行制度作为预防性司法制度，以经济效益价值作为基本取向，同时应避免因一味追求效率而有损公正，因此法院应当发挥其司法审查功能，在追求快速保护债权的同时以司法权对其进行制约，以实现公正价值与效益价值的平衡。基于被赋予强制执行效力的债权合同是公证文书产生的基础，因此若债权合同本身违法，那么依据债权合同产生的公证书以及执行证书便没有了合法的基础法律关系予以支撑。且公证机构对债权合同的审查相对简单且无既判力，因此法院对不予执行公证债权文书申请的审查对象应当是债权合同本身。法院在债权文书的审查过程中应当坚持以形式审查与实质审查并行的原则，除此之外，还要明确审查标准，统一司法尺度。司法是维护公民权益的最后一道防线，若公证债权文书、执行书、债权合同实际侵害了当事人的合法权益或者损害了公共利益，法院就应当裁定不予执行，反之，不影响法院的执行。[1]

---

[1] 饶群：" 法院对不予执行公证债权文书申请的审查"，载《人民司法》2017年第23期。

司法大数据与法律文书改革

在检察文书研究方面，学者对检察机关法律文书网上公开进行研究，指出检务公开以及与此紧密相关的法律文书公开是现代司法理念的重要组成部分，是新一轮司法改革的重要内容。目前，检察机关法律文书网上公开以公开非终结性法律文书为主，不起诉决定等终结性法律文书公开较少。终结性法律文书的公开同样是检务公开和人民监督的重要对象，因此，深圳市南山区人民检察院出台了《终结性法律文书（部分）公开工作规定（试行）》率先试行终结性法律文书网上公开。检察机关法律文书网上公开要通过以下路径进行完善：首先，扩大法律文书网上公开范围；其次，强化法律文书说理；再次，加强法律文书网上公开平台的建设；最后，建立健全法律文书网上公开配套机制。[1]

在刑事裁判文书方面，11 篇刑事裁判文书可以分成以下两个方面：

第一，以刑事裁判文书为载体进行实证问题研究。许多学者以大量的刑事裁判文书为样本进行刑法学研究。

有学者以 100 份刑事裁判文书为样本进行非法证据排除认定思维的研究，通过裁判文书的实证分析指出，实践中法官非法证据排除存在着真实性判断优先于合法性、将翻证等同于翻供、混淆非法证据与瑕疵证据等思维误区。非法证据排除规则的建立和运用：首先，转变我国重实体轻程序、忽视人权保障等不良司法观念。其次，非法证据排除实践操作中应当采取"合法性优先"的态度，在对证据进行审查时，遵循"合法性—真实性—关联性"的思路。当证据是通过不合法手段获取时，直接对证据是否成立非法证据进行审查。再次，规范裁判文书的制作，以非法证据排除的程序性裁判属性为出发点制作裁判文书，有利于监督非法证据排除规则的适用，避免自由裁量权的滥用。最后，完善被告方知情权、会见权等诉讼权利，完善证据展示与交换程序等相关制度，对非法证据排除规则实行量化管理，将非法证据排除案件进行单独管理，形成有效信息反馈制度。[2]

---

[1] 胡捷、曾国伟、王倩："网络时代法律文书公开机制探索——以广东省深圳市南山区人民检察院实践为视角"，载《人民检察》2017 年第 6 期。

[2] 姜金良、王艺霖："非法证据排除认定中裁判思维误区及克服——基于中国裁判文网 100 裁判文书的实证分析"，载《法律适用》2017 年第 14 期。

在刑事抗诉制度方面，有学者通过对 2014 年刑事抗诉裁判文书的分析指出，刑事抗诉存在集中于盗窃罪、故意伤害罪等常见罪名，以实体性抗诉为主，且多为对被告人不利的抗诉等特点。面对刑事抗诉案件"重实体轻程序"、再审抗诉次数和时间不受限制等问题，有学者指出可借鉴德日的"绝对抗诉理由"和"相对抗诉理由"，将我国的程序性抗诉范围分为绝对抗诉理由和相对抗诉理由两类；改革完善最高人民检察院《关于在检察工作中贯彻严宽相济刑事司法政策的若干意见》第 10 条的规定，如延长服刑人员的抗诉申请时间等；建立刑事抗诉权运行效果的立体化评价系统，取消"消灭无罪判决"的考核项目；在借鉴国外制度的基础上，对现有的特别抗诉实践经验予以完善，建立特别抗诉制度。[1]

除以上研究内容外，涉及刑事裁判文书的文章还包括贪污、受贿两种腐败类型、刑事速裁程序、缓刑适用制度、P2P 网络借贷犯罪的实证研究等。

第二，刑事裁判文书的撰写问题研究。刑事裁判文书具有释法说理，便利人民群众监督法律适用状况的功能。撰写结构清晰、逻辑严谨、说理透彻的刑事裁判文书不仅是司法改革的重要抓手，也是司法实践中法律适用者们应当具备的基本素质。

有学者指出裁判文书是实现庭审实质化改革目的最直接、最有效的方式。裁判文书内容的完善和说理方式的变革，对庭审实质化改革目标实现具有重大的推动作用。在庭审实质化改革背景下，要求刑事裁判文书全面体现控辩主张、查明事实、证据体系以及说理依据等内容。学者从庭前会议、非法证据排除、直接言词原则三个方面探索庭审实质化改革下刑事裁判文书的撰写。指出同时要注意在撰写裁判文书时应根据证据作用大小描述证据，归纳争议焦点，说理论证应清晰有据，语言简练，逻辑清晰。[2]

还有学者以职务犯罪案件为样本，对刑事案件裁判文书常见的表述问题进行调研分析。在起诉书存在表述错误或表述不当情形时，法院可在不改变

---

[1] 吴杨泽："刑事抗诉制度现状及完善——以 2014 年全国刑事抗诉裁判文书为样本"，载《人民检察》2017 年第 4 期。

[2] 边锋、袁俊峰："庭审实质化背景下刑事裁判文书内容构建与说理探析"，载《辽宁公安司法管理干部学院学报》2017 年第 3 期。

原意的情况下进行适当修改、调整。若检察机关认定事实或适用法律有误，为保证法院的中立地位，裁判文书只能如实记载起诉书意愿。犯罪嫌疑人涉及多个罪名时，应按照罪行轻重排列不同罪名对应的犯罪事实，对于同一罪名，对其犯罪事实应按照被告人实施犯罪事实的时间顺序排列。在引述证据导语的表述方面，即使控辩双方对案件无争议，也要列明庭审过程中示证、质证确认的过程。在裁判文书中列举证据，要采取分组的方式，将散乱的证据进行归类整理。裁判文书的事实表述应尽量做到客观，避免使用评论性用语，切忌为追求行文简练而删除关键细节。控辩双方的意见在裁判文书中的位置应分两种情况：没有争议或争议不大的内容，可置于"本院认为"之后；对于控辩双方争议较大的，应单独作为一项内容。控辩双方意见评判的导语表述应区分法律适用和事实评判意见。对于事实问题的评判应使用"经查"作为导语。对于法律适用问题的意见运用"根据……的法律规定"或"从立法原意分析"更为适宜。①

除以上类型的刑事裁判文书撰写研究外，还有学者从具体交通肇事案出发，探讨疑罪从无案件裁判文书的撰写以及刑事裁判文书的繁简分流等问题。

（二）专业期刊的研究成果

在"中国知网（CNKI）"的"社会科学Ⅰ"中的"诉讼法与司法制度"收录的 25 种期刊中，除去已经被收录为北京大学《中文核心期刊要目总览》来源期刊的《人民检察》《法律适用》《国家检察官学院学报》《人民司法》外，常见的法律专业期刊包括《中国司法》《中国检察官》《山东审判》《中国公证》《中国律师》《中国审判》《北京仲裁》《警察法学》9 种期刊。

笔者对 9 种专业期刊进行法律文书相关内容搜索，与法律文书相关的文章共 5 篇，就其内容分类而言，其中 1 篇与刑事裁判文书相关，2 篇与公证文书相关，另外 2 篇涉及检察文书。

刑事裁判文书研究方面，学者以 151 份刑事裁判文书为样本，探讨认罪认罚从宽制度下是否应当保留被告人上诉权的问题。学者指出，认罪认罚案件不应区分程序，不论是简易程序还是速裁程序均应保留被告人的上诉权利。

---

① 刘晓虎、张宇："职务犯罪案件裁判文书常见表述问题"，载《人民司法》2017 年第 22 期。

在完整保留被告人上诉权的前提下，建立上诉理由审查机制，对上诉理由进行形式审查，及时终止不符合法定上诉理由的上诉程序启动。对认罪认罚的被告人处以与罪责相适应的刑罚，优先适用非监禁刑，不仅体现司法宽容精神，同时也能够促使被告人主动放弃刑事上诉权。[1]

在检察文书研究方面，有学者指出，受现行检察文书规范格式以及重实体轻程序传统等的影响，检察机关制作的检察文书存在忽视说理作用、说理理由不充分、说理语言不规范的问题。因此学者指出要探索法律文书改革，将填充式文书规范为说理式文书；强化检察法律文书说理指导工作，制定检察法律文书说理规范；提高检察官的业务素质，将检察法律文书质量纳入考核范围[2]。还有学者探讨了大数据时代下检察法律文书的公开问题。大数据时代，检察机关应当从两方面做好检察法律文书的公开工作：一是严格按照最高人民检察院《人民检察院案件信息公开工作规定（试行）》"依法、及时、全面、规范"公开法律文书；二是保证公开的法律文书的质量，真正实现通过法律文书展现检察官办理案件认定事实、证据采信的全过程。[3]

2017年是公证体制改革年，因此2017年关于公证文书的文章较之2016年数量有所增加。在公证文书研究方面，有学者对具有强制力的公证债权文书的概念、价值、范围、特点进行说明，指出具有强制力的公证债权文书在我国香港地区的适用，其在法律规定方面仍是一片空白。学者建议应当充分关注具有强制执行力的债权文书在我国香港地区的适用。在实务中，如若作为债务人的内地方到期不履行债务或者不完全履行债务，作为债权人我国香港地区方是否能够根据中法公证后的借款合同到内地法院直接申请强制执行？针对这一问题，学者提出中国法律服务（香港）有限公司是否有资格对担保人的能力进行实质审查、担保合同在内地是否有强制执行力等具体四项法律疑问，并提出自己的见解。具有强制执行力的公证债权文书能够有效防控金融风险，因此构建内地与香港地区公证债权文书的强制执行制度有利于推动

---

[1] 韩平静："认罪认罚从宽制度下被告人上诉权探究——以151份二审裁判文书为样本"，载《中国检察官》2017年第22期。
[2] 余寓文、石燕："大数据时代的检察法律文书公开"，载《中国检察官》2017年第5期。
[3] 陈兰、杜淑芳："检察法律文书说理现状分析"，载《中国检察官》2017年第1期。

"内保外贷"政策的实施。① 还有学者对当前中国公证文书发展状况进行研究分析，指出当前中国公证文书在格式和理念上存在部分公证事项（如挂牌出让国有土地使用权揭牌会现场监督公证）无格式可供依据，定式公证书存在固定化、程式化色彩浓厚，公证人员思维固化等问题。要素式公证书能够更好地满足社会多方面的公证法律需求，提高公证人员的业务素质，激发公证人员的创造性，然而在合同公证、强制执行公证和现场监督类公证方面，要素式公证书并未发挥出预期效果。中国公证人员"公证文书格式化思维"的桎梏，急需进一步解放。公证文书的改革应遵循以下路径：缩小解释《公证法》第32条，将该条所称的"国务院司法行政部门规定的格式"仅限定于公证文书包含的基本要素；不宜限制公证书中附注的适用范围，尽快制定有关适用新定式公证书的解释；继续扩大要素式公证书的适用范围，制定要素式公证书通用格式；发挥法律意见书在公证实务中的作用，制作要件式法律意见书通用格式；完善公证文书体系，丰富公证法律服务内涵。②

二、法律文书公开机制问题研究

党的十八届四中全会提出，通过司法公开加强对法律活动的监督，努力让人民群众在每一个司法案件中都感受到公平正义，裁判文书网上公开是司法监督的重要途径，也是法制宣传的重要手段，是以司法公开促进司法公正的重要战略。"互联网+"时代为法律文书网上公开提供了平台和技术手段的同时也带来了一些新的问题。裁判文书上网是一个系统工程，涉及法院、社会公众、文书相关各方当事人三方主体的利益诉求和利益平衡。有学者提出，裁判文书网上公开保障机制存在三种基本类型：公众查阅保证机制，从查阅范围、查阅时间、查阅途径方面给予保障；当事人信息保障机制，分为预防性举措和救济性举措；法院组织保障机制，法院建立相应的组织机构管理裁判文书上网工作。尽管有三重保护机制为裁判文书上网"保驾护航"，但通过学者以H省为样本的调研，三种保障机制在实务中仍然存在着公众查

---

① 温嘉明、梁凯恩："论具有强制执行效力的公证债权文书在香港地区的适用"，载《中国公证》2017年第1期。
② 王斌："中国公证文书改革发展刍议"，载《中国公证》2017年第2期。

阅范围被限缩、时间被延迟;当事人信息保护尺度不一、法院组织机构设置不合理等问题。裁判文书网上公开不仅仅是法院司法的技术性提升,更是一场深刻的司法理念现代化的更新。法院作为裁判文书上网的公开者,要提高对文书上网意义的认识,对公众查询裁判文书的态度应从排斥变为配合、从迟滞变为主动,优化文书查阅手段,严把上网文书的规范性,提升公众查阅文书的效果;增设上网文书撤回的救济程序,摒弃单纯以上网文书数量作为排名标准的考核制度;改革法院文书上网管理机构,将文书上网的技术性审核交给外聘的文书管理员实施,增强文书上网管理机构的专业审核力度。① 学者在另一篇文章中着重讨论文书网上公开背景下当事人信息保护制度的完善。裁判文书网上公开的同时,也为当事人信息泄露带来了风险,因此必须构建完善的信息保护机制。完善相关立法规定,明确隐私权的内涵,将个人隐私作"信息型隐私"和"非信息型隐私"区分;强化当事人信息保护的技术手段。② 除涉及裁判文书网上公开机制研究的文章之外,专业期刊中还有上文提及的有关检察文书网上公开机制的研究。可见,法律文书网上公开机制研究仍然是近年来学者们关注的重点。

三、法律文书制作问题研究

(一) 裁判文书语言规范研究

法律与语言存在着密切联系,法律以语言为依托,语言是法律的载体。法律法规是社会赖以有序运行的基础,具有重要意义。因此作为法律依托的语言,在立法和法律实施过程中不得不被关注和重视。有学者指出,语言是一种以人为中心的生态系统。语言生态伦理就是语言行为主体维护与推动语言生活健康、和谐发展的道德本性或伦理本性。在法律实施领域。裁判文书用语不规范、不准确等现象严重,有学者以"雷某案"裁判文书为样本指出,目前法律文书撰写存在遣词偏于模糊、措辞缺乏法理逻辑、语法错误严

---

① 王阁:"裁判文书网上公开保障机制研究",载《学习论坛》2017年第8期。
② 王阁:"裁判文书网上公开背景下当事人信息保护制度——基于对H省三级法院的实证调研",载《社会科学家》2017年第6期。

重、用语过于专精，不利于教化公众、进行宣传法制等问题；广大法律工作者的语言生态伦理意识薄弱，语言表达能力欠缺。因此，必须要着力改善语言生态环境，强化法律工作者的语言生态伦理观念，提高社会公众的法治观念。① 还有学者针对网络上走红的"诗意文书"，介绍了几位学者的观点：裁判文书的撰写应当使用"法言法语"，用词精确、严谨，并辅之以适当的说理教育。学者在对这份走红文书持保留态度的同时指出，在人文主义精神的影响下，在追求自由平等的同时也不能抛弃对法律的信仰。②

（二）裁判文书说理问题研究

2017年法律文书学研究延续往年传统，裁判文书说理依然是研究的热点，在2016年研究的基础上，学者从不同角度分析和完善裁判文书说理制度。有学者对民事裁判文书说理改革发展的四个阶段进行评述，以期能够更好地梳理裁判文书说理改革发展思路，为裁判文书说理改革提供实践与经验支持。民事裁判文书改革发展的第一阶段为裁判文书制作方法的探索阶段，这一阶段裁判文书的制作形式、具体内容构成、分类特点以及规律尚未形成，裁判文书的制作方法尚处于学习阶段；第二阶段为裁判文书制作方法的规范阶段，这一阶段民事裁判文书的制作已经有法可依、有章可循，民事裁判文书的制作方法正逐步发展，民事裁判文书的发展重点在格式方面；第三阶段为民事裁判文书改革与说理研究的起步阶段，这一阶段对民事裁判文书的类型有了进一步深刻的认识，随着社会、法治以及司法的发展，对民事裁判文书的说理提出了更高的要求；第四阶段为民事裁判文书说理改革的发展阶段，这一阶段法律文书说理的重要性得到关注和凸显，中央的两个"决定"为重新认识裁判文书说理价值和功能提供了根本依据和新视角，在第四阶段，裁判文书说理改革成为司法改革的重要内容。③ 还有学者从法理立场角度提出提高法律文书说理水平的对策。有学者指出，裁判文书说理必须重视规范性

---

① 杨彬："法律裁判文书的语言生态伦理分析"，载《湖南师范大学社会科学学报》2017年第6期。
② 武文浩："判决要不要'诗意'——对'诗意判决'网络走红的思考"，载《公民与法》2017年第1期。
③ 夏克勤："民事裁判文书说理改革发展四阶段评述"，载《人民司法》2017年第4期。

立场、适度性立场和程序性立场。坚持三个立场，在合议庭不同意见和审委会不同意见问题上，可以技术性地公开不同意见；针对"法官寄语"问题，认为仅限于青少年违法犯罪和婚姻家庭纠纷且应与裁判文书明显隔离；就"指导性案例援引"，认为可以在说理部分参照和借鉴，但不宜直接作为裁判依据。[1] 有权力就有责任。裁判文书说理不仅是法官的一项审判权力，也是法官应当承担的司法责任。裁判文书制度在尊重裁判文书说理规律的同时，也要明确和落实说理责任，这是说理制度构建的必要保障。有学者围绕"最高目标责任"和"最低目标责任"，以说理制度的责任主体和责任标准为裁判文书说理制度构建的核心。有学者指出裁判文书说理制度设计应当以"说理公开"保障说理责任到位，以说理权力促进说理主体有为，以说理目标、标准条款提升整体说理水平，设置合理考核机制促进说理积极性。在以上制度保障之下，有学者提出了裁判文书说理制度的具体条文设计，以期为未来相关立法提供智力支持。[2]

四、法律文书学研究方法以实证为主

笔者在"中国知网（CNKI）"数据库中分别以"法律文书、裁判文书、公证文书、检察文书"为关键词、主题进行精确匹配检索，2017 年与法律文书学相关的期刊中来自北京大学《中文核心期刊要目总览》和南京大学"CSSCI"来源期刊的文章共 31 篇，其中以实证的研究方法进行法律文书研究的文章共 19 篇，占据 2017 年法律文书学相关文章的 3/5。由此可见，实证的研究方法仍然是学者们青睐的对象。在"互联网+"时代，大数据分析是备受欢迎的研究方法。法律文书网上公开为实证的研究提供了样本选择，学者通过对中国裁判文书网的全网搜索，以数以百计的裁判文书为样本进行研究分析，能够更加直观地反映裁判文书公开的态势和现状，研究结果更加真实、准确和具有代表性。学者们借助互联网这一工具，进行法学各学科的研究，这也表明了科学技术的发展与法律的进步两者密不可分。尽管通过互联

---

[1] 陈灿平："裁判文书说理的法理立场与运用"，载《湖南大学学报》2017 年第 3 期。
[2] 赵朝琴、刘树德："关于裁判文书说理责任制度构建的思考"，载《法律适用》2017 年第 23 期。

网手段获取研究样本仍然存在着诸多缺陷和制约,但是随着科学技术的发展,这种低成本、高效率的大数据分析仍然会成为当今和未来主流的实证研究方法。

附录 1 2017 年核心期刊中法律文书论文

[1] 李本森:"刑事速裁程序试点实效检验——基于 12666 份速裁案件裁判文书的实证分析",载《法学研究》2017 年第 5 期。

[2] 王新清:"刑事裁判文书繁简分流问题研究",载《法学家》2017 年第 5 期。

[3] 石聚航:"刑事裁判文书中目的解释的实践运用",载《法学家》2017 年第 5 期。

[4] 赵兴洪:"缓刑适用的中国图景——基于裁判文书大数据的实证研究",载《当代法学》2017 年第 2 期。

[5] 夏克勤:"民事裁判文书说理改革发展四阶段评述",载《人民司法》2017 年第 4 期。

[6] 刘晓虎、张宇:"职务犯罪案件裁判文书常见表述问题",载《人民司法》2017 年第 22 期。

[7] 饶群:"法院对不予执行公证债权文书申请的审查",载《人民司法》2017 年第 23 期。

[8] 张佩如:"P2P 网络借贷犯罪现象实证分析——以 41 份裁判文书为样本",载《人民检察》2017 年第 1 期。

[9] 武文浩:"判决要不要'诗意'——对'诗意判决'网络走红的思考",载《公民与法》2017 年第 1 期。

[10] 张钟祺:"民事诉讼非法证据排除研究——以民事裁判文书为中心",载《东南学术》2017 年第 2 期。

[11] 陈灿平:"裁判文书说理的法理立场与运用",载《湖南大学学报》2017 年第 3 期。

[12] 边锋、袁俊峰:"庭审实质化背景下刑事裁判文书内容构建与说理探析",载《辽宁公安司法管理干部学院学报》2017 年第 3 期。

[13] 吴杨泽："刑事抗诉制度现状及完善——以 2014 年全国刑事抗诉裁判文书为样本"，载《人民检察》2017 年第 4 期。

[14] 唐雯："知识产权侵权诉讼中侵权人获利的证明——基于裁判文书的实证分析"，载《大连理工大学学报》2017 年第 4 期。

[15] 徐蕾、陶好飞："公立高校教师人事争议诉讼现状及特征研究——基于 134 份裁判文书的实证视角"，载《复旦教育论坛》2017 年第 4 期。

[16] 丁海斌、陈惠艳："关于法律文书名词'令'之历史语言学研究"，载《档案学通讯》2017 年第 4 期。

[17] 闫建华："学校体育运动伤害事故的特征、法律归责及风险防控措施研究——基于对 58 份裁判文书的荟萃分析"，载《成都体育学院学报》2017 年第 5 期。

[18] 李辉："腐败的两副面孔：基于 7000 个司法裁判文书数据的描述分析"，载《理论与改革》2017 年第 5 期。

[19] 江晓华："农村集体经济组织成员资格的司法认定——基于 372 份裁判文书的整理与研究"，载《中国农村观察》2017 年第 6 期。

[20] 武亦文、杨勇："论土地承包经营权处分之限制性规范的科学配置——基于司法裁判文书的整理和分析"，载《中国农村观察》2017 年第 6 期。

[21] 胡捷、曾国伟、王倩："网络时代法律文书公开机制探索——以广东省深圳市南山区人民检察院实践为视角"，载《人民检察》2017 年第 6 期。

[22] 王阁："裁判文书网上公开背景下当事人信息保护制度——基于对 H 省三级法院的实证调研"，载《社会科学家》2017 年第 6 期。

[23] 杨彬："法律裁判文书的语言生态伦理分析"，载《湖南师范大学社会科学学报》2017 年第 6 期。

[24] 那艳华、周隆基："论我国环境法治实现之路径选择——以环境司法裁判文书说理为重心"，载《林业经济》2017 年第 7 期。

[25] 王阁："裁判文书网上公开保障机制研究"，载《学习论坛》2017 年第 8 期。

[26] 焦小丁："我国涉外保理合同的识别问题研究——基于广东省法院

175 份裁判文书的实证研究",载《法律适用》2017 年第 8 期。

[27] 丁海斌、杨哲:"中国当代法律文书名词溯源之继承传统篇",载《学术园地》2017 年第 11 期。

[28] 姜金良、王艺霖:"非法证据排除认定中裁判思维误区及克服——基于中国裁判文网 100 裁判文书的实证分析",载《法律适用》2017 年第 14 期。

[29] 王庆刚、魏炜:"典型疑罪从无案件裁判文书撰写探索——吕某某交通肇事案二审刑事裁定书研究",载《法律适用》2017 年第 18 期。

[30] 赵朝琴、刘树德:"关于裁判文书说理责任制度构建的思考",载《法律适用》2017 年第 23 期。

[31] 马云跃、丁少芃:"关于民事裁判文书中存在重大瑕疵现象的调研报告",载《东南司法评论》2017 年卷总第 10 卷。

附录2 2017年专业期刊中法律文书论文

[1] 陈兰、杜淑芳:"检察法律文书说理现状分析",载《中国检察官》2017 年第 1 期。

[2] 余寓文、石燕:"大数据时代的检察法律文书公开",载《中国检察官》2017 年第 5 期。

[3] 韩平静:"认罪认罚从宽制度下被告人上诉权探究——以 151 份二审裁判文书为样本",载《中国检察官》2017 年第 22 期。

[4] 温嘉明、梁凯恩:"论具有强制执行效力的公证债权文书在香港地区的适用",载《中国公证》2017 年第 1 期。

[5] 王斌:"中国公证文书改革发展刍议",载《中国公证》2017 年第 2 期。

附录

司法大数据与法律文书改革研讨会暨中国法学会法律文书学研究会2018年学术年会综述

河北省邯郸市中级人民法院研究室

2018年10月13日至14日，司法大数据与法律文书改革研讨会暨中国法学会法律文书学研究会2018年学术年会在邯郸召开，中国法学会党组成员、副会长王其江，河北省高级人民法院党组成员、副院长王越飞出席会议。邯郸市领导崔永斌、王进江、穆伟利、艾文庆以及市中级人民法院院长戴景月、市人民检察院检察长张尚震参加了会议。来自全国各地的中国法学会法律文书研究会会员，邯郸市部分法官、律师等共300多人参加了本次研讨会。

中国法学会党组成员、副会长王其江在致辞中指出，中国法学会法律文书学研究会以"司法大数据与法律文书改革"作为今年年会的主题，紧扣时代的脉搏，具有很强的现实意义和实践价值。近年来，大数据战略的深入实施，极大地促进了司法能力的提高。将司法大数据应用于辅助司法决策、统一证据标准、规范量刑，为法官、检察官办案提供了坚实的科技支撑和海量的数据支持，对促进公正司法、提高司法效率发挥了重要作用。

河北省高级人民法院党组成员、副院长王越飞在致辞中说，近年来，邯郸两级法院大力推进理论创新和实践探索，辑印《案例选编》《邯郸审判》，先后承担最高人民法院多项重大课题，在防范金融风险、推进人民法庭改革、解决执行难等方面走在前列，实现审判理论研究与司法实践双轮驱动、齐头并进。这次，来自全国各地的法院、检察院、高校专家学者齐聚一堂，共同

司法大数据与法律文书改革

探讨"司法大数据与法律文书改革",必将推动理论与实务进一步融合,促进法律文书改革进一步深化,为推进人民司法事业创新发展提供强大的智力支持。

邯郸市委常委、政法委书记、群工部部长、邯郸市法学会会长穆伟利代表邯郸市委、市政府致辞。他说,邯郸司法系统上下正在深入贯彻学习党的十八届三中全会中提出的"深化司法改革,增强法律文书说理性"这一指导思想。传承"胡服骑射"的改革精神,增强法律文书特别是裁判文书的说理性,让裁判文书"一言九鼎"。本次学术年会绝不是"纸上谈兵",更不是"邯郸学步",而应是一次法学理论与实践的"将相和"。同时,本次年会将司法大数据与法律文书改革作为主题,将互联网技术引入司法改革,特别是与法律文书的改革紧密联系,使法律文书在互联网技术这一高新技术平台上实现"完璧归赵"。

本次研讨会形式多样、内容丰富。在为期一天半的会议中,首先采用了传统座谈会形式,分别围绕"司法大数据与法律文书改革基本问题""司法大数据与法律文书说理改革""司法大数据与法律文书制作改革"等主题,由作者阐述论文主旨,专家进行精彩点评。接着,由中国法律文书学研究会会长、中国政法大学教授马宏俊以《司法大数据与智能裁判》为题做了精彩演讲。最后,采用"三人谈"的方式,围绕"法官视野下的裁判文书大数据应用"主题,邯郸市中级人民法院院长戴景月、华中师范大学教授石先钰、国家法官学院教授王立分别阐述了各自观点看法。马宏俊教授与戴景月院长分别代表中国法学会法律文书学研究会与邯郸市中级人民法院共同签署了《共建实践研究基地协议》。

一、司法大数据与法律文书改革的基本问题

目前,司法大数据在司法工作中的运用,对提升司法能力、提高司法公正、优化司法资源配置、促进司法机关与社会公众良好互动等方面无不发挥着重要作用。以大数据分析为核心的人民法院信息化正在成为全国法院系统实现智能化建设的热点。司法大数据在司法工作中的运用与深入开展,同样对司法裁判文书提出了更高的要求。

对于法律文书的改革来讲，文书公开、文书说理、文书制作是目前诉讼类法律文书改革的三条主线。本次年会讨论的主题是司法大数据与法律文书改革。与会的各位专家、学者、法律工作者主要针对主题积极建言献策，以期对未来法律文书的改革有所裨益。

（一）法律文书视角下司法大数据的基本类型

王树全检察官认为：法律文书视角下的司法大数据主要分为司法基本数据、审判流程数据、裁判文书数据、庭审活动数据、执行案件数据、诉讼服务信息数据等类型。

（二）司法大数据背景下法律文书改革的基本问题

各位专家、学者、法律工作者在本年会的主题发言以及提交本年会的论文基本都聚焦于以下三个方面：一是法律文书的公开；二是法律文书的说理；三是法律文书的制作。

刘金华教授、王雪焕法官等针对法律文书公开的问题发表了自己的看法。河南财经政法大学教授赵朝琴博士、安徽省芜湖市人民检察院高级检察官陈广计等专家、学者、法律工作者主要探讨了法律文书说理问题。西安财经学院法学院崔艺红、河北省邯郸市临漳县人民法院任震琨、华中师范大学应用法学与法治社会研究院院长杨凯教授等专家、学者、法律工作者针对法律文书规范制作问题各抒己见。

二、司法大数据与法律文书公开改革

法律文书公开是主动接受社会和群众监督的表现。法律文书公开的内容主要包括公开的范围、对象、方式等。与会的专家、学者、法律工作者分别就检务公开、裁判文书公开的价值、裁判文书公开的方式、裁判文书公开的范围等问题发表意见。

（一）法律文书公开的意义

法律文书的公开不仅能提升司法的公信力，同时也能促进法律文书质量的提升。与会的各位专家、学者、法律工作者充分肯定了法律文书公开的价值，但是有的学者也提醒不能忽略文书公开的消极影响。王雪焕法官认为：法律文书公开利于群众知法守法、利于法院管理、利于社会治理。

（二）司法大数据背景下法律文书公开现状

王树全检察官认为：目前，司法裁判文书释法说理性不充分主要表现在证据认证公式化、断案理由概念化、缺乏对引用法律的必要解释、案件流程不能有效地反映在裁判文书中等方面。中国政法大学教授刘金华认为：法律文书公开存在文书公开量有待提升、文书制作质量有待提高、文书撤回制度需要完善等问题。司法大数据对裁判文书公开的挑战主要体现在提升文书公开量、提高文书制作质量、完善文书撤回制度上。河南财经政法大学刑事司法学院副院长姜保忠教授认为：司法大数据为法学研究提供了基础和便利，通过对于诉讼裁判文书的分析，发现附带民事公益诉讼制度在理论基础、制度设计上存在一些尚未解决的问题。

（三）司法大数据对法律文书公开的影响

刘金华教授认为：司法大数据的运用，为法律文书的公开奠定了基础、创造了条件，加强大数据的司法应用，是人民法院推进司法公正的必然要求，是信息化建设的必然趋势。司法大数据的运用取得了良好的社会效果，具体主要体现在以下几个方面：有利于增强社会公众的法律意识、有助于指导法官办案、有利于落实审判责任、有利于法学研究。王树全检察官认为：顺应大数据时代的发展变革司法裁判文书规范，应当做到给司法裁判文书解压、突出法官的自由心证、强化事实论证、判决理由及法律适用等内容，司法裁判文书理应折射审判的全过程，民事调解书亦应做必要的释法说理。

（四）司法大数据背景下提升法律文书公开质量

王雪焕法官认为民事裁判文书网上公开问题出现的原因有：裁判文书制定者专业知识和经验不足、对裁判文书质量重视程度不够、对裁判文书网上公开认识程度不够、部分法院对裁判文书公开的态度相对保守等内因；裁判文书质量激励机制不完善、对瑕疵裁判文书追责力度不够、法院对于裁判文书公开过程中的案件评查并无完整的保障措施等外因。提高民事裁判文书质量的具体措施有：加强法官职业素养，提高法官责任意识；加强培训，提高法官制作裁判文书的能力；设立有效的奖惩机制；提高裁判文书上网的技术处理程序。

三、司法大数据与法律文书说理

法律文书说理是联系案件事实与最终结果的纽带，直接关乎案件是否公正、合理、合法。与会的专家、学者、法律工作者就目前法律文书说理存在的普遍性问题及成因发表意见，并就如何完善法律文书说理提出建议。各位专家、学者、法律工作者针对文书说理的主体、内容、存在的问题、完善的建议各自阐明了观点，在思想交锋碰撞的过程中为现实问题的解决打开了缺口。

（一）法律文书说理存在的普遍问题

当前法律文书说理普遍存在不重视说理、说理不充分、文书形式僵化、说理语言不规范、缺乏指导裁判文书说理的具体规范、司法责任制未明确说理不足的责任、法官说理的自觉性能力不足等问题。

（二）法律文书说理欠缺的原因

目前文书说理不足是由多方面因素导致的。首先，文书制作者本身的法律素养、实践经验与文书的质量息息相关。其次，司法机关的监管机制、激励机制也是影响文书说理的重要因素。最后，法律文书公开带来的社会压力也会产生倒逼作用，使法律文书制作者慎于说理、简化说理。

（三）司法大数据背景下法律文书说理的完善

法律界很多专家、学者、法律工作者对如何完善法律文书说理提出了很多建议，但这些建议都是头痛医头、脚痒治脚。实际上，法律文书说理的完善只有做到对症下药，方能缓其疾、复其康。

中国法学会法律文书学研究会副会长、河南财经政法大学赵朝琴教授认为：裁判文书说理制度属于诉讼法律制度的范畴，《最高人民法院关于加强和规范裁判文书释法说理的指导意见》具有系统性、整体性、专业性、实践性特征，在构建裁判文书说理制度体系进程中有着承上启下的重要的基础性和引领性地位。裁判文书说理制度体系的构建与完善，应当以说理双重属性为遵循，以说理价值实现为目标，既要系统梳理说理制度的内部机制，又要科学建构说理制度的外部机制。

陈广计检察官认为：当前检察机关法律文书说理工作存在重视不够、规范化不够、针对性不强、信息公开不够等问题。应当高度重视，切实推进检察机关法律文书释法说理工作的均衡发展、应当善于借助第三方做好法律文书释法说理工作、应当加强法律文书释法说理规范化并增强其针对性及阐释的透彻性、应当善于运用通俗语言及民间语言开展释法说理工作、应当将法律文书释法说理工作纳入信息公开范围，并不断拓展信息渠道，从而进一步加强和完善检察机关法律文书释法说理机制。

崔艺红教授分析论述了如何通过强化事理、法理、情理、文理分析，彰显司法人员对被告人的犯罪行为从感性认识的高度跨越到法律理性认识王国的逻辑分析与推理的自由心证过程，增强释法说理理由部分的公平、公正与可接受性，确保裁判文书雅俗共赏，实现让人民群众在每一个司法案件中都感受到公平正义的司法目的。

河北省邯郸市临漳县人民法院任震琨法官认为：必须以规范性、明确性使得裁判文书获得生命，获得一般预防机能。裁判文书的说理需要通过运用现代逻辑，以精细化的三段论涵摄演绎模式，勾连案件事实与法律规范。运用涵摄演绎模式引入其他社会规范时，要注重符合社会风尚、惯习；引入其他学科规范时，要注重法律论证。涵摄演绎模式弥补了传统三段论在论证中存在跨越案件事实描述与法规范之间裂缝的缺陷，可以充分展示法律"论证"性，摒弃了"决断"性。

四、司法大数据与法律文书制作

法律文书规范是提高法律文书质量、维护法律文书严肃性、权威性必不可少的手段。与会的各位专家、学者、法律工作者就检察文书的规范、法院裁判文书的规范、法律文书内容用语的规范发表各自观点，并就如何进一步规范法律文书建言献策。

云南省普洱市人民检察院党组书记、李世清检察长在论文中指出：监督、诉讼、说理作为三个具有不同评价向度的价值属性，对诉前程序检察建议书的内容安排和运行有着重要的影响。其监督价值趋向要求文书制作简便高效同时兼顾说理；其诉讼价值趋向要求文书表达客观、准确；其说理价值趋向要求文书内容说理详细、论证充分。三者以各自不同的评价机制共同运行在诉前程序检察建议制度的轨道上，互为主辅、相互制约，形成了内部紧张的惯性冲突关系，给实践工作带来了一定的困扰和影响。有必要肯认监督、诉讼、说理三者的独立价值地位，通过合理的疏导、分类、分流，构建多元化、多轨制、多模式的诉前程序检察建议文书制作格局，重构不同价值理念的自然衡平。

杨凯教授认为：开展民事诉讼文书样式实例评注研究是员额法官进行法律文书制作、写作与创作职业技能与法律思维训练主要方法，是深化审判权运行机制改革和提升审判团队扁平化管理模式审判管理水平的重要路径。在大数据时代的司法责任制改革背景下，通过法律文书样式实例评注研究范式和研究方法的本土化塑造，能较好地锻造法律职业共同体的法律思维实践理性和形成共识。

山西省太原市人民检察院陈兰、杜淑芳以某市人民检察院统一业务应用系统司法办案文书为视角，分析了人民检察院巡查法律文书基本情况，指出存在应当制作的法律文书未按规定及时拟制，法律文书形式、内容制作不规范，部分法律文书使用不当，依据系统模板生成的法律文书应当修正而未修正相关内容等问题，对问题产生原因分析后提出了树立规范意识、提高规范水平、适应新型办案需求、固强补弱提升综合业务水平、加强对文书规范的监督把关等改进建议。

中国政法大学程滔教授结合互联网与大数据的发展，对类案与关联案件检索制度建立背后的原因进行了探索，并结合英美判例国家对于判例的应用进行了比较与分析，认为类案与关联案件检索机制的确立，将案例在法律实践中的地位提升到了一个新的层级。对于实现法律的灵活性与稳定性的统一、增强法律的可预见性、指引民众的生活具有重大意义。

贵州警察学院法律系副主任侯兴宇教授认为：在新时代大数据司法背景下，从读、问、听、记、制五方面技能及其笔录模板系列探讨司法言谈笔录，具有时代意义和学术的实用价值。

在最后的小组讨论中，各位专家、学者、法律工作者畅所欲言、各抒己见，再次围绕司法改革背景下法律文书的责任、公开、说理、监管、规范进一步展开讨论,在相互评点、唇枪舌剑中共同为法律文书的改革贡献智慧。

邯郸市中级人民法院党组书记、院长戴景月指出:一般案件和疑难案件归类分流方式结合法官业务素质的提升,可以迅速地把案子解决好,有利于提高法院办案效率;在法律文书写作上,应当依托司法大数据,根据案件的性质做到繁简区别对待、明晰案情、说理说法有理有据;在司法大数据方面,我们应当了解并解决好计算机算法、数据结构、逻辑结构等问题。在司法大数据背景下,用现有的技术解决我们的文书写作问题,写作规则必须固定,从而达到司法大数据与法律文书写作互促互进的目的。

中国法学会法律文书学研究会刘桂明副会长在闭幕式上的总结发言中表示,祝愿中国法学会法律文书学研究会及各位会员在日后能够提供更多有关法律文书的书本,能够提供更多鲜活的接地气的脚本,司法实务人员能够提交更多彰显司法公正的模本,为公众展示更多具有普法意义的读本。"要让人民群众看得懂、听得懂我们的法律文书,从中了解法律,能够真正理解法律,信任法律,待法治信仰成为全民信仰,我们的目的就达到了!"